narr **STUDIENBÜCHER**

Katharina J. Rohlfing

Frühkindliche Semantik

narr
VERLAG

PD Dr. Katharina J. Rohlfing leitet die Emergentist Semantics Group am Center of Excellence Cognitive Interaction Technology (CITEC) der Universität Bielefeld.

Bibliografische Information der Deutschen Nationalbibliothek

Die Deutsche Nationalbibliothek verzeichnet diese Publikation in der Deutschen National-bibliografie; detaillierte bibliografische Daten sind im Internet über http://dnb.dnb.de abrufbar.

© 2013 · Narr Francke Attempto Verlag GmbH + Co. KG
Dischingerweg 5 · D-72070 Tübingen

Internet: http://www.narr-studienbuecher.de
E-Mail: info@narr.de

Printed in the EU

ISSN 0941-8105
ISBN 978-3-8233-6772-7

Inhaltsverzeichnis

1.   Gibt es einen Big Bang für die sprachliche Bedeutung?

Eigentlich macht es erst dann Sinn, über Semantik zu sprechen, wenn ein sprachliches Zeichen vorliegt. Dann müsste es aber einen Big Bang für die sprachliche Bedeutung geben, und zwar mit dem ersten Wort, das ein Kind spricht. Die neuen Untersuchungsmethoden (Kapitel 2) lassen jedoch einen solchen Urknall wenig plausibel erscheinen. Vielmehr vermitteln die aktuellen Erkenntnisse Einblicke in frühes semantisches Wissen, das sich anbahnt, lange bevor das Kind das erste Wort spricht und die linguistischen Symbole vollständig versteht.

> **Das Ziel des Buches** ist die Identifizierung des Kontextes in Form verschiedener für die Bedeutungskonstitution relevanter Bezugsquellen. Die verschiedenen Quellen der Bedeutung ausfindig zu machen ist ein Ziel, das Clark (1999) für die Kognitionswissenschaften vorgibt. Für den Spracherwerb zeige ich auf, wie sich die sprachliche Bedeutung aufbaut, d.h. wie sich die Bedeutung konstituiert. Diese Darstellung hebt die enge Verbindung zwischen Sprache und Handlung hervor und zeigt ihre Zusammenarbeit als die treibende Kraft der Kommunikationsfähigkeiten. Die verschiedenen Bedeutungsquellen fasse ich unter dem Begriff der *Frühkindlichen Semantik* (kurz: *Frühsemantik*) zusammen.

Kinder nehmen bereits sehr früh in ihrer Entwicklung am Geschehen mit anderen Menschen teil: Sie werden mitgenommen, als Babies herumgezeigt, und andere Menschen reagieren auf sie, indem sie sie anschauen, ansprechen, berühren (De León, 2000). In der Interaktion mit seinen Mitmenschen baut ein Kind nicht nur auf die eigenen Fähigkeiten, um die Situation zu interpretieren; stattdessen kann es darauf vertrauen, dass seine Aufmerksamkeit bereits von der sozialen und physikalischen Umwelt im Hinblick auf relevante Situationsaspekte geschult wurde und in der gegebenen Situation gelenkt wird. In der Interaktion werden die Informationen, die sich einem Säugling darbieten, reduziert und an seine kognitive und sprachliche Aufnahmefähigkeit angepasst (Kapitel 4). Das Kind entdeckt und gestaltet den Kontakt auch auf Grund eigener motorischer Fähigkeiten (Kapitel 5). Seine frühen Äußerungen sind intermodal (Kapitel 7), zeugen von einer engen Verknüpfung der Sprache mit anderen Fähigkeiten und formen maßgebend die adaptive Interaktion.

In der Interaktion mit der physikalischen Umwelt profitiert das Kind zudem von der sozialen Information, die durch die Artefakte und die Referenz darauf die Relevanz für das eigene Handeln vermittelt (Kapitel 8). Mandler (2004: 304) spricht von „continous conceptual accumulation", was zum Ausdruck bringt, dass die Bedeutung sich nicht in Phasen entwickelt, sondern kontinuierlich – wie im vorliegenden Buch gezeigt auch bereits während der traditionell als präverbal bezeichneten Phase – aufgebaut wird (Kapitel 3). Dieser soziale Kontext etabliert eine „Geschichte der sozialen Interaktion [history of social interaction]" (Flom, Deák, Phill & Pick, 2004: 192) und schränkt die Lernprozesse durch bestimmte und relevante Bedingungen für die Bedeutungskonstitution ein. In einer solchen Situation, in der Bedeutung aus verschiedenartigen Quellen kommt, erscheint Kognition als eine Eigenschaft des Systems, das sich über eine einzelne Modalität und sogar über das individuelle Gehirn hinaus erstreckt (Beer, 2000). Die sich entwickelnde Bedeutung ist also nicht auf eine einzelne Leistung eines unabhängigen Moduls zurückzuführen (Smith & Thelen, 2003). Sie muss intermodal und im System eines Interaktionsverlaufes mit der physikalischen und sozialen Umwelt erklärt werden.

Für die empirischen Studien bedeutet diese Symbiose zwischen einer Koalition aus verschiedenen Achtungssignalen [cues] auf der einen Seite – die aus unterschiedlichen Quellen kommen – und der eigenen lautsprachlichen Leistung auf der anderen Seite, eine große Herausforderung. Entwickler empirischer Studien müssen sichergehen, dass die Umweltbedingungen denen des Alltags entsprechen, wenn auch die Komplexität für die Empirie immer reduziert werden muss (Hirsh-Pasek & Golinkoff, 1999). Doch die frühkindliche Semantik ist davon geprägt, dass verschiedene Bezugsquellen als ein dazugehöriger Teil in die semantische Repräsentation eingeschlossen werden. Ob und wie im weiteren Erwerbsprozess diese Bezugsquellen eine Unterstützung darstellen, ohne Teil der dynamischen Repräsentation selbst zu sein, muss noch genauer geklärt werden (Krackow & Gordon, 1998).

Für die Praxis und den Umgang mit frühlexikalischen Kindern möchte ich den langen Weg der Bedeutungskonstitution deutlich machen: Zunächst ist die frühe Interaktion mit Säuglingen, die noch nicht lautsprachlich kommunizieren, bereits bedeutungsvoll, weil sie in engem Zusammenhang zu den ausgeführten Handlungen steht (Kapitel 5) und so die Referenz als Prozess verdeutlicht. Für bereits lautsprachlich aktive Kinder möchte ich ebenfalls einen umfassenden Entwicklungsverlauf aufzeigen: Wenn ein Kind ein neues Wort aufschnappt, bedeutet das nicht, dass es dieses bereits nachhaltig gelernt hat. Auch bedeutet es nicht, dass das Kind weiß, mit welchen anderen Wörtern dieses neue Wort im Zusammenhang steht. Wer zum Beispiel „heiß" sagen kann, muss noch lange nicht wissen, dass dieses das Gegenteil von „kalt" ist. Es bedeutet lediglich, dass das Kind am Anfang eines Erwerbs steht und die genauen Bedingungen für die Wortbedeutung mit Unterstützung erkunden muss. Die Äußerung „heiß" fällt, wann auch immer die Temperatur nicht angemessen erscheint. Erst in einem weiteren Schritt lernt das Kind, dass es „kälter" äußern muss, um z.B. das Badewasser richtig temperiert zu bekommen. Es äußert das vorhandene repräsentationale Wissen lautsprachlich aber auch nicht-verbal in sozialer Interaktion.

Dieses Buch entstand aus einer gründlich überarbeiteten Fassung meiner Habilitationsschrift (Rohlfing, 2009). Die Grundlage für Kapitel 3 war meine Dissertation (Rohlfing, 2002). Durch diese Vorgeschichte hat das Buch eine lange Liste von Unterstützern: Ich möchte meinem Mann, Marc Rohlfing, und meinen Freundinnen Daniela Bailer-Jones und Gudrun Kanacher für die Ermutigungen und das Querlesen danken. Frau Prof. Dr. Heike Behrens, Frau Prof. Dr. Prisca Stenneken, Herrn Prof. Dr. Gert Rickheit, Herrn Prof. Dr. Gerhard Sagerer, Herrn Prof. Dr. Hans Strohner und Herrn Prof. Chris Sinha verdanke ich die konstruktiven Gutachten zu den Ursprungsarbeiten. Meinen Mitarbeiterinnen Angela Grimminger und Kerstin Nachtigäller danke ich von Herzen für ihre Unterstützung, Beratung und die inhaltlichen Diskussionen bei der Anfertigung der überarbeiteten Version. Frank Hegel hat einige der Bilder angefertigt, und ich freue mich über diese freundschaftliche Note, die in dem Buch zum Ausdruck kommt. Das DAAD und die DFG – mit ihren Auslandprogrammen – sowie die VolkswagenStiftung – mit dem Dilthey-Fellowship – haben mir ermöglicht, die interdisziplinären Erfahrungen zu machen, die in dem Buch zum Tragen kommen.

Das Buch möchte ich den phantastischen und engagierten Erzieherinnen meiner Kinder, Samuel, Hannah und Jesse, widmen, die ihnen viele Situationen für die sprachliche Bedeutungskonstitution (und nicht nur!) dargeboten, und uns damit bereichert haben.

2. Methoden zur Erfassung der frühkindlichen Semantik

Die Lautproduktion eines Säuglings zu untersuchen, ist zwar nicht einfach, aber für die ersten Versuche, lautsprachlich zu kommunizieren (Szagun, 2006; Dittmann, 2010), gibt es immerhin Aufnahmegeräte. Solche Geräte gibt es leider nicht, wenn man die Semantik, die hinter diesen Kommunikationsversuchen steckt, als Untersuchungsziel hat. Was verbirgt sich hinter der Äußerung „Mama!", die ein Kind macht? Bezieht es sich wirklich auf die Mutter als Person oder ist es eher ein Hilferuf, wenn das Kind Hunger hat, müde ist oder an einen Gegenstand nicht herankommt? Was genau meint ein Kind mit „da!"? – diese vorbeifahrende *Bahn* oder dass die Bahn *vorbeifährt*? Warum geht es schon wieder an den Einschaltknopf des Computers, obwohl ich schon 1000 Mal dazu „nein!" gesagt habe? – versteht es etwa nicht, was ich mit dem Verbot meine? Es gibt leider keine einheitliche Methode, Bedeutung eines Wortes aufzuschlüsseln. Vielmehr muss die Bedeutung aus dem Gebrauch heraus – oder den vorangegangenen / nachkommenden Fällen – abgeleitet werden.

Die heutige Forschung geht nicht mehr von einem Big Bang für die sprachliche Bedeutung aus. Vielmehr gewinnen wir Erkenntnisse, die darauf hinweisen, dass sich die sprachliche Bedeutung – also eine Verbindung von einem sprachlichen Zeichen zu dem Referenten (siehe Kapitel 3) – aufbaut, bevor der Säugling sich verbal äußert. Zum Beispiel wurde in einer aktuellen Studie (Parise & Csibra, 2012) festgestellt, dass 9 Monate alte Säuglinge schon einige Wörter wie „Apfel" oder „Buch" verstehen können, d.h. die Lautkette mit einem Bildexemplar verbinden können – und das durchschnittlich drei Monate bevor sie selbst die Wörter äußern können (Kauschke & Hofmeister, 2002; Tardif u.a., 2008). Wir verdanken solche Erkenntnisse neuen technologischen Entwicklungen, die wiederum seit den 80er Jahren neue Untersuchungsmethoden zur sprachlichen und kognitiven Entwicklung bei Kindern hervorbringen. Diese „Revolution" (Bowerman & Levinson, 2001: 1) brachte uns Einsichten darin, wie Säuglinge schon früh die physikalische Welt begreifen und sie konzeptualisieren. Diese Einsichten verändern den Begriff der Semantik: Wo früher davon ausgegangen wurde, dass Bedeutung erst mit lautsprachlichen Fähigkeiten etabliert wird (cf. Schwarz, 1992), erkennt die Forschung heutzutage Protosemantik (also „Vorform" oder „Vorläufer" von Semantik) im Säuglingsalter. Wie diese Methoden genutzt werden können, um Einsichten in das Entstehen des semantischen Wissens zu gewinnen, zeigt dieses Kapitel. Es werden die gängigsten Methoden der Verhaltensforschung dargestellt, die allerdings nur einen ausgewählten Einblick in die stattfindenden Fortschritte auf dem Gebiet der präverbalen Semantik geben. In den Neurowissenschaften führten die technischen Entwicklungen ebenfalls zu neuen Erkenntnissen auf dem Gebiet der frühkindlichen kognitiven und sprachlichen Entwicklung (siehe Überblick in Männel, 2008).

Die hier dargestellten Methoden der Verhaltensforschung bauen aufeinander auf und werden dementsprechend nacheinander vorgestellt. In 2.6 werden einige von ihnen kritisch betrachtet. Es sei nochmals darauf verwiesen, dass in diesem Kapitel der Fokus auf der Entwicklung der Semantik liegt. Eine allgemeine Einführung in die Methoden der Sprachentwicklungsforschung gibt z.B. Bennett-Kastor (1988), die einen Überblick darüber gibt, wie die Sprache eines Kindes erfasst und analysiert werden kann, wobei der Fokus auf der Sprachproduktion liegt.

2.1 ‚Preferential looking'-Paradigma

In einem typischen Setting sitzt das Kind auf dem Schoß der Bezugsperson und betrachtet frontal präsentierte Stimuli (vgl. Abb. 2). Die Stimuli können dabei durch einen Menschen vorgeführt oder aber auf einem Videofilm aufgezeichnet und auf dem Bildschirm angezeigt werden. Während das Kind die Stimuli betrachtet, werden seine Blickbewegungen aufgenommen und ausgewertet. Diese Methode beinhaltet zwei Phasen: Eine Phase, in der die Kinder an Stimuli gewöhnt oder mit ihnen bekannt gemacht werden (Familiarisierungsphase), und eine Testphase, in der die gewohnten Stimuli im Kontrast zu neuen Stimuli dargeboten werden. Die Besonderheit vom ‚preferential looking'-Paradigma ist, dass in der Testphase zwei Stimulisets gleichzeitig nebeneinander auf zwei Bildschirmen präsentiert werden. Dies hat den Hintergrund, dass Kinder im Laufe einer Gewöhnungsphase eine Präferenz für eines der beiden Sets entwickeln und diese in der Testphase zeigen.

> Die Familiarisierungsphase bewirkt in der Regel eine **Präferenz für das Bekannte**. Diese Präferenz wird operationalisiert mit einer längeren Blickdauer zu einem der zwei präsentierten Sets.

Dabei ergibt sich die Blickdauer aus der Gesamtsumme aller Blickzeiten zu diesem Stimulus. Für die Auswertung stehen Computerprogramme zur Verfügung. Dabei wird die Blickrichtung und -dauer jedes Kindes auf den rechten oder linken Bildschirm auf Genauigkeit eines Einzelbildes (24 Bilder pro Sekunde) manuell kodiert. Diese Methode ist zeit- und arbeitsintensiv. Je nach Aufnahmewinkel und Schärfe, die man vom Gesicht des Kindes bekommt, kann es schwierig sein, die Blickrichtungen voneinander zu unterscheiden. Die Beleuchtung während der Aufnahmen stellt ebenfalls eine Schwierigkeit dar, weil einerseits die Stimuli im Vordergrund stehen sollen (weshalb manchmal auch die Raumumgebung nicht beleuchtet wird), andererseits die Augen eines Kindes gut zu sehen sein sollen. Dies macht es schwierig, den Prozess der Blickauswertung zu automatisieren. Hier sind die Eye-Tracking-Systeme behilflich.

> Die Dauer (Gesamtsumme aller Blickzeiten), mit der das Kind den Präsentationsort (Bildschirm oder Bühne) betrachtet, gibt dann Aufschluss darüber, ob die dargebotenen Stimulisets unterschiedlich wahrgenommen werden. Insofern kann mit dem Preferential Looking Paradigma die Fähigkeit zur **Diskriminierung** getestet werden, also das Vermögen zu erkennen, dass zwei Darbietungen unterschiedlich sind.

Ein Beispiel, wie mit dieser Methode die Semantikentwicklung untersucht werden kann, geben McDonough, Choi, Bowerman und Mandler (1998) mit ihrer Forschung zu räumlichen Kategorien. Ausgangspunkt für die Untersuchung ist die Kritik an der traditionellen Sicht auf die Semantik als einem mentalen Zuordnungsprozess, in dem zum Beispiel räumliche Ausdrücke (wie z.B. räumliche Präpositionen) räumlichen Konzepten zugeordnet werden. Diese Sicht konnte deshalb entstehen, weil die meisten Daten ursprünglich hauptsächlich Studien zur englischen Sprache entstammten und somit wenig Variabilität aufzeigten. Aus der sprachvergleichenden Forschung der letzten Jahre wissen wir jedoch, dass sich Sprachen in der Konzeptualisierung des

Raumes unterscheiden (Choi, McDonough, Bowerman & Mandler, 1999; McDonough, Choi & Mandler, 2003). Zum Beispiel wird für die Behälter-Relation im Koreanischen unterschieden, ob etwas lose („nehta') oder passend hineingelegt wird („kkita'). Im Englischen („in') wird diese Unterscheidung lexikalisch nicht gemacht (siehe Abb. 1).

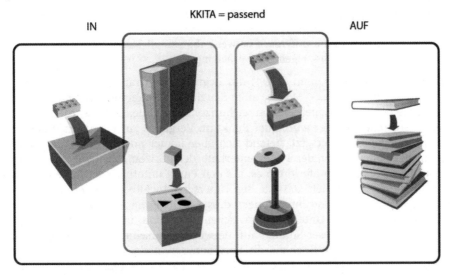

Abbildung 1: Der Unterschied in räumlichen Ausdrücken in Bezug zu bestimmten Ereignissen: Während im Deutschen und im Englischen etwas *auf* oder *in* etwas gelegt wird, wird im Koreanischen unterschieden, ob etwas *passend* zusammengesteckt oder *lose* hineingelegt wird (© Frank Hegel).

McDonough und Kolleginnen (1998) haben diesen lexikalischen Unterschied ins Zentrum ihrer Untersuchung der präverbalen Semantik gestellt: Wenn räumliche Konzepte bereits vorsprachlich geformt werden, dann erübrigt sich die traditionelle Zuschreibungsaufgabe – auch als ,Mapping'-Aufgabe bekannt – für die Kinder. Stattdessen wird die Beziehung zwischen Konzepten und sprachlichen Einheiten komplexer. Dafür testeten sie präverbale Englisch und Koreanisch lernende Kinder im Alter von 9–14 Monaten mit der Preferential Looking Methode und untersuchten, ob sie einen Unterschied zwischen losem und passendem Hineinstecken erkennen. Die für die Semantikentwicklung relevante Hypothese war hier, dass wenn sowohl Englisch wie auch Koreanisch lernende Kinder einen Unterschied zwischen den Ereignissen sehen (siehe Abb. 1), dann deutet er auf sprachunabhängige allgemeine Kategorien des Raumes hin, die von den Kindern zuerst präverbal geformt, und für das Sprachverhalten in der Zielsprache neu organisiert werden. Diese Hypothese konnten die Autorinnen bestätigen (Choi u.a., 1999) und zeigten somit, dass die Beziehung zwischen Sprache und Denken nicht einseitig (im Sinne eines bloßen ,Mappings'), sondern komplex ist (McDonough u.a., 1998: 337). Wenn die Konzepte, die vor der Produktion der Sprache erworben werden, nicht direkt äquivalenten Spracheinheiten zugeordnet werden können, dann ist es für die Forschung zur kognitiven Entwicklung essenziell zu untersuchen, was diese präverbalen Konzepte sind und wie sie für das Erlernen von verschiedenen Sprachen genutzt werden.

Bezogen auf das Untersuchungsparadigma sei betont, dass die Dauer der Familiarisierung entscheidend ist: Wenn sie zu lange ausfällt, können Kinder daraufhin eher eine Präferenz für das Neue zeigen, weil sie sich an dem familiären „sattsehen". Insofern sind die Grenzen von diesem Paradigma zu der Habituation (vgl. 2.5) fließend.

> The direction of a looking preference is largely irrelevant when infants' discrimination ability or recognition memory is of primary interest; any deviation from **random behaviour** indicates that a difference between the stimuli has been detected (Houston-Price & Nakai, 2004: 344, eigene Hervorhebung).

In diesem Sinne testete Quinn (1994) das Begreifen von räumlichen Konzepten wie ‚über' und ‚unter' bei 3 bis 4 Monate alten Säuglingen. Er zeigte zuerst einen Punkt in vier verschiedenen Positionen über einer horizontalen Linie. Dann wurden zwei neue Anzeigen sichtbar: In einer wurde der Punkt im Vergleich zur Familiarisierungsphase nach rechts oder links versetzt, befand sich aber immer noch über der horizontalen Linie; in der anderen war der Punkt unterhalb der horizontalen Linie zu sehen. Die untersuchten Säuglinge präferierten es, auf den Punkt unterhalb der Linie zu schauen und verdeutlichten zugleich, dass sie den Unterschied wahrgenommen haben. Dieser Befund wurde dahingehend interpretiert, dass Säuglinge im Alter von 3 bis 4 Monaten einen konzeptuellen Unterschied zwischen ‚über' und ‚unter' machen (ibid). Die einschlägige Wirkung dieser Studien auf die weitere Forschung zu Sprache und Denken macht einen genauen Blick auf die Forschungsmethode, ihre Operationalisierung von Konzepten wie auch auf die abhängige Variable, deren Messung Aussagen über mentale Zustände erlaubt, notwendig und wird unten vorgenommen.

2.2 ‚Split-screen preferential looking'-Paradigma

Diese Methode wurde von George Hollich an der Purdue University entwickelt. Das ‚Split-screen preferential looking'-Paradigma unterscheidet sich vom ‚preferential looking'-Paradigma insofern, als für die Präsentation ein Projektor verwendet wird, der mit einer computergenerierten Bildmaske zwei *dynamische* Bilder von Objekthandlungen auf einem Bildschirm zeigt (üblich waren bis dahin statische Bilder von einzelnen Objekten).

Auch diese Methode setzt eine Familiarisierung voraus. Das bedeutet, dass die Teilnehmer an einen bestimmten Stimulus (Objekt, Ereignis, Relation von Objekten) gewöhnt werden. Es wird erwartet, dass die Teilnehmer in der Testphase eine Präferenz für den bekannten Stimulus zeigen. Die Abbildung 2 zeigt ein Kind, das zuerst an das Ereignis des Hineinlegens familiarisiert wird: In beiden Stimulisets wird etwas lose in einen Behälter hineingelegt (vgl. Choi u.a., 1999; McDonough u.a., 2003). Beim Test werden dem Kind zwei unterschiedliche Sets präsentiert: In dem einen wird weiterhin etwas lose hineingelegt, in dem anderen wird es passend in eine Form hineingesteckt. Es wird erwartet, dass das Kind nach der Familiarisierung eine Präferenz für das Familiäre (also für das lose Hineinlegen) zeigt.

a.

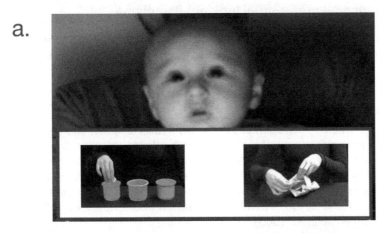

b.

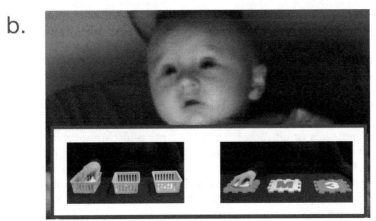

Abbildung 2: Zwei Phasen im Split-screen Preferential Looking Paradigma: (a) die Familiarisierung mit einem ähnlichen Ereignis (etwas lose in etwas hineinlegen) sichtbar in beiden Stimulisets; (b) der Test mit zwei unterschiedlichen Ereignissen: Das Kind zeigt Präferenz für das Familiäre.

Ob eine Methode funktioniert oder nicht, wird an der Konsistenz / Einheitlichkeit der Daten festgestellt und daran, ob die Daten kein zufälliges Verhalten von Kindern zeigen (Houston-Prince & Nakai, 2004). Meiner Erfahrung nach liefert dieses Paradigma verwertbare Daten für Kinder im Alter von 9 bis 24 Monaten und für Kinder in der Altersgruppe von 30 bis 36 Monaten. Für die Altersgruppen von 24 bis 30 und ab 36 Monaten entsprechen die mit dieser Methode erhobenen Daten einer zufälligen Verteilung. Die split-screen-Methode liefert mit Erwachsenen weniger eindeutige Daten. Möglicherweise hängt es mit der Präsentation der dynamischen Bilder zusammen, bei denen zu viele kognitive Prozesse aktiviert werden, weshalb die Erwachsenen mal auf die Ähnlichkeit der Stimuli im Hinblick auf bestimmte Farben oder Formen, mal auf den Zweck der Handlung achten. Für Kinder jünger als 9 Monate muss der Stimulus im Rahmen einer sozialen Interaktion (mit kindgerechter Ansprache) präsentiert werden, wofür sich das nächste Paradigma besser eignet.

2.3 ‚Intermodal preferential looking'-Paradigma

Diese Methode wurde im Labor von Roberta Golinkoff und ihren Kollegen entwickelt (Hirsh-Pasek & Golinkoff, 1996: Kapitel 3). Im Prinzip gleicht sie dem ‚split-screen'-Paradigma. Zusätzlich zu der Bildpräsentation hören die Kinder jedoch durch einen Lautsprecher auch verbale Informationen. Die Annahme lautet hier: Wenn Kinder verstehen, was sie hören, dann werden sie die Szene auf dem Bildschirm wählen, die zu dem Gehörten passt. Wenn zum Beispiel ein Kind hört „Wo ist ein Apfel? Kannst Du einen Apfel sehen?", dann soll es auf das Stimuliset schauen, auf dem ein Apfel zu sehen ist. Wenn es das Wort nicht versteht, wird es beide Stimulisets gleich lang (d.h. ohne Präferenz) betrachten. Diese Methode erlaubt es, das Verständnis von einfachen Nomen wie in dem Satz „wo ist eine *Blume*?" oder Verben wie in dem Satz „wo ist das *Springen*" zu testen. Die Methode kann aber auch für ein Training genutzt werden, um Kindern Wörter für neue Objekte oder Handlungen beizubringen (vgl. Pruden, Hirsh-Pasek, Golinkoff & Hennon, 2006).

2.4 ‚Interactive intermodal preferential looking'-Paradigma

In dieser Variante spielen die Kinder zunächst mit den in der Untersuchung vorkommenden Objekten. Dadurch wird ihnen die Möglichkeit gegeben, diese zu manipulieren und zu erkunden. Auch interagieren sie mit dem Experimentator, wodurch sie bereits an die Testsituation gewöhnt werden. In der darauf folgenden Phase zeigt der Experimentator etwas Neues oder führt einen neuen Namen ein, indem er zum Beispiel sagt „Schau', dies ist ein Doso!". Anstelle einer Bildschirmpräsentation erfolgt in der Testphase eine Präsentation der Objekte auf einer Tafel, an der die Objekte befestigt werden. Das Kind wird dann instruiert, eines der beiden Objekte auszuwählen (z.B. durch „Finde den Doso!"). Die Annahme bei dieser Methode lautet: Wenn Kinder den Namen korrekt gelernt haben, dann werden sie das Zielobjekt länger als das Ablenkungsobjekt anschauen.

2.5 Habituation

Diese Methode wurde von Marc Bornstein (1985) entwickelt. Die Habituation unterscheidet sich vor allem in der ersten Phase vom Preferential Looking. Die Phase der Familiarisierung (Habituationsphase) dauert länger, d.h. die konzeptuell gleichen Stimuli werden so lange präsentiert, bis das teilnehmende Kind Ermüdungserscheinungen zeigt. Diese werden durch Abwenden des Blickes oder Unruhe (was gleichzeitig ebenfalls eine Blickabwendung impliziert) operationalisiert. Die Ermüdung motiviert ein Kind, neue Ereignisse wahrzunehmen.

> Die Habituationsphase bewirkt eine **Präferenz für das Neue**, also genau umgekehrt zu dem Verhalten in dem Preferential Looking Paradigma (vgl. 2.1), in dem die Teilnehmer eine Präferenz für das Familiäre zeigen.

In der praktischen Umsetzung eines Habituationsexperimentes wird die Blickdauer zu jedem einzelnen Stimulus während der Durchführung gemessen, so dass die Blickdauer des Kindes direkt die Präsentation der Stimuli steuert. Zuerst wird dafür die individuelle Ausgangsblickdauer auf einen Stimulus berechnet (die sogenannte *Baseline*). Diese ergibt sich aus der durchschnittlichen Blickdauer der ersten zwei bis drei Präsentationen des Stimulus. Wenn das Kind seinen Blick abwendet und nicht auf den Bildschirm schaut, dann versucht ein Aufmerksamkeitssignal (z.B. ein Klingeln) die Aufmerksamkeit des Kindes wiederzugewinnen, um anschließend den Stimulus erneut zu zeigen. Reduziert sich die Blickdauer nach wiederholten Präsentationen der Stimuli auf insgesamt 50 % der Ausgangsblickdauer, wird die Habituationsphase beendet und ein neuer Stimulus präsentiert. Sehen Kinder in dem neuen Stimulus einen Unterschied zu dem habituierten Stimulus, so wächst ihre Aufmerksamkeit wieder und sie schauen länger auf den Bildschirm. Diese Methode wird verwendet, um herauszufinden, wie Kinder Objekte und Ereignisse verstehen, kategorisieren und gruppieren. Beispielsweise wurde in einer Studie von Casasola und Cohen (2002) untersucht, wie präverbale (9–11 Monate) und frühlexikalische (17–19 Monate) Englisch lernende Kinder räumliche Ereignisse konzeptualisieren. Wie schon in dem oben genannten Beispiel zum Unterschied zwischen einem passenden und einem losen Hineinlegen wurden den Kindern räumliche Relationen wie eine Behälter-Relation (ein Objekt wird lose in ein anderes hineingelegt), eine passend-Relation (ein Objekt wird passend in ein anderes oder auf ein anderes gesteckt) oder Stütze-Relation (ein Objekt wird auf ein anderes gelegt) demonstriert. Verkürzt dargestellt wurden nach dieser Habituationsphase die Diskriminierungsleistungen getestet, wenn eine neue Relation gezeigt wurde. Die Ergebnisse zeigten, dass Kinder, die an die Behälter-Relation habituiert wurden, zuverlässig zwischen verschiedenen Relationen unterscheiden konnten. Das wird als Indiz dafür genommen, dass Kinder während der Habituationsphase in der Lage waren, eine Kategorie für die Behälter-Relation zu bilden. Kinder, die an die Stütze- oder passend-Relation habituiert wurden, reagierten jedoch nicht auf die Veränderungen in der Relation. Diese Befunde legen nahe, dass Kinder die ,Behälter' Kategorie vor den Kategorien ,Stütze' oder ,passend' erwerben.

2.6   Kritik an ,preferential looking' und Habituation

In allen bisher genannten Paradigmen wird angenommen, dass Kinder eine diskriminative Antwort [discriminative response] auf die Stimulidarbietung geben. Wie oben bereits angemerkt, wird die abhängige Variable durch die Blickdauer auf den Präsentationsort (Bildschirm oder Bühne) operationalisiert. Die Frage, warum jedoch ein Kind ein Stimuliset X von einem Stimuliset Y unterscheidet, also zum Beispiel, welche Eigenschaften für den Unterschied ausschlaggebend sind, kann dabei nicht beantwortet werden (Hood, 2001: 1283). Den oben genannten Befund von Quinn (1994), dass Kinder eher auf einen Punkt unterhalb einer horizontalen Linie schauen, wenn sie vorher an einen Punkt über einer Linie gewöhnt wurden, lässt nicht nur die Interpretation zu, dass Kinder konzeptuell einen Unterschied zwischen ,unter' und ,über' machen. Auch besteht die Möglichkeit, dass sie das ganze Set (den Punkt mit der Linie zusammen) als ein Ganzes wahrgenommen haben. Dann unterscheidet sich das Muster der Familiarisierungsphase rein perzeptuell von dem Muster der Testphase, ohne Konzepte wie ,unter' und ,über' heranzuziehen. Die Kinder brauchen lediglich eine perzeptuelle Anomalie [„perceptual anomaly"] zu entdecken (Keen Clifton, 2001: 299). An diesem konkreten Beispiel von Quinn (1994) werden zwei Probleme deutlich: Zum einen werden vor der Experimentdurchführung sehr konkrete Vorstellungen über das konzeptuelle Wissen entwickelt und es wird angenommen, dass durch einen Punkt über oder unter einer Linie ein entsprechendes räumliches Konzept operationalisiert werden kann. Diese Operationalisierung ist insofern problematisch, als sie auf eine sehr spezielle Präsentation eingeschränkt ist und zugleich auch beinhaltet, dass es ein Konzept zu ‚unter' und ‚über' gibt. Das heißt, dass ein festgelegtes Set an Konzepten (und zudem die Vorstellung, welche Merkmale sie ausmachen) mit der Operationalisierung einhergeht. Auch wird in diesen Paradigmen nicht beachtet, dass Kinder von ihrer motorischen Kognition her bestimmte Neigungen haben, z.B. auf Bewegung zu reagieren (siehe 4.1.2). Es wäre daher wünschenswert, dass diese Fähigkeiten im Design der Stimuli ihre Berücksichtigung finden.

Zum anderen besteht das Problem, dass es im Grunde eine unbestimmte Anzahl von Faktoren gibt, die eine diskriminative Antwort erklären könnten. Daher ist bei der Generalisierung der Ergebnisse, die über die Stimuli hinausgehen, Vorsicht geboten. Hood (2001: 1283) kritisiert an der Habituationsmethode, dass man nicht einmal genau weiß, was „looking time truly reflects", geschweige denn, ob das Blickverhalten die richtige Wahl ist, um das Wissen eines Kindes zu messen. Seine Kritik bezieht sich auf einen Unterschied zwischen perzeptuellem und kognitivem Wissen. Demnach ist die Fähigkeit zur Diskriminierung nicht mit dem allgemeinen Wissen gleichzusetzen (Hood, 2001: 1281). Ähnlich argumentiert Keen Clifton (2001: 303), wenn sie schreibt, dass die Fähigkeit, perzeptuelle Unterschiede wahrzunehmen nicht dem Gebrauch des Wissens zur Problemlösung entspricht. Es empfiehlt sich daher, Leistungen zu testen, die über die Laborsituationen hinausgehen und sowohl der Variabilität im Verhalten als auch der Situiertheit gerechter werden (siehe z.B. Amano, Kezuka & Yamamoto, 2004 oder Gliga & Csibra, 2009 als positive Beispiele).

Ein weiterer Kritikpunkt betrifft die generelle Ableitung der theoretischen Implikationen aus preferential looking und Habituationsstudien: Diese fokussierten lediglich darauf, zu beschreiben, was sich entwickelt (also welche Fähigkeiten), wobei sie jedoch die Prozesse ignorieren, die zu dieser Entwicklung führen.

2.7 Object-examination task

Eine weitere Methode, frühes Wissen zu testen, bietet die Objektuntersuchung (Mandler & McDonough, 1998). Diese Methode eignet sich für Kinder, die sicher im Stuhl sitzen und Objekte manuell erkunden können, also etwa ab dem Alter von 7 Monaten. Auch in diesem Paradigma geht eine Familiarisierungsphase der Testphase voraus. In der Familiarisierungsphase bekommen die Kinder verschiedene Exemplare einer Kategorie vorgelegt. In der Studie von Mandler und McDonough (1998) waren es vier Spielzeuge aus der Kategorie ‚Tiere'. Diese wurden eins nach dem anderen auf den Tisch vor das Kind gelegt. Das Kind durfte die Objekte für 20 Sekunden frei erkunden. Diese Präsentation von vier Objekten nacheinander wurde achtmal wiederholt. Danach wurden dem Kind zwei Testobjekte nacheinander vorgelegt (jeweils für 20 Sekunden). Das erste Testobjekt gehörte der gleichen Kategorie wie die familiarisierten vier Objekte an und war somit auch ein Tier. Das zweite Testobjekt war ein Exemplar einer anderen Kategorie, z.B. ein Flugzeug, das zu der Kategorie ‚Fahrzeug' gehört. Die Annahme lautete, dass Kinder das zweite Testobjekt signifikant länger untersuchen werden als das erste Testobjekt, wenn sie die Unterschiede zwischen den Kategorien wahrnehmen. Kinder zeigen hier ein diskriminierendes Verhalten, weil für die Länge des Erkundens die Neuigkeit des Objektes entscheidend ist.

Mit dieser Methode zeigten Mandler und McDonough (1998), dass Kinder bereits im Alter von 7 (aber vor allem mit 9) Monaten Objekte nicht nur nach ihren Äußerlichkeiten, sondern vor allem nach ihren Funktionen kategorisieren. Das äußerte sich dadurch, dass sie Tiere anders als Fahrzeuge betrachteten, obwohl sich die Objekte optisch ähnelten (z.B. hatte ein Flugzeug eine ähnliche Spannweite seiner Flügel wie ein Vogel). Den funktionalen Unterschied bemerkten Kinder nicht nur zwischen belebten und unbelebten Objekten, sondern sie machten auch feinere Unterschiede zwischen unbelebten Objekten (wie Möbeln und Fahrzeugen).

Die Ergebnisse überraschen sogar noch mehr, wenn man sich vor Augen führt, dass die untersuchten Kinder bei allen Stimuli-Kategorien (egal ob als unbelebt oder belebt gemeint) Spielzeug-Nachbildungen von realen Objekten, somit eigentlich unbelebte Objekte, in die Hand nahmen. Insofern kann davon ausgegangen werden, dass mit dieser Methode ein Wissen von Kindern zum Vorschein kam, das bereits verfestigt ist und sogar auf symbolische Repräsentanten (Spielzeuge) übertragen wird.

2.8 Semantisches Priming

Eine recht neue Methode von Arias-Trejo und Plunkett (2009) geht vom Untersuchungsparadigma des intermodal preferential looking aus, um herauszufinden, wie sich das semantische Wissen von 18 und 21 Monate alten Kindern aufbaut. Die Autoren machen sich dabei die Idee zunutze, dass Wörter zu bestimmten Kategorien gehören. Zum Beispiel gehör das Wort „Hund" zu der Kategorie ‚Tiere' und ist somit mit einem anderen Wort aus dieser Kategorie wie z.B. „Katze" semantisch verwandt. Die zugrundeliegende Vorstellung ist hier, dass Wörter untereinander semantische Netzwerke bilden. Wenn Wörter untereinander verbunden sind, dann ist es möglich, das eine Wort durch das andere hervorzulocken.

> Wie Studien mit Erwachsenen zeigen, kann eine Reaktion auf ein Zielwort schneller und genauer erfolgen, wenn dieses vorher durch ein unmittelbar vorangehendes und semantisch verbundenes Wort angebahnt wird (Meyer & Schvaneveldt, 1971). Diese Anbahnung wird *semantisches Priming* genannt [vom engl. *to prime*, anbahnen].

Statt wie bei dem ‚intermodal preferential looking' ein Zielwort gleichzeitig zu zwei Bildern zu präsentieren, hörten Kinder in der Studie von Arias-Trejo und Plunkett (2009) zwei Wörter bevor die Bilder gezeigt wurden: Zuerst wurde ein sogenannter Prime geäußert und kurz danach das Zielwort (siehe Tabelle 1). Dabei gab es zwei Bedingungen: Die zwei Wörter standen entweder in einer semantischen assoziativen Verbindung zueinander (wie z.B. Hund und Katze) oder waren nicht assoziativ miteinander verbunden (z.B. Hund und Apfel oder Tiger und Bahn). Nachdem die Kinder die beiden Wörter gehört haben, wurden ihnen die Bilder gezeigt.

Mit dem Experiment war es somit möglich zu evaluieren, ob Kinder auf die semantische Verwandtheit zwischen Wörtern wie „Katze" und „Hund" anders reagierten als auf Wörter, die von einer visuellen Präsentation unterstützt wurden. Für diese visuelle Präsentation wurden den Kindern zwei Bilder gezeigt (z.B. ein Hund als Zielobjekt und eine Tür als Ablenker). Kurz bevor die Bilder erschienen, hörte das Kind ein Prime-Wort, das entweder semantisch verwandt war (z.B. „Katze") oder nicht verwandt war (z.B. „Schaukel"). Einige Millisekunden nach dem Prime-Wort hörte das Kind das Zielwort, das die zwei folgenden Bilder ankündigte (z.B. „Hund"). Diese Fälle wurden mit denen verglichen, in denen das Bild unbenannt blieb oder nur mit einem Aufmerksamkeitswort („Look!") angekündigt wurde. Die Autoren stellten dabei folgende Hypothese auf: Wenn der Effekt des Primings eher durch die Beziehung zwischen den Wortpaaren (Hund und Katze) vermittelt wird als durch eine direkte Präferenz des genanntes Zielobjektes, dann sollte der Effekt nur in der Bedingung auftauchen, in der das Zielobjekt benannt wird.

Bedingung	Beispiel	Erklärung
Prime-Zielobjekt [Prime-Target]	I saw a cat … dog	„cat" ist semantisch verwandt mit „dog", und das Wort „dog" wird genannt
Prime-Blick [Prime-Look]	I saw a cat … look	„cat" ist semantisch verwandt mit „dog"; das Wort „dog" (mit Bezug auf das Zielbild) wird aber nicht genannt, stattdessen wird „look" gesagt
Neutral-Zielobjekt [Neutral-Target]	I saw a swing … dog	„swing" steht zu „dog" nicht in Beziehung, „dog" wird aber genannt
Neutral-Blick [Neutral-Look]	I saw a swing … look	„swing" steht zu „dog" nicht in Beziehung; das Wort „dog" (mit Bezug auf das Zielbild) wird aber nicht genannt, stattdessen wird „look" gesagt

Tabelle 1: Die vier untersuchten Bedingungen in der Studie von Arias-Trejo & Plunkett (2009): Nach einer sprachlichen Anbahnung sahen die Kinder zwei Bilder (das Zielobjekt, z.B. einen Hund, und einen Ablenker, z.B. eine Tür).

Die Muster der Blickbewegungen zeigten, dass 18 Monate alte Kinder mit Präferenz auf das Zielobjekt schauten, wenn es vorher benannt wurde – egal ob es durch semantisch verwandte oder unverwandte Begriffe angekündigt wurde. Sie zeigten keine Systematik in ihren Blickbewegungen, wenn das Zielobjekt ungenannt blieb (Arias-Trejo & Plunkett, 2009: 3638). Dagegen schauten die älteren, 21 Monate alten Kinder das Zielobjekt präferiert nur in der Prime-Zielobjekt Bedingung an, in denen das Zielobjekt mit einem semantisch verwandten Wort geprimt wurde.

Die Autoren schlussfolgern aus den Ergebnissen, dass 21-Monatige beginnen, Assoziationen zwischen den Lexemen zu bilden, was darauf hindeutet, dass das semantische Wissen sich in Netzwerken aufbaut, denen thematische und taxonomische Beziehungen zwischen den Wörtern zugrunde liegen. Frühe Wörter kann man sich wie Inseln vorstellen: „lexical concepts are ‚islands' in semantic space" (ibid: 3646), die sich erst später untereinander verbinden und zu einem „system of meanings" (ibid) werden. Es bleibt eine offene Forschungsfrage, wie es zu den Verbindungen zwischen den Inseln kommt.

2.9   Verständnistests

Bezüglich der Frage, was ein Kind unter einem bestimmten Wort versteht, bedienen sich viele Forscher expliziter Antworten von Kindern. Solche Studien haben nicht nur das Ziel, die Semantik eines Wortes, sondern häufig auch die zugrundeliegende Konzeptualisierung zu untersuchen. Bereits in der Methode des ‚intermodal preferential looking' wird vorausgesetzt, dass Kinder auf die Frage „Wo ist ein Ball?" durch ihr Blickverhalten antworten, also dass sich die Semantik eines Wortes im Blickverhalten des Kindes widerspiegelt. Forscher, die sich diese Methode zunutze machen, gehen also davon aus, dass man mithilfe von Verständnistests (z.B. in Pruden u.a., 2006) das Wissen der Kinder über neuerworbene Wörter ab einem Alter von 10 Monaten testen kann, wenn sich die Aufmerksamkeit der Kinder mit einer direkten Frage auf ein semantisch passendes Objekt lenken lässt.

Egal zu welchem Alter sie durchgeführt werden, handelt es sich bei den Verständnistests meistens um **eine Auswahl** [engl.: *selection*], die die Kinder durch ihr Blickverhalten, ihre Zeigegeste oder durch eine Greifbewegung nach dem Objekt treffen. Das Verständnis ist im Vergleich zur Produktion deshalb schwieriger zu testen, weil unter „Verständnis" sehr unterschiedliche Ausprägungen des Wissens aufgefasst werden. So kann z.B. das Wiedererkennen bei einer Suchaufgabe eine sehr rudimentäre Form des Verstehens sein, wogegen eine Übertragung des Konzepts nötig ist, um ein Wort auf ein ähnliches – aber noch nie gesehenes – Exemplar anzuwenden. In diesem Sinne dienen Verständnistests immer einem handlungsbezogenen / pragmatischen Zweck (z.B. eine Suchaufgabe).

Erst später in der kindlichen Entwicklung, mit frühestens 15 Monaten (laut Markman, Wasow & Hansen, 2003), kann man die Zeigegeste eines Kindes als zuverlässiges Antwortverhalten nutzen, mit der das Kind auf das semantisch passende Objekt (meistens sind es mehrere, die zur Auswahl stehen) referieren kann. Mit dieser Art von Antwort lässt sich klären, wie sich die Referenz des Wortes entwickelt, d.h. auf welches der vorgegebenen Objekte Kinder das gesagte Wort beziehen. Eine Reihe von Studien belegte auf diese Weise, dass Kinder – wenn ihnen ein neues Objekt vorgelegt und mit einem Wort benannt wird – dieses neue Wort auf das ganze Objekt und nicht lediglich auf seine Teile beziehen (z.B. Markman & Wachtel, 1988; siehe 4.1.4).

2.9.1   Pragmatik der Wortverständnistests

Generell ist zur Frage-Antwort-Methode anzumerken, dass die Pragmatik dieser Testaufgabe für junge Kinder bekannt sein muss, um sie erfolgreich anwenden zu können. Bei älteren Kindern kann man eher davon ausgehen, dass sie auf eine Frage mit einer Antwort reagieren können. Von jungen Kindern kann man jedoch nur dann eine sinnvolle Antwort auf eine Frage bekommen, wenn sie überhaupt wissen, dass sie gefragt werden, und dass sie als Antwort entweder etwas sagen oder auf etwas zeigen sollen. Dies kann dadurch gewährleistet sein, dass in einer sogenannten Aufwärmphase geprüft wird, ob Kinder diese Aufgabe verstehen und sich wie erwartet verhalten können. Ein gutes Beispiel für solch einen Vortest beschreiben Floor und Akhtar (2006); bevor sie mit ihrem eigentlichen Experiment beginnen, werden die Kinder mit der

Prozedur vertraut gemacht und es wird zugleich überprüft, ob sie in der Lage sind, sich der Annahme entsprechend zu verhalten:

> To familiarize children with the procedure that would be used in training and test tri-als, the four familiar items were placed in the buckets. The experimenter used each item's name in three sentences (I'm going to show you the ball. Want to see the ball? I'll show you the ball.) before removing the item and giving it to the infant to handle for a few seconds. [...] After all four objects had been introduced, they were placed on a tray and the infant was asked to select one (e.g. Can you show me the ball? Or Which one is the ball?). An object was considered selected if the infant picked it up, pointed to it, handed it to the experimenter, or touched it while making eye contact with the experimenter. Correct selections indicated that the infant understood the question and was willing to comply with the experimenter's request. After two sepa-rate correct selections (e.g. of the ball and the cup), the experimenter moved on to the training rounds (Floor & Akhtar, 2006: 331).

Ab einem gewissen Alter lässt sich das sprachliche Wissen ebenfalls durch interaktive Aufgaben testen. Auch hierfür ist es notwendig, dass Kinder sich in der jeweiligen Situation sicher bewegen können. Zum Beispiel sind Kinder erst mit etwa 20 Monaten in der Lage, am Tisch mit fremden Personen zu sitzen und Instruktionen zu folgen.

In einigen Studien bedient man sich Bildern von Objekten, um das Verständnis von einem Wort zu überprüfen. In einer umfassenden Studie untersuchten Gershkoff-Stowe und Hahn (2007) die Fähigkeit von 16 bis 18 Monate alten Kinder, ein vorge-gebenes Wort auf ein Bild zu beziehen. Um zu testen, ob das Kind diese Zuordnung (von Wort und Bild) erworben hat, wurden ihm sechs Bilder vorgelegt und es musste als Antwort auf eine Frage, z.B. „Wo ist eine Krabbe? [Where's the crab?]" (ibid: 687), auf ein bestimmtes Bild zeigen. Bei dieser Studie ist interessant, wie Kinder auf diese Prozedur hin trainiert wurden. Wenn sie Fehler gemacht haben, wurden sie von dem Experimentator korrigiert, indem er auf das korrekte Bild gezeigt und das dazu-gehörige Wort geäußert hat. Die Pragmatik der gewünschten Antwort wurde in dieser Studie parallel zu dem Lernen und Testen vermittelt.

2.9.2   Anwendung von neuen Wörtern in Verständnistests

Wenn die Voraussetzungen gegeben sind und überprüft wurde, dass das Kind sich in der Testsituation kooperativ verhalten kann, können sowohl bekannte wie auch neue Wörter abgefragt werden. In den Studien, in denen die Auswirkung einer bestimmten Lern- oder Darbietungsmethode auf das Wortlernen überprüft wird (z.B. ob es den Kindern hilft, ein Wort zu hören und dabei eine Geste zu sehen), werden Wörter ein-gesetzt, die in der Muttersprache des Kindes nicht vorkommen. Die Anwendung die-ser neuen Wörtern (*Pseudowörter*) hat das Ziel, das Vorwissen der Kinder zu kontrol-lieren, sodass die Ergebnisse nicht dadurch verfälscht werden, was das eine Kind schon kann, das andere aber nicht. Bei neuen Wörtern sind also die Lernvorausset-zungen bei allen Kindern gleich.

Neue Wörter sollen unbedingt unter der Berücksichtigung der phonotaktischen Regeln der Zielsprache entworfen werden – das sind Regeln, nach denen in einer Sprache Laut- oder Phonemkombinationen zugelassen sind. Wichtig ist auch, sich klar zu machen, dass Kinder in einer Sitzung nicht viele neue Wörter lernen können. Zu viel Lernstoff überfordert ihre Gedächtniskapazitäten. Horst (2012, persönliche Kommunikation am 16.10.2012) berichtet, dass es möglich ist, Zweijährigen im

Rahmen einer Sitzung vier neue Wörter beizubringen, um deren Verständnis erfolgreich zu testen. Allerdings hängt es davon ab, wie tief das Verständnis etabliert werden soll. Tomasello (2003) fasst zusammen, dass das Verständnis meistens um 2- bis 3-fache das übersteigt, was zweijährige Kinder produzieren können (vgl. unten).

Ich möchte an der Stelle kritisch bemerken, dass die Anwendung von neuen Wörtern nicht der Ökologie des Lernens entspricht. Das Lernen ist kein binärer Zustand und das Wissen von einem Wort entwickelt sich über die Zeit. In diesem Sinne zeigt eine aktuelle Studie von Bergelson und Swingley (2012), dass bereits 6 bis 9 Monate alte Kinder ein schwaches Verständnis von häufig gebrauchten Wörtern wie „Banane" oder „Hand" haben. Wir wissen noch zu wenig über die Gedächtnisprozesse, d.h. wie die Repräsentationen sich mit der Erfahrung und der Zeit entfalten und auf welche Weise das frühe Wissen dem späteren Erwerb dienen kann. Es ist jedoch gut vorstellbar, dass das Wissen über familiäre sprachliche Formen, bekannte Objekte und Ereignisse eine wichtige Struktur schafft, die wiederum das Lernen erleichtert. Daher können die Erkenntnisse aus Studien, die das Verständnis von neuen Wörtern testen, nur vorsichtig auf das Wortlernen außerhalb der Laborsituation übertragen und generalisiert werden. Hinzu kommt, dass in den bisherigen Studien hauptsächlich das sogenannte Fast Mapping getestet wurde (siehe Kapitel 3). Dies ist jedoch – wie uns Carey (1978; 2010) sowie Horst und Samuelson (2008) aufklären – nur *ein* Mechanismus des Spracherwerbs, der für eine schnelle Verknüpfung von Wort und Referent sorgt (siehe auch 3.1.1.3). Eine Alternative, die der Ökologie des Lernens mehr entspricht, ist die Verwendung von echten Wörtern (vgl. auch Markman & Wachtel, 1988). Dabei ist jedoch unbedingt darauf zu achten und in einem Vortest abzuklären, wie viel Wissen über das Wort die Kinder in die Laborsituation bereits mitbringen (vgl. Rohlfing, 2006).

2.9.3 Transfer des Wortverständnisses

Zeigt ein Kind ein Verständnis von einem neuen Wort in einem Test unmittelbar nach einer Lernsituation, ist damit noch nicht belegt, dass es das neue Wort nachhaltig erworben hat. Aktuelle Studien zeigen sogar, dass das schnell erworbene Wortwissen äußert fragil ist und bereits nach fünf Minuten in Vergessenheit geraten kann (Horst & Samuelson, 2008). Im Kapitel 3 (3.1.1) gehe ich deshalb auf die Funktion der Wortbedeutung mit der Berücksichtigung unterschiedlicher Zeitverläufe ein.

> Das (rezeptive oder auch produktive) Wortwissen eines Kindes erscheint robust, wenn es auf neue Situationen / Aufgaben / Objekte nachhaltig übertragen wird. Die Übertragung / der Transfer beinhaltet zwei Dimensionen der Fähigkeit, das Wissen aus der Lernsituation zu behalten: Eine **inhaltliche Übertragung** [generalization], die durch Tests mit anderen Objekten erfasst werden kann einerseits und **zeitliche Übertragung** (Abruffähigkeit [retention]) andererseits, die in Tests an darauffolgenden Tagen auf Nachhaltigkeit überprüft werden kann.

Ist das Untersuchungsziel zu überprüfen, ob das neue Wort langfristig und robust gelernt wurde – im Sinne von Slow Mapping (siehe 3.1.1) – dann muss die Anwendung des Verständnisses in mehreren Sitzungen und mit unterschiedlichen Objekten abgefragt werden. Da das Slow Mapping dadurch charakterisiert wird, dass das neue Wort in ein semantisches Netzwerk im Gedächtnis eines Kindes aufgenommen wird und sich dadurch Verknüpfungen zum bereits vorhandenen Wissen herausbilden, muss dem Test eine erneute Auseinandersetzung mit dem neuen Wort in unterschiedlichen Situationen vorangehen. Zum anderen ist es wichtig, dass sich das erworbene Wissen im Gedächtnis festigen kann. Beides ist gewährleistet, wenn die Verständnistests an unterschiedlichen Tagen durchgeführt werden.

Da die Robustheit des Wortwissens sich nicht nur über die Zeit, sondern auch in der Anwendung auf unterschiedliche Situationen und Aufgaben zeigt, ist es wichtig zu überprüfen, ob Kinder das Wortverständnis auf unbekannte Objekte übertragen können. Dafür werden den Kindern sogenannte Transferobjekte präsentiert. Das sind Objekte, die von den ursprünglichen Objekten, mit denen das Kind gelernt hat, im Hinblick auf bestimmte Merkmale abweichen. In einer früheren Studie (Rohlfing, 2006) konnte ich zeigen, dass Kinder das erworbene Wort am besten anwenden können, wenn die Objekte gleich bleiben. Das Wort auf neue Objekte zu übertragen, bedeutet für viele Zweijährige bereits eine Hürde: Im Alter von 24 Monaten können Kinder ihr Wortwissen kaum auf abstrakte und kontextunabhängige Objekte (wie z.B. geometrische Figuren) übertragen (ibid). Eine weitere Hürde müssen Kinder nehmen, wenn sie das Gelernte auf eine neue Aufgabe übertragen sollen. Dies ist z.B. der Fall, wenn sie ein neues Wort mit Bezug auf Objekten im Bild gelernt haben, aber der Test ihr Verständnis in Form einer Handlung erfordert.

Die Studie von Nachtigäller, Rohlfing und McGregor (2012) berichtet aus eigener Forschungspraxis, wie diese zwei Dimensionen (inhaltliche und zeitliche Übertragung) in Verständnistests berücksichtigt wurden. In dieser Studie haben Kinder zuerst ein neues reales Wort im Training gelernt. Die kindliche Fähigkeit, eine inhaltliche Übertragung des gelernten Wortes zu leisten wurde dadurch getestet, dass sowohl aus dem Training bekannte wie auch unbekannte Objekte beim Abfragen zum Einsatz kamen. Wir testeten die Fähigkeit der Kinder, das gelernte Wort zeitlich zu übertragen, in dem wir ihr Wortverständnis sowohl unmittelbar nach dem Training (Fast Mapping-Test) als auch einen Tag später (Slow Mapping-Test) untersuchten.

Zusammenfassend ist an dieser Stelle die Komplexität von Wortlernprozessen zu betonen: Die Tatsache, dass Kinder neue Wörter schnell aufschnappen, heißt nicht, dass sie diese neuen Wörter bereits gelernt haben. Vielmehr haben Kinder danach noch einen weiten Weg vor sich, auf dem sie lernen müssen, das neue Wort in *unterschiedlichen* Situationen *richtig* anzuwenden.

2.10 Wortproduktion

Vor dem 28. Monat ist es schwierig, unter experimentellen Bedingungen einem Kind eine Wortproduktion abzuverlangen. In der Studie von Horst und Samuelson (2008) mit 24 Monate alten Kindern äußerte fast keines das neu gelernte Wort. In Booth, McGregor und Rohlfing (2008) haben wir mit älteren Kindern gearbeitet (28 Monate alt) und in einer Sitzung drei Nomen trainiert. Selbst hier war die Wortproduktion nur bei einzelnen Kindern zu beobachten. Nach einer zeitlichen Verzögerung fiel die Wortproduktion noch schlechter aus.

Nach Berichten von Tomasello (2003: 80) gingen einige Studien der Frage nach, wie häufig ein neues Wort wiederholt werden muss, damit Kinder es sich merken können. Lernt ein junges Kind im Alter von 12 bis 18 Monaten nur ein einziges neues Wort in einer Sitzung, so kann es den Namen – im Durchschnitt – nach etwa 10 bis 12 Präsentationen angemessen äußern (Schwartz & Terrell, 1983). In weiteren Studien (Childres & Tomasello, 2003) werden Kinder einen Monat lang (etwa sechs bis acht Sitzungen) darin trainiert, lediglich *ein* bestimmtes Wort zu sagen, wobei es eine geringe Rolle zu spielen scheint, ob es mehrmals oder nur ein Mal während einer Sitzung präsentiert wird (Schwartz & Terrell, 1983). Kinder lernen ein neues Wort besser, wenn es über einen längeren Zeitraum als eine Sitzung verteilt [distributed] dargeboten wird (Tomasello, 2003).

2.11 Mutter-Kind-Beobachtungen

Ein Kind in einer natürlichen Interaktion zu beobachten, bietet eine ungezwungene Art, seinen Sprachstand bzgl. Wortbedeutungen zu erfassen. Diese Methode zählt zu den off-line Beobachtungsverfahren (Kauschke, 2011). Die Situationen werden im Nachhinein daraufhin analysiert, wie Kinder auf die Äußerungen anderer reagieren, d.h. wie sie kommunikative Äußerungen interpretieren. Werden Daten an mehreren Zeitpunkten erhoben (d.h. führt man diese Beobachtungen mehrmals durch), können auch Aussagen über die Entwicklung der sprachlichen Fähigkeiten eines Kindes gemacht werden. An den meisten Studien, die solch eine ungezwungene Beobachtungsmethode nutzen, nehmen Mütter – als primäre Bezugspersonen – mit ihren Kindern teil, deshalb spricht man auch von Mutter-Kind-Dyaden. Allerdings sind diese Beobachtungen davon abhängig, dass sie in Situationen stattfinden, die wiederum lediglich eine begrenzte Auswahl an Beschäftigungsformen erlauben. Allgemein können Spielaktivitäten von Aktivitäten unterschieden werden, die im Alltag notwendigerweise stattfinden (z.B. Mahlzeiten oder Baden). Ich möchte an dieser Stelle kritisch bemerken, dass man sich nur bei den Alltagsaktivitäten (z.B. Golinkoff, 1986 während einer Mahlzeit oder Nomikou & Rohlfing, 2011 während des Wickelns) wirklich sicher sein kann, dass sie den tatsächlichen interaktiven Alltag auch widerspiegeln. Alle anderen Aktivitäten – selbst das freie Spiel – können eine Form von Handlung sein, die ein Mutter-Kind-Paar im Alltag wenig praktiziert, weil die Mutter z.B. weitere Kinder hat und anderen Beschäftigungen nachgehen muss.

2.11.1 Freies Spiel

Ein repräsentatives Beispiel für die Situation, in der Kinder mit ihren Müttern frei spielen, ist die Studie von Harris, Barrett, Jones und Brookes (1988) mit lediglich vier erstgeborenen Kindern, die zu mehreren Zeitpunkten in der Interaktion mit ihrer Mutter beobachtet wurden. Die Beobachtungen begannen als das Kind 6 Monate alt war und setzten sich ein Mal im Monat fort bis das Kind ein Jahr alt war, dann intensivierten die Forscher die Beobachtungen, die sie nun alle 14 Tage durchführten bis die Kinder zwei Jahre alt waren. Die Aufnahmen für diese Studie fanden im Labor statt (ebenso z.B. Kauschke & Hofmeister, 2002). In anderen Studien gingen die Forscher zu den Familien nach Hause und nahmen die Interaktion in einer familiären Umgebung auf (Rowe, 2000); diese Vorgehensweise bringt manchmal einen logistischen Vorteil für die Mütter mit sich, da es für sie einfacher ist, die Forscher bei sich zu Hause zu empfangen als einen Termin in einem Laborraum einzuhalten. Die Laborumgebung bietet allerdings mehr Kontrolle über Objekte, die sich dort befinden und Tätigkeiten, die dort stattfinden. In der Studie von Harris und Kollegen (1988) wurde der Raum mit Spielzeugen und Büchern ausgestattet (ebenfalls in Kauschke & Hofmeister, 2002). In Studien, die bei den Familien zu Hause durchgeführt werden, empfiehlt es sich, zumindest die Auswahl der Objekte zu beschränken. In der Studie von Choi (2000) sind es zwei Aktivitäten, die die Forscherin initiiert: Das Lesen eines Buchs und das Spielen mit einem Spielzeugset. In der Studie von Rowe (2000) wurden einige Taschen mit bestimmten Spielzeugen für die Interaktion mitgebracht:

> [Mother-child dyads] were provided with bags containing various toys. The first bag contained a picture book, the second bag a toy cooking set with a plastic stove top and pots, and the third bag a toy Noah's Ark with plastic animals (Rowe, 2000: 310).

In diesen Studien werden die teilnehmenden Mütter instruiert, sich so zu verhalten, wie sie das typischerweise in solch einer Situation tun würden: „mothers were encouraged to play and interact with their child as they normally would" (Iverson, Capirci, Longobardi & Caselli, 1999: 60). Die Aufnahmenlänge an einem Erhebungszeitpunkt variiert von 10 bis 90 Minuten, je nachdem wie umfangreich die anschließende Datenkodierung geplant ist (siehe 2.11.4).

2.11.2 Betrachten von Bilderbüchern

Yont, Snow und Vernon-Feagans (2003) machten mit ihrer Vergleichsstudie darauf aufmerksam, dass sich je nach Situation der sprachliche Input verändert. Sie verglichen zwei Typen von Situationen miteinander in Hinblick auf das verbale Verhalten der Mutter wie auch das des 12 Monate alten Kindes: In der einen Situation wurden die Mutter und das Kind beim freien Spiel beobachtet, in der anderen Situation haben sie gemeinsam ein Bilderbuch betrachtet. Es zeigten sich Unterschiede zwischen den beiden Situationen bezüglich der sprachlichen Absichten, dem Vokabular und der frühen Syntax des Kindes. Das heißt, dass man nicht aus einer ausgewählten Situation auf den umfassenden Input im Alltag generalisieren kann. Zudem sollen Forscher sich darüber bewusst sein, dass allein eine bestimmte Situation entscheidend beeinflussen kann, ob der Konversationsstil der Mutter ein bestimmender (die Mutter bestimmt, worüber gesprochen wird) oder ein elizitierender (die Mutter unterstützt das Kind in seinen sprachlichen Äußerungen, folgt ihrem Kind in seinen Aussagen) sein wird (Yont u.a., 2003). Ebenfalls wird in der aktuellen Literatur darüber diskutiert, inwiefern sich bestimmte Situationen – wie gemeinsames Bilderbuchbetrachten – besonders förderlich auf die Sprachentwicklung auswirken können (Nachtigäller & Rohlfing, 2011), weil diese Situation leicht zu wiederholen ist und einem fest vorgeschriebenen pragmatischen Rahmen folgt:

> Bilderbücher bieten insofern eine besondere Situation für Eltern-Kind-Interaktion, weil sich das betrachtete Bildmaterial im gemeinsamen Aufmerksamkeitsfokus befindet und das Kind die abgebildeten visuellen Ereignisse so mit dem Erwachsenen teilen kann. Für den Spracherwerb ist die Situation besonders günstig [...]: Zum einen sind die dargestellten Ereignisse allgemein zugänglich, so dass praktisch jeder Erwachsene oder ein älteres Geschwisterkind auf diese Ereignisse referieren kann. Damit ist eine Wiederholbarkeit dieser Situation gewährleistet [...]. Zum anderen liegt der Vorteil darin, dass, wenn der Erwachsene auf die dargestellten Ereignisse sprachlich referiert, das Buch nicht nur den visuellen, sondern auch noch den pragmatischen Rahmen begrenzt, was den Bezug der Erwachsenensprache transparenter macht (ibid: 135).

2.11.3 Aufgabenorientierte Interaktionen

Eine Alternative zum freien Spiel ist es, die Mütter bei einer bestimmten Aufgabe zu beobachten (Nomikou & Rohlfing, 2011) oder aber die Mütter mit einer konkreten Aufgabe zu beauftragen. In Rohlfing (2011a; 2011b, auch in Grimminger, Rohlfing und Stenneken, 2010) beispielsweise saßen die teilnehmenden Mütter zusammen mit dem Experimentator und dem Kind am Tisch. Die Mütter bekamen von dem Experimentator ein Foto mit einer bestimmten Anordnung von Objekten gezeigt. Zum Beispiel war ein Spielzeugpferd *unter* einer Spielzeugbrücke darauf zu sehen. Daraufhin stellte der Experimentator die abgebildeten Spielzeuge auf den Tisch – ab diesem Zeitpunkt sollte die Mutter ihr Kind instruieren, das Pferdchen unter die Brücke zu stellen. Das Verhalten der Kinder gab uns Aufschluss darüber, ob die Wörter, die die Mütter für ihre aufgabenorientierten Instruktionen benutzen, von ihren Kindern verstanden wurden. Zudem bieten diese Studien viel Material für Untersuchungen darüber, wie Mütter ihre Gestik einsetzen (Grimminger u.a., 2010) und welche verbalen Strategien sie verwenden (Rohlfing, 2011b), um die Bedeutung ihrer Instruktionen zu verdeutlichen. Darüber hinaus können in einer sprachvergleichenden Gegenüberstellung Unterschiede herausgearbeitet werden, die uns Hinweise über die kulturspezifische Art geben, wie Mütter ihre Kinder verbal zum gewünschten Ziel führen (Choi & Rohlfing, 2010).

2.11.4 Analysen der Mutter-Kind Beobachtungen

Eine übliche Vorgehensweise zum Analysieren dieser ganzheitlicher Daten aus Mutter-Kind-Beobachtungen (z.B. Harris u.a., 1988) erfordert Beobachtungskategorien. Zum Beispiel kann die Gestik der Interaktanten mithilfe von Gestiktypen (vgl. 7.1) genauer analysiert werden. Äußerungen, die nach einem bestimmten Schema untergliedert werden, können anders kategorisiert werden. So hat Zukow-Goldring (1996) z.B. die stattgefundene Interaktion zwischen Mutter und Kind danach unterteilt, in welchen Äußerungen die Erwachsenen deutlich machten, dass die Antworten der Kinder mit ihren Äußerungen übereinstimmten oder nicht. Mit diesem Kategoriensystem fand Zukow-Goldring (1996) in einer Längsschnittstudie mit 6 bis 30-monatigen Kindern heraus, dass es nicht die Sprache der Erwachsenen allein ist, die zum Übereinstimmen in der Interaktion geführt hat, sondern vielmehr die Art wie sie die Aufmerksamkeit der Kinder durch Gesten wie auch Handlungsdemonstrationen führen und strukturieren.

Mithilfe von Kategoriensystemen, die benötigt werden, um solche Beobachtungen zu erfassen, können Charakteristiken der Interaktion aufgedeckt werden. Diese können dann in Abhängigkeit von der kognitiven und körperlichen Entwicklung des Kindes untersucht werden (z.B. Iverson u.a., 1999). So wird z.B. im Kapitel zur Gestik deutlich, dass Erwachsene die Wahrnehmung ihrer Kinder auf bestimmte akustische und visuelle Merkmale lenken und somit den Lernprozess aktiv unterstützen können.

2.11.5 Kritik an Mutter-Kind-Beobachtungen

Eine Schwierigkeit bei solchen Mutter-Kind-Beobachtungen ist es, Ursache und Wirkung auseinanderzuhalten. Das heißt, dass es in solchen Studien nicht möglich ist, zu entscheiden, ob sich die Mutter auf eine bestimmte Weise verhält, weil ihr Kind sich auf eine bestimmte Weise verhält, oder ob es eher ihr Verhalten ist, was das Verhalten des Kindes beeinflusst. Beobachtet man z.B., dass sie immer auf ein Objekt zeigt, wenn sie es benennt, so ist daraus nicht ersichtlich, ob die Mutter sich der Aufmerksamkeit des Kindes anpasst und diese mit ihrer Zeigegeste lenkt, oder ob es ein etabliertes Muster der Kommunikation ist, an das sich das Kind gewöhnt hat: Zusätzlich zu der Benennung zeigt die Mutter immer auf ein Objekt.

Ein weiterer Kritikpunkt betrifft die Natürlichkeit der Daten. Die Erhebung wird mit der Begründung vorgenommen, man bekäme einen Einblick in eine Alltagssituation. Doch zwei Gründe sprechen gegen diese Annahme. Zum einen wird – wie oben schon angedeutet – lediglich eine bestimmte Situation ausgewählt. Wie Yont und Kollegen (2003) zeigen, kann die jeweilige Situation aber eine Interaktion wesentlich beeinflussen, daher sollten die Aussagen nur mit großer Vorsicht auf den allgemeinen Input im Alltag übertragen werden. Zum anderen ist diese bestimmte, ausgewählte Situation durch die Anwesenheit der Forscher verändert. Selbst wenn die Forscher sich im Hintergrund halten, wird sich die Mutter anders verhalten, wenn sie weiß, dass sie unter Beobachtung (mit einer Kamera) steht, als wenn sie nicht beobachtet wird. Natürlich legt sie nichtsdestotrotz ein bestimmtes Verhalten zu Tage. Doch ihre Motivation für das gezeigte Verhalten bleibt unklar: Verhält sie sich immer so? Oder ist ihr Verhalten durch die Annahme motiviert, man müsse sich in dieser Situation als Mutter auf diese Weise verhalten?

2.12 Technische Weiterentwicklungen und Zukunft

Was vor wenigen Jahren noch nicht denkbar war, wird heute häufig eingesetzt: ein Eye-Tracker, der das Blickverhalten von Säuglingen zuverlässig aufnehmen und auswerten kann. Somit erweitert sich die Möglichkeit, die visuelle Verarbeitung als einen die Referenzbildung begleitenden Prozess zu untersuchen. Auf diese Weise konnten Bergelson und Swingley (2012) herausfinden, dass bereits 6 Monate alte Kinder ganz gezielt Objekte aus einer komplexen Szene nach einem vorgegebenen Wort aussuchen. Zum Beispiel haben sie mit ihrem Blick eine Banane aus einer Szene mit weiteren Objekten wie Becher und Löffel ,ausgesucht' und visuell fixiert, wenn sie das Wort „Banane" hörten. Die relevanten Bereiche müssen jedoch vorher markiert werden, sodass in der Analyse klar ist, ob die Fixierung von einem bestimmten Punkt als ,Blick auf die Banane' zählt. Wie man sich vorstellen kann, bedeutet diese Markierung bereits einen Eingriff in die Objektivität der Daten, denn ein Kind könnte diese Banane auch wahrnehmen, wenn es minimal über die Markierung guckt. Insofern ist die Markierung eine willkürliche Definition dessen, was das Kind sieht.

2.13 Zusammenfassung der Methoden zur frühkindlichen Semantik

In den letzten Jahrzehnten brachten neue technische Möglichkeiten auch neue Untersuchungsmethoden mit sich. Diese neuen Methoden geben Einblicke in frühes semantisches Wissen, das bereits vor der Wortproduktion vorhanden ist. Bei der Generalisierung der Ergebnisse muss jedoch Vorsicht geboten sein, da die Operationalisierungen, die in den Paradigmen stattfinden, mit festen Annahmen über die Merkmale und Funktionen von Konzepten einhergehen. Woher Kinder diese Konzepte ableiten, wird dadurch nicht erfasst. Hier fehlt es an methodischen Ansätzen, die versuchen, kindliche Neigungen und somit ihre Fähigkeiten zur motorischen Kognition zu berücksichtigen und mit sogenannter präverbaler Semantik zu verbinden (vgl. Kapitel 5). Nichtsdestoweniger liefern die oben geschilderten Methoden Ergebnisse zum kindlichen Verständnis für Ereignisse und Objekte in ihrer Umwelt und ermöglichen es zu untersuchen, inwieweit dieses Verständnis bereits von bestimmten Sprachsystemen beeinflusst wird. Die Tatsache, dass konzeptuelles Wissen abgekoppelt von sprachlichen Aufgaben und Interaktionen untersucht werden kann, veränderte den Begriff der Semantik und machte sie lautsprachunabhängig. Diese Veränderung erfordert wiederum ein Bewusstsein für die Frühsemantik. Dafür ist es notwendig, die unterschiedlichen Bezugsquellen für die Semantik zu identifizieren, was die Hauptmotivation für das vorliegende Buch ist. Zugleich macht die Veränderung es notwendig, den Übergang zu oder die Verzahnung mit der lautsprachlichen Entwicklung zu erklären. Wenn es bereits eine Semantik vor dem Worterwerb gibt, dann scheint der Übergang vom präverbalen zum verbalen Kind flüssiger zu sein als traditionell von Piaget (Piaget & Inhelder, 1993) angenommen.

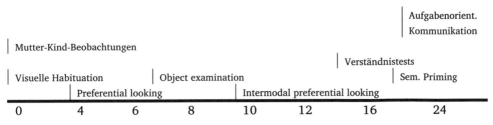

Tabelle 2: Zusammenfassung der oben erläuterten wichtigsten Methoden, geordnet nach Alter eines Kindes, ab dem die Methoden verwendet werden.

2.14 Aufgaben

1. Erläutern Sie, warum es schwer ist, die Semantik eines Wortes bei Kindern zu erfassen!

2. Aufgrund welcher basalen Fähigkeit von Kindern funktioniert das Preferential-Looking-Paradigma?

3. Was unterscheidet *Preferential-Looking* von dem *Habituationsparadigma*?

4. Nennen Sie einen Kritikpunkt an dem Habituationsparadigma!

5. In den Verständnistests wird beobachtet, wie Kinder einen Referenten auswählen. Mit welchen Mitteln können Kinder eine Auswahl treffen?

6. Was versteht man unter „Pragmatik einer Testaufgabe" und was muss eine Forscherin / ein Forscher dabei beachten?

7. Können Bilder in Verständnistests problemlos eingesetzt werden?

8. Was sind Beobachtungskriterien und bei welcher Methode werden sie eingesetzt?

9. Warum sollte eine Forscherin / ein Forscher ganz bewusst eine bestimmte Situation für die Mutter-Kind-Untersuchung auswählen?

10. Erläutern Sie kurz, inwiefern die neuen technischen Methoden den Begriff der (frühkindlichen) Semantik verändert haben!

3.   Frühkindliche Semantik: Wortbedeutung im Erwerb

Dieses Kapitel führt ein in die wesentlichen Begrifflichkeiten der Semantik wie Konzept und Perzept. Diese sind erforderlich, um den Prozess der Konzeptualisierung zu erläutern. Konzeptualisierung und Kategorisierung sind wiederum fundamentale Prozesse der Bedeutungsbildung, die dafür sorgen, dass Objekte und Ereignisse in der Welt erkannt, mental ‚einsortiert' und verstanden werden.

Wie unten dargestellt (siehe Abb. 3), steht am Anfang des bedeutungsbildenden Prozesses die Aufnahme der Information aus der physikalischen Welt über ein Objekt oder ein Ereignis. Dieser Schritt entspricht der Tatsache, dass Menschen nicht die komplette Welt mit ihren Sinnen aufnehmen, sondern Informationen auswählen. Der Vorgang des Auswählens wird von verschiedenen Ansätzen als unterschiedlich motiviert betrachtet. Allen Ansätzen gemein ist die Idee, dass Lerner in ihrer Wahrnehmung und der weiteren konzeptuellen Verarbeitung über Neigungen verfügen, weshalb sie gegenüber bestimmten Informationen empfänglich sind. Wodurch diese gerichtete Empfindlichkeit jedoch motiviert ist, ob angeboren oder durch die Umwelt verstärkt, stellt einen wichtigen theoretischen Unterschied in den Ansätzen zum Spracherwerb dar. Die traditionellen Ansätze werden im Unterkapitel 3.1 vorgestellt und dienen als Hintergrund für eine konstruktivistische Theorie der frühkindlichen Semantik, die in den weiteren Kapiteln entwickelt wird.

3.1   Grundlegende Begriffe

3.1.1   Funktion der Wortbedeutung

Die Semantik eines Wortes in der gesprochenen Sprache ermöglicht eine erfolgreiche Kommunikation. Allerdings wird in der Forschungsliteratur unterschieden, auf welchem Wege der Erfolg gelingt:

3.1.1.1   Klassische Sicht auf die Funktion der Wortbedeutung

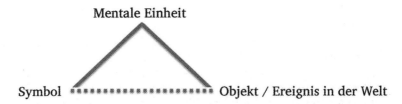

Abbildung 3: Semiotisches Dreieck: Das Symbol kann sich auf das Objekt / Ereignis in der Welt nur über den Umweg der mentalen Einheit beziehen; Referenz ist dabei durch die durchgehende Linie angedeutet.

In der klassischen Semantik muss ein Lerner die Bedeutung eines Wortes in Form einer mentalen Einheit (die mit konzeptuellem Wissen verbunden ist) erwerben. Der entscheidende Prozess ist die Referenz. Ein sprachlernendes Kind muss demnach lernen, dass das Wort „Mond" sich auf den Mond am Himmel bezieht. Dieser Bezug ist ein Umweg (siehe Abb. 3) – vom Symbol (dem Wort) zum Referenten (Entität in der Welt) über den Gedanken (Ogden & Richards, 1923) – und macht deutlich, dass sprachliche Zeichen sich nicht unmittelbar auf die Wirklichkeit beziehen. Dieser Umweg ist es auch, der ein Symbol auszeichnet:

> One crucial difference between communicative symbols and other communicative signals is that symbols are decontextualized communicative acts that are used to stand for or represent a given communicative intention [...]; that is, communicative symbols can be used to refer to something that is not currently present (Akhtar & Tomasello, 2000: 117).

Sprachliche Ausdrücke, die nur in einem sehr speziellen situationalen Rahmen angewendet werden, laufen Gefahr nicht als volle Symbole klassifiziert zu werden. Man könnte meinen, Kinder lernen Wörter zuerst in einem sehr spezifischen Kontext und ‚befreien' die Bedeutung dieser Wörter zunehmend von diesem Kontext. Eine Längsschnittstudie (Harris u.a., 1988) zeigte jedoch, dass die ersten Wörter nicht nur in einem speziellen situationalen Rahmen geäußert wurden. Manche der ersten Wörter waren von Beginn an referenziell und bezogen sich z.B. nicht nur auf ein Auto in der Garage, sondern auch auf ein Auto auf einem Bild oder ein Auto auf der Straße. Wörter haben die Eigenschaft inne, referenziell zu sein. Zum Beispiel kann ein Eigenname, etwa wie „Angela", für die Bundeskanzlerin stehen, und funktioniert auch in der Abwesenheit der Person. Das zeugt davon, dass der Name nicht mit der Person selbst verbunden ist, sondern mit einem Konzept (in der Abb. 3 ist es die „mentale Einheit") der Person. Bezüglich des Konzeptinhalts gibt es unterschiedliche Vorstellungen. Einen Konsens scheint es darüber zu geben, dass es sich um kognitiven Inhalt handelt. Dieser Vorstellung widmen sich die folgenden Kapitel. Das Entscheidende an dieser Vorstellung ist, dass die Kommunikationspartner, jeder für sich, eine mentale Einheit zu einem Wort bilden müssen (siehe 3.4.2); diese Einheiten werden in der Kommunikation ausgetauscht und sorgen dafür, dass wir einander verstehen.

> Die Frage, wie Menschen dazu kommen, diese mentale Einheit trotz individueller Erfahrung mit einem ähnlichen Inhalt zu füllen, formulierte Quine (1960) zu einem Problem, das als **ontologische Relativität** häufig in Bedeutungstheorien zitiert wird. Quine (1960) gibt ein Gedankenexperiment an, in dem ein Mensch eine fremde Kultur besucht. Immer wenn ein Hase vorbeiläuft, sagen die Einheimischen „gavagai!". Die Frage ist, woher der in dieser Kultur fremde Mensch wissen soll, ob der Ausdruck „gavagai" auf den Hasen, die Hasenschaft – als eine mehr abstrakte oder ‚superordinate' Kategorie –, ein Bein des Hasen – als eine mehr spezielle oder ‚subordinate' Kategorie – referiert oder einfach eine Aufforderung zur Handlung wie „Lass uns den Hasen fangen!" ist. Woher, lautet die implizite Frage, weiß der Hörer mit Sicherheit, worauf der Sprecher mit seinem Gesagten referiert? Kann der Bezug (die Referenz) überhaupt bestimmt werden?

In der Semantik, deren Datengrundlage hauptsächlich aus Äußerungen von Erwachsenen besteht, wird zwischen der „sprachlichen Äußerung" als Handlung (häufig Gegenstand der Pragmatik) und dem „sprachlichen Ausdruck" (v. Kutschera, 1993: 17–20) unterschieden. Von Kutschera nimmt einen Walzerschritt als Beispiel (1993: 17) und unterscheidet zwischen einem bestimmten Walzerschritt, der von einer be-

stimmten Person zu einer bestimmten Zeit durchgeführt wird (sprachliche Äußerung), und der Form des Walzerschritts, z.B. der typischen Kniebeuge (sprachlicher
Ausdruck). Ein sprachlicher Ausdruck funktioniert wie eine Kniebeuge in dem Walzerschritt, als „Bedeutungsträger", d.h. z.B. eine Lautfolge wird nach bestimmten
Regeln verwendet (ibid: 20). Den Erwerb des Bedeutungsträgers kann man sich wie
das Greifen nach Bauklötzen vorstellen: Kinder brauchen die Bauklötze (also die einzelnen sprachlichen Ausdrücke), um daraus eine sprachliche Äußerung zu konstruieren. Die Bedeutung wird hier also aus einzelnen Teilen ‚zusammengebaut'. Langacker
(1987: 452) spricht in diesem Zusammenhang von einer Bauklotz-Metaphorik.

Die Vorstellung, dass ein Kind zuerst über die konzeptuellen Fähigkeiten verfügen
muss, um mit diesen eine sprachliche Form zu verbinden (Bloom, 2000: 17), ist unter
der Metapher des „waiting room" bekannt (Johnston & Slobin, 1979: 544). Demnach
muss das Kind zuerst das zugehörige Konzept erwerben, damit es den sprachlichen
Ausdruck verwenden kann: Das Kind wartet so lange bis es – auf der Basis der nicht-
linguistischen Kognition – die Notwendigkeit eines Konzeptes erkennt, erst dann bekommt es den ‚Schlüssel' zu der linguistischen Form. Somit hat jede linguistische
Form einen eigenen ‚Warteraum': „[E]ach linguistic form has its own waiting room"
(ibid: 544). Um die Präposition UNTER ausdrücken zu können, muss das Kind also
das Konzept von UNTER zuerst entwickeln.

Tomasello (1987) argumentiert strikt gegen diese kognitive Hypothese. Er meint,
wenn es einen Warteraum für UNTER [UNDER] gibt, dann sollte dieser einem Warteraum für ÜBER [OVER] gleichen, weil sich diese Präpositionen in der Komplexität
kaum unterscheiden. In seinen Studien zeigte er jedoch, dass Kinder diese Ausdrücke
unterschiedlich spät erwerben. Wenn die Warteräume sich aber in ihrer Komplexität
gleichen, warum sitzt das Kind in ihnen zu unterschiedlichen Zeitpunkten? „If the
concepts are indeed no more complex than those of the spatial oppositions, their
relatively late acquisition must be explained in other than cognitive terms" (ibid: 90).

3.1.1.2 Alternative Sicht auf die Funktion der Wortbedeutung

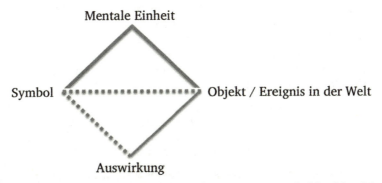

Abbildung 4: Pragmatische Sicht auf die Bedeutung: Das Symbol bezieht sich
nicht nur auf ein Objekt / Ereignis in der Welt, sondern impliziert auch die
(Aus)wirkung in der Welt.

Der oben genannten Argumentation von Tomasello entsprechend wurde in der letzten
Zeit die alternative Sicht auf den Semantikerwerb deutlich. Darin werden nicht zuerst
die Bauklötze (der sprachliche Ausdruck), sondern gleich die sprachliche Äußerung
erworben. Um erneut von Kutschera (1993) zu bemühen, ist hier die Vorstellung,

dass Kinder erst dann eine typische Form einer Kniebeuge (den sprachlichen Ausdruck) erkennen können, wenn diese von einer bestimmten Person zu einer bestimmten Zeit durchgeführt wurde (sprachliche Äußerung). Eine typische Kniebeuge allein kann also den Eindruck eines Walzerschritts nicht erwecken, und erst der Kontext liefert den Sinn und die Bedeutung dieser Kniebeuge. Die Vorstellung einer Bedeutung als referenzerzeugende mentale Einheit wird somit kritisiert – zumindest im Erwerb.

Diese alternative Vorstellung hat ihre Wurzel in der Sprachphilosophie von Peirce und dem spätem Wittgenstein. Nach der These des Pragmatismus von Peirce (1991 [1878]) ist die Bedeutung eines Symbols durch die Auswirkung auf die menschliche Handlung zu charakterisieren (Peirce, 1991: 195). Die Bedeutung einer Äußerung ist wiederum die Auswirkung auf die Handlung des Gesprächspartners in einer bestimmten Situation. Der Fokus auf die Kraft eines Zeichens, eine Auswirkung zu haben, unterscheidet Peirces Ansicht von der Bühlers (Nagl, 1992). In seinem Organonmodell schreibt Bühler (1982 [1934]) einem Zeichen drei Sinnbezüge zu: Ausdruck, Appell und Darstellung. Bezogen auf dieses Modell hebt Peirce jedoch die Appellseite eines Zeichens hervor: „Zeichen stellen nicht nur dar, sondern sie bewirken etwas, sie fordern jemand zu einem Verhalten, zu einer Handlung oder zu einem Gedanken auf" (Nagl, 1992: 58). Die späte Arbeit von Wittgenstein (1993 [1953]) zeigt eindeutig eine Nähe zu diesen Ideen und hebt ebenfalls den sozialen Aspekt der Sprache hervor. Wittgenstein argumentiert, dass die Bedeutung einer Äußerung uns sagt, wie wir uns pragmatisch richtig verhalten.

Man könnte den Eindruck bekommen, dass diese Ansätze die Antwort auf die Frage, was Bedeutung ist, in die Pragmatik verlagern: „Bedeutung eines Wortes ist sein Gebrauch in der Sprache" (Wittgenstein, § 43). Und doch kann dem „Gebrauch in der Sprache" nachgegangen werden. Demnach hat ein Wort eine Rolle im „Sprachspiel" (ibid, § 7); das bedeutet, dass wir durch wiederkehrende Situationen und somit entstandene Verhaltensregelmäßigkeiten darauf trainiert werden, auf dieses Wort in einer bestimmten Art zu reagieren. Ein Wort versetzt uns also in einen Zustand, eine „Disposition" (Wittgenstein, § 149). Die Bedeutung kann als ein offener Satz von Verhaltensdispositionen gesehen werden, die – je nach Kontext – eingeschränkt werden (v. Savigny, 1996). Auffällig bei diesem Ansatz ist, dass die sprachliche Bedeutung nicht in der Luft hängt, sondern mit einer konkreten Situation verankert ist. Das liegt darin begründet, dass die Kognition ebenfalls ‚verkörpert', also mit der Umwelt verbunden gesehen wird:

> [M]inds are embodied; [...] mental processing lets us interact with our surroundings and is strongly shaped by these interactions; and [...] the processing constitutive of language has to be studied and described with reference to the social and contextual interaction of actual language use (Langacker, 1997: 248).

Aus der pragmatischen Perspektive heraus weiß also ein kompetenter Sprecher einer Sprache welcher Kontext welche „Gepflogenheiten" hervorruft (Wittgenstein, § 149). Die Bedeutung stellt hier keine Privatsache dar, die jeder für sich bilden muss, sondern wird in die Interaktion ausgelagert: Die Situation, die Ereignisse und das Verhalten der Mitmenschen geben Hinweise auf die Bedeutung. Lotman (1984: 6) spricht deshalb von einer „Semiosphäre", in der nicht nur von einem Zeichen, seinem Benutzer und dem Bezeichnenden ausgegangen wird, sondern von einem semiotischen Raum, in dem eine innere Dynamik der Bedeutungsgebung herrscht.

Die alternative Sicht unterscheidet sich von der klassischen Sicht durch den Versuch, die Bedeutung (eines Wortes oder einer Äußerung) mit dem Gebrauch zu erklären: „Eine Sprache ist ein theoretisches und abstraktes Muster in sehr komplexen Strukturen von regelfolgendem Verhalten" (v. Savigny, 1983: 358). Es ist der Handlungsakt, der im Vordergrund steht (Sinha, 1999). Dagegen konzentriert sich der klassische Ansatz hauptsächlich auf die Referenz von Ausdrücken (v. Savigny, 1983: 235), d.h. was Menschen mit einem Wort verbinden. Im Prinzip könnte man den klassischen Ansatz als zu kurz greifend betrachten, weil er die Illusion vermittelt, Bedeutung könnte man anfassen und eindeutig definieren (ibid: 242). Durch die Kritik wird deutlich, dass unterschiedliche Ansätze einen anderen Schwerpunkt auf das komplexe Phänomen haben: Im klassischen Ansatz verdanken die Sätze ihre Bedeutsamkeit der Referenz und den Sprecherabsichten; v. Savigny (1983: 241 f.) dagegen sieht die Quelle der sprachlichen Bedeutung im sozial geregelten Verhalten.

3.1.1.3 Funktion der Wortbedeutung mit der Berücksichtigung der Zeitverläufe

In der Sprachentwicklung ist es eine bekannte Tatsache, dass Kinder nicht sofort zur richtigen Bedeutung eines Wortes kommen. Häufig passieren ihnen beim Konzeptualisieren ,Fehler' (vgl. 3.3.2), die erst mit der Erfahrung weiterer Situationen korrigiert werden können. Allerdings erweckt die bisherige Forschungsliteratur den Eindruck, als würden die hinter den ersten Bedeutungen stehenden Konzepte zwar zurechtgerückt, diese seien jedoch bereits als mentale Einheit ausgeprägt. Es wird weniger in Erwägung gezogen, dass diese Konzepte unausgereift oder nur in Ansätzen vorhanden sind. Auch wird weniger erwogen, was mit ausgereiften Konzepten im Verlauf der Zeit passieren kann: Bleiben sie stabil? Wenn ja, unter welchen Umständen? Können sie sich verändern oder anpassen? Eine Studie von Ameel und Kollegen (2008) zeigte, dass der Erwerb von Nomen aus der Kategorie von Haushaltsgegenständen sich graduell (d.h. über Jahre) der Bedeutung von Erwachsenen annähert. Die Autoren untersuchten 5- bis 14-jährige Kinder, die in einer Aufgabe die vorgeführten Haushaltsgegenstände benennen sollten und in einer anderen Aufgabe gefragt wurden, welche Eigenschaften [features] typisch für ein bestimmtes Objekt seien. In der letzten Aufgabe sollten die untersuchten Kinder die Objekte nach ihren Ähnlichkeiten gruppieren. Die Autoren fanden heraus, dass die Bedeutung von neu erworbenen Wörtern zuerst gar nicht vollständig war. Zudem haben Kinder die präsentierten Haushaltsobjekte anders gruppiert als Erwachsene, was davon zeugt, dass sie aufgrund anderer Merkmale entschieden. Die Analysen ergaben, dass in diesem Prozess der Annäherung der kindlichen an die erwachsene Bedeutung der Erwerb von neuen Wörtern hilfreich war – ebenso wie Umorganisationen in den bestehenden Objektkategorien.

Diese Fragen nach der Stabilität der Wortbedeutung erscheinen umso wichtiger, je lauter die Differenzierung im Wortlernprozess wird. Denn immer mehr Studien stellen fest, dass neu erworbene Konzepte – selbst wenn junge Kinder ein neues Wort lernen – zunächst sehr fragil sind und nach wenigen Minuten schwinden können. Eine wichtige Studie in dem Bezug wurde von Horst und Samuelson (2008) durchgeführt. Darin lernten 24-monatige Kinder Wörter für neue Objekte. Das Wissen über die neuen Wörter wurde in dieser Studie sowohl unmittelbar wie auch erst nach fünf Minuten abgefragt. Unmittelbar nach der Studie wurde ein Verständnistest durchgeführt, in dem die Kinder das neue Objekt aus einer Reihe auswählen sollten. Nach fünf Minuten fanden ein Produktions- und ein Verständnistest statt, in dem das Behalten der Wörter [engl.: *retention*] abgefragt wurde (siehe auch 2.9.3). Eine Besonderheit dieser

Studie liegt darin, dass die Präsentation der neuen Namen in zwei Bedingungen statt-fand: In der einen Bedingung sagte die Experimentatorin ganz explizit / ostensiv „Look, this is a cheem!" (ibid: 148). „Cheem" war in diesem Fall das neue Wort für ein neues Objekt. In einer anderen Bedingung benannte die Experimentatorin das neue Objekt in dem Moment, in dem das Kind es in der Hand hatte und sagte z.B. „Yes, that's the cheem". Die Ergebnisse der Studie hinsichtlich der Sprachproduktion zeigten, dass keins der untersuchten Kinder einen neuen Namen in Bezug auf die Objekte äußerte. Im Hinblick auf die Sprachrezeption konnten nur die Kinder den neuen Namen auf ein weiteres Objekt dieser Kategorie übertragen, denen das neue Wort explizit genannt wurde. Darüber hinaus zeigten die getesteten Kinder keinen signifikanten Effekt im Behalten der neuen Nomen nach fünf Minuten, d.h., dass das schnelle Zuordnen von einem Wort und einem Objekt (also das sogenannte ‚map-ping') für die Wortproduktion nach fünf Minuten nicht mehr genutzt werden konnte. Die Autorinnen argumentieren, dass das schnelle Zuordnen von einem Wort und ei-nem Objekt sich für die Auswahl eines Referenten eignet, aber für den Erwerb des Lexems weitere Mechanismen vonnöten sind.

Hinsichtlich der Mechanismen unterscheidet Carey (1978; 2010) zwischen Fast Mapping und Slow Mapping:

Fast Mapping bezeichnet somit die erste, schnelle Zuordnung von Wort und Re-ferent und hat „schwache semantische Repräsentationen [weak semantic repre-sentations]" (Capone & McGregor, 2005: 1468) zur Folge. Das heißt, dass Wörter unvollständig und mit begrenztem semantischem und lexikalischem Wissen reprä-sentiert werden sowie das Verständnis oftmals kontextabhängig ist. Bei seman-tisch schwach repräsentierten Wörtern benötigen Kinder mehr Unterstützung beim Abruf dieser Wörter. Das anfängliche, unvollständige Mapping ist dennoch unerlässlich und wichtig für den Worterwerb, da sich erstmals eine Verbindung zwischen Wort und Bedeutung im mentalen Lexikon des Gedächtnisses etabliert und so erste semantische Merkmale repräsentiert werden (Carey, 1978).

Slow Mapping („slow or extended mapping" in Carey, 1978; siehe auch 2.9.3) ist ein Prozess, der auf dem Fast Mapping aufbaut und bedeutet eine Neudefinition von Wortbedeutungen. Laut McGregor (2004) beinhaltet dieser Prozess die Aus-weitung von vorhandenen Kategorien – vorstellbar als paradigmatische (taxono-mische) und syntagmatische (thematische) Beziehungen zwischen Ereignissen (Klann-Delius, 2008: 173) – und damit einhergehend die semantische Elaboration von Wörtern wie auch die Ausbildung semantischer Netzwerke. Während des Slow Mapping-Prozesses erfolgt eine Feinjustierung von schon gebildeten Katego-rien. Die Tiefe der semantischen Repräsentation hat dabei einen positiven Einfluss auf die Abruffähigkeit [retention] von Wörtern, weil elaborierte semantische Re-präsentationen stärkere Verknüpfungen zu einem Wort anzeigen (Capone & Mc-Gregor, 2005). Mit dem Slow Mapping-Prozess geht auch eine zunehmende Fä-higkeit zur Dekontextualisierung und Flexibilität im Umgang mit vorher gelernten Wortbedeutungen einher (McGregor, 2004), d.h., dass die Wörter nachhaltig in verschiedenen Kontexten und / oder in Abwesenheit des Referenten angewendet werden (z.B. Akhtar & Tomasello, 2000).

Beide Mapping-Formen stehen für wichtige Prinzipien der lexikalischen Entwicklung: Nach einer Fast Mapping-Phase, in der eine initiale Verbindung zwischen einem neuen Wort und einem neuen Referenten (Objekt oder Ereignis) geknüpft wird, erfolgt die Slow Mapping-Phase, in der die unvollständige Bedeutung durch hinzukommende Erfahrungen mit Bedeutung angereichert wird.

Einige hegen jedoch Zweifel daran, ob es sich bei Fast Mapping überhaupt um einen Lernprozess handelt: McMurray, Horst und Samuelson (2012) schreiben Fast Mapping den Aufmerksamkeitsprozessen (siehe Kapitel 4) zu und plädieren dafür, dass es ausschließlich für die Auswahl eines Referenten sorgt; nur in Verbindung mit einer nachhaltigen Gedächtnisverarbeitung wie im Slow Mapping kommt es dann zum Lernen.

3.1.2 Konstrukte der Wortbedeutung

Welche kognitiven Leistungen sind notwendig, damit ein Mensch eine Wortbedeutung in gesprochener Sprache erschließen kann? Es ist unumstritten, dass wir mit der Welt interagieren und auf dieser Grundlage Erfahrungen verarbeiten, die wir wiederum für unser weiteres Tun und Denken benutzen können (Abb. 5).

Abbildung 5: Schematische Darstellung des Prozesses der Wortbedeutung.

> In der Kognitiven Semantik, die sich mit dem Verarbeiten von Wortbedeutungen auseinandersetzt, wird die **Konzeptualisierung** als der basale Prozess gesehen, der uns dazu befähigt, Erfahrungen in einer komplexen Umwelt zu machen. Konzeptualisierung ist daher einer der fundamentalen Prozesse der menschlichen Kognition, der eine duale Funktion erfüllt: Reduktion von Informationen und Unterstützung von induktiven Schlüssen (Madole & Oakes, 1999: 264).

Das bedeutet, dass wir einerseits in der Lage sind, Informationen auszuwählen, andererseits aufgrund der Konzeptualisierung fähig sind, unsere Erfahrungen auf neue Situationen anzuwenden.

> In der sehr ausführlichen Literatur, die sich mit der Thematik der mentalen Repräsentationen und im Speziellen mit der Konzeptualisierung beschäftigt (z.B. Laurence & Margolis, 1999), ist man sich heutzutage einig, dass die Grundlage für die Konzeptualisierung die sensomotorischen Erfahrungen in Form von **Perzepten** bilden, die im Zuge der Konzeptualisierung zu **Konzepten** abstrahiert werden (vgl. Abb. 5). D.h., durch diese Abstraktion entstehen komplexere mentale Strukturen, die nicht mehr die unmittelbare physikalische Erfahrung enthalten. Konzepte sind für eine semantische Struktur verantwortlich sind (vgl. Langacker, 1991; Tomasello, 2000).

Es gibt eine beständige Debatte darüber, wann eine Abstraktion zu Konzepten statt-findet. Piaget (1993[2] [1971]) argumentiert, dass konzeptuelles Wissen von Kindern mit dem Ende ihrer sensomotorischen Phase (also Ende zweiten Lebensjahres) be-ginnt. Insofern unterscheidet Piaget zwischen der Ebene der Perzeption und einer intellektuellen Ebene (Piaget, 1993[2]: 21). Außerhalb des Forschungsfeldes zum Spracherwerb nimmt man ebenfalls an, dass es einen Unterschied gibt zwischen funk-tional episodischem Wissen, welches stark durch kontextuelle und situationale Fakto-ren beeinflusst ist, und einem konzeptuellen Wissen, worunter die Fähigkeit verstan-den wird, auf linguistische Symbole zu achten und diese, wenn nötig, von der situierten und kontextuellen Information abzukoppeln. Das semantische, konzeptuelle oder terminologische Wissen ist demnach eine Abstraktion von individuell konkreter Erfahrung. Die Einheiten dieses bedeutungsorientierten Wissens sind als Konzepte, Begriffe [notions] oder Kategorien bekannt.

Johnston (1988: 201) plädiert für eine Aufrechterhaltung der Unterscheidung zwi-schen sensomotorischem und repräsentationalem Wissen [sensorimotor thought vs. representational thought], wenn wir das Ziel haben, mentale Entwicklung zu verste-hen. Das sensomotorische Wissen wird gesehen als „presentational, successive, and non-reflective"; ein Kind würde dann auf ein Objekt-im-Moment reagieren, ohne Antizipation oder Reflexion (ibid: 200). Dagegen soll repräsentationales Wissen frei von Zeit und Raum sein und ohne Einbettung in ein Ereignis funktionieren (ibid). Aus dem Unterschied zwischen sensomotorischem und repräsentationalem Wissen ergeben sich jedoch mindestens zwei weiteren Fragen:

- Durchläuft jede gewonnene Erfahrung (auch die von erwachsenen Menschen) den Wechsel von sensomotorischem zu repräsentationalem Wissen?
- Ergibt sich der Unterschied zwischen den beiden Wissensformen im Verlauf der ontologischen Entwicklung, d.h. nutzt ein Mensch bis zu einem gewissen Zeit-punkt im Leben überwiegend das sensomotorische Wissen und formt ab einem gewissen Zeitpunkt zunehmend repräsentationales Wissen?

In Piagets Theorie (Piaget & Inhelder, 1993) liest man von einem abrupten Übergang von der perzeptuellen zur intellektuellen Stufe. Er entsteht aus Piagets Konzeption von Sprachentwicklung und wie sie durch weiteres Wissen begleitet wird, d.h. ein Kind muss am Ende der sensomotorischen Phase konzeptuelles Wissen entwickeln, um Sprache (lexikalisches Wissen) zu erwerben und zu gebrauchen. Für Mandler ist diese Vorstellung der involvierten Prozesse mit einem zu plötzlichen Übergang vom perzeptuellen zum konzeptuellen Wissensgebrauch verbunden und gleicht daher einer kopernikanischen Revolution (Mandler, 1998: 278). Ihrer Meinung nach fehlt es der Theorie von Piaget an psychologischer Plausibilität. Vielmehr, so Mandler, beginnt die Trennung zwischen sensomotorischem und repräsentationalem Wissen viel früher in der Entwicklung als Piaget annimmt (siehe dazu 3.6.2). Zumindest scheint es laut heutiger Erkenntnisse keinen magischen Punkt in der kindlichen Entwicklung zu geben, ab dem Kinder in der Lage sind, abstrakte Repräsentationen zu nutzen. Die Vorstellung, dass es einen eindeutigen Übergang zwischen sensomotorischem und repräsentationalem Wissen gibt, ist vermutlich historisch gewachsen. In den nächsten Unterkapiteln werde ich daher den Hintergrund erläutern und versuchen aufzuzeigen, welche Vorstellungen durch bestimmte wissenschaftliche Strömungen vertreten wur-den, die unsere heutigen Auffassungen prägen.

3.2 Das Erbe des Nativismus

Auf dem Gebiet des Spracherwerbs wird mit *Nativismus* eine philosophisch-psychologische Position bezeichnet, die die Entwicklung der Fähigkeit zur Sprache von angeborenen Plänen zur Sprachkompetenz ableitet (vgl. Bußmann, 1990). Die unterschiedlichen Ausprägungen dieser Position werden im Folgenden dargestellt.

3.2.1 Struktur-orientierter Ansatz

Noch vor wenigen Jahren dominierte die Sicht von Chomsky (1986), die sich auf die bemerkenswerte Leistung von Kindern konzentriert, innerhalb von wenigen Jahren ausgezeichnete Sprachkenntnisse zu erwerben, obwohl sie nur wenig systematische Anleitung erhalten und die Eltern ihnen sogar oftmals falsche Informationen geben. Chomsky (1986) zeigt zwei grundlegende Eigenschaften von Sprache auf: Erstens besteht ein Satz, den ein Mensch äußert oder versteht, aus einer Wortkombination, die in gewissem Sinne einzigartig ist, da sie sich selten wiederholt. Das wurde als Anlass genommen zu behaupten, dass Sprache kein Repertoire aus verschiedenen Reaktionsmöglichkeiten auf Gehörtes aus der Umwelt sein kann, weshalb der Mensch über einen kognitiven Plan verfügen muss, nach dem aus einer endlichen Wortliste eine unendliche Menge von Sätzen erzeugt werden kann. Die Hypothese formulierte Chomsky (1988: 15) wie folgt: „[I]t must be that the mind / brain provides a way to identify and extract the relevant information by means of mechanisms of some sort that are part of its biologically determined resources."

Die zweite grundlegende Eigenschaft von Sprache besteht darin, dass Kinder komplexe Grammatiken außerordentlich schnell und eigenständig erwerben. Sie sind in der Lage, Satzkonstruktionen zu interpretieren, die sie nie zuvor gehört haben. Da Kinder das Sprechen auf höchst systematische Weise lernen, müssen sie laut Chomsky (1980) mit einem angeborenen Plan zur Sprachkompetenz ausgestattet sein. Er spricht von einem genetischen Plan zur Ausformung der Sprache, wobei die Rolle der Gene unklar bleibt (Szagun, 2006). Dieser angeborene Spracherwerbsmechanismus [language acquisition device: LAD] erklärt das Phänomen des sich rasend schnell grammatikalisch korrekt entwickelnden kindlichen Spracherwerbs und macht den Spracherwerb zum autonomen Reifungsprozess. Er gesteht jedoch ein, dass auch Nachahmung, Korrektur und Umwelt den Spracherwerb beeinflussen. Auf die Kritik hin, es sei unwahrscheinlich, dass komplette Grammatiken aller Sprachen angeboren wären, verfeinert Chomsky die Vorstellung eines genetischen Plans zu einer „Universalgrammatik" (Chomsky, 1986: 126), die ein Teil des Genotyps ist und einen Aspekt des menschlichen Gehirns spezifiziert (Chomsky, 1980: 82). Diese beinhalte Regeln, die Grammatiken sämtlicher Sprachen gemeinsam sind (Chomsky, 1981: 7). Die Universalgrammatik postuliert nun nicht mehr, dass spezielle Grammatiken angeboren sind, sondern lediglich, dass die „Architektur für die Sprache [universal architecture for language]" (Lust, 2006: 57) angeboren ist. Die Universalgrammatik befähigt Kinder dazu, die syntaktischen Muster ihrer Muttersprache aus der gesprochenen Sprache herauszuhören.

Wie Studien von DeCasper und Spence (1986) zeigen, bildet sich bei Säuglingen bereits pränatal die Fähigkeit heraus, bestimmte sprachliche Strukturen zu erkennen. Neugeborene, deren Mütter noch vor der Geburt eine bestimmte Geschichte vorgelesen haben, konnten diese Geschichte nach ihrer Geburt von einer anderen unterscheiden. Einen weiteren Hinweis darauf, dass es bei Menschen Anlagen für die

Sprachaufnahme gibt, liefern die Forschungsergebnisse von Mehler und Kollegen (Mehler, Jusczyk, Lambertz, Halsted, Bertoncini & Amiel-Tison, 1988). Sie zeigen, dass Säuglinge mit sprachlichen Fähigkeiten geboren werden und in der Lage sind, ihre Muttersprache aus anderen Sprachen herauszuhören. In psychologischen Experimenten wurde dieses Phänomen getestet, indem z.B. Babys französischsprachiger Eltern eine ihnen fremde Sprache wie Russisch vom Tonband vorgespielt und dabei ihr Schnullersaugverhalten beobachtet wurde. Die Babys zeigten wenig Interesse, was sich jedoch änderte, als sie die französische Sprache hörten (Mehler u.a., 1988). Auch als das Gesprochene gefiltert und nur noch die Sprachmelodie zu hören war, saugten sie intensiver als bei der ihnen fremden Sprache. Doch als das Tonband rückwärts abgespielt wurde und nur noch die Konsonanten und Vokale hörbar waren, reagierten die Kinder gleichgültig (ibid).

Diese Experimente verdeutlichen, dass Kinder schon vor der Geburt ihre Muttersprache von anderen unterscheiden können. Sie sind imstande, die Prosodie, den Akzent und den Zeitverlauf der Sprache der Mutter im Mutterleib zu hören, da diese ins Körperinnere dringen.

Aber wie entstehen die Regularitäten in der Sprache? Einige Hinweise darauf, wie Sprache zustande kam – am Beispiel der sogenannten Pidgin-Sprache (Lust, 2006) – gehen zurück auf die Kolonialzeit. Die Pidgin-Sprache ist eine aus einer Umbruchsituation entstandene Mischsprache. Sie entstand, weil in der Sklaverei und auf den Plantagen Menschen unterschiedlicher Sprachen ohne gegenseitiges Sprachverständnis miteinander kommunizieren mussten, um ihre Arbeit verrichten zu können. Dabei haben die betroffenen Menschen nicht die Gelegenheit gehabt, in dieser kurzen Zeit die Sprache des anderen zu lernen. Stattdessen bildeten sie eine Mischsprache, die sie neben ihrer Muttersprache erwarben. Für die neue Sprache wurden Worte von den Kolonialherren bzw. Plantagenbesitzern übernommen. Die Pidgin-Sprache zeichnet sich durch einen stark reduzierten Wortschatz, Tendenz zur Umschreibung und Metaphorik, vereinfachte Phonemsysteme und reduzierte morphologische und syntaktische Strukturen aus.

Dieses Phänomen ist auch bei gehörlosen Kindern zu beobachten (Senghas & Coppola, 2001). Die Kinder, deren Eltern eine Art ‚Pidgin-Gebärdensprache' sprechen, da sie die Gebärdensprache erst relativ spät lernten, vervollkommnen diese ‚Pidgin-Gebärdensprache' ihrer Eltern. Die vielfältigen und mühelosen Umschreibungen werden durch erfundene Zeichen der Kinder ergänzt, die sich durch grammatische Hilfsmittel zu einer flüssigen, festgefügten und eleganten Sprache entwickeln. Auch hier ist durch die Kinder eine Kreolsprache entstanden. Kreolsprachen sind also ehemalige Pidgin-Sprachen, die als voll ausgebaute Muttersprachen fungieren (Bußmann, 1990).

Diese Beispiele verdeutlichen, dass Menschen ein regelbasiertes und strukturiertes Kommunikationssystem schaffen können, auch wenn der Input verarmt und unstrukturiert ist. Dies ist definitiv eine phylogenetische Errungenschaft. Was aber bedeutet die Neigung für die ontogenetische Entwicklung? Es ist sehr wahrscheinlich, dass einerseits die Fähigkeit, ein regelbasiertes Kommunikationssystem aus verarmtem Input zu schaffen und andererseits die Fähigkeit, Regelmäßigkeiten im Input (auch schon pränatal) wahrzunehmen, die gleiche kognitive Basis haben. Im Prinzip postuliert Chomsky, dass sich die Sprache bei jedem Kind wie ein biologisches Organ entwickelt. Er selbst bezeichnet sie sogar als eine Art mentales Organ (vgl. Szagun, 2006: 269). Bei diesem Reifungsprozess spielen das Lernen und Umwelt eigentlich keine Rolle, außer, dass die Umwelt notwendig ist, damit der Reifungsprozess beginnt. Der

Spracherwerb wird mit dem Prozess des Entfaltens verglichen: Die Anlagen sind bereits vorhanden und der weitere Aufbau verläuft nach einem internen Bauplan.

3.2.2 Prozess-orientierter Ansatz

Im Vergleich zum struktur-orientierten Ansatz, der das Entstehen bestimmter linguistischer Strukturen ins Zentrum der Untersuchung stellt, hat der prozess-orientierte Ansatz stärker die Entwicklung des Kindes im Blick und verfolgt die Frage, welche Mittel Kindern helfen, im linguistischen Input die grammatischen Strukturen zu entdecken, und diese wiederum auf Ausschnitte von Ereignissen abzubilden. Das Argument ist, dass ohne ein gewisses angeborenes Sprachwissen Kinder nicht in der Lage wären, die Bedeutung abzuleiten und auf eine Entität in der Welt zu beziehen. Pinker (1984) ist der Überzeugung, dass Kinder von Geburt an mit Wissen ausgestattet sind, das es ihnen ermöglicht, verschiedene Wortklassen voneinander zu unterscheiden. Auf diese Weise haben sie scheinbar keine Schwierigkeiten, beispielsweise das Wort „Hase" dem ganzen Tier und nicht nur seinen Ohren zuzuschreiben. Ein zusätzlicher angeborener Mechanismus, der semantisches Bootstrapping genannt wird, sorgt dafür, dass Kinder die Wortklassen ebenfalls im Input erkennen. Die Implikationen des postulierten Mechanismus gehen über die Fähigkeiten, den Sprachstrom zu zergliedern und die Bezugnahme zu erkennen hinaus: Kinder sollen auch noch das Wort für den Referenten mit der Wortklasse und seinem syntaktischen Platz verknüpfen, wozu sie – laut prozess-orientiertem Ansatz – über angeborene verbindende Regeln verfügen (Hirsh-Pasek & Golinkoff, 1996: 36).

3.2.3 Nature oder Nurture?

Im Folgenden grenze ich die nativistischen von epigenetischen Ansätzen ab. Die Idee der Epigenese ist, dass menschliches Verhalten aus der Interaktion von genetischen und Umweleinflüssen entsteht (Szagun, 2006: 273). Im Gegensatz zu den nativistischen Positionen, sprechen Vertreter von epigenetischen Positionen den Umwelteinflüssen (wie Input, Aufmerksamkeitslenkung, Beschaffenheit der vorliegenden Objekte) die Hauptrolle im Spracherwerb zu.

Hirsh-Pasek und Golinkoff (1996) decken auf, dass die zwei unterschiedlichen Ansätze, nativistischer und epigenetischer, nicht so stark miteinander konkurrieren wie es häufig dargestellt wird. Sie sprechen von der aufgestellten Dichotomie als einer Hyperbel, die das Resultat einer übertriebenen Diskussion ist. Wenn man jedoch an wissenschaftlicher Realität interessiert ist, dann solle man – so die Autorinnen – die Dichotomien eher als zwei Enden eines Kontinuums und nicht als zwei gegensätzliche Pole sehen. Insgesamt identifizieren Hirsh-Pasek und Golinkoff (1996) drei solche Hyperbeln in der laufenden Diskussion:

Die erste Hyperbel beinhaltet, dass während epigenetische Ansätze die grammatischen Fähigkeiten mit kognitiven und sozialen Kategorien erklären, die nativistischen Ansätze die Grammatikentwicklung im Entdecken von a priori gegebenen grammatischen Strukturen sehen (Hirsh-Pasek & Golinkoff, 1996: 42). Bei genauem Betrachten sind die Ansätze aber nicht so dichotom. Selbst Chomsky, als der bekannteste Vertreter des nativistischen Ansatzes, gesteht den Einfluss der kognitiven und sozialen Fähigkeiten des Kindes auf den Spracherwerb ein. Umgekehrt werden auch in den epigenetischen Ansätzen Sensitivitäten gegenüber Grammatikstrukturen angenommen.

Eine weitere Hyperbel betrifft die Lernprozesse. Epigenetische Ansätze werden häufig dargestellt, als würden sie für generelle und übergreifende Lernprozesse wie Kategorisierung und Abstraktion plädieren, weil sie Sprache nicht als separates kognitives Modul ansehen. Dagegen vertrauen nativistische Ansätze bereichsspezifischen Lernprozessen, die ausschließlich das Sprachmodul betreffen. Auch diese Dichotomie löst sich beim genauen Betrachten auf, weil in epigenetischen Ansätzen Wortbildung und Syntax ebenfalls im sprachspezifischen Rahmen erklärt werden, allerdings unter einem signifikanten Einfluss von und in Interaktion mit anderen kognitiven Bereichen. Wie bereits oben angemerkt, werden Kindern Sensitivitäten gegenüber sprachlichen Mustern zugesprochen (wie zum Beispiel, dass sie Wörter als Einheiten im Sprachstrom erkennen können), die wie ein Anker dafür sorgen, dass die allgemeinen kognitiven Prozesse auf den Bereich der Sprache angewendet werden können. Sicherlich werden diese Sensitivitäten in verschiedenen Ansätzen unterschiedlich erklärt. In epigenetischen Ansätzen werden sie als erlernte, musterklassifikatorische – und nicht wie in nativistischen Ansätzen als angeborene Fähigkeiten postuliert. In beiden Ansätzen gelten sie jedoch als Voraussetzung für weitere sprachliche Leistungen.

Schließlich geht die letzte von Hirsh-Pasek und Golinkoff (1996: 46) identifizierte Hyperbel auf die Vorurteile bezüglich angeborener Fähigkeiten ein: Während epigenetische Theorien es vermeiden, von angeborenen Fähigkeiten zu sprechen, sind nativistische Theorien mit Nachweisen über angeborenes Wissen übersättigt. Die Auflösung dieser Dichotomie hängt von der Frage ab, wie die oben angesprochenen Sensitivitäten der Kinder entstehen. Es scheint klar zu sein, dass sprachrelevante Informationen vorhanden sein müssen, bevor das Kind mit eigenen Sprachleistungen beginnt. Hirsh-Pasek und Golinkoff (1996) sprechen von der Verfügbarkeit [availability] der Information zum Beginn des Spracherwerbs:

> The question that should be asked is, „How much language-specific knowledge and what kinds of domain-specific processes are needed at the outset of language learning to ensure that grammatical learning takes place?" (Hirsh-Pasek & Golinkoff, 1996: 47).

Nativistische Ansätze argumentieren, dass einige Lernprozesse in Form einer Parametereinstellung [parameter setting] geschehen, d.h. dass sich die Wahrnehmung auf bestimmte Merkmale einstellt. Zugleich postulieren selbst die überzeugtesten Vertreter der epigenetischen Ansätze, dass der Lerner bereits über einige linguistische Informationen verfügt, wenn er in den Spracherwerb eintritt.

Bei der Erläuterung der traditionellen Ansätze wird deutlich, dass die präverbale Phase üblicherweise eindeutig von der sprachlichen Phase abgekoppelt wird. Für viele beginnt der Spracherwerb erst dann, wenn das Kind lautsprachlich produktiv wird, also um den 10. Lebensmonat. Eine Analogie, die diese Vorstellung aufgreift, wäre ein Kind, das an der Startlinie (um den 10. Lebensmonat) zum Rennen (dem Spracherwerb) bereit steht. Die linguistische Information scheint hauptsächlich innerhalb des Rennens vorzuliegen und Ziel des Rennens ist die linguistische Kompetenz. Das Kind hat für das Rennen trainiert, ist insofern mit gewissen Neigungen und Sensibilitäten gegenüber linguistischer Information ausgestattet. Die Trainingsbedingungen waren jedoch anders (nicht-sprachlich) als die Rennbedingungen. Viel angemessener scheint mir hingegen eine Analogie, in der das Kind unter den gleichen Bedingungen, unter denen das Rennen stattfindet, trainieren darf. Von Anfang an kommt es mit linguistischer Information in Berührung (Nomikou & Rohlfing, 2011), weil es von Anfang an als Teilnehmer einer Interaktion gesehen wird (de León, 2000), die sowohl seine kognitive wie auch seine motorische Entwicklung fördert. Im Kapitel 4 zur Motorischen Kognition wird dieser sanftere Übergang dargestellt.

> Zusammenfassend können die Schnittmengen der nativistischen und epigenetischen Ansätze wie folgt identifiziert werden: Kinder haben gegenüber Sprachinformationen bestimmte **Neigungen** und können dadurch die Spracheinheiten (Wörter und Sätze) im Sprachstrom erkennen. Sie sind mit Strategien ausgestattet, die sie zu dieser Mustererkennung befähigen. Verschiedene Quellen des Inputs unterstützen Kinder in ihrem Spracherwerb (Hirsh-Pasek & Golinkoff, 1996, vgl. Kapitel 4 und 5).
>
> Eindeutige Unterschiede gibt es jedoch in der Sicht auf die **Lernmechanismen**, d.h. dahingehend wie Kinder Input verarbeiten. Die traditionellen Ansätze gehen hier von einem Referenzprozess aus (siehe oben, Abb. 5), in dem das Wort auf ein Objekt oder Ereignis in der Welt bezogen wird (Bloom, 2000) während in den gebrauchsgestützten [usage-based], sozio-pragmatischen Ansätzen dieses „mapping" ausdrücklich kritisiert wird (z.B. Tomasello, 2001: 1119). Stattdessen wird ein umfassender Blick auf den Erwerb präsentiert, in dem nicht nur die Umwelt, sondern auch die Entwicklung der Interaktion berücksichtigt wird (siehe eine genaue Zusammenfassung des Ansatzes in Behrens, 2009).

3.3 Das Erbe des Strukturalismus

Die Vorstellung der Modularität ist oben bereits im nativistischen Ansatz angeklungen. Die Dekomposition der Kognition in unterschiedliche Bereiche findet sich jedoch auch in epigenetischen Ansätzen. Es scheint ein Erbe des Strukturalismus zu sein, das unser Denken im Allgemeinen beeinflusst.

3.3.1 Vorstellung der Modularität

Kognitive Fähigkeiten können voneinander getrennt betrachtet werden. Von Geert (1985: 8) spricht von drei modularen Hauptsystemen: perzeptuelles oder sensorisches System, motorisches System und linguistisches System. Wenn man diese Unterscheidung für die Semantik aufrechterhält, müssen semantische und konzeptuelle Repräsentationen unterschiedlich betrachtet werden, wobei semantische Repräsentationen mit lexikalischen (vgl. Knauf, 1997: 110) und nicht konzeptuellen Einheiten verbunden sind. Wie lexikalische Einheiten folgen die semantischen Repräsentationen den Regeln des Sprachsystems (vgl. Schwarz, 1992: 17). Neben den modularen Hauptsystemen gibt es das zentrale nicht-modulare System (v. Geert, 1985: 8), welches die Übertragung von einem Modul in das andere ermöglicht. Auf diesem Wege kann die visuelle Wahrnehmung in eine verbale Beschreibung umgewandelt werden (ibid). In seinem frühen Ansatz unterstützt auch Slobin (1973: 182 f.) diese Meinung und argumentiert, dass die kognitive Entwicklung nicht im Einklang mit der linguistischen Entwicklung abläuft; das Kind muss zunächst die linguistischen Begriffe finden, um dann eigene Absichten formulieren zu können.

In diesem modularen Ansatz, in dem Sprache und Kognition getrennt voneinander betrachtet werden, ist es Aufgabe der Semantik, eine objektive, kontext-unabhängige

Bedeutung von Wörtern zu identifizieren (vgl. Schwarz, 1992: 24). Forscher, die diesem Ansatz folgen, schlagen Regeln der Anwendung vor. Das mentale Lexikon spielt dabei eine zentrale Rolle und erfüllt die Funktion der Informationsstrukturierung (Schwarz, 1992: 17).

Ein interessantes Argument gegen die Modularität präsentiert Weinert (2000). Sie wirft die Frage auf, ob die Modularität der Sprache bereits von Beginn an oder erst als Effekt des Entwicklungsprozesses vorliegt (siehe auch Szagun, 2006; Johnson u.a., 2009). Auf weitere Studien verweisend argumentiert Weinert (2000), dass „schnelle, komplexe, automatische und teilweise von anderen Informationen abgekapselte bereichsspezifische Informationsverarbeitung tatsächlich das Ergebnis von Lernvorgängen sein kann" (Weinert, 2000: 344). Eine Unterstützung für diese Sicht sieht Weinert (2000) in kindlichen Aphasiestudien. Diese zeigen, dass im Kindesalter nicht nur anteriore, sondern auch posteriore Läsionen der linken Hemisphäre (in der der Sitz der Sprache vermutet wird) fast ausschließlich zu nicht-flüssigen Aphasieformen führen. Aktuelle neurophysiologische Studien bestätigen Weinerts Annahmen insofern, als sie zeigen, dass eine Spezialisierung des Gehirns auf die sprach-spezifische Domäne in der linken Hemisphäre erst im Laufe der Entwicklung und unter dem Einfluss des zunehmenden Vokabulars der Kinder zustande kommt (Sheehan & Mills, 2008; Johnson u.a., 2009 für allgemeine Gehirnentwicklung).

Viele Forscher vertreten die modulare Sichtweise, weil sie beispielsweise mit einer Verschmelzung von Sprache und Denken nicht einverstanden sind. Doch auf diese Weise wird das Kind mit dem Badewasser ausgeschüttet: Die Modularität zu verwerfen muss nicht damit einhergehen, dass Unterschiede, die in semantischen Kategorien unterschiedlicher Sprachen vorkommen mit Unterschieden in der Denkfähigkeit gleichgesetzt werden. Eine Alternative wird in hybriden Ansätzen geboten, in denen eine konzeptuelle Entwicklung gezeichnet wird, die individuelle und kulturelle Unterschiede berücksichtigt, wie sie auch im Rahmen dieses Buchs angenommen wird.

3.3.2 Die Vorstellung der mentalen Einheit [unit]

Die Bedeutung eines Wortes als greifbare Einheit zu sehen, entstammt ebenfalls dem Erbe des Strukturalismus. Auch wenn die Vertreter der Sprachphilosophie wie z.B. der späte Wittgenstein (1945 [1993]), Putnam (1975) oder v. Savigny (1993) gezeigt haben, dass die Bedeutung eines Wortes nicht einfach zu greifen ist, scheinen diese Erkenntnisse die Spracherwerbsforschung wenig zu berühren. So erläutert Bloom (2000) zuerst den sprachphilosophischen Ansatz von Putnam, um die Bedeutung aber direkt danach in zwei Faktoren zu unterteilen, einen eng gefassten Inhalt [narrow content], der an interne psychologische Aspekte gebunden ist, sowie einen weiter gefassten Inhalt [broad content], der an externe soziale und kontextuelle Aspekte gebunden ist (Bloom, 2000: 21). Bloom (ibid) spricht sich dafür aus, Bedeutung mit lediglich dem psychologischen, also internen Inhalt zu verbinden.

Diese Entscheidung findet man in der Spracherwerbsforschung häufig, und es wird weiterhin davon ausgegangen, dass es (1) einen Referenzmechanismus gibt, in dem ein Wort mit einem Gegenstand / Ereignis verbunden wird, und (2) sich die Bedeutung in Einheiten (wie Merkmale eines Objektes) fassen lässt. Bloom (2000: 17) drückt es so aus: „two things are involved in knowing the meaning of a word – having the concept and mapping the concept onto the right form".

Hinsichtlich des Referenzmechanismus stellt das semiotische Dreieck (siehe Abb. 3) hilfreich die Beziehung zwischen Symbol, Bedeutung und Referent dar. Der Umweg vom Symbol zum Referenten über den Gedanken oder Bezug macht deutlich, dass sprachliche Zeichen nicht unmittelbar auf die Wirklichkeit bezogen werden können. Zum Beispiel wird das Wort „Schnee" auch in einem abgeschlossenen Raum verstanden. Das zeugt davon, dass das Wort nicht mit dem Ereignis selbst, sondern mit einem Konzept verbunden ist. Bezüglich des Konzeptinhalts gibt es unterschiedliche Vorstellungen. Einen Konsens scheint es darüber zu geben, dass es sich um kognitiven Inhalt handelt. Bloom (2000: 18) identifiziert die eigentliche Bedeutung mit der Intention (siehe 3.4.2 unten), d.h. es genügt nicht zu wissen, dass das Wort „Mond" sich auf den Mond oder das Wort „Haus" auf alle Häuser bezieht (Extension eines Wortes), sondern entscheidend ist die Intension eines Wortes, die bestimmt, welche Eigenschaften einen Mond oder ein Haus ausmachen.

Im Hinblick auf (2) erscheint laut dieser trilateralen Darstellung Bedeutung als etwas Greifbares, das genau wie das Lautliche (das Wort) und der Referent (der Gegenstand / das Ereignis) existiert. In diesem Kontext scheint es berechtigt zu fragen, wie Kinder Objekten und Ereignissen Wörter zuordnen? Woher wissen Kinder, welches Objekt oder welches Ereignis Erwachsene mit einem bestimmten Wort benennen (Szagun, 2006: 131)? Szagun (2006: 132) definiert Bedeutung als „einen Begriff, der verbal enkodiert ist". Ein Begriff, so die Fortsetzung der Definition, „ist eine kognitive oder geistige Struktur, die Dinge oder Ereignisse aufgrund von Ähnlichkeiten oder kontextuellen Verbindungen zusammen gruppiert" (vgl. auch Bloom, 2000). Diese Ähnlichkeiten oder kontextuellen Verbindungen zu konkretisieren, beschäftigt immer noch viele Forscher und verschiedene Forschungsrichtungen. Da die geistige Struktur hervorgehoben wird, entsteht der Eindruck, dass bestimmte Merkmale des Gegenstandes oder Ereignisses zusammen die Bedeutung ausmachen.

> Ein Beispiel für den klassischen Ansatz zu mentalen Repräsentationen und wie sie entstehen ist die **semantische Merkmalstheorie** [*Semantic Feature Hypothesis*] (Clark, 1973b; siehe auch Szagun, 2006: 133 ff.). Sie besagt, dass die Bedeutung eines Wortes zuerst wenige Merkmale – vorwiegend physikalische und perzeptuelle wie Form, Größe usw. – beinhaltet (Ameel u.a., 2008). Die volle Wortbedeutung erreicht das lernende Kind durch das Hinzufügen von weiteren semantischen Merkmalen. Im Bezug auf das Wort „Bruder" sieht Clark (1973b) den Prozess des Bedeutungserwerbs als mehrschrittig und vom Allgemeinen zum Spezifischen voranschreitend. In frühen Stadien beinhaltet die Bedeutung des Wortes die Merkmale ‚männlich' und ‚nicht-erwachsen', in späteren Stadien kann das Merkmal ‚nicht-erwachsen' modifiziert werden und das Merkmal ‚Geschwister' wird hinzugefügt. In diesem „Additionsprozess" (Szagun, 2006) wird die Struktur graduell aus einzelnen Merkmalen konstruiert, welche gemeinsam eine Definition der Wortbedeutung ermöglichen.

Diese Behältermetapher ist typisch für den klassischen Ansatz zu mentalen Repräsentationen, nach dem die geistige Struktur einen Satz von notwendigen und hinreichenden Bedingungen für ihre Gültigkeit, nach Möglichkeit in sensorischen oder perzeptuellen Begriffen, formt (Laurence & Margolis, 1999).

> In diesem Sinne eines Additionsprozesses macht das sprachlernende Kind zuerst einige ‚Fehler' und wendet das Wort auf Objekte und Ereignisse an, die ähnliche

perzeptuelle oder aber auch funktionale, emotionale, kulturelle und lokative Merkmale (Szagun, 2006: 136) aufweisen. Zum Beispiel wird „Regenbogen" auf eine „Rutsche" bezogen, weil beides eine bestimmte Form aufweist. Die hinter der Wortbedeutung stehende Kategorie erscheint somit umfassender als bei Erwachsenen. Bei diesen Fehlern spricht man von **Überdehnungen** [over-extensions], die bei „sehr jungen Kindern – meist zwischen einem und zweieinhalb Jahren – am Beginn des Spracherwerbs" vorkommen (Szagun, 2006: 136). Laut der semantischen Merkmalstheorie startet das Kind mit perzeptuellen Merkmalen, aber im Verlauf der Entwicklung kommen weitere Merkmale dazu, wie die Funktion von Objekten oder die kulturellen Rollen (um z.B. einen Stuhl von einem Thron zu unterscheiden) (Ameel u.a., 2008). Die Überdehnungen werden weniger, wenn das lernende Kind die ursprünglich generelle Wortbedeutung durch das Hinzufügen von weiteren Merkmalen eingeschränkt hat.

Empirische Unterstützung für die semantische Merkmalshypothese kommt aus Clarks Analyse von Überdehnungsfehlern aus verschiedenen Sprachen (Clark, 1973b). Clark erklärt die Überdehnungen mit der Achtsamkeit der Kinder gegenüber perzeptuellen Merkmalen von Objekten wie Größer, Farbe, usw. (Clark, 1973a; 1973b). Doch aktuellere Befunde lassen erkennen, dass Kinder eine ganze Reihe von unterschiedlichen Merkmalen (darunter auch emotionale, funktionale und lokative) gebrauchen, um Kategorien zu formen (siehe Szagun, 2006: 135 ff.)

Unabhängig von der Frage, welche Merkmale einfließen, impliziert die Behältermetapher grundsätzlich, dass sich eine mentale Repräsentation aus verschiedenen Merkmalen von Objekten zusammensetzt. Auch wenn diese Komponentensicht einfach und deshalb attraktiv erscheint, so gibt es gewichtige Zweifel an ihrer psychologischen Realität. Laurence und Margolis (1999: 27) fassen zusammen, dass es lediglich wenige Bedeutungsstrukturen gibt, die sich in Merkmalen definieren lassen; viele Wörter behalten eine Unschärfe [fuzziness] gegenüber manchen Merkmalen, was gegen die semantische Merkmalstheorie spricht, nach der Merkmale stabil und unabhängig vom Kontext vorhanden oder nicht vorhanden sein sollen (Szagun, 2006). Es gibt keine Evidenzen aus psychologischen Experimenten, die zeigen, dass Bedeutungen eine definitorische Struktur haben.

Eine weitere Kritik zielt auf die Merkmale an sich ab: Ihre Struktur wird meistens amodal dargestellt, auch wenn Clark (1973b) manche Bedeutungsstrukturen auf die perzeptuelle Erfahrung zurückführt. Allerdings betont die neuere Forschung, dass Bedeutung in der sensomotorischen Gehirnregion eingebettet ist (Barsalou, 1999). Zum Beispiel zeigte die Studie von Tettamanti und seinen Kollegen (Tettamanti, Buccino, Saccuman, Gallese, Danna, Scifo, Fazio, Rizzolatti, Cappa & Perani 2005), dass das Hören von Sätzen, in denen konkrete Handlungen beschrieben wurden, die visuomotorischen Bahnen aktivierte, die der Handlungsausführung und -beobachtung dienen. Auch ist nicht klar, wie die Dynamizität mancher Bedeutung (wie beim Wort „drehen") in Form von Merkmalen festgehalten werden kann. Viel plausibler erscheint daher die Annahme, dass die semantischen Merkmale eher ein Produkt des Entwicklungsprozesses sind (Carey, 1978), d.h. Sprecher sind erst ab einem gewissen Alter in der Lage, semantische Merkmale als kontextübergreifende Bedeutung eines Wortes anzugeben.

Zusammengefasst erhält ein Semantikansatz, in dem die Bedeutung eines Wortes mit einer kognitiven und geistigen Struktur charakterisiert wird, die Vorstellung aufrecht, dass Kinder ein Wort und einen Gegenstand miteinander in Verbindung bringen, was in dem Prozess des sogenannten Mappings zum Ausdruck kommt. Wie oben gezeigt, gibt es einige Alternativen zu diesem Ansatz, die die Semantik weniger als einen rein kognitiven Prozess sehen, sondern sie stärker in die Kommunikation und den sozialen Umgang einbetten. Diese Sicht auf die Semantik führt sie sicherlich näher an die Pragmatik, wie im Kapitel 8 zur Materialität diskutiert wird.

3.4 Verbindungen zwischen Semantik und Kognition

Es gibt viele Vorstellungen, die unser Bild von der Konzeptualisierung prägen. Einmal erworben sollen Konzepte stabil und über verschiedene Personen hinweg vergleichbar sein. Menyuk (2000: 182) wandte jedoch ein, dass die semantische Entwicklung durch die sich verändernde Natur der konzeptuellen Strukturen gekennzeichnet ist. Es wäre einfach, wenn es einen bestimmten Punkt in der Entwicklung eines Kindes gäbe, an dem man eindeutig feststellen kann, dass das Kind ein Konzept erworben hat. Doch diesen magischen Punkt scheint es nicht zu geben. Nichtsdestoweniger liegen Erklärungen darüber vor, wie der Erwerb von Konzepten mit dem Erwerb sprachlicher Bedeutung zusammenhängt. Ich möchte im Folgenden vier gängige Positionen zur Zusammenarbeit zwischen Semantik und Kognition vorstellen und aus deren Erklärung eine Semantikaufgabe entwickeln, die klar beschreibt, welche Konsequenzen sich aus der jeweiligen Position für den Spracherwerb eines Kindes ergeben. Alle Positionen gehen davon aus, dass Säuglinge bereits vor dem Erwerb von Wortbedeutungen anfangen, die Welt zu konzeptualisieren. Dies ist eine relativ neue Sichtweise, weil lange Zeit – verwurzelt mit den Theorien von Piaget – die Vorstellung galt, dass Säuglinge lediglich auf die Umwelt reagieren, diese aber nicht konzeptualisieren, bis sie anfangen, Sprache zu benutzen. Heutzutage gibt es mehr als genug Befunde, um dieser Vorstellung zu widersprechen. Diese Erkenntnisse sind neuen wissenschaftlichen Methoden (siehe Kapitel 2) zu verdanken. Im Hinblick darauf, welche kognitiven Fähigkeiten Säuglinge bereits vorweisen können, stellt Mandler (2012: 421) eine Liste von vier konzeptuellen Tätigkeiten zusammen: Generalisierung [generalization], Schlussfolgerung [inference], Erinnerungen an erlebte Ereignisse [recall of past events] und mentales Problemlösen [mental problem solving]. Ferner nimmt sie an, dass die ersten Konzepte sich auf die Konzeptualisierung des Raumes beziehen (z.B. Mandler, 2012). Daher werde ich den Erwerb von räumlichen Ausdrücken heranziehen, um im Folgenden die unterschiedlichen Erklärungen zur Verbindung zwischen Semantik und Kognition darzustellen. Da räumliche Ausdrücke in allen Kulturen für unser Handeln essenziell sind (Bowerman, 1999), eignen sie sich besonders dafür, den Einfluss der physikalischen Erfahrung auf die Konzeptualisierung zu untersuchen.

Die vier theoretischen Positionen zum Zusammenhang zwischen dem Erwerb von Konzepten und sprachlicher Bedeutung können entlang von zwei Achsen angesiedelt werden: Die erste Achse beschäftigt sich mit dem Übergang von der konzeptuellen zur semantischen Ebene. Hier ist die Frage, ob semantische Repräsentation der konzeptuellen Repräsentation gleicht (einstufige Semantik) oder die semantische Ebene zwischen Kognition und Sprache vermittelt (zweistufige Semantik). Die zweite Achse spannt sich zwischen den Vorstellungen auf, wie semantische und kognitive Repräsentationen einander beeinflussen. Wenn konzeptuelle Repräsentationen die semantischen beeinflussen, handelt es sich um einen kognitiven Determinismus. Wenn wiederum die semantische Repräsentationen auf die konzeptuellen einen Einfluss haben, spricht man vom Linguistischen Determinismus.

3.4.1 Ein-Ebenen-Semantik

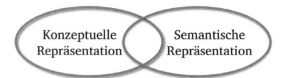

Abbildung 6: Die Vorstellung einer Ein-Ebenen-Semantik, bei der sich die semantische und konzeptuelle Repräsentation überlappen.

In der holistischen semantischen Theorie oder der Ein-Ebenen-Semantik besteht eine direkte Verbindung zwischen Konzepten und den Bedeutungen sprachlicher Begriffe (siehe Abb. 6). Zum Beispiel kann laut dieser Theorie die Untersuchung der Bedeutung einer räumlichen Präposition direkt zu Einblicken in das Konzeptualisieren des Raumes führen. In der Ein-Ebenen-Semantik wird Sprache nicht als ein autonomes System betrachtet. Stattdessen ist es „an integral part of human cognition" (Langacker, 1987: 12). Weil es diese direkte Verbindung zwischen kognitiven Strukturen und linguistischen Begriffen gibt (vgl. Knauf, 1997: 119), kann sprachliches Wissen mit Prinzipien der Kognition erklärt werden. Bedeutungen fallen mit den konzeptuellen Einheiten zusammen, in denen das allgemeine und das spezifische Wissen der Sprecher repräsentiert wird. Semantische Einheiten sind Bestandteile kognitiver Domänen, d.h. sie sind eingebunden in komplexe kognitive Strukturen, die Wissen über die Welt in geordneten Zusammenhängen abbilden (Schwarz, 1992: 18). Die Basis für die Semantik im Rahmen dieser Position ist die „Schematisierung von Ereignissen [event schematization]" (Sinha, 2007: 1277). In diesem Ansatz wird die Verarbeitung von Ereignissen hervorgehoben. Als Produkt entstehen Bildschemata [image schemas] (Johnson, 1987; siehe 3.6.2). Es sind weniger kontext-gebundene, schematische Konzepte, die die Rollen von Objekten in einer Interaktion festhalten (Mandler, 2000).

Der folgende Einschub, den ich „Semantikaufgabe" nenne, fasst zusammen, welche To-Do-Liste sich für ein sprachlernendes Kind aus dieser Sicht ergibt:

Semantikaufgabe für das sprachlernende Kind:
Die Aufgabe für das sprachlernende Kind umfasst primär das Herausbilden von Bildschemata [image schemas] (Johnson, 1987; siehe 3.6.2), weil diese den Kern des menschlichen Verstehens ausmachen (Mandler, 1992: 591). Für räumliche Ausdrücke bedeutet das, dass Kinder diese verstehen werden, wenn sie das korrespondierende Ereignisschema abrufen können.

Wie sich diese Korrespondenz zwischen dem Konzept und dem Wort herausbildet, bleibt unklar. Die Möglichkeit, räumliche Ausdrücke auf die Bildschemata zu beziehen (‚mapping') widerspricht im Prinzip der Ein-Ebenen-Semantik. Um etwas (einen Ausdruck) auf etwas (ein Konzept) zu beziehen, müssten zwei Ebenen vorhanden sein. Die holistische Sicht ist nicht einfach zu begreifen, weil sie zu den modularen Vorstellungen (vgl. 3.3.1 oben) in Widerspruch steht. Auf der anderen Seite können wir nicht einfach behaupten, dass in der Ein-Ebenen-Semantik schlicht alles Bedeutung ist. Es ist an dieser Stelle nicht möglich, die komplette Theorie der verkörperten, also mit der Umwelt verbundenen, Sprache wiederzugeben. Ich möchte jedoch darauf verweisen, dass es bereits Ansätze gibt, die sich bemühen, die Mechanismen des Verarbeitens im Rahmen eines holistischen Ansatzes zu erarbeiten (Barsalou, 1999), die allerdings nicht auf den Erwerb eingehen. In diesem Ansatz spielt das eigene Handeln eine zentrale Rolle: Für und durch das eigene Handeln entwickelt der Mensch Konzepte und Erinnerungen, die ihn beim weiteren Handeln begleiten. Bildschemata (Johnson, 1987; siehe auch 3.6.2) versuchen, genau solche handlungsorientierten Erfahrungen festzuhalten und die damit verbundenen perzeptuellen und motorischen Prozesse im Gedächtnis zu organisieren. Sie werden definiert als „analog representations of spatial relations and movements in space" (Gibbs & Colston, 1995: 349) und sind selbst nicht-propositional, d.h. wir haben keinen direkten Zugriff auf ihren Inhalt (ibid). Wie solche Bildschemata sich herausbilden und inwiefern sie von visueller Wahrnehmung abgeleitet werden, sind noch kaum untersuchte Fragen. Doch die Beteiligung der (eigenen) Handlung wird für das repräsentationale Wissen – auch die Wortbedeutung – als essenziell angesehen:

> We shall adopt the point that words do not „mean" referents or stand for referents, they have **a use**, they specify perceived events relative to a set of alternatives; they provide information (Olson, 1970: 263, eigene Hervorhebung).

In diesem Kontext wird auch der wesentliche Beitrag von Gestik zur Bedeutungskonstitution diskutiert (siehe Kapitel 7). An dieser Stelle sei nur kurz angeführt, dass Gestik im theoretischen Rahmen der verkörperten Kognition [embodied cognition] nicht lediglich ein Mittel ist, um Handlungsinformation auszudrücken. Vielmehr kann Gestik ebenso den sich bildenden Repräsentationen eine Handlungsinformation hinzufügen. Diese Wirkung erzeugt Gestik dadurch, dass sie selbst eine Form von Handlung ist (Beilock & Goldin-Meadow, 2010). Um es in anderen Worten auszudrücken: Gesten spiegeln nicht nur die simulierte Handlung wider, sondern können diese Handlungssimulationen entstehen lassen (ibid).

3.4.2 Zwei-Ebenen-Semantik

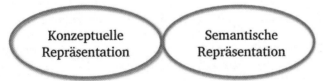

Abbildung 7: Die Vorstellung einer Zwei-Ebenen-Semantik, in der die semantische und konzeptuelle Repräsentation unabhängig voneinander sind.

Diese Vorstellung entspricht eher den gängigen Denkweisen. Sprachliche Bedeutung kann demnach durch eine Verarbeitung durch das sprachliche System erworben werden, das jedoch unabhängig vom perzeptuellen und motorischen System arbeitet. Einige Entwicklungslinguisten haben zunächst diese Sicht unterstützt. So schreibt Slobin (1973: 182–183), „[c]ognitive development and linguistic development do not run off in unison. The child must find linguistic means to express his intentions". Im Prinzip kann man sich hier wieder den Warteraum vorstellen, in dem das Kind sitzt, um Schlüssel für das Benutzen eines sprachlichen Begriffs zu erhalten. Erst wenn das Kind das entsprechende Konzept erworben hat und somit den Schlüssel bekommt, kann es die Tür öffnen und das korrespondierende Wort äußern. In dieser Sicht werden also bestimmte kognitive und sprachliche Fähigkeiten nicht nur als Einheiten gesehen, sie bauen in der Entwicklung sogar aufeinander auf.

In der Zwei-Ebenen Semantik ist die Bedeutung eines erworbenen Wortes kontextunabhängig und das Ziel der Semantikforschung ist es, diese Bedeutung festzuhalten (vgl. Schwarz, 1992: 24). Knauf (1997: 119) erklärt diese Sicht mit einem Beispiel zur Präposition „hinter": Wenn wir die Bedeutung der Präposition festhalten wollen, dann ist es ausreichend die Situationen, in denen Menschen mit dieser Präposition referieren, zu analysieren. Forscher, die einer modularen Theorie folgen, werden in diesem Sinne bestimmte Regeln – und nicht Schemata – aufstellen, die das Benutzen des Wortes erklären. Die Leistung des Referenzmechanismus wird mit zwei Termini zusammengefasst: Extension und Intension. Extension bedeutet, dass man weiß, dass das Wort „Mond" sich auf den Mond oder das Wort „Haus" sich auf alle Häuser bezieht. Intension bestimmt, welche Eigenschaften einen Mond oder ein Haus ausmachen. Diese Regeln werden von dem mentalen Lexikon festgehalten, das die eingehenden Informationen strukturiert (Schwarz, 1992: 17; Bloom, 2000).

Was beinhalten diese Regeln im mentalen Lexikon? Bezüglich einer Antwort können mindestens zwei Forschergruppen voneinander unterschieden werden. Die eine Gruppe schlägt eine Kernbedeutung in Form eines **Prototypen** vor (Klein, 1991: 92). Die andere Gruppe argumentiert für eine **abstrakte Grundbedeutung** (ibid).

Ein **Prototyp** (Rosch, 1978; Mervis, 1987; Klein, 1991: 92) ist eine Basiseinheit (Taylor, 2011: 643), von welcher andere Exemplare abgeleitet werden. Der Prototyp beinhaltet das Wissen darüber, welches Objekt oder welches Ereignis als typisch für eine Kategorie hinter einem Wort zu sehen ist. Zum Beispiel verbinden wir mit dem Wort „Ball" eher einen Fußball als einen Golfball und mit „Vogel" einen Spatz eher als ein Huhn. Szagun (2006: 134) fasst zusammen, dass „je mehr Merkmale ein Mitglied einer Kategorie mit anderen Kategoriemitgliedern gemeinsam hat, desto prototypischer für die Kategorie ist es". Die Bedeutung eines Wortes beruht dann auf wenigen prototypischen Exemplaren (Kuczaj, 1982).

Eine **abstrakte Grundbedeutung** ist mit allen Verwendungsweisen vereinbar (Klein, 1991: 91). Es ist eine Essenz, die – wenn sie in einem Kontext vorkommt – zu einer „vollen kognitiven Repräsentation" (ibid) angereichert werden kann (siehe 3.6 für mehr Details von Grundbedeutung im Erwerb).

Was diese Gruppen genau voneinander unterscheidet, kann an diesen zwei Sätzen verdeutlicht werden (vgl. Nüse, 1998):

    a.   *Eine Amsel auf dem Wegweiser*
    b.   *Eine Zahl auf dem Wegweiser*

Die erste Gruppe würde die Präposition „auf" in den beiden Sätzen als unterschiedlich ansehen. Allerdings stehen beide Verwendungen im Zusammenhang mit einem Prototypen, d.h. einer typischen Verwendung der Präposition „auf". Die typische Verwendung basiert auf einer geometrischen Beschreibung, wie sie im Satz a impliziert ist. Die zweite Gruppe versucht den beiden oben genannten Sätzen eine gemeinsame abstrakte Grundbedeutung der Präposition „auf" zuzuschreiben. Wenn wir annehmen, dass die Bedeutung der Präposition „auf" sich mit ‚höher als' und zugleich ‚im Kontakt mit' erfassen lässt, dann kann sie auf beide Sätze bezogen werden. In diesem Fall würde die Bedeutung gleich bleiben, aber die Instanziierung der Oberfläche würde sich verändern. Grabowski (1999: 91) nennt das eine Technik der Abstraktion plus Ergänzung.

Semantikaufgabe für das sprachlernende Kind:
Ausgehend von der Vorstellung eines Prototypen, heißt es für ein sprachlernendes Kind, dass es über einen Prototypen als Grundlage einer Wortbedeutung verfügt und die späteren weniger typischen Referenten auf diesen Prototypen bezieht. Bei dieser Aufgabe bleibt immer noch ungeklärt, *wie* Kinder den repräsentierten Prototypen mit den realen Exemplaren abgleichen und wie sich die Achtsamkeit gegenüber gewissen Merkmalen herausbildet.

Ausgehend von der Vorstellung einer abstrakten Grundbedeutung besteht die Aufgabe für das Kind darin, viele Beispiele für die Verwendung eines Wortes mitzubekommen, um daraus die abstrakte Grundbedeutung (im Falle einer Präposition vielleicht eine Art geometrische Idealisierung) zu extrahieren. Zusätzlich zu der Abstraktion kommt als Aufgabe hinzu, die Techniken zu erwerben, mit denen diese Grundbedeutung auf abweichende Situationen bezogen werden kann.

Wie ich bereits in den Kapiteln 3.3.1 und 3.3.2 zum Ausdruck gebracht habe, gibt es Befunde, die gegen eine modulare Sicht auf Kognition und Sprache sprechen. Dementsprechend bezweifelt Grabowski (1999) die psychologische Realität eines modularen Ansatzes und zeigt eine gewisse Zirkularität in der Argumentation auf. Wie in der oben skizzierten semantischen Aufgabe deutlich wird, ist es schwer vorstellbar, dass ein Kind jemals diese komplexe Aufgabe erfüllt und eine Bedeutung herausbildet. Diese braucht es jedoch, um ein Wort jemals korrekt verwenden zu können – es braucht die Bauklötze (sprachliche Bedeutung), um bauen (sprechen) zu können. Eigentlich, so Grabowski (1999: 93), ist die Grundbedeutung notwendig, um weitere Verwendungen auf diese Grundbedeutung hin zu analysieren. Vielleicht läge die Lösung darin, dass bereits Säuglinge im Alter von 4 Monaten Konzepte über Objekte und Ereignisse bilden (Needham & Baillargeon, 1993). Solch eine konzeptuelle Struktur über räumliche Ereignisse mag den Kindern für den Spracherwerb zur Verfügung stehen und wird weiter unten in Kapitel 3.6 berücksichtigt. In der Spracherwerbsforschung überwiegt die empirische Evidenz für die Prototypentheorie (vgl. Kuczaj, 1982; Szagun, 2006). Zum einen beziehen Kinder – laut psycholinguistischer Experimente – Wörter eher auf typische Vertreter einer Referentenkategorie als auf untypische (Meints u.a., 1999), wobei diese Präferenz sogar für räumliche Relationen gilt (Meints u.a., 2002). Zum anderen beziehen sich Überdehnungsfehler, die von Kindern gemacht werden (siehe 3.3.2), nicht nur auf einen bestimmten Merkmalssatz, wie von Clark (1973) postuliert. Vielmehr scheint es so, als würde Kindern als Vorstellung eine ganzheitliche Repräsentation zur Verfügung stehen, aus der sie dann „sporadisch Merkmale herausisolieren" (Szagun, 2006: 141). Der Prototyp könnte also ganzheitlich repräsentiert sein, aber je nach Aufgabe und Gegebenheiten können Kinder durch ihre Aufmerksamkeit andere Merkmale aus der Situation mit dem Prototypen verbinden. Auch wenn sie zunächst auf andere Merkmale achten, lernen Kinder im Laufe ihrer Entwicklung, die Merkmale so herauszuisolieren, wie Erwachsene das tun (Mervis, 1987; Ameel u.a., 2008). Meiner Meinung nach erläutert die Prototypentheorie (Rosch, 1978) zwar, *dass* bestimmte Merkmale abgeleitet werden können. Sie kann jedoch nicht erklären, *wie* (d.h. auf welcher Grundlage der Wahrnehmung oder Kognition) diese Merkmale zustande kommen. Keil und Carroll (1980) schlagen sogar vor, dass Kinder die Entwicklung der Semantik nicht mit Prototypen als Repräsentationsformat beginnen, vielmehr würden Prototypen bereits eine Entwicklung in der Semantik in sich bündeln. Die Fähigkeit, Merkmale herauszuisolieren sei ein Produkt der (Sprach)entwicklung, die sich erst später im Erwerbsprozess beobachten lässt:

> [T]he decomposition of word meanings into such features, whether criterial or not, comes quite late in the acquisition of word meanings and [...] is an analytic tool imposed by the language learner on an already functioning language system (Keil & Carroll, 1980: 21).

Die Autoren argumentieren weiter, dass am Anfang der Entwicklung ganz konkrete Beispiele stehen, d.h. ein Wort wird an einen ganz bestimmten Referenten gebunden: „word meanings [...] are inextricably tied up with the original instances from which they are learned" (Keil & Carroll, 1980: 21). Erst wenn Kinder einige solcher Beispiele ansammeln, scheinen sie in der Lage zu sein, unveränderliche Merkmale zu extrahieren. Wie oben in 3.3.1 erläutert, erscheint wahrscheinlich, dass modulare Merkmale ein Produkt der Entwicklung, aber nicht ein Ausgangspunkt für die Lernprozesse sind (vgl. Weinert, 2000; Sheehan & Mills, 2008).

3.5   Richtungen des Einflusses zwischen Kognition und Semantik

Die folgenden Positionen werden in ihrem Extrem, wie auf den Abbildungen 8 und 9 zu sehen, nicht mehr vertreten. Es lohnt sich jedoch, die Extreme der Positionen zu verstehen, um die verschiedenen Ausprägungsvariationen bemerken zu können.

3.5.1   Kognitiver Determinismus

Abbildung 8: In der Vorstellung des kognitiven Determinismus ist es die konzeptuelle Repräsentation, die die semantische Repräsentation bestimmt.

Man könnte argumentieren, dass man nur dann die unterschiedlichen Auffassungen darüber wie sich die kognitive und semantische Repräsentation beeinflussen, diskutieren kann, wenn man eine modulare Position einnimmt (siehe 3.3.1). Denn bei der holistischen Position, in der es keine zwei getrennten Ebenen gibt, gäbe es diese Unterteilung nicht. Doch mit Blick auf die Entwicklung stellt sich auch bei einer holistischen Position diese Frage. Dafür werden die semantischen Repräsentationen aus dem Individuum heraus in den Input hinein verlagert. Die kognitive Entwicklung eines Kindes wird dann unter dem Einfluss des Inputs gesehen. Unter diesen Umständen stellt sich die Frage, ob Kinder verschiedener Sprachen (während der sog. vorsprachlichen Phase) die gleichen Konzepte erwerben und sie für ihre Zielsprache nutzen oder ob sie die Konzepte kulturspezifisch, unter dem Einfluss des Inputs, lernen.

Johnston (1988) nimmt an, dass die kognitive Basis universell ist, d.h. allen Menschen gemeinsam, unabhängig von ihrer Sprache. Weil bestimmte Konzepte universell erworben werden, können sprachübergreifende Phänomene im Erwerb beobachtet werden. Unterstützung für diese Annahme findet sich in sprachvergleichenden Studien, die zeigen, dass Kinder grundlegende räumliche Erfahrungen machen und die dazugehörigen räumlichen Relationen in einer bestimmten Reihenfolge erwerben (z.B. Ahnert, Klix & Schmidt, 1980). Dieser Position liegen folgende Annahmen zugrunde (vgl. Zlatev, 1997: 244):

- Kognitive Struktur A_{kog} ist basaler als kognitive Struktur B_{kog}
- Kognitive Struktur A_{kog} und B_{kog} werden auf semantische Strukturen A_{sem} und B_{sem} bezogen, wobei Struktur A_{sem} basaler ist als B_{sem}
- Im Erwerb zeigt sich, dass die phonologische Form, die zu A_{sem} gehört, früher zum Ausdruck kommt als die zu B_{sem} zugehörige Form

---

Semantikaufgabe für das sprachlernende Kind:
In den meisten Fällen geht die Sicht des kognitiven Determinismus mit einer bestimmten Auffassung von Konzepten einher. Ein sprachlernendes Kind muss die kleinsten Bedeutungseinheiten als Atome der Bedeutung (sogenannte Primitiva) durch seine Wahrnehmung erfassen. Diese bilden die kognitive Basis dafür, dass Objekten und Ereignissen Merkmale zugewiesen werden können. Diese Merkmale werden dann auf ein bestimmtes Morphem bezogen, um auf diese Art eine 1:1 Entsprechung zwischen dem Wort und dem Konzept zu erreichen.

Man kann sich diese Primitiva (siehe auch 3.6) als kleinste semantische ‚Bedeutungsatome' vorstellen (Pörings & Schmitz, 1999: 141):

> Schließlich bedeutet die Existenz eines gemeinsamen Vorrats an semantischen Primitiva in allen Sprachen dieser Welt, dass die menschliche Kognition letzten Endes auf einer gemeinsamen konzeptuellen Grundlage ruht. Theoretisch gesehen kann jedes kulturspezifische Konzept Angehörigen anderer Kulturen zugänglich gemacht werden, indem es in eine Konfiguration aus universalen semantischen Primitiva aufgeschlüsselt wird (Pörings & Schmitz, 1999: 154).

In der Tat gibt es Studien, die diese Primitiva belegen. In ihnen wurden Ausdrücke untersucht, die für Tätigkeiten stehen, die die Menschen bereits seit mehreren Millionen von Jahren praktizieren (z.B. „brechen" in Majid, Bowerman, van Standen & Boster, 2007). Das Englische macht zum Beispiel keinen Unterschied zwischen einem Teller, der entzwei geht und einem Stock. Beide Ereignisse kann man mit „break" bezeichnen. Ganz anders in Garifuna (gesprochen in Honduras, Guatemala), wo es für diese zwei Ereignisse unterschiedliche Wörter gibt. Doch auch wenn es – je nach Sprachgemeinschaft – unterschiedliche Ausdrücke für das Brechen gibt, fanden Majid und ihre Kollegen (2007) heraus, dass es universelle Grenzen (semantische Dimensionen) gibt, die von allen Sprachen hinsichtlich dieser Ereignisse respektiert werden: Für das Wort „brechen" scheint entscheidend zu sein, wie vorhersehbar die Stelle ist, an der ein Objekt abgeteilt wird. Diese generellen Dimensionen sprechen für eine Verbindung zwischen universeller Wahrnehmung und kognitiver Verarbeitung, auf der die Semantik aufsatteln kann.

Dieser theoretischen Linie – zumindest so wie sie oben definiert ist – liegt die Annahme der mentalen Einheit (siehe 3.3.2) zugrunde. In diesen Kontext passen auch die semantische Merkmalshypothese (Clark, 1973b) und die Vorstellung des Warteraums (siehe 3.1.1), die bereits erläutert wurden.

Zusätzlich zu der ebenfalls bereits oben erwähnten Kritik an der Vorstellung der mentalen Einheit und des Warteraums erscheint die vereinfachte Vorstellung, Kognition hätte nur einen Mechanismus für mentale Arbeit zu bieten, nicht angemessen. Denn Studien mit Erwachsenen zeigen, dass – je nach Aufgabe – Versuchspersonen unterschiedliche Kategorisierungen vornehmen (Malt, Sloman & Gennari, 2003): Handelt es sich um eine sprachliche Aufgabe, kategorisierten die Versuchspersonen im Rahmen der Kategorien, die ihre Sprache vorgibt. In einer nicht-sprachlichen Aufgabe jedoch verhielten sich Sprecher unterschiedlicher Sprachen ähnlich.

> When encoding of actions was non-linguistic, verbs of motion behaved like artifacts. Speakers of English and Spanish showed the same pattern of similarity judgments and false alarms in memory for previously viewed action clips despite describing the clips linguistically in different ways (Malt, Sloman & Gennari, 2003: 102).

Was bedeuten diese Befunde für die Entwicklung der sprachlichen Bedeutung? Malt und ihre Kollegen (2003) schlussfolgern, dass die Entsprechung zwischen der kognitiven und linguistischen Ebene nicht als ein einfaches Aufeinanderbeziehen gesehen werden kann. Die Autoren erläutern, dass es durchaus möglich ist, dass Kinder unterschiedliche Gruppierungen von Objekten und Ereignissen nebeneinander lernen. Somit wäre es denkbar, dass kognitive und sprachliche Konzepte (sogar Konzepte für unterschiedliche Sprachen!) nebeneinander existieren und für unterschiedliche Aufgaben bemüht werden (ibid: 105).

Die Ansicht des kognitiven Determinismus passt also nur dann zu den Befunden, die zeigen, dass die Konzeptualisierung aufgabenspezifisch ist (vgl. auch Jones & Smith, 1993 in Studien mit Kindern), wenn man annimmt, dass mehrere Konzepte (wie mehrere mögliche Lösungen) ,abgespeichert' werden. Gegen diese Möglichkeit besteht der Einwand, dass viel Abspeichern einem ökonomischen Prozess widerspricht, weil unser Gedächtnis dann eine größere Menge an Daten behalten müsste. Insofern sprechen sich Jones und Smith (1993) gegen die Vorstellung aus, dass wir Konzepte herausbilden, diese in irgendeiner Form im Gedächtnis lagern und dann in Entscheidungsprozessen heranholen. Jones und Smith (1993) argumentieren stattdessen, dass es vielmehr unser Handeln ist, das durch die Kognition gesteuert wird, und daher die Konzeptualisierungsprozesse stärker an das Hier-und-Jetzt gekoppelt werden müssen. Die im Voraus entstehenden Konzepte würden nach deren Ansicht die Verarbeitung sogar verzögern und unser Handeln verlangsamen.

Die Debatte um die Natur der Konzepte kann meiner Meinung nach nicht ohne die Berücksichtigung von Gedächtnisprozessen entschieden werden. Wir brauchen Befunde darüber, wie Kinder aus mehreren Situationen bedeutungsvolles Wissen schöpfen, und wie sie es in einer bestimmten Aufgabe anwenden. Es gibt eine Reihe von einflussnehmenden Faktoren, die dabei berücksichtigt werden müssen, und die weiteren Kapitel dieses Buches sind diesen Faktoren gewidmet.

3.5.2 Linguistischer Determinismus

Abbildung 9: In der Vorstellung des linguistischen Determinismus ist es die semantische Repräsentation, die die konzeptuelle Repräsentation beeinflusst.

Im Zentrum des linguistischen Determinismus steht die Hypothese, dass die menschliche Wahrnehmung und Erfahrung mit der Welt durch sprachspezifische Konzeptualisierung beeinflusst und geleitet wird (Pörings & Schmitz, 1999). In der Entwicklungsforschung wendet sich dieser Ansatz gegen die Vorstellung, Kinder müssten zuerst universelle Konzepte herausbilden, um sprachliche Strukturen darauf abzubilden. Der linguistische Determinismus lässt sich am besten an der Position von Bowerman (1996) erklären, die aus der Kritik am kognitiven Determinismus entwickelt wurde. Laut Bowerman (1996) könnte also die von der Sprache unabhängige konzeptuelle Entwicklung (wie sie im kognitiven Determinismus auch als Zwei-Ebenen-Semantik postuliert wird) erst dann belegt werden, wenn sich in der Sprachentwicklung eine Phase beobachten ließe, in der Kinder über verschiedene Kulturen hinweg in einer bestimmten Aufgabe und angesichts eines bestimmten Ereignisses ähnliche Konzepte aufwiesen. Diese Phase würde stattfinden, bevor sich Kinder auf die semantischen und sprachabhängigen Konzepte festlegen. Bowerman und Choi (2003; Bowerman, 1996) untersuchten daraufhin räumliche Ereignisse wie ‚etwas lose hineintun [nehta]‘ und ‚etwas passend hineintun [kkita]‘, die im Koreanischen und Englischen sprachlich unterschiedlich ausgedrückt werden (siehe 2.1 und Abb. 1 für diese Unterscheidung). In einer Reihe von Studien ging es darum zu analysieren, ob frühe Ausdrücke von Kindern ähnlichen und daher universellen Basiskonzepten entsprachen, obwohl die sprachlichen Konzepte der Zielsprachen unterschiedlich waren. Die Autorinnen untersuchten z.B. die spontane Sprachproduktion hinsichtlich räumlicher Relationen und stellten fest, dass obwohl sich Kinder beider Sprachen mit etwa 14 bis 16 Monaten auf ähnliche Ereignisse bezogen, sie von Anfang an Ausdruckskategorien ihrer Zielsprache benutzten (Bowerman, 1996). In einer weiteren Studie präsentierten die Autorinnen Kindern im Alter von zwei Jahren zwei Objekte (die ineinander gesteckt werden konnten) und fragten sie „Was soll ich machen?", um die Benennung der räumlichen Relation zu elizitieren. Insgesamt fanden sie heraus, dass Kinder im frühen Alter keine universellen Konzepte aufweisen, sondern die Ereignisse stattdessen sprachspezifisch kategorisieren. Diese Ergebnisse sprechen gegen die unabhängige konzeptuelle Entwicklung.

Es ist wichtig hervorzuheben, was diesen Ansatz besonders macht: Das Konzeptualisieren und zugleich die sprachliche Bedeutung entspringen ihm zufolge einer sozialen Interaktion, in der Kinder sprachlich auf bestimmte Ereignisse (die in der Zielsprache auf eine bestimmte Weise kategorisiert werden) aufmerksam gemacht werden (Choi, 2000). In diesem Ansatz sieht man keinen Bedarf, dass Kinder zuerst Konzepte universell erwerben und sie dann auf sprachliche Strukturen beziehen. Stattdessen erwerben die Kinder nur die konzeptuelle Basis, die sie bereits direkt für ihre Zielsprache anwenden:

[Learners] must work out the meaning of the forms by observing how they are distributed across contexts in fluent speech. Learners' powers of observation appear to be very acute, since their spatial semantic categories show remarkable language specificity by as early as seventeen to twenty months of age (Bowerman, 1996: 425).

Semantikaufgabe für das sprachlernende Kind:

Um es mit Bowerman (1996) zu sagen: Der Prozess und die Inhalte des frühen semantischen Lernens werden beherrscht durch die Struktur der Zielsprache, d.h. dass die frühen semantischen Kategorien, die Kinder produzieren, im Einklang mit den semantischen Kategorien der Sprache, die sie lernen (Sinha u.a., 1999), stehen. Das Kind muss nicht im Vorfeld sprachunabhängige Konzepte erwerben. Vielmehr antwortet die semantische Entwicklung auf die Eigenschaften des sprachlichen Inputs (Bowerman & Choi, 2001).

Der Ansatz hätte insofern schwerwiegende Konsequenzen für den Erwerb, als Kinder Kategorien, die in ihrer Sprache vordergründig kodiert werden, früher erwerben würden als Kinder anderer Sprachen, die diese Kategorien weniger prominent herausstellen. Im Koreanischen werden zum Beispiel dynamische Ereignisse durch Verben zum Ausdruck gebracht (Choi & Bowerman, 1991); im Englischen dagegen werden diese Ereignisse mit Hilfe von Präpositionen kodiert (siehe Abb. 1). So könnten Koreanisch lernende Kinder früher Verben erwerben als Englisch oder Deutsch lernende Kinder, weil die Struktur der koreanischen Sprache ihre Aufmerksamkeit auf die Verben, und nicht so stark auf die Nomen (wie das Englische oder das Deutsche) lenkt (Choi, 2000; Childers & Tomasello, 2006).

Ein großer und berechtigter Kritikpunkt zu den Untersuchungen von Bowerman und Choi (1996; Choi u.a., 1999) war und ist, dass sie sich mit älteren Kindern beschäftigt haben, und dadurch die Phase im Fokus gehabt haben könnten, in der sich die sprachliche Bedeutung bereits entwickelt hat. In die gleiche Richtung gehend argumentiert Mandler (1998), dass Säuglinge nicht auf die Sprache warten, sondern schon vorher anfangen, Konzepte zu bilden. Eine empirische Basis für dieses Argument gibt eine Studie von McDonough und Kolleginnen (2003), in der die Kategorisierung der sprachtypischen Ereignisse ‚etwas lose hineintun (nehta)' versus ‚etwas passend hineintun (kkita)' und das Englische ‚in' und ‚on' miteinander verglichen wurde. Mit dem preferential looking Paradigma fanden die Autorinnen heraus, dass Säuglinge bereits im Alter von 9 bis 14 Monaten alle vier Kategorien herausbilden können. Dagegen konnten Erwachsene nur die Kategorien herausbilden, die es in ihrer Sprache gab. „Flexible infants, lexical adults" (McDonough u.a., 2003: 229), kommentierten die Autorinnen ihre Befunde, was bedeutet, dass Säuglinge in ihrer Kategorisierung größere Sätze an Kategorien zur Verfügung haben als Erwachsene, die durch ihre Sprache eingeschränkt zu sein scheinen.

Für die Entwicklung schlägt Mandler (2000) einen größeren Satz an Primitiva (siehe auch 3.4.3) vor, die Säuglinge in der präverbalen Phase herausbilden, und der ihnen als konzeptuelle Basis für sprachspezifische Konzepte dient. Im Spracherwerb können Säuglinge dann die Bedeutung für diesen Satz herausbilden.

[C]hildren learning English will need to ignore a distinction between tight- and loose-fitting when learning the spatial terms of their language, whereas children learning Korean can map the terms they learn onto such a distinction (but need to ignore containment). Thus, some categories distinguished in early infancy may become less salient with development because children learn to ignore such distinctions (McDonough, Choi, Bowerman & Mandler 1998: 353).

Ein recht aktueller Ansatz von Göksun und Kollegen (Göksun, Hirsh-Pasek & Golinkoff, 2010) bezeichnet diesen Kompromiss (zunächst einen größeren Satz an Konzepten herauszubilden und ihn später für die Sprache ‚zurechtzuschneiden') als **Trading Spaces [Platztausch]**. Er unterscheidet sich von dem Vorschlag von Mandler dadurch, dass nicht ein universeller Satz für die Sprache zugeschnitten wird, sondern unter dem Einfluss der Sprache auch noch weitere grundlegende Konzepte zu den Primitiva dazukommen können. Göksun und Kollegen nehmen an, dass Kinder bereits vor der Sprache Konzepte wie BEHÄLTER, STÜTZE, AUSGANGSPUNKT, ZIEL, TRAJECTOR (agens), LANDMARK (patiens, siehe auch 8.1), WEG UND ART (Göksun u.a., 2010: 34 ff.) erwerben können, die Zielsprache und ihre semantischen Kategorien jedoch ihren Blick auf die Welt schärfen. Somit entdecken Kinder bestimmte Konzepte erst mit Hilfe ihrer Zielsprache. Das heißt im Klartext, dass manche Bedeutungsprimitiva vor und manche erst mit der Sprache erworben werden. Bei diesem Prozess werden Konzepte, die vor der Sprache erworben wurden, umorganisiert: Zuerst sprachunabhängig, dann sprachabhängig (Göksun u.a., 2010).

> Furthermore, there is the suggestion that the more language [children] know, the more attentive they are to native over the nonnative encodings of these constructs. *Trading spaces* occurs when a semantic component (such as containment or support) is semantically reorganized to match the expression of that component in the ambient language (Göksun u.a., 2010: 38).

Anders als bei der phonologischen Entwicklung jedoch, gehen die frühen vorsprachlichen Konzepte nicht verloren. Vielmehr entsteht zwischen ihnen eine Hierarchie, damit sie den sprachlichen Konzepten entsprechen. Als Beleg verweisen die Autorinnen wieder auf Studien zur unterschiedlichen räumlichen Kategorisierung und berichten, dass Englisch lernende 29-monatige Kinder, deren Vokabular umfangreicher war als das der Gleichaltrigen, den Unterschied zwischen ‚etwas lose hineintun [nehta]' und ‚etwas passend hineintun [kkita]' (so wie dieser im Koreanischen vorzufinden ist) weniger wahrnehmen konnten als Kinder mit geringerem Wortschatz (Choi, 2006).

Die theoretische Linie des linguistischen Determinismus wird heutzutage in Studien mit Erwachsenen sehr differenziert gesehen. Einen hervorragenden Überblick über die unterschiedlichen Ausprägungen des Ansatzes geben Wolff und Holmes (2010). Sie schlussfolgern aus ihrer Arbeit, dass keine Befunde darüber vorliegen, dass Sprache die Bedeutungsprimitiva vorgibt. Allerdings kann Sprache bestimmte Unterschiede hervorheben (z.B. Ferry, Hespos & Waxman, 2010) und bestimmte Arten des Denkens einleiten (Sciutti u.a., 2013).

3.6   Bedeutungsprimitiva

In den vorangehenden Unterkapiteln 3.4 und 3.5 wurde die Idee der Bedeutungsprimitiva angesprochen. Sie besagt, dass die Bedeutung eines Wortes auf etwas zurückgeht: eine mentale Einheit. Nun gibt es Ansätze (siehe z.B. Carey, 2009 für mehr Details), in denen angenommen wird, manche Bedeutungen wären angeboren. Sie vertreten die Vorstellung von Urkonzepten und Urprinzipien (über physikalische Ereignisse) wie ‚object unity [Solidität]' (ein Objekt wird als Ganzes angenommen, auch wenn es verdeckt wird), ‚agency [Vorstellung eines Handelnden]' (ein Handeln-der verfolgt mit seinem Verhalten ein Ziel) als ein Kernwissen. Das Kernwissen sorgt dafür, dass Säuglinge für ihre Wahrnehmung eine Basis haben (Needham & Baillar-geon, 1993), und mit ihren weiteren Erfahrungen und systematischer Untersuchung dieses Wissen anreichern können (vgl. Tabelle 4).

Im Folgenden stelle ich Ansätze einer anderen Perspektive dar. Diese gehen nicht vom angeborenen Kernwissen aus. Stattdessen wird darin angenommen, dass sich jegliche mentale Einheit aufgrund essenzieller Erfahrung bildet. Diesen erfahrungsba-sierten Ansätzen und den Ansätzen zum Kernwissen liegt die gemeinsame Frage zugrunde, was den Kern eines Wortes ausmacht und wie Konzepte an die Wortbedeu-tung anknüpfen. Würde man dem klassischen Ansatz zur Wortbedeutung folgen, so läge der Fokus auf der Referenz und somit den Objekten und Ereignissen, die mit einem Wort assoziiert werden. Die Aufgabe erscheint jedoch schwieriger, wenn man sie nicht im Rahmen des klassischen Ansatzes zur Bedeutungskonstitution (siehe 3.1.1) lösen will, und man den *Gebrauch* des Wortes als bedeutungsbestimmend sieht. Die Repräsentationen von Handlungen sind nach Mandler abstrakter als Repräsenta-tionen der äußerlichen Merkmale von Objekten (Mandler, 2000: 8). Was kann also der Kern eines Handlungsaktes sein und wie kann dieser erworben werden?

3.6.1 Nelsons funktionaler Kern

Im Hinblick auf die Wortbedeutung gehen die meisten Theorien der kognitiven Ent-wicklung implizit von einer Zwei-Ebenen-Semantik aus (Nelson, 1974; Mandler, 2003; Carey, 2009). Nelson (1974) zum Beispiel schlägt eine kognitive Ebene vor (dabei ist es im Grunde unerheblich, ob diese Ebene angeboren ist oder sich aufgrund von Erfahrung bildet), die am Anfang des Erwerbs *sprachunabhängig* ist, jedoch zwi-schen Perzeption und Wortbedeutung vermittelt. Sie gibt ferner an, dass das semanti-sche Wissen sich den Konzepten, die die Zielsprache enthält, beugen muss, wogegen das konzeptuelle Wissen dies nicht leisten muss. Allerdings sieht sie Verbindungen zwischen den zwei Arten von Wissen, die sich im Laufe der kindlichen Entwicklung verändern können (ibid: 270). Als Baustein für das konzeptuelle Wissen verweist sie auf die Funktionen von Objekten.

In der Theorie von Nelson (1974) ist es der **funktionale Kern** [functional core], der ein Konzept ausmacht: „The concept is a dynamic set of functions and relati-onships. The object, word, or image is its static representation" (ibid: 279). Kinder achten demnach auf die Funktionen, die ein Objekt erfüllt, wenn es mit der sozia-len oder physikalischen Umwelt interagiert. Ein Ball kann dementsprechend mit Handlungen wie z.B. werfen, hüpfen und rollen verbunden werden. Allerdings werden die Funktionen von Objekten nicht lose gesammelt, sondern durch einen primären kognitiven Vorgang zu einem Schema synthetisiert. Ähnlich wie Mand-ler (Abb. 10) unterscheidet Nelson (ibid: 275) also zwischen dem Vorgang des Schematisierens und dem der Merkmalsrepräsentation, wobei das Schematisieren das Produkt des Synthetisierens ist: „Thus synthesis of the functional relationships of an individual whole is the essence of the concept formation process" (ibid: 276). So entstehen mentale Strukturen, auf die eine Wortbedeutung abgebildet werden kann: „the child's concept becomes the basis for word meaning, with the first words mapped onto already formed concepts" (Nelson, 1996: 228).

Im Gegensatz zur Merkmalshypothese vermutet Nelson, dass Kinder zuerst ein **umfassenderes Konzept** eines bestimmten Objektes haben können als Erwachsene. Denn eine Benennung muss auf die existierenden Konzepte zurückgreifen, wogegen aber die Existenz von Konzepten nicht unbedingt zur direkten Benennung führt (ibid: 279). Nach Nelson (1974: 282) wachsen die sich nach und nach bildenden Konzepte zu einem **Netzwerk**, das zunehmend semantische Rollen enthält: „What emerges then must be a kind of network of concepts defining the possible relations among actor, action, and object concepts".

Die funktionalen Rollen von Objekten lassen sich dann gut erfassen, wenn die Objekte ersichtlich etwas tun oder wenn das Kind etwas mit ihnen tut. Ihre Theorie belegt Nelson (1973) mit dem Erwerb erster Wörter unter denen z.B. „Hund", „Auto" oder „Ball" sind – Objekte, die sich bewegen – oder „Schuh" – Objekte, mit denen das Kind selbst etwas tut –. Auf gar keinen Fall werden solche Wörter unter den ersten sein, die sich auf Objekte beziehen, die einfach nur vorhanden sind (Nelson, 1974: 279).

Ein Beispiel, das Nelson (1974) aufgreift, ist die Konzeptualisieurng eines Balls. Das Konzept eines Balls beinhaltet vielfältige Beziehungen des Objektes zu dem Kind selbst, anderen Menschen, Räumen, Handlungen und Auswirkungen dieser Handlungen. Für ein Kind existiert ein Ball zunächst nicht außerhalb dieser Rollen. Um eine generelle Vorstellung eines Balles zu bekommen, muss das Kind mit der Zeit die unterschiedlichen Rollen und Beziehungen synthetisieren. Diese funktionale Synthese [functional synthesis] liegt dem kindlichen Konzept zugrunde (ibid: 277).

3.6.2 Mandlers Bildschemata

Mandler (1997; 2004; 2012) sieht die konzeptuelle Entwicklung ebenfalls unabhängig von der Sprache. Aus der Tatsache, dass wir etwas wahrnehmen, können ihrzufolge zwei unterschiedliche Konzeptarten entstehen: Konzepte, die die Wahrnehmungsmerkmale umfassen (Produkt der perzeptuellen Kategorisierung) und weitere Konzepte, die die Bedeutung der Wahrnehmung erfassen (Produkt der konzeptuellen Kategorisierung). In Abbildung 10 wird deutlich, dass beide Prozesse einen Aufmerksamkeitsfokus voraussetzen. Während sich aber die perzeptuelle Kategorisierung auf die perzeptuellen Eigenschaften von Objekten bezieht, verarbeitet die konzeptuelle Kategorisierung die Rollen der Objekte in Ereignissen.

Abbildung 10: Die zwei unterschiedlichen Arten der Kategorisierung nach Mandler (2000).

Im Speziellen bedeutet die Unterscheidung in Abbildung 10, dass die perzeptuelle Kategorisierung uns befähigt zu erfassen, ob Objekte oder Ereignisse sich ähneln. Die daraus gewonnenen Repräsentationen könnten perzeptuelle Schemata sein und beinhalten Informationen darüber wie Objekte aussehen: „perceptual schemas of what objects look like" (Mandler, 2000: 3).

Bei der konzeptuellen Kategorisierung, die Mandler zuerst etwas irreführend *perzeptuelle Analyse* und später *perzeptuelle Bedeutungsanalyse* (2004: 66 ff.) nannte (Mandler, 2004: 66), handelt es sich um einen Umschreibungsprozess [„redescription process"] (Mandler, 2004: 72). Dieser Mechanismus unterscheidet sich substanziell von dem Mechanismus der perzeptuellen Kategorisierung (vgl. Abb. 10).

> Mit Hilfe der perzeptuellen Bedeutungsanalyse entstehen aus beobachteten perzeptuellen Daten abstrakte, weniger kontext-gebundene, schematische Konzepte (Mandler, 1997: 275), die Mandler **Bildschemata** nennt (vgl. auch Johnson, 1987). Bei dieser Bedeutungsanalyse steht die Bewegung von Objekten (Mandler, 1999: 305) im Fokus. Das heißt, dieser Mechanismus versetzt ein Kind in die Lage, die Rollen eines Objektes in einer Interaktion aufgrund seiner Bewegung wahrzunehmen und als räumliche Information zu extrahieren. Die Bildschemata liefern eine Form der Bedeutung, die wiederum für die Wortbedeutung umgeschrieben werden kann: „Image-schemas provide the kind of meanings that can be redescribed into words" (Mandler, 1997: 276). Laut Mandler (2012) beinhalten die Bildschemata keine andere als räumliche Information. Jede weitere Erfahrung, z.B. der eigenen Kraft, kann jedoch die Bildschemata ,bereichern [enrich]'.

Den empirischen Beleg für ihre Theorie liefert Mandler in Zusammenarbeit mit McDonough. Die Autorinnen untersuchten 7- bis 14-monatige Kinder in ihrer Fähigkeit, Objekte zu kategorisieren (Mandler & McDonough, 1993; 1996; 1998). Die Methode des ,object-examination task', die dabei zum Einsatz kam, wurde in 2.7 beschrieben. Mandler und McDonough fanden heraus, dass Kinder sich mehr danach orientieren, was die Objekte machen und was man mit ihnen macht als nach ihrem Aussehen. Zum Beispiel unterschieden sie zwischen einem Vogel und einem Flugzeug, obwohl beide Objekte sich äußerlich ähnlich waren.

In einem aktuellen Artikel spezifiziert Mandler (2012: 427, vgl. Tabelle 4) die Bausteine der frühen Bedeutung: THING, PATH, START PATH, END PATH, PATH TO, ±MOTION, BLOCKED MOTION, LINK, ±CONTACT, LOCATION, CONTAINER, MOVE (BEHIND), MOVE OUT OF SIGHT (-SEEN), MOVE INTO SIGHT, (IN)TO, (OUT) OF. Zum Beispiel bezieht sich THING auf ein zusammenhängendes (kohäsives) Objekt; PATH drückt jede Bewegungstrajektorie [motion trajectory] durch den Raum aus; START PATH bezieht sich wiederum auf den Beginn einer Bewegung [motion] und END PATH auf den Stillstand. CONTACT umfasst ein Objekt, wenn es mit einem anderen in Berührung kommt. LINK bezieht sich auf eine Vielzahl kontingenter Interaktionen zum Beispiel zwischen einem Objekt und einer Hand, die es aufgreift, oder zwischen Menschen, die miteinander kooperieren, oder zwischen zwei sich verfolgenden Objekten, wodurch eine bestimmte Bahn als Verbindung entsteht (Mandler, 2012: 429). Diese Primitiva sind es, die die Entstehung eines Konzeptes wie „Belebtheit" erlauben.

Das Format der Bedeutungsprimitiva bei Mandler beruht auf Überlegungen aus der Kognitiven Linguistik (Johnson, 1987). Es ist daher vorstellbar, dass – obwohl Mandler selbst die Konzeptualisierungsfähigkeiten des Säuglings unabhängig von seinen Sprachfähigkeiten sieht – die Bildschemata eine holistische Wortbedeutung im Sinne der Ein-Ebenen-Semantik (siehe 3.4.1) ermöglichen. In der Kognitiven Linguistik werden jedoch andere Bausteine angegeben, die sich stärker an semantischen Rollen orientieren: TRAJECTOR, LANDMARK, FRAME OF REFERENCE AND VIEWPOINT, REGION, PATH, DIRECTION, MOTION (Zlatev, 2007). Die Andersartigkeit liegt darin begründet, dass Forscher der Kognitiven Linguistik eher von Erwachsenensprache ausgehen und nicht die Entwicklungsperspektive einnehmen. Sie machen sich auch kaum Gedanken darüber, wie Konzepte erworben werden (Tomasello, 2007). Doch Kinder denken anders als Erwachsene (ibid) und es ist denkbar, dass Erwachsenen bereits andere (modulbezogene) Prozesse und Mechanismen zur Verfügung stehen (siehe 3.3.1). Tabelle 4 am Ende des Kapitels gibt einen Überblick darüber welche Bedeutungsprimitiva in den verschiedenen Theorien als grundlegend angesehen werden.

3.6.3 Eine Synthese aus Mandlers und Nelsons Ansatz

Die beiden oben genannten Ansätze haben viel gemeinsam: Sie versuchen, den universellen Kern der Bedeutungskonstitution zu erfassen und trennen zwischen kognitiven Vorgängen, die als Produkt ein Schema haben auf der einen und bloßer visueller Kategorisierung in Form von Objektmerkmalen auf der anderen Seite.

Wenn zum Beispiel 5 und 9 Monate alte Säuglinge sehen, dass sich eine Hand einem Objekt nähert, dann scheinen sie darauf zu achten, ob diese Bewegung nur zufällig in die Richtung des Objektes ausgeführt wird, oder gar um ein Ziel zu erreichen (das Objekt zu greifen) (Woodward, 1999). Säuglinge merken, dass ein kritischer Unterschied zwischen den beiden Handlungen am Ende dieser Bewegung besteht, wenn klar wird, was mit dem Objekt passiert.

In der Theorie von Mandler (2004), aber auch schon bei Nelson (1974; 1996: 110), ist es die Bewegung von Objekten in einer Interaktion mit der sozialen oder physikalischen Umwelt, die einen Grundstein für die Konzeptualisierung legt. Auf dieser Grundlage bildet ein Kind sein Verständnis für die **Rollen** von Objekten heraus, d.h. es achtet darauf, was die Objekte selbst bewirken und was mit ihnen gemacht wird: „The core of concept construction insofar as objects are concerned is characterizing what they do or what is done to them" (Mandler, 2000: 8).

Abgeleitet werden kann der räumlich-funktionale Kern mit Hilfe einer **perzeptuellen Bedeutungsanalyse**, eines Umschreibungsprozesses. Mandler (2004; 2012) nimmt an, dass dieser Mechanismus angeboren ist. Die Konzepte, die dabei entstehen, haben ein ganz bestimmtes abstraktes Format. Mandler bezieht sich hier auf die Ideen von Johnson (1987) und nennt die Konzepte **Bildschemata** [image schemas]. Sie werden definiert als dynamische analoge Repräsentationen von räumlichen Relationen und Bewegungen im Raum (Gibbs & Colston, 1995: 349). Die ursprünglichen Erfahrungen im Raum werden mit Hilfe der perzeptuellen Bedeutungsanalyse in räumlich-zeitliche nicht-propositionale Schemata umgewandelt, die die eigene Wahrnehmung und Bewegung berücksichtigen. Bildschemata existieren in verschiedenen Modalitäten, d.h. sie können visueller, auditorischer und taktiler Natur sein (ibid). Weitere Konzepte können auf den ersten Kernkonzepten aufsatteln (Mandler, 2012).

Was die oben genannte Frage betrifft, ob Kinder zunächst sensomotorisches Wissen und erst später in ihrer Entwicklung repräsentationales Wissen entwickeln, vertritt Mandler die Ansicht, dass Säuglinge durch den angeborenen Mechanismus der perzeptuellen Bedeutungsanalyse bereits von Anfang an zu repräsentationalem Wissen in der Lage sind.

3.6.4   Kritik an bisherigen Ansätzen zu Bedeutungsprimitiva

Das Format der mentalen Struktur, die als semantischer Samen gesät wird, wird zwar durch die Vorstellung von Bildschemata bei Mandler konkreter als bei Nelson umschrieben, jedoch bleibt das Entstehen einer Wortbedeutung immer noch unklar. Vor allem, wenn man nicht die Mapping-Metapher bemühen möchte, um die Verbindung herzustellen. Es fehlt hier an konkreten Ideen, die die Erkenntnisse aus der Kognitiven Grammatik mit der Entwicklungsperspektive verbinden. Bowerman (1996: 160) kritisiert, dass unsere Ideen über plausible Bedeutungsprimitiva des Denkens vielleicht sogar schon durch die Sprache, die wir gelernt haben, verfärbt sein könnten.

Ein weiterer wichtiger Kritikpunkt betrifft die Rolle der sozialen Umwelt. Die beiden Theorien von Nelson und Mandler gehen von einem Säugling aus, der seine Umwelt beobachtet und sich selbst die Bedeutung von der Welt aus der visuellen (!) Wahrnehmung erarbeitet. Bei dieser Vorstellung und in beiden Theorien wird die Funktion der sozialen Umwelt vernachlässigt (Olson, 1970; Bruner, 1975; Tomasello, 2003). Gerade jene wird aber in der Forschung der letzten Jahre hervorgehoben. In den folgenden Kapiteln werde ich daher dafür argumentieren, dass die Entdeckung der Rollen von Objekten durch die soziale Umwelt, also durch die Mitmenschen und die Interaktion mit ihnen, aktiv unterstützt wird: Die Mitmenschen heben bereits durch das eigene Handeln die Rollen von Objekten hervor und reduzieren somit die zu verarbeitende Information für den Säugling. Das heißt, dass der Säugling nicht alle Informationen in der Welt beachten muss, sondern sich auf eine von den Mitmenschen getroffene Auswahl konzentrieren kann. Insofern mischen Mitmenschen kräftig bei der Bedeutungskonstitution mit. Diese Tatsache verleitet Sinha (2007; auch Beer, 2000) zu der Annahme, dass sich Repräsentationen als Produkt von Konzeptualisierung über ein Individuum hinaus erstrecken.

Soziale Umwelt umfasst nicht nur die Interaktion mit den Mitmenschen, sondern auch die Sprache als Mittel der Interaktion. Wie bereits oben angemerkt, findet die Sprache in beiden Theorien keine Berücksichtigung bis zum Zeitpunkt, ab dem das Kind selbst lautsprachlich tätig wird. Doch kann Sprache bereits viel früher als soziales Signal wirken (Hirsh-Pasek & Golinkoff, 1996) und zur Bedeutungskonstitution beitragen (Göksun u.a., 2010). Denn Kinder scheinen bereits von Geburt an Sprache als Signal zu präferieren (Muir & Field, 1979) und Wörtern gegenüber anderen Geräuschen mehr Aufmerksamkeit zu schenken (Colombo & Bundy, 1983). In der letzten Zeit werden Befunde lauter, die belegen, dass Sprache sogar die Wahrnehmung von dreimonatigen Säuglingen beeinflussen kann (Ferry u.a., 2010). Insofern muss diese protosemantische Funktion der Sprache kontinuierlich – und nicht nur ab der Lautsprachproduktion (wie bei Göksun u.a., 2010) – bei der Entwicklung der Semantik berücksichtigt werden. Würde Mandler die Rolle der Sprache berückschtigen, hätte der Ansatz Potenzial für eine verkörperte Theorie der Bedeutungsbildung.

Ein sich anschließender weiterer Kritikpunkt bezieht sich auf die Verarbeitungsprozesse, die in einer Situation durch verschiedene Gegebenheiten (z.B. durch soziale Achtungssignale der Mitmenschen wie Gesten) geleitet werden. Die Situationsanalyse wird weder bei Mandler noch bei Nelson vertieft. Neuere Forschung gibt uns jedoch Einblicke darin, dass kognitive Prozesse sehr aufgabenorientiert ablaufen und Konzeptualisierung daher stärker an das Hier-und-Jetzt gekoppelt gesehen werden muss (Smith, 2005; Smith u.a., 2010). In dem Artikel von Smith und Kollegen (2010) findet sich eine Zusammenfassung verschiedener Achtungssignale [cues]. In Pruden u.a., (2006, siehe Kapitel 4) wird deutlich, dass Kinder im Verlauf ihrer Entwicklung anderen Achtungssignalen Priorität geben: Während auf jüngere Kinder im Alter von 10 Monaten besonders auffällige Objekte einen Reiz ausüben und diese auffälligen Objekte als Referent für neue Wörter angenommen werden, lässt sich die Aufmerksamkeit von Kindern im Alter von 18 Monaten durch soziale Signale wie z.B. die Blickrichtung lenken. Theorien wie die Emergentist Coalision Theory (siehe Kapitel 4, Hollich u.a., 2000; Golinkoff & Hirsh-Pasek, 2006) postulieren daher eine unterschiedliche Gewichtung perzeptueller, sozialer und linguistischer Achtungssignale, die sich mit dem Alter eines Kindes verändert.

Die wachsenden Befunde zur entscheidenden Rolle der Situationsanalyse stellen Konzeptualisierung als einen Prozess dar (siehe 3.7) und lenken vom Inhalt ab. Dieser neue Fokus kann bewirken, dass dem Inhalt einer Repräsentation kaum Bedeutung zugeschrieben wird. Ein gutes Beispiel hierfür ist Smiths radikaler Ansatz, der sich auf die Rolle der Situationsanalyse und die Relevanz der kognitiven Online-Prozesse konzentriert, sodass von ihm sogar eine andere Form von Repräsentation – losgelöst von unmittelbarer Wahrnehmung in einer Situation – bezweifelt wird (Smith & Jones, 1993; Jones & Smith, 1993).

3.7   Konzeptualisierung als Inhalt oder als Prozess

Im Hinblick auf die oben dargestellten Positionen bewegen sich heutzutage die meisten Ansätze zwischen kognitivem und linguistischem Determinismus.

> Both infants' nonlinguistic perceptual and cognitive abilities as well as their understanding of language contribute to the acquisition of the meanings (Casasola, Bhagwat & Ferguson, 2006).

Sinha und Kollegen (1999: 97) heben hervor, dass man zwischen dem *Inhalt* eines Konzeptes und dem *Prozess* der Konzeptualisierung unterscheiden sollte. Während der Inhalt eines Konzeptes sich auf die kategorische Struktur der frühen Bedeutung bezieht, umfasst der Prozess der Konzeptualisierung die Mechanismen, die zu der Entwicklung beitragen. Es ist also möglich anzunehmen, dass zwar die Inhalte der Kategorien sprachspezifisch sind, aber die Prozesse der Konzeptualisierung universell.

In prozessorientierten Ansätzen zur Konzeptualisierung wird die Entwicklung der Konzepte als kontinuierlich angesehen, und zwar ohne einen eindeutigen Bruch zwischen Perzepten und Konzepten definieren zu wollen: Madole und Oakes (1999) plädieren für einen generellen Mechanismus der Kategorisierung und machen – im Gegensatz zu Mandler – keinen Unterschied zwischen perzeptueller und konzeptueller Kategorisierung. Der Inhalt der Kategorisierung hängt jedoch von der Erfahrung, die Kinder im Laufe ihrer Entwicklung dazugewinnen, und ihrer Interaktion mit der Umwelt entscheidend ab (vgl. auch Gibson, 1977). Im Speziellen berichten Madole und Oakes (1999) von Studien, die verdeutlichen, dass Kinder mit zunehmenden Alter auch andere Informationen berücksichtigen, um Objekte zu kategorisieren. Was sich mit dem Alter der Kinder verändert, ist somit nicht der Mechanismus der Kategorisierung, sondern sein Inhalt: Während sie mit zehn Monaten primär die Form von Objekten wahrnehmen und mit 14 Monaten in der Lage sind, die Funktion von Objekten zu beachten, spielt die Korrelation zwischen Form und Funktion erst mit 18 Monaten eine wichtige Rolle. Die eigentliche Leistung der Kategorisierung – so die Autorinnen – liegt zum einen in der Auswahl perzeptueller Information, die je nach Aufgabe, die sich stellt, erfolgt. Zum anderen liegt die Leistung der Kategorisierung in der Fähigkeit, allgegenwärtige Korrelationen zwischen identifizierten Eigenschaften und dem vorhandenen konzeptuellen Wissen zu nutzen (ibid: 272). Während jüngere Kinder also ein Objekt und eine willkürliche Funktion zusammenbringen (z.B. einer Maus zutrauen, dass sie auch fahren kann), achten ältere Kinder auf sinnvolle Funktionen (z.B. wissen sie, dass Mäuse nicht fahren, sondern nur laufen können). Mit dem Alter und der Erfahrung steigt somit die Präferenz, auf sinnvolle Verbindungen (z.B. von Objekten mit ihren Funktionen) zu achten. Diese sinnvollen Verbindungen machen zugleich auch die Erfahrung aus.

Es wird ersichtlich, dass in diesem Ansatz Raum für die Idee ist, konzeptuelles Wissen könnte sich auf Grund von Erfahrung (und des Einflusses von Sprache) verändern, und in veränderter Form wiederum auf die Wahrnehmung einwirken. So könnten Kinder zunehmend auf die Eigenschaften achten, die in ihrer Kultur sprachlich markiert werden (vgl. den Ansatz ‚Platztausch' von Göksun u.a., 2010, in 3.5.2).

Diese Herangehensweise ermöglicht es, dass die Inhalte sprachspezifisch sein können, während die Prozesse, z.B. die Art, wie Kinder Fehler machen, kognitiv motiviert zu sein scheinen (Sinha u.a., 1999).

3.8   Konzeptualisierung unterschiedlicher Wörter

Einige Forscher (z.B. Gentner, 1982) unterscheiden zwischen der Konzeptualisierung eines Nomens und anderen Wörtern wie Verben oder Präpositionen. Ursprung dieser Auffassung ist, dass Nomen zu den Inhaltswörtern (Autosemantikum) zählen, während Präpositionen zu den Strukturwörtern (Synsemantikum) gehören. Im Englischen zählen Inhaltswörter, die eine selbstständige lexikalische Bedeutung haben – also Substantive und Adjektive – zur „open class" (Gentner & Boroditsky, 2001: 216) und Präpositionen wie auch Konjunktionen – die bei isoliertem Auftreten keine selbstständige lexikalische Bedeutung tragen – zur „closed class" (ibid). Verben werden an der Schwelle der Dichotomie gesehen. Wörter, die eine relationale Funktion erfüllen, haben eine Bedeutung, die stärker in Zusammenhang mit der Struktur der Sprache steht: „their meanings are invented or shaped by language to a greater degree than is the case for concrete nouns" (ibid: 216). Folgt man dieser Dichotomie, so würde sich für das sprachlernende Kind eine unterschiedliche Semantikaufgabe stellen, je nachdem, ob es ein Nomen oder eine Präposition erwirbt (Slobin, 2001: 407). Slobin (2001) widerspricht jedoch dieser Unterscheidung, weil sie nahelegt, dass das mentale Lexikon folglich aus zwei verschiedenen Klassen von Einträgen mit unterschiedlicher Bedeutung bestehen müsste. Er kritisiert: Die Theoretiker, die diese Unterscheidung aufrecht erhalten, „have erred in attributing the origins of structure to the mind of the child, rather than to the interpersonal communicative and cognitive processes that everywhere and always shape language in its peculiar expression of content and relation" (ibid: 407). Es gilt also die gleiche Kritik, die bereits oben zur semantischen Merkmalshypothese (vgl. 3.4.2) geäußert wurde.

Eine Reihe von Studien liefert zudem einen empirischen Befund gegen diese Dichotomie zwischen Inhalts- und Strukturwörtern. So zeigt die ‚preferential-looking'-Studie von Meints und Kollegen (2002) auf, dass 15-, 18- und 24-monatige Kinder ähnliche Typikalitätseffekte im Verstehen von Objekt- und Relationswörtern aufwiesen. Mit vergleichbaren Studien begründen Golinkoff und Hirsh-Pasek (2008) ihre These, dass andere Faktoren darüber entscheiden, ob ein Wort für Kinder schwer oder leicht zu erwerben ist, was sich in der Erwerbsreihenfolge spiegelt. Manche Verben, so die Autorinnen, kommen bereits sehr früh in der Kindersprache vor. Gleichwohl erscheinen manche Nomen für die Kinder schwierig und sind später zu hören. Anstelle der Nomen-Verb-Dichotomie sind es vielmehr die folgenden Faktoren, die darüber entscheiden, wie schwer ein Konzept zu erwerben ist (ibid: 400): Zuverlässigkeit der Wortformenkodierung (ob das Wort eindeutig zu hören ist), Individualisierbarkeit (ob das Wort gut von anderen unterschieden werden), Konkretheit (kann das zugehörige Objekt oder Ereignis beobachtet oder manipuliert werden) und Bildhaftigkeit (wie leicht kann man sich das dazugehörige Objekt / Ereignis vorstellen). Unterstützt wird die These von Befunden aus einer Korrelationsanalyse von Wörtern, die für einen Vokabulartest (MCDI) verwendet wurden, mit dem Alter, in dem diese Wörter als bei dem Kind erworben berichtet wurden. Diese Analyse ließ einen Zusammenhang erkennen zwischen Wörtern, die leicht vorstellbar waren und auch früher erworben wurden – unabhängig davon, ob es Verben oder Nomen waren (McDonough u.a., 2011). Ambridge und Lieven (2011) schlagen vor, eine schwächere und stärkere Lesart der These zu unterscheiden: Nach der schwächeren These gibt es Nomen-Verb-Paare, in denen die Nomen leichter zu lernen sind. Dies gilt z.B. für das Paar „Ball" als Nomen und „denken" als Verb. Da der Ball ein viel konkreteres Objekt bezeichnet, wird das dazugehörige Wort früher in der Entwicklung erworben als das Verb „denken". Jedoch trifft das nicht für alle Paare zu. Betrachtet man das Paar „Situation" als Nomen und „essen" als Verb, so ist schnell klar, dass das Verb vor dem Nomen erworben wird. Die Autoren fassen die Befundslage so zusammen:

> Thus, a strong form of the claim (all nouns are easier to learn than verbs) is untrue, whilst a weaker form – that it is easier to learn the meaning of words that have more transparent meanings – is trivially true. Although the ‚noun-bias' is often presented as a fact in textbooks (and research articles), the empirical support for the claim is actually rather weak (Ambridge & Lieven 69 f.).

Der Grund, warum die Unterstützung für die stärkere Lesart der These schwach ist, ist die Tatsache, dass in den bisherigen Studien kaum berücksichtigt wurde, dass es in der Erwachsenensprache viel mehr Nomen als Verben gibt. Dieses 5:1 Verhältnis im Englischen (ibid: 70) spiegelt sich also auch in der Sprache der Kinder wider. Sprachen, die anders aufgebaut sind, zeigen ein anderes Verhältnis von Nomen und Verben. So finden sich mehr Verben sowohl im Input wie auch in der Sprache der Koreanisch lernenden Kinder (Choi, 2000; 2011). Ein weiterer unberücksichtigter Faktor in der Untersuchung bleibt die Tatsache, dass unsere Kultur viele pragmatische Praktiken entwickelt hat, die das Lernen von Nomen erleichtern. So werden Kinder in Spiele – insbesondere Benennspiele [„naming game"] (Nelson, Hampson & Kessler Shaw, 1993: 73) – involviert, in denen auf etwas gezeigt wird mit der Frage „Was ist das?"; von den Kindern wird dann ein Nomen für den Referenten erwartet (Ninio & Bruner, 1978; Nelson, Hampson & Kessler Shaw, 1993). Mütter von 20 Monate alten Kindern fragen in solchen Routinen zu 90 % Nomen ab. Sie geben ihren Kindern somit viele

Möglichkeiten, das Wissen über Nomen zu äußern und eine Rückmeldung dazu zu bekommen (Nelson u.a., 1993), was sicherlich das Wissen über Nomen stärkt.

In experimentellen Studien, die einen Nachweis für die oben genannte These suchen, Nomen wären leichter und werden daher früher erworben als Verben, werden meistens konkrete Objekte eingesetzt (z.B. Childers & Tomasello, 2006), weshalb die kindliche Erfahrung in den gerade genannten Praktiken stärker zur Geltung kommen kann. Daher ist der Aufbau der Experimente von vornherein auf die schwächere Lesart der These ausgerichtet.

3.9 Zusammenfassung

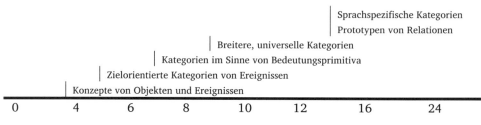

Tabelle 3: Zusammenfassung der Befunde zur Konzeptualisierung in Abhängigkeit vom Alter der Kinder.

Die Bedeutung eines Wortes zu erwerben, beinhaltet nicht nur das Erlernen der Lautfolge, sondern auch das Erlernen der Verbindung zwischen dieser Lautfolge und dem Objekt / Ereignis in der Welt. Die Art der Verbindung und wie sie sich über die Zeit verändert sorgt für eine Vielfalt an Vorstellungen und Meinungen. In diesem Buch plädieren die folgenden Kapitel für eine verkörperte Vorstellung.

Mit Ausnahme von Nelson und Mandler nehmen die bisherigen Theorien an, dass Kinder aus der Situation, in der sie ein neues Wort hören, die Eigenschaften von Objekten auswählen und diese als Bedeutung für das Wort annehmen. Dabei wird kaum erklärt, warum und aufgrund welcher Fähigkeiten Kinder aus der Vielfalt von Information gerade bestimmte Eigenschaften von Objekten auswählen. Ich möchte im Folgenden dafür argumentieren, dass ein Samen für die Bedeutung in frühen sozialen Interaktionen gesät wird, der mit der Fähigkeit zu kommunizieren wächst. Die Sprache zu verstehen beinhaltet daher mehr als nur das Wahrnehmen (Kapitel 4), ebenso wenig scheint es damit getan zu sein, eine Liste von notwendigen und hinreichenden Merkmalen zu erstellen, die einer Veränderung im Kontext nicht standhalten kann. Die sprachliche Bedeutung ist zunächst pragmatisch und wird mit der Entwicklung semantisch. Wie genau der Prozess der Dekontextualisierung erfolgt, muss unter Berücksichtigung der Gedächtnisprozesse in der Zukunft geklärt werden.

Für die Praxis und den Umgang mit frühlexikalischen Kindern lässt sich feststellen: Den Startschuss für den Erwerb einer Wortbedeutung (aber auch für die Bedeutungen ihrer Handlungen) bekommen Kinder unter sehr speziellen Umständen. Die oben dargestellten Gedächtnisprozesse und Einflussfaktoren stellen ein komplexes Bild der Bedeutungskonstitution dar. Wenn ein Kind ein neues Wort aufschnappt, bedeutet das also noch nicht, dass es das neue Wort bereits nachhaltig gelernt hat. Ebenso gilt das für eine neue Verhaltensweise: Ein Kind, das im Sommer zur Sauberkeit erzogen wird und seine richtigen Handlungen auf dem Rasen im eigenen Garten ausprobieren darf, weiß nicht, dass im Kindergarten andere Regeln für den Rasen gelten. Für diese ‚Übertragungsversuche' sollten Erwachsene viel Verständnis aufbringen, denn ein Kind lernt durch Unterstützung und mithilfe von Erklärungen von Erwachsenen, welches Wort oder welche Verhaltensweise unter welchen Umständen wie angewendet werden soll. Aus der Forschung zu Überdehnungsfehlern (vgl. 3.3.2) wissen wir, dass Kinder für diese Übertragungsversuche auf unterschiedliche Merkmale zurückgreifen können (perzeptuelle, funktionale, emotionale, kulturelle und lokative). Wir wissen jedoch zu wenig darüber, welche Umstände die Beachtung welcher Merkmale begünstigen (siehe Kapitel 4).

Theorie	Vertreter	Herkunft des Kernwissens	Bedeutungsprimitiva				Erklärung
			Primitivum	[engl.]	Primitivum	[engl.]	
Konzeptuelle Primitiva [conceptual primitives]; auch Bildschemata [image schemas]: Outputs aus der Perzeptuellen Bedeutungsanalyse [perceptual meaning analysis]	Mandler (2012)	unklar: kann angeboren sein, könnte aber vielleicht auch gelernt sein	PFAD BEGINN PFAD ENDE PFAD PFAD ZU VERBINDUNG BEHÄLTER HIN WEG DING	PATH START PATH END PATH PATH TO LINK CONTAINER (IN)TO (OUT) OF THING	± BEWEGUNG BLOCKIERTE BEWEGUNG KONTAKT ORT HINTER HINAUS HINEIN	± MOTION BLOCKED MOTION ± CONTACT LOCATION MOVE (BEHIND) MOVE (-SEEN) MOVE (SEEN)	Ein minimaler Satz an Bedeutungsprimitiva, die im Verlauf weiterer Entwicklung / Erfahrung angereichert werden können (Mandler, 2012: 427)
Platzrausch [trading spaces]	Göksun u.a. (2010)	unklar, jedoch von der Zielsprache unabhängig	BEHÄLTER—STÜTZE BEWEGUNGSPFAD—BEWEGUNGSART QUELLE—ZIEL TRAJEKTOR—LANDMARK				Die Bedeutungskomponenten sind: (a) leicht wahrnehmbar für Säuglinge; (b) universell in allen Sprachen vorhanden; (c) werden in unterschiedlichen Sprachen anders enkodiert (Göksun u.a., 2010: 35)
Bildschemata [image schemas]	Zlatev (2007); Johnson (1987)	Diese Konstrukte – nicht aber deren Erwerb – werden in Ansätzen der Kognitiven Linguistik thematisiert (siehe Mandler für Erwerb von Bildschemata)	TRAJEKTOR LANDMARK REFERENZRAHMEN REGION PFAD RICHTUNG BEWEGUNG	TRAJECTOR LANDMARK FRAME OF REFERENCE AND VIEWPOINT REGION PATH DIRECTION MOTION		[engl.]	Fast alle Analysen von Raumsemantik enthalten diese Primitiva (Zlatev, 2007: 326 f.)
Kernwissen [core cognition]	Carey (2009)	angeboren; das Kernwissen unterscheidet sich aber in der Natur von perzeptuellen Repräsentationen im Hinblick auf ihre Abstraktion und ihren konzeptuellen Inhalt	(1) mittel-große, mittel-entfernte Objekte, deren Bewegungstrajektorie, räumliche Relationen und physikalische Interaktion (2) Agenten, deren Ziele, kommunikative Interaktionen, Aufmerksamkeitszustände und Wirkungspotential (3) Zahlen				Kernkonzepte können nicht auf räumlich-zeitliches oder sensorisches Vokabular reduziert werden; sie haben eine reiche, zentrale, konzeptuelle Rolle (Carey, 2009: 449)

Tabelle 4: Zusammenfassung der Ansätze zu Bedeutungsprimitiva.

Theorie	Vertreter	Verbindung von Sprache & Kognition	Bedeutung ist charakterisiert durch	Beleg	(ausgewählte) Kritik
Semantische Merkmalshypothese	Clark	Universelle Kognition, dann sprachliche Merkmale	Auswahl von Merkmalen, deren Anzahl mit der Entwicklung zunimmt	Überdehnungsfehler der Kinder in der frühen Sprache beruhen häufig auf perzeptuellen Merkmalen (Clark, 1973a; 1973b)	Überdehnungsfehler zeugen davon, dass Kinder nicht nur auf perzeptuelle Merkmale zurückgreifen, um Objekte zu kategorisieren
Prototypentheorie	Rosch	Universelle Kognition, dann sprachliche Merkmale	Auswahl von Merkmalen, die ein Objekt als typisch für diese Kategorie auszeichnen	Überdehnungsfehler, die unterschiedliche (perzeptuelle, funktionale, emotionale, lokative) Merkmale berücksichtigen (Rosch, 1978; Mervis, 1987) und sich von den Merkmalen, die Erwachsene auswählen, unterscheiden (Ameel u.a., 2008); auch Verständnistests (Meints u.a., 1999; 2002)	Diese Theorie kann nicht erklären, wie Kinder Merkmale auszuwählen lernen und wie sich diese Fähigkeit mit der Entwicklung verändert, sodass Kinder später in der Lage sind, die gleiche Auswahl wie Erwachsene zu treffen
Warteraum	Johnston & Slobin	Universelle Kognition, auf die sprachliche Konzepte abgebildet werden	Linguistische Form, die einen eigenen Warteraum hat: Ein Kind bekommt einen Schlüssel und kann den Warteraum verlassen, wenn es die neue Form mit einem bereits erworbenen Konzept verbunden hat (Mapping)	Sprachübergreifende Erwerbsreihenfolgen von räumlichen Relationen zeugen von konzeptueller Entwicklung [„nonlinguistic growth in conceptual ability"] (Johnston & Slobin, 1979; Johnston, 1988)	Tomasello (1987) wendet kritisch ein, dass ein ähnlich konzeptuell komplexes Wort wie ÜBER ähnlich wie UNTER erworben werden müsste; seine Analysen zeigen dies jedoch nicht
Sprache im Aufbau	Bowerman	Konzepte werden erst dann erworben, wenn sie für die Sprache relevant werden	Mentale Struktur, die in der sozialen Interaktion erworben wird	Kinder erwerben sprachspezifische Bedeutung von räumlichen Relationen (Bowerman & Choi, 2001), weil die Struktur der Sprache die Aufmerksamkeit der Kinder lenkt (Choi, 2000)	Die Studien berücksichtigen ältere Kinder, und nicht die sog. vorsprachliche Phase; es ist daher möglich, dass diese Ansicht die nötige konzeptuelle Basis „überspringt"
Trading Spaces (Platzrausch)	Göksun u.a.	Einige Bedeutungsprimitiva werden vor, einige mit der Zielsprache erworben	Mentale Struktur organisiert sich für die Sprachverwendung um (d.h. vor der Lautsprache erworbene Konzepte, werden anders zurechtgelegt, aber nicht vergessen)	Kinder mit größerem Wortschatz als ihre Gleichaltrigen können einen Unterschied in räumlicher Kategorie einer fremden Sprache weniger wahrnehmen als Kinder mit geringerem Wortschatz (Choi, 2006)	Der Einfluss der Sprache wird erst ab Sprachproduktion des Kindes postuliert; die Vorschläge, die die Autoren für die Primitiva machen (s. 3.5.2), erscheinen bereits sehr semantisch; die Erklärungen, wie die Umorganisation für die Sprache stattfindet, bleiben vage
Funktionaler Kern	Nelson	Universelle Kognition auf der Basis der Interaktion, auf die sprachliche Konzepte ‚genappt' werden können	Wortbedeutung kann auf bereits vorhandene mentale Strukturen (Schema) abgebildet werden; diese Strukturen halten die Funktionen von Objekten synthetisiert fest	Kinder erwerben zuerst Wörter für Objekte, deren funktionale Rollen sich rasch erfassen lassen z.B. dadurch, dass sie sich bewegen: „Auto" und „Ball" sind unter den ersten 10 Wörtern der Kinder (Nelson, 1973)	Durch das Mapping der Sprache auf die mentalen Strukturen wird die Warteraumvorstellung aktiviert; dabei wird den sprachlichen Konzepten unglaubwürdige Abstraktheit in Form von semantischen Rollen zugesprochen
Perzeptuelle Bedeutungsanalyse	Mandler	Universelle Kognition, auf die sprachliche Konzepte aufsatteln können	Mentale Struktur (in Form von Bildschemata), die (funktionale) Rollen von Objekten in der Interaktion mit sozialer und physikalischer Umwelt auf Grund der Bedeutungsanalyse festhält	Kinder generalisieren (funktionale) Rollen, z.B. haben 7-monatige Säuglinge danach kategorisiert, ob diese fahren oder trinken können, auch wenn sich diese äußerlich ähnlich waren (Mandler & McDonough, 1993; 1996)	Diese Auffassung geht von einem Säugling aus, der aus eigener Motivation heraus beobachtet; der Tatsache, dass Säuglinge von Anfang in Interaktion (mit vielen Sinnen) lernen, wird zu wenig beachtet

Tabelle 5: Zusammenfassung der oben erwähnten Ansätze zur Semantikentwicklung.

3.10 Aufgaben

1. In der Semantik tritt das Phänomen der Überdehnung auf. Bitte charakterisieren sie es (durch ein Beispiel und eine Erklärung)!

2. Was besagt die semantische Merkmalshypothese? Skizzieren Sie die Hauptpunkte und gehen Sie kurz auf die Aktualität dieser Theorie ein!

3. In der klassischen Semantik muss ein Lerner die Wortbedeutung in Form einer mentalen Einheit (die mit konzeptuellem Wissen verbunden ist) erwerben. Welche Ansätze wenden sich gegen welche Aspekte dieser Aussage?

4. Was ist *fast mapping* und was unterschiedet es vom *slow mapping*?

5. Auf welche unterschiedlichen Arten kann die Verbindung zwischen Sprache und Kognition diskutiert werden?

6. Was beinhaltet die Vorstellung eines „Warteraums" und warum hat sie in der Forschungsliteratur an Aktualität verloren?

7. Erläutern Sie, was Modularität im Hinblick auf die Kognition bedeutet und wie epigenetische und nativistische Ansätze dazu stehen!

8. Was ist *mapping* und wie könnte ein alternativer Vorgang aussehen?

9. Was ist ein Prototyp? Welche Befunde unterstützen die Vorstellung, dass Kinder Objekte in Form von Prototypen konzeptualisieren?

10. Für welches Argument bezüglich der Verbindung von Sprache und Kognition kann die Tatsache benutzt werden, dass den koreanischen Ausdrücken für räumliche Relationen andere Kategorien zugrunde liegen?

11. Was ist die Zwei-Ebenen-Semantik und welche Ansätze im Erwerb verschreiben sich dieser Vorstellung?

12. Welche Gemeinsamkeiten zeigen die Theorien von Mandler und Nelson?

4. Vielfältige Aufmerksamkeit: Von perzeptueller zu sozialer Wahrnehmung

Wie bereits im Kapitel 3 zur Sprache gebracht, ist ontologische Relativität ein viel zitiertes Problem in Bedeutungstheorien sowohl in der Philosophie als auch in der Linguistik. Die Kernfrage dabei ist, woher ein Mensch wissen kann, worauf sich ein Ausdruck bezieht. Im Spracherwerb steht dieses Problem der Referenz am Anfang aller Wortlerntheorien. Denn jedes Kind muss die Verbindung zwischen einem Wort und dem Referenzobjekt / -Ereignis lernen, um Sprache effektiv einzusetzen. In diesem Lernprozess – traditionell bezeichnet als Mapping / Abbilden – geht es also darum, dass Kinder den phonologischen Einheiten die richtigen Bedeutungen zuschreiben. Doch schon Quine (1960) bemerkt, dass diese Verbindung nicht allein durch Ostension (d.h. Signal, das deutlich macht, dass der Sprecher etwas vermitteln will, siehe 5.5.1) herzustellen ist. Deshalb ist es notwendig, nach zusätzlichen Quellen für die Bedeutungskonstitution zu suchen.

In diesem Kapitel stelle ich dar, welche zusätzlichen Quellen identifiziert und wie sie für die Problematik der Referenz genutzt werden können. Auch wenn in der Spracherwerbsforschung die Problematik der Referenz hartnäckig auf das Mapping eingeschränkt wird (Bloom, 2000), betonen alternative Ansätze, dass es durchaus möglich ist, herauszubekommen, worauf sich ‚gavagai' bezieht, wenn man der Interaktion erlaubt, sich zu entfalten. Zum Lösen des Referenzproblems stehen nämlich nicht nur das Wort und das Referenzobjekt zu Verfügung, sondern vielmehr auch die beteiligten Interaktionspartner, die Situation, die gemeinsame Aufgabe und gemeinsame Interaktionsgeschichte. Diese lenken unsere Aufmerksamkeit. Die *Aufmerksamkeitsprozesse* sind es, die die enorme Menge an Informationen, die uns durch unsere Sensorik, unser Gedächtnis und andere kognitive Prozesse zur Verfügung stehen, auf eine kleinere Menge auffälliger Informationen reduzieren. Aufmerksamkeit entscheidet darüber, welche ausgewählten Informationen durch die mentalen bewussten und automatischen Prozesse verarbeitet werden (Sternberg, 2006). Für das Wortlernen schafft der Prozess der Aufmerksamkeit ein relevantes Bezugssystem. Doch nach welchen Prinzipien funktioniert die Aufmerksamkeit für den und im Spracherwerb? Auf der Suche nach einer Antwort steht in diesem Kapitel deshalb die Aufmerksamkeit als Mittel der Informationsauswahl im Zentrum. Sie entscheidet, welche Information für den Spracherwerb als relevant aufgenommen wird.

> Für die folgende Darstellung ist der Unterschied zwischen einer bottom-up und einer top-down Information zentral. Während eine **bottom-up** Information (wie eine schnelle Bewegung oder ein lauter Ton) inputdatengetrieben ist und durch die Sensorik des Lerners aufgenommen werden kann, ist eine **top-down** Information (wie eine bestimmte Frabe oder eine bestimmte Stimme) von der internen Verarbeitung abhängig.

Der Mensch richtet seine Aufmerksamkeit auf Objekte, die sich plötzlich bewegen, weil die bottom-up Analyse auf gewisse Reize (in diesem Falle die Bewegung) anspricht. Der Mensch kann sich jedoch trotz turbulenter Umgebung auf ein Gespräch konzentrieren, weil er aus dem Gespräch etwas erfahren möchte. Diese Motivation oder ein bestimmtes Vorwissen wie auch ein Bedeutung gebender Kontext beeinflussen die menschliche Wahrnehmung. Die top-down Prozesse ermöglichen es, bestimmte Reize privilegiert aufzunehmen.

Die für die Kommunikation relevante Information wird in der Literatur meist als top-down eingestuft, weil Sprache im Sinne des Erbes des Nativismus (siehe 3.2) vor allem symbolisch ist. Im Kontrast dazu möchte ich in diesem Kapitel zeigen, dass eine für die Kommunikation relevante Information auch bottom-up aufgenommen und verarbeitet werden kann. Diese Betrachtungsweise, d.h. die an der Kommunikation beteiligten Prozesse als Signale zu untersuchen, entspricht einer mechanistischen Sicht auf den Spracherwerb. Sie charakterisiert sich durch die Synergien aus Aufmerksamkeits- und Gedächtnisprozessen:

> In the mechanistic approach, word learning is viewed as the product of memory and attentional processes and the dynamic representational states they engender (Spencer, Perone, Smith & Samuelson, 2011: 1049).

Im Folgenden stelle ich zunächst Untersuchungen dar, die dem Spracherwerb auch das Miteinbeziehen von bottom-up Informationen zugestehen. Ich erläutere dabei sowohl die empirischen Befunde wie auch ihre theoretische Einbettung. Weiter gehe ich auf eine soziale Form von Aufmerksamkeit ein, bekannt unter dem Stichwort *Joint Attention*, die in der aktuellen Forschung zum Spracherwerb einen zentralen Stellenwert als vorsprachliche Ausrüstung bekommt. Hier diskutiere ich, inwieweit es sich bei einer sozialen Aufmerksamkeit um eine bottom-up (in Form eines angeborenen Blickrichtungsdetektors, vgl. 4.2.2) oder top-down (als erlernter Mechanismus der sozialen Interaktion) Information handelt.

4.1 Perzeptionsgeleitete Aufmerksamkeit

Kinder schauen gern auffällige Objekte an. Auffällige Objekte kann man anhand ihrer Merkmale identifizieren (Itti & Koch, 2001; und 4.1.2 unten). Zum Beispiel zeigen bereits 3 Monate alte Säuglinge eine Präferenz für die Farben Rot oder Blau (Adams, 1987). Hilft ihnen diese Neigung beim Wortlernen? In den letzten Jahren wurden Stimmen in der Forschung laut, die diese Wahrnehmungsneigungen für den Spracherwerb als nützlich ansehen. Solche mechanistischen Ansätze gehen von der traditionellen Mapping-Metapher aus, d.h. der Vorstellung, dass Kinder zunächst eine Assoziation zwischen einem Wort und einem Objekt / Ereignis lernen müssen, um eine Wortbedeutung darauf aufzubauen. Somit ist diese Assoziation der erste Schritt der Referenzbildung. Um die Assoziation zu bilden, müssen Kinder das Wort hören und das Objekt wahrnehmen. Diese Wahrnehmung wird in der frühen Kindheit begünstigt, indem sie an Achtungshinweise [cues] aus der Umwelt anknüpft (Smith, Colunga & Yoshida, 2010). Die kindliche Wahrnehmung beim Wortlernen ist somit nicht mit der Problematik zu vergleichen, die Quine als Referenzproblem formulierte. Denn der fremde Erwachsene bei Quine weiß nicht, worauf sich ‚gavagai‘ bezieht, aber die Kinder können sich die Referenz aus der Situation durch die Achtungshinweise (siehe unten) erschließen. Ihr Sprachlernen ist daher perzeptionsgeleitet.

4.1.1 Auffälliges wird benannt

Den Beleg für solch perzeptionsgeleitetes Wortlernen lieferte eine Studie von Pruden, Hirsh-Pasek, Golinkoff und Hennon (2006). Darin wurde im Rahmen eines ‚Interactive Intermodal Preferential Looking'-Paradigmas (siehe Kapitel 2) untersucht, (1) inwieweit sich die Aufmerksamkeit der Kinder auf ein interessantes Objekt richtete, und (2) inwieweit sich Kinder die ihnen vorgeführten Wort-Objekt-Paare merkten in Abhängigkeit von dem Blickverhalten des Experimentators. Dabei variierten die Autoren die wahrnehmbare Auffälligkeit eines Objektes, indem sie ein interessantes (buntes oder leuchtendes Objekt) oder ein langweiliges Objekt (das beigefarben oder weiß war) zum Einsatz brachten. Es ist wichtig zu betonen, dass die Auffälligkeit hier durch das farbliche Aussehen des Objektes operationalisiert war. In der Form waren alle Objekte miteinander vergleichbar und wurden dem Kind nebeneinander präsentiert. Das Kind hörte dann fünfmal das neue Wort, zum Beispiel: „Jakob, schau', ein Modi! Wow, es ist ein Modi! Schau', ein Modi! Jakob, schau' ein Modi. Es ist ein Modi!" Das Verhalten des Experimentators variierte im Hinblick auf das Blickverhalten und folgte zwei unterschiedlichen Bedingungen: In einer Bedingung, bezeichnet als zufällige Bedingung, schaute der Experimentator auf das perzeptuell interessante Objekt und sprach fünfmal die Sätze mit dem neuen Wort aus. In einer weiteren Bedingung, die als Konfliktbedingung bezeichnet wurde, schaute der Experimentator das perzeptuell langweilige Objekt an, während er sich sprachlich gleich der anderen Bedingung verhielt. In einer Testphase versteckte sich der Experimentator hinter einem Bildschirm, auf dem beide Objekte zu sehen waren, und fragte das Kind: „Jakob, wo ist der Modi? Kannst du den Modi finden? Siehst du den Modi?" Die Annahme war, dass wenn Kinder das beabsichtigte Wort gelernt haben, sie eher das Zielobjekt beachten und zu ihm schauen werden als zu dem anderen Objekt. Wenn sie dagegen ihrer Präferenz für interessante Objekte folgen, werden sie kontinuierlich auf das interessante Objekt schauen, egal ob es von dem Experimentator durch seinen Blick ausgewählt und benannt wurde oder nicht.

Die Tatsache, dass Kinder in der zufälligen Bedingung Wörter lernten, bestätigte die Annahme, dass Kinder eigenen Präferenzen für visuell saliente Objekte folgen und sie mit den Äußerungen des Sprechers in Einklang bringen. Pruden und ihre Kolleginnen (2006) fassen zusammen, dass (1) Kinder im Alter von 10 Monaten sich in der Tat mehr für die auffälligen Objekte interessierten und mehr zu ihnen hinschauten. Im Bezug auf (2), d.h. die Fähigkeit, Objekte und Wörter aufeinander zu beziehen, fanden die Autorinnen heraus, dass Kinder generell das neue Wort mit einem auffälligen Objekt verbanden – auch in der Konfliktbedingung, in der der Experimentator auf ein anderes Objekt schaute – und sie auch dieses Objekt während der Benennung beachteten. Sie schließen daraus, dass im Alter von 10 Monaten die Auffälligkeit von Objekten relevanter für das Wortlernen ist als die sozialen Hinweise. Die perzeptuelle Salienz [Auffälligkeit] steht hier also über der sozialen Information.

Hervorzuheben bleibt allerdings, dass in dieser Studie von Pruden und Kolleginnen (2006) der soziale Inhalt der Information lediglich durch den Blick des Experimentators operationalisiert wurde, und Kinder mit den Objekten nicht handeln durften. Beachtet man die Ökologie des Wortlernens, kann in der perzeptuellen Attraktivität eines Objektes vielleicht sogar schon die soziale Information stecken, etwa dadurch, dass das Kind beobachtet, was man mit einem langweilig aussehenden Objekt (etwa einem Messer) alles machen kann. In diesem Beispiel ist das Objekt zwar langweilig, aber die funktionale (und deshalb auch soziale) Tätigkeit ist spannend. Angesichts dieser Kritik sollte die Aussage der Studie nicht lauten, dass Kinder im Alter von 10 Monaten die soziale Information beim Wortlernen ignorieren, sondern lediglich, dass Kinder im Alter von 10 Monaten der perzeptuellen Auffälligkeit Vorrang gewähren und entsprechend der Blick eines Sprechers für ihr Wortlernen kaum relevant ist. Verständlicherweise vertrauen Kinder in diesem Alter darauf, dass die Erwachsenen ihren Interessen folgen oder aber auch selbst interessante Objekte aussuchen, um diese in der Interaktion zu zeigen.

4.1.2 Sensibilität für Bewegung

Leider wird in den meisten Ansätzen, die die perzeptuelle Salienz als Grundlage für Sprachlernen ansehen, nicht berücksichtigt, dass Säuglinge sich weniger für einzelne Objekte als vielmehr für Bewegung interessieren. Wie bereits im Kapitel 3 erläutert, schreiben Nelson (1974) und Mandler (2004) der Wahrnehmung von Bewegung(en) die primäre Rolle im Konzeptualisieren zu. Bewegung gehört zu den Merkmalen, die – zusammen mit Intensitäts- und Farbkontrast – bereits in den ersten Phasen der bottom-up Aufmerksamkeitsprozesse verarbeitet wird (Itti & Koch, 2001). Diese „frühen visuellen Merkmale [early visual features]" sorgen für eine Auffälligkeit in bestimmten Kontexten (Itti & Koch, 2001: 196). Zum Beispiel wird ein rotes Jackett unter schwarz gekleideten Menschen auffallen und die Aufmerksamkeit auf sich ziehen (ibid: 194). Itti und Koch (2001) erklären, dass **Auffälligkeit [saliency]** unabhängig von der Aufgabe sei und schnell und unwillentlich funktioniert. Diesem Ansatz nach wird ein Stimulus, der auffällig ist, aus dem Rahmen fallen.

Bewegung liefert Informationen für das Inkrafttreten einer ganzen Menge fundamentaler Funktionen wie Einschätzung der Tiefe, Segmentierung einer Figur vor einem Hintergrund, Posturkontrolle und Initiierung von Augenbewegungen (Nakayama, 1985). Die Tatsache, dass viele Funktionen unserer Wahrnehmung auf Bewegung beruhen, verdeutlicht, dass die Sensibilität für Bewegung einen kritischen Teil der menschlichen Entwicklung ausmacht. Doch auch diese Sensibilität entwickelt sich im Laufe der menschlichen Reifung und wirkt nicht konstant in allen Phasen. Nagata und Dannemiller (1996) testeten 14 Wochen alte Säuglinge auf ihre Aufmerksamkeit gegenüber sich bewegenden Objekten im Vergleich zu verschiedenen Farben von Objekten. Sie fanden heraus, dass eher die Farbe und nicht die Bewegung eines Objektes entscheidend für die Aufmerksamkeit war. Colombo (2001) bemerkt, dass die Aufmerksamkeit bei Kindern und somit auch ihre Sensibilität für bestimmte Merkmale generell beeinflussbar ist; eine Verstärkung der Sensibilität für Bewegung ist jedoch im Alter von 6 bis 14 Wochen zu beobachten. Diese Verstärkung hängt damit zusammen, dass es um den 3. Lebensmonat zur Verbesserung der Strategien des visuellen Abtastens im occulomotorischen Bereich kommt (Johnson & Johnson, 2000), die sowohl durch die Reifung der neurophysiologischen Verarbeitung wie auch durch die wachsende Erfahrung begünstigt wird.

4.1.3 Sensibilität für Mitmenschen

Gerade wurde das Argument aufgestellt, dass Bewegung ein für die Säuglinge wirksames Merkmal ist und ihre Aufmerksamkeit lenkt. Kann jede Art von Bewegung diese Wirkung verursachen? Laut der Theorie von Mandler (1998) entstehen die ersten Konzepte bei Kindern auf der Basis von belebter Bewegung. Demnach wäre die Bewegung von Menschen und Tieren [animate motion] höher priorisiert als die Bewegung von Objekten [inanimate motion]. Diese Empfindsamkeit gegenüber Mitmenschen äußert sich vor allem darin, dass bereits Neugeborene auf das menschliche Gesicht und die menschliche Stimme (Muir & Field, 1979; Colombo & Bundy, 1983) als besondere Merkmale reagieren (Hernandez-Reif, Field, Diego & Largie, 2002). Maratos (1998) spricht aufgrund dessen von einer primären Repräsentation [preconceptions], mit der menschliche Kinder für die soziale Interaktion ausgestattet werden.

Johnson, Slaughter und Carey (1998) gingen den sozialen Merkmalen nach, die Kinder dazu verleiten, eine Bewegung wahrzunehmen. Sie untersuchten, ob ein Stimulus Ähnlichkeit mit menschlichen Augen vorweisen muss, damit Säuglinge dieser Bewegung folgen. In ihrem Experiment beobachtete das Kind, wie ein Experimentator ein neues Objekt auf dem Tisch mit „Hi! How are you? I'm fine thanks. Bye bye" ansprach und dann den Raum verließ. Danach drehte sich das Objekt 45 Grad zu einer Seite. Es wurde analysiert, ob das Kind die Drehung des Objektes als Bezugnahme interpretiert und sich ebenfalls der Seite zuwendet. Es gab fünf Bedingungen, mit denen die Wirkung der verwendeten Objekte und ihr kontingentes Verhalten gegenüber dem Experimentator auf das Blickverhalten der Kinder untersucht werden sollte. So unterschieden sich die Objekte im Hinblick auf den ,Gesichtsausdruck': Es gab ein Objekt mit Augen (das aussah wie ein Bär) und ein Objekt ohne Augen, dafür aber mit einem dunklen Punkt, der mit einem kleineren helleren Punkt gefüllt war und somit die Bewegung einer Iris imitierte. In der kontingenten Bedingung ,antwortete' das Objekt auf eine Äußerung mit Piepsen und Blinken. In der nichtkontingenten Bedingung piepste und blinkte das Objekt unabhängig vom Interaktionspartner. Die Ergebnisse zeigen, dass 12-Monatige ihre Aufmerksamkeit nach all den Stimuli ausrichteten, allerdings nicht in der Bedingung, in der es weder ein Gesicht noch ein kontingentes interaktives Verhalten gab. Die Autoren folgern daraus:

> Infants' gaze-following behavior in general appears to have been driven selectively by a particular configuration of behavioral and morphological characteristics (ibid: 233).

In diese Richtung werden auch die Ergebnisse der Studie von Hains und Muir (1996) interpretiert, nach welchen Säuglinge wenig sensibel auf Blickbewegung reagierten, es sei denn, sie gehörte zu einer Person, die mit ihnen interagierte. Diese Befunde legen den Gedanken nahe, dass es die Sensibilität für menschliche Interaktion ist und nicht eine einfache Sensibilisierung gegenüber abstrakten oder statischen Stimuli, die die Säuglinge beschäftigen.

4.1.4 Theoretischer Hintergrund: Assoziatives Lernen

Im Geiste von Piaget (1993^2 [1971]) wird das Wortlernen innerhalb der symbolischen Phase der menschlichen Entwicklung betrachtet, in der der Einfluss der top-down Informationsverarbeitung vorwiegt. Diese Phase unterscheidet sich durch die wirkenden Mechanismen von der sensomotorischen, in der Informationen bottom-up verarbeitet werden. Insofern wurden für das Wortlernen lange Zeit die höheren kognitiven Prozesse erkundet. Hinzu kommen Studien, die im Geiste des Nativismus und Strukturalismus die linguistische Kompetenz als eine spezifische Domäne des menschlichen Denkens sehen. Die Ansicht, dass auch allgemeine Prozesse, die sich auf den ,unteren' Ebenen der Kognition abspielen, bei semantischen Vorgängen beteiligt sein sollen, erschien vor diesem Hintergrund lang befremdlich. Allerdings wird in der letzten Zeit die Forschungsrichtung lauter, die den genauen Beitrag der Mechanismen auf diesen ,unteren' Ebenen für das Wortlernen erarbeiten. Motiviert werden diese Ansätze (z.B.

Smith u.a., 2010; Spencer u.a., 2011; Yoshida & Burling, 2012) durch radikale Annahmen, wie die, dass es keine Notwendigkeit gäbe, Konzepte als nicht-perzeptuell zu betrachten. Mit Blick auf den Prozess der Wortbedeutung (Kapitel 3, Abb. 6), bedeuten diese Annahmen, dass sich die Verarbeitung, die für die Erzeugung der Wortbedeutung nötig ist, stark verkürzt, denn die Wortbedeutung kann bereits nach, oder sogar parallel zu dem Perzept entstehen. Diese Annahmen stehen in einem starken Kontrast zu mentalistischen Versuchen, Semantik zu erklären (siehe auch 3.7). Die Bedeutung wird nicht wie eine Last im Kopf überall mitgenommen, sondern entsteht, wenn sie gebraucht wird. Somit wird die menschliche Kognition an die aktuelle Situation wie auch eine sich ergebende Aufgabe gebunden und durch Online-Prozesse der Wahrnehmung und des Gedächtnisses charakterisiert:

> What we call „categories" and „concepts" are the emergent products of multiple knowledge sources in specific task contexts. By this view, there is no set intension (definition in the head) or extension (category in the world). Both are transient and emergent in the task at hand (Jones & Smith, 1993: 136).

Der Spracherwerb im Ansatz zum assoziativen Lernen ist durch **Online-Prozesse der Wahrnehmung und des Gedächtnisses** charakterisiert. Im Mittelpunkt steht die Assoziation zwischen einem Objekt / Ereignis auf der einen und dem neuen Wort auf der anderen Seite, die die Bedeutung des neuen Wortes umfasst. Die Assoziationsbildung wird durch Mechanismen unterstützt, die im Rahmen einer Situationsanalyse ‚anspringen'. Bezogen auf das Referenzproblem bietet der Ansatz zum assoziativen Lernen bestimmte Prinzipien an, die den Kindern dabei helfen, ihre Aufmerksamkeit auf jene Ausschnitte der Welt zu lenken, die für eine Wortbedeutung entscheidend sind.

In ihrem Artikel „Knowledge as a process", geben Smith, Colunga und Yoshida (2010: 1290) einen Überblick über die „Hypothesen einschränkenden Prinzipien [constraints]" (Szagun, 2006: 145), die auf bottom-up Aufmerksamkeitsprozessen basieren. Im Folgenden werden drei dieser Prinzipien beschrieben, um deren Wirken zu verdeutlichen.

Markman und Wachtel (1988) stellten das **Prinzip des ganzen Objektes** [whole-object assumption] fest. Angewendet auf das im Kapitel 2 genannte Referenzproblem kann dieses Prinzip dafür verantwortlich sein, dass Kinder den Namen ‚gavagai' eben auf den ganzen Hasen – und nicht nur auf sein Ohr oder sein Bein – beziehen. Ein Beispiel aus dem Alltag mag das Wort „Gabel" sein, mit dem der ganze Gegenstand und nicht nur die Zinken gemeint sind. Den klassischen Beleg für dieses Prinzip lieferten Markman und Wachtel (1988) in einer Studie mit 3- bis 4-jährigen Kindern, denen ein ihnen unbekanntes Objekt gezeigt wurde (z.B. eine Lunge). Dazu hörten sie den korrekten Begriff „Lunge". Dieses Beispiel ist insofern interessant, als eine Lunge eben zwei identische Seiten, die Lungenflügel, enthält. Die Kinder wurden dann gefragt, welches die Lunge wäre: das Ganze (dabei umkreiste der Experimentator die Lunge mit dem Zeigefinger) oder die Teile (dazu zeigte er auf die Luftröhre). Kinder entschieden sich zu 80 % für das Ganze, womit eine klare Neigung, die ganze Erscheinung mit dem Wort zu verbinden, gezeigt wäre.

Ein weiteres Prinzip ist das der **Ausschließlichkeit** [mutual exclusivity]. Demnach sollen Kinder annehmen, dass „zwei Wörter sich nicht auf das gleiche Objekt beziehen" (Szagun, 2006: 145). Dementsprechend können sich Benennungen in ihrer

Referenz gegenseitig ausschließen. Szagun (2006: 146) schildert ein Beispiel aus einer Unterhaltung zwischen einem Kind (2;8) und einer Experimentatorin, die sich zusammen ein Bilderbuch angeschaut haben. Die Experimentatorin bezieht sich mit „Vogel" auf das Bild, aber das Kind protestiert und sagt „is kein vogel [...] ein rabe". Durch dieses Beispiel wird deutlich, dass das Kind eben nur einen ganz bestimmten Namen mit diesem Tier verbindet und keinen weiteren akzeptieren möchte. Interessanterweise gibt es hier einige Parallelen zu der beobachteten Unterdehnung in der sprachlichen Entwicklung. Im Gegensatz zu Überdehnung (siehe Kapitel 2), bezieht sich Unterdehnung darauf, dass Kinder einen kleineren Satz an Merkmalen besitzen als Erwachsene, den sie auf ein Objekt oder ein Ereignis anwenden, um es zu kategorisieren. Das Phänomen der Unterdehnung bezieht sich interessanterweise nicht auf Nomen allein, sondern auch auf Adjektive. So kann ein Kind z.B. das Adjektiv „cool" nur in Zusammenhang mit Dinosauriern benutzen, und wehrt sich, wenn es nicht auf Dinos bezogen wird: „Das ist nicht cool! Das sind keine Dinos oder so! Das ist nur schön!" (3-jähriges Mädchen).

Ein recht neu diskutiertes Prinzip ist das der **Hervorhebung** [highlighting]. Es berücksichtigt den Verlauf des Lernens und somit die Tatsache, dass wir nicht nur lediglich eine Lehrerfahrung in einer Situation machen können, sondern auch mehrere, die dann miteinander konkurrieren und dementsprechend von unserem Gedächtnis gewichtet werden müssen. Yoshida und Burling (2012) sprechen vom frühen und späten Lernen – das erinnert an Fast und Slow Mapping in Kapitel 2 und 3. Highlighting ist abgeleitet von der Tatsache, dass Menschen dazu neigen, einer zuerst gelernten Assoziation Priorität zuzugestehen. Yoshida und Burling (2012) geben ein Beispiel dafür: Man stelle sich vor, wir lernen zuerst, dass Wolken (A) und hohe Luftfeuchtigkeit (B) ein Ereignis vorhersagen, nämlich Gewitter (X). Im späteren Lernen erfahren wir, dass Wolken (A) und niedrige Luftfeuchtigkeit (C) ein anderes Ereignis vorhersagen, nämlich sonniges Wetter (Y). In diesem Beispiel ist hohe Luftfeuchtigkeit (B) ein perfekter Hinweis für das Gewitter, während die niedrige Luftfeuchtigkeit (C) ein perfekter Hinweis für das sonnige Wetter ist. Die Tatsache, dass beide Fälle existieren, machen Wolken (A) zu keinem zuverlässigen Hinweis für diese Ereignisse. Logischerweise müssten Menschen dieses erkennen. Doch unlogischerweiser geben sie als Antwort auf die Frage, was denn ein guter Hinweis für Gewitter wäre, häufig die Wolken (A) als Prädiktor an. Highlighting bedeutet also, dass die zuerst gelernte Assoziation, (A) und (B) sagen (X) voraus, dafür entscheidend ist, dass – wenn später andere Assoziationen gelernt werden – das Ereignis (X) nicht nur mit (B), sondern auch mit (A) am stärksten assoziiert bleibt. Dieses Prinzip könnte erklären, warum sich Kinder ‚wehren', andere Begriffe für ein Objekt / Ereignis zu verwenden: Sie haben bereits eine Assoziation geknüpft und dieser wird – trotz späterem Lernen – Priorität gegeben. Es ist plausibel anzunehmen, dass das Prinzip des Highlighting das Fast Mapping in Gang setzt: Dort, wo es noch keine Assoziation gibt, kann schnell eine entstehen. D.h. ein neues Wort wird auf ein neues Objekt bezogen, weil beide noch mit keiner Assoziation belastet sind (s. auch Studie von Kucker und Samuelson in Kapitel 9). Eine Nebenfunktion des Highlighting scheint zu sein, dass es das Gelernte beschützt (Yoshida & Burling, 2012). Yoshida und Hanania (2011) warfen die Idee auf, dass Adjektive nach diesem Prinzip gelernt werden können: Da dem Erwerb von Adjektiven das Objekt- und somit Nomenwissen vorausgeht, kommt es häufig vor, dass ein neues Wort in Konkurrenz zu dem bereits vorhandenen Objektwissen von Kindern steht; eine ausreichende Aktivierung des Nomenwissens hilft also, das neue Adjektiv mit neuen Eigenschaften zu verbinden (Yoshida & Burling, 2012: 5).

4.1.5 Kritik am assoziativen Lernen

Das grundsätzliche Problem der Ansätzen zum assoziativen Lernen ist, dass Kinder die aufgestellten Prinzipien häufig verletzen (Ambridge & Lieven, 2011). So berichtet Szagun (2006) von Studien, in denen Kinder das Ausschließlichkeitsprinzip offensichtlich nicht beachteten, indem sie sehr wohl zwei Bezeichnungen für ein Objekt akzeptierten. Das Ausschließlichkeitsprinzip scheint nur „unter ganz bestimmten Bedingungen angewendet" zu werden (Szagun, 2006: 147). Das heißt, dass Kinder auch andere Informationsquellen in ihren Lernprozessen nutzen (siehe 4.2) und sich nicht nur auf die Assoziationen verlassen. Natürlich könnte man mit einem ganzen Satz an Prinzipien argumentieren und erklären, dass – wann auch immer Kinder sich nicht an ein Prinzip halten – wahrscheinlich ein anderes Prinzip geltend gemacht wird. Ich möchte jedoch das Problem mit folgendem Beispiel verdeutlichen: Stellen wir uns vor, ein Kind fährt mit der Straßenbahn. Zum Aussteigen muss ein Knopf gedrückt werden und das Kind hat sichtbar Spaß am Knopfdrücken. Doch viele Male, wenn es den Knopf drücken will, hält ihn die Bezugsperson davon ab mit der Begründung, es wäre noch nicht so weit. Erst bei der richtigen Station darf das Kind den Knopf drücken. In diesem Beispiel ist es unwahrscheinlich, dass das Kind selbst eine objektive Regel findet, aus der es ableiten kann, wann der Knopf gedrückt werden soll. Vielmehr ist es auf die Hinweise seiner Bezugsperson angewiesen, um die Handlung korrekt auszuführen. Ähnliche Kritik kann man am assoziativen Lernen üben: Es ist unwahrscheinlich, dass das Kind selbst komplizierte Regeln erfindet, um die Wörter mit Bedeutungen zu versehen. Vielmehr braucht es dazu weitere Hinweise von Interaktionspartnern. Bezogen auf das Referenzproblem, das von Quine aufgeworfen wurde (siehe Einleitung und Kapitel 3), heißt das, dass die Prinzipien die Hypothesen darüber, was ‚gavagai' bedeutet, gar nicht ausreichend einschränken können.

Ein weiteres Problem stellt die Annahme dar, dass die Prinzipien erlernbar – und nicht angeboren – sind. Wenn diese Prinzipien gelernt werden können, dann erklären sie nichts anderes als die Regularitäten in der Interaktion (Ambridge & Lieven, 2011). Diese Leistung – Regularitäten in einer Interaktion zu identifizieren – soll hier jedoch nicht heruntergespielt werden: Es ist wichtig und innovativ zu untersuchen, welche Gedächtnisprozesse in einer Interaktion stattfinden und wie sie unser Verständnis von der Interaktion beeinflussen. Die Tatsache, dass die oben genannten Prinzipien die kognitive Verarbeitung erklären, die in einer Lernsituation eingesetzt wird, soll generell die Beteiligung von Gedächtnisprozessen herausstellen. Es bleibt daher unbestritten, dass – egal unter welchen Bedingungen – die Gedächtnisprozesse und die Inhalte der Erfahrung eine Rolle für das stattfindende Lernen spielen, auch wenn die Gedächtnisprozesse allein das Referenzproblem nicht lösen können.

4.2 Soziale Aufmerksamkeit: Joint Attention

Was sind die anderen Informationsquellen, die ein Kind für die Lösung des Referenzproblems nutzen kann? Und was genau ist die soziale Information, von der in der oben genannten Studie von Pruden und Kollegen (2006) gesprochen wird?

Als eine besondere Form von Aufmerksamkeit wird die soziale Fähigkeit zur Joint Attention bezeichnet.

Der Begriff **Joint Attention** wird hier als *Geteilte Aufmerksamkeit* (GA) oder *Gemeinsame Aufmerksamkeitsbezüge* übersetzt. Rupprecht (2002) verwendet die Formulierung *gemeinsam gerichtete Aufmerksamkeit*, was zum Ausdruck bringt, dass es sich bei dieser Fähigkeit um gemeinsames und gleichzeitiges Engagement des mentalen Fokus handelt, der von zwei oder mehr Individuen auf dasselbe externe Objekt oder Ereignis gerichtet wird (Baldwin, 1995: 132). Diese Form von Aufmerksamkeit ist deshalb sozial, weil sich das Kind nicht mehr in einer Dyade, also lediglich mit einem Objekt *oder* einem Menschen beschäftigt, sondern sich in einer Triade befindet.

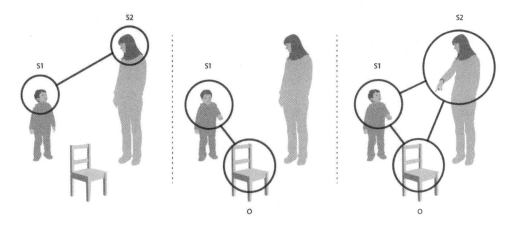

Abbildung 11: Aufmerksamkeitskoordination in einer Dyade mit einem Menschen (links) / einem Objekt (Mitte) und in einer Triade (rechts) (© F. Hegel).

Wie in Abb. 11 verdeutlicht, geht es bei einer **Triade** darum, *mit* einem Menschen *über* ein Objekt zu kommunizieren und diese wechselnde Referenz zu koordinieren (vgl. Bakeman & Adamson, 1984). Die Triade ist im Unterschied zu einer **Dyade** zu sehen, in der das Kind seine Aufmerksamkeit entweder auf den Kommunikationspartner oder aber auf ein vom Partner eingebrachtes Objekt (vgl. Abb. 11) richtet. In anderen Worten, in einer Dyade ist ein Kind entweder mit einem Objekt, ohne einen Menschen als Interaktionspartner mit einzubeziehen oder mit einem Menschen, ohne ein Objekt mit einzubeziehen. In einer Triade wiederum hat das Kind die Flexibilität, einen Dialog mit einer Person und einen Dialog mit einem Objekt zu verbinden.

Tomasello, Carpenter, Call, Behne und Moll (2005) sehen in dieser Fähigkeit den Ursprung der kulturellen Kognition, da erst die Fähigkeit zur GA gemeinsames Wissen ermöglicht. Das „referentielle Dreieck [referential triangle]" (Sinha, 2004: 228; Abb. 11 rechts) kennzeichnet eins der wesentlichen Kriterien, die nötig sind, um Symbolgebrauch überhaupt zu ermöglichen: Es wird ein intersubjektives Feld eröffnet, auf dem nicht nur über die Welt und Ereignisse kommuniziert wird; auf diesem Feld kann der andere Mensch ebenfalls die kommunikative Rolle übernehmen und etwas vermitteln. Neben der Fähigkeit, selbst zu kommunizieren, lernt ein Kind also auch, auf die Kommunikationssignale seiner Mitmenschen zu achten. Der Stellenwert des Phänomens der gemeinsamen Aufmerksamkeitsbezüge für den Spracherwerb wird daher von Bruner (1975; 1983) und Tomasello (1999; 2003) als sehr hoch eingeschätzt. Sie sehen in dieser Fähigkeit die Basis einer geteilten Erfahrung, die für den Spracherwerb notwendig ist. Andere Autoren nehmen an, dass das Verstehen von Aufmerksamkeit der Mitmenschen ein wichtiger Vorläufer für die Entwicklung der Theorie des Geistes [Theory of Mind] ist, die z.B. bei Menschen mit Autismus gestört ist (vgl. Corkum & Moore, 1995: 61).

> In der bisherigen Literatur wird das Phänomen der GA in zwei Operationalisierungen diskutiert: Einerseits als die Fähigkeit, **jemandes Blick zu folgen** oder schlicht dorthin zu schauen, wohin auch der andere schaut (Butterworth, 1991) und andererseits als die Fähigkeit**, jemandes Zeigegeste zu folgen**. Bei beiden Verhaltensweisen steht der deiktische Charakter im Vordergrund, weshalb Butterworth (2003: 20) für das Blickverfolgen synonym den Begriff „deictic gaze" benutzt. Der Zusammenhang zwischen den beiden Fähigkeiten, also zwischen dem Verstehen einer Zeigegeste und der referenziellen Bedeutung des Blickes, ist ein wichtiges Thema in der Literatur.

Studien zu diesem kommunikativen Phänomen verfolgen das Ziel, festzulegen, ab welchem Alter ein Kind die Fähigkeit zu gemeinsamen Aufmerksamkeitsbezügen hat und in welchen Situationen, d.h. unter welchen Bedingungen und mit welcher Hilfe des Gesprächspartners, es sie zeigt (siehe Corkum & Moore, 1995). Dadurch wird versucht, die Natur des Phänomens im Sinne eines potenziellen Vorläufers der verbalen Sprache zu erklären. In einer Beobachtungsstudie mit 6- bis 18-Monatigen stellten Bakeman und Adamson (1984) fest, dass die Koordination des Objektinteresses mit dem sozialen Partner erst gegen Ende des zweiten Lebensjahres gelingt. Die Autoren vermuten, dass Kinder diese Fähigkeit mit Unterstützung von Erwachsenen in wiederkehrenden Interaktionen lernen.

Andere Studien gingen dem genauen Entwicklungsverlauf dieser Fähigkeit nach. In einem prototypischen experimentellen Paradigma zu GA versucht ein Experimentator, das Kind in eine Interaktion zu verwickeln. Nachdem der Blickkontakt mit dem Kind aufgebaut ist, liefert der Experimentator einen Hinweis zur Änderung seiner Blickrichtung (z.B. schaut er selbst zur Seite) und die Reaktion des Kindes wird aufgezeichnet (Scaife & Bruner, 1975). Einige der wichtigen Befunde kommen aus einer Serie von Studien, die von Corkum und Moore (1995) mit Kindern in fünf Altersgruppen zwischen 6 und 19 Lebensmonaten durchgeführt wurden. In ihren Studien berücksichtigten die Autoren jedoch keinen Landmark, d.h. es gab kein Bezugsobjekt oder Bezugsereignis. Somit sollten die Kinder einem Blick folgen, ohne dass die Referenz auf ein Objekt in der Umwelt tatsächlich gegeben war. Stattdessen wurde die Fähigkeit zu GA strikt mit lediglich zwei Variablen operationalisiert: der Bewegung des Kopfes und der Bewegung des Blicks (Corkum & Moore, 1995: 66), die sowohl isoliert voneinander als auch kombiniert miteinander betrachtet wurden. Die Ergebnisse können wie folgt zusammengefasst werden (Corkum & Moore, 1995):

1. Unter diesen strengen (da experimentellen) Bedingungen ohne ein Landmark kann die Fähigkeit zu GA bei Kindern erst im Alter von 12 Monaten beobachtet werden (ibid: 73). Erst ab 15 Monaten demonstrierten Kinder zuverlässige Reaktionen auf die Veränderungen des Blickkontaktes beim Experimentator, d.h. die Blickrichtung von Kind und Experimentator stimmten mehr überein (ibid: 70).

2. Beginnend mit dem Alter von 12–16 Monaten zeigten Kinder die Fähigkeit zu GA auf der ausschließlichen Basis der Kopfpositionierung, während die Kongruenz zwischen Kopf und Blick erst ab dem 18. Monat hinzukam. Die Autoren berichten, dass sie keine GA auf der Grundlage der alleinigen Blickbewegung beobachten konnten (ibid: 73).

3. GA könnte mit der Fähigkeit verbunden sein, flexibel auf zwei unterschiedliche Hinweisquellen zu antworten. Im Anfangsstadium zeigen Kinder ein Basisbewusstsein über Veränderungen im Verhalten, bei der eine Reorientierung im Blick vom Erscheinen eines Zielobjektes begleitet wird. Später sind Kinder dazu in der Lage, differenzierter auf Veränderungen in der Orientierung des Blicks zu reagieren. Allerdings bedürfen sie immer noch einer steten Rückmeldung als Hilfestellung in der Interaktion, um die Zielinformation zu erfassen. Letztlich sind Kinder in der Lage, spontan differenzierte Antworten auf die Veränderungen der Blickorientierung des Experimentators zu geben und benötigen keine Rückmeldung in dieser Hinsicht (ibid: 81).

Was der antreibende Motor der skizzierten Entwicklung der gemeinsamen Aufmerksamkeitsbezüge ist, dazu äußern sich die Autoren vage. Die Erklärungen zielen aber auf den Unterschied zwischen einer Dyade und einer Triade ab. So kann eine Veränderung im Blickkontakt, der ursprünglich ausschließlich auf das Kind gerichtet ist, signalisieren, dass aus einer Dyade eine Triade wird, d.h. ein Objekt oder eine dritte Person tritt in die Kommunikationssituation ein und soll parallel beachtet werden.

Ein weiterer Kritikpunkt dieser Erkenntnisse ist die oben skizzierte experimentelle Vorgehensweise. Zwar ermöglicht die Methode eindeutige Urteile darüber, ob ein Kind einem Blick folgt. Allerdings bleibt die ökologische Validität der Experimente höchst fragwürdig, denn es kommt im Alltag fast nie vor, dass das Kind der Veränderung des Blickkontakts folgt, ohne dass dafür in der Umwelt ein Grund vorliegt. Die Operationalisierung der GA Fähigkeit ist hier daher ein umstrittener Punkt. Im Alltag scheint die Fähigkeit zu GA mehr zu beinhalten (z.B. das intelligente Nutzen der Landmark-Information, siehe Kapitel 8) als nur die Bereitschaft, die Blickrichtungsänderung des Gesprächspartners zu spiegeln (Butterworth, 1995).

Was das Erfassen der Fähigkeit zu gemeinsamen Aufmerksamkeitsbezügen anbetrifft, so wird sie in aktuelleren Studien differenzierter betrachtet. Mundy und seine Kollegen (Mundy, Block, Vaughan Van Hecke, Delgado, Venezia Parlade & Pomares, 2007: 938) unterscheiden zwischen vier verschiedenen Kompetenzen, die alle in die soziale Koordination einfließen (siehe Abbildung 12). Die Forscher argumentieren für diese Dimensionen aufgrund von Studien, die zeigen, dass viele ausführende Funktionen der Kognition zur Aufmerksamkeitsregulation beitragen. Nicht nur ist es für ein Kind wichtig, einem Blickverhalten zu folgen, sondern dieses auch zu nutzen, um Hilfestellung zu erhalten. In einer umfassenden Studie mit 95 Kindern im Alter von 9 bis 18 Monaten untersuchten Mundy und Kollegen (2007) welche der in Abbildung 12 aufgeführten Fähigkeiten in Zusammenhang mit den sprachlichen Fähigkeiten der Kinder stehen. Sie fanden heraus, dass das Antworten auf soziale Signale wie Blick und Zeigegeste (Verhalten RJA, Abb. 12) im Alter von 12 Monaten und das Initiieren von sozialen Signalen (Verhalten IJA) im Alter von 18 Monaten die genaueste Vorhersage über die sprachlichen Fähigkeiten im Alter von 24 Monaten erlaubte. Die Befunde sprechen zugleich gegen die Annahme, die Fähigkeit zu GA wäre ein einheitlicher Prozess. Vielmehr gibt es unterschiedliche Aspekte von GA und sozialer Kognition, die auf einer Vielfalt von ausführenden Funktionen beruhen. Es ist daher wichtig, die unterschiedlichen Pfade der jeweiligen Funktionen in der Entwicklung zu verfolgen, um ein vollständiges Bild der Fähigkeit zu gemeinsamen Aufmerksamkeitsbezügen zu bekommen.

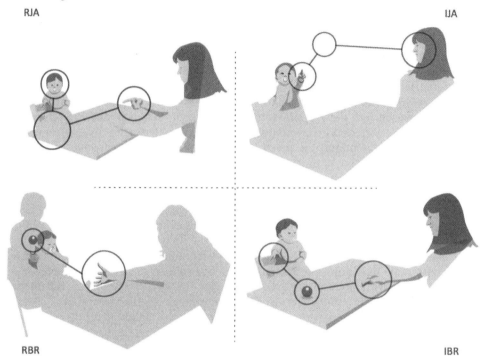

Abbildung 12: Die Operationalisierungen von GA nach Mundy u.a., 2007: **RJA** [responding to joint attention]: das Antworten auf soziale Signale wie Blick und Zeigegeste; **IJA** [initiating joint attention]: das Initiieren von sozialen Signalen, d.h. selbständiges Einsetzen von Blickkontakt und Gesten, um die Aufmerksamkeit von anderen zu beeinflussen; **IBR** [initiating behavior regulation / requests]: Das Initiieren von Verhaltensregulationen, d.h. das Nutzen vom Blickkontakt und Gesten, um Hilfe zu bekommen; **RBR** [responding to behavior requests]: das Antworten auf Verhaltensregulation, d.h. die Kompetenz auf die Signale zu reagieren, um Hilfestellung zu leisten (© Frank Hegel).

4.2.1 Sozial Relevantes wird benannt

Wie diese Fähigkeit zu gemeinsamen Aufmerksamkeitsbezügen (GA) für den Spracherwerb von Kindern konkret genutzt wird, zeigten Baldwin und Moses (1994). In einer Studie mit drei verschiedenen Altersgruppen, 14–15, 16–17 und 18–19 Monate alte Kinder, untersuchten sie, wie zuverlässig Objekte mit einem Wort verbunden werden, wenn soziale Information in Form einer Blickrichtung hinzugefügt wird. In dieser Studie gab es zwei Bedingungen: Zum einen wurde ein neues Objekt benannt, wenn es sich gerade im Aufmerksamkeitsfokus des Kindes befand. Zum anderen, in der „discrepant labelling" (ibid: 139) genannten Bedingung, hat der Erwachsene ein Objekt angeschaut und benannt, just wenn es sich nicht im Fokus des Kindes befand.

Bei der Gruppe von 14–16 Monate alten Versuchspersonen fanden die Autoren heraus, dass die Kinder die Diskrepanz der Aufmerksamkeit bemerkten und das Gesicht des Erwachsenen anschauten, wenn sie eine neue Vokabel hörten: Sie waren jedoch nicht in der Lage, das neue Wort in der diskrepanten Bedingung zu lernen. Die Probanden der ältesten Gruppe zeigten dagegen zu mehr als 75 %, dass sie das neue Wort unter den schwierigeren Bedingungen gelernt haben; mit diesem Ergebnis wird deutlich, dass die älteren Kinder die Aufmerksamkeit des Anderen nutzten, um das Referenzobjekt zu identifizieren. Betrachtet man diesen Unterschied zwischen den Altersgruppen, so deuten die Ergebnisse der Studie darauf hin, dass mit zunehmendem Alter die sogenannten sozialen „attentional cues [Aufmerksamkeitshinweise]" (Baldwin & Moses, 1994: 139) für Wortlernprozesse an Wichtigkeit gewinnen. Zugleich beobachten Kinder bereits im Alter von 14 Monaten aktiv, worauf sich die Aufmerksamkeit des Kommunikationspartners richtet. Baldwin und Moses (1994) stellten außerdem fest, dass Kinder kaum Zuordnungsfehler machten, d.h. es kam in der Untersuchung kaum vor, dass sie das Wort, das sie gerade hörten, auf das Objekt, mit dem sie gerade spielten, referierten, ohne die Bestätigung durch den Blickkontakt des Erwachsenen erhalten zu haben.

4.2.2 Blickrichtungsdetektor

Die Sensibilität für die Blickrichtung des Erwachsenen legt die Frage nahe, ob Menschen vielleicht für diesen sozialen Hinweis eine besondere ‚Antenne' haben. Laut Ergebnissen aus Maurers Studie (1985) zeigen Säuglinge ab dem zweiten Lebensmonat eine Präferenz für Augen im Vergleich zu anderen Gesichtsregionen. Auch wenn es bisher nicht nachgewiesen werden konnte, dass Gesichter aufgrund ihrer physikalischen Charakteristika der Augenpartie wie Farbe, Bewegung und Kontrast für die Neugeborenen salient erscheinen (Haith, Bergman & Moore, 1977), so scheinen bereits Neugeborene ein Interesse für Gesichter (Slater u.a., 2010) und ab der 7. Woche speziell ein Interesse für die Augen aufzubringen, auch aus der Tatsache heraus, dass diese immer wieder auftauchen.

Studien von Campbell, Heywood, Cowey & Regard (1990) verdeutlichten zudem, dass die Sensibilität für die Augen durch Verletzungen verloren gehen kann. Baron-Cohen (1995) spricht daher von einem *Blickrichtungsdetektor*, der die Gegenwart von Augen, die Richtung des Blicks sowie alle unmittelbaren Blickkontakte identifiziert. Der Blickrichtungsdetektor sei ein Teil der genetischen Ausrüstung und befähigt die Menschen bereits von der Geburt an, auf soziale Information, also den Aufmerksamkeitsfokus anderer Mitmenschen, zu achten.

Abbildung 13: Stimuli in Driver u.a. (1999) (© Frank Hegel).

In einer Studie mit Erwachsenen zu eben dieser sozialen Perzeption untersuchten Driver und seine Kollegen (Driver, Davis, Ricciardelli, Kidd, Maxwell & Baron-Cohen, 1999), inwieweit die Blickrichtung bei einer Aufgabe helfen kann, die nichts mit Interaktion zu tun hat. In dieser Aufgabe entschieden die Versuchspersonen darüber, ob der am Bildschirmrand erschienene Stimulus ein T oder ein L zeigte. Des Weiteren erschien in der Mitte des Bildschirms ein weibliches Gesicht, dessen Augen in die Richtung des Stimulus oder nach vorne gerichtet waren (Abb. 13). Es wurde untersucht, inwieweit diese Blickrichtung eine Auswirkung auf die aufgabenorientierte Leistung der Teilnehmer hat. Die Ergebnisse zeigen, dass die Versuchspersonen schneller antworteten, wenn die Blickrichtung des Gesichts mit dem Stimulus kongruent war, also wenn die Augen in die Richtung schauten, wo einen Moment später ein Buchstabe erschien. Führte die Blickrichtung weg vom Stimulus und war somit disgruent, so antworteten die Versuchspersonen signifikant langsamer.

Kann aus diesen Befunden geschlossen werden, dass wir mit einem Blickdetektormechanismus ausgestattet auf die Welt kommen, und uns von Augenbewegungen beeinflussen lassen? Diese Annahme ist in der „social reading hypothesis [Hypothese des sozialen Lesens]" von Ristic und Kollegen (Ristic, Mottron, Friesen, Iarocci, Burack & Kingstone, 2005: 715) formuliert. Langton und Bruce (1999) zweifeln diesen Ansatz an und schlagen als Alternative vor, dass dieser Mechanismus vielmehr auf einen generellen Lernmechanismus zurückgeht, nämlich das assoziative Lernen (siehe 4.1). Dieser Mechanismus sorgt dafür, dass zwischen den herausragenden Eigenschaften (dem Blick) und Zielereignissen (z.B. einem interessanten Objekt) eine Assoziation hergestellt wird. Diese Aussage nennen Ristic und Kollegen (2005: 715) die „feature correspondence hypothesis [Hypothese der korrespondierenden Eigenschaften]". Die Idee der letzteren Hypothese wird durch eine Studie von Lambert und Sumich (1996) gestützt. Ihre Studie folgt dem bereits oben genannten Prinzip: Anstelle von Gesichtern, die kongruent oder disgruent mit dem Stimulus präsentiert werden, sahen die Versuchspersonen Wörter, deren semantische Kategorien die Lage des Zielstimulus voraussagten. Lambert und Sumich (1996) stellten fest, dass Teilnehmer signifikant schneller im Entdecken von Zielen waren, die von den semantischen Kategorien ‚angestoßen' wurden. Es scheint also, als wären die Menschen einfach gut darin, Korrespondenzen zwischen Gegebenheiten einer Situation und ihren Veränderungen zu erkennen. Diese Daten verdeutlichen, dass ein Blickrichtungsdetektor nicht angeboren sein muss.

Einen interessanten und erhellenden Beitrag zu dieser Diskussion liefert die Studie von Ristic und Kollegen (2005) mit typischer und autistischer Population. Auch diese Autoren bedienten sich des erprobten Settings, in dem die Augenstellung entweder kongruent oder disgruent mit dem präsentierten Stimulus erschien. Die Versuchspersonen sollten eine Taste drücken, sobald sie einen Stimulus (einen kleinen Stern) am Bildschirmrand, seitlich des Gesichts entdeckten. In einer Bedingung dieser Studie sagte die Blickrichtung den Stimulus vorher. In einer weiteren Bedingung sagte die Blickrichtung mit einer Zufallschance (50 %) die Lage des Stimulus vorher. Die Ergebnisse zeigen, dass die typischen Versuchspersonen von der Richtung des Blicks beeinflusst wurden, auch wenn diese nicht die Lage des Stimulus vorhersagte. Die autistischen Versuchspersonen zeigten sich von der Blickrichtung nur dann beeinflusst, wenn diese mit der Lage des Stimulus korrespondierte. Daraus schließen Ristic und Kollegen (2005), dass Autisten nicht für die Blickrichtung sensibel sind, sondern eher für ein gemeinsames Vorkommen von Blick und Stimulus, was auf eine Wahrscheinlichkeitssensitivität hindeutet. Im Hinblick auf die oben erörterte Debatte deuten diese Befunde darauf hin, dass durchaus die Gültigkeit der Hypothese des sozialen Lesens besteht, und dass die Hypothese der korrespondierenden Eigenschaften die Beeinflussung der typischen Versuchspersonen nicht erklären kann. Aufgrund der hier dargelegten Befundlage wäre jedoch auch eine Synthese denkbar: Die korrespondierenden Eigenschaften werden sehr früh in der Ontogenese gelernt, und später sind sie so etabliert, dass sie bei der typischen Population wie ein Detektor funktionieren.

4.2.3 Theoretischer Hintergrund: Sozial-pragmatisches Lernen

Der sozial-pragmatische Ansatz von Bruner (1975; 1983), Akhtar und Tomasello (2000) wie auch von Tomasello (2000; 2003) hebt sich von der rein kognitiven Erklärung des Übergangs vom präverbalen zum verbalen Kind ab, da in ihm die sozial-kommunikative Dimension des Sprachlernens im Zentrum steht. Diese sozial-kommunikative Dimension verändert das Ziel für ein sprachlernendes Kind, da es nun nicht die Entwicklung der Kognition per se ist, die durch das Abbilden von Wörtern auf Konzepte vorangetrieben werden kann. Vielmehr besteht das Anliegen des Kindes primär darin zu verstehen, worauf sein sozialer Partner seine Aufmerksamkeit lenkt und lenken möchte (Akhtar & Tomasello, 2000: 116). Tomasello und Kruger (1992: 312) sehen in der Fähigkeit zu gemeinsamen Aufmerksamkeitsbezügen eine Art und Weise, das häufig heranzitierte Mapping im Referenzprozess zu erfassen. D.h. beim Mapping geht es nicht lediglich um ein Objekt und ein Wort, die im Prozess der Referenzbildung aufeinander bezogen werden sollen. Stattdessen liegen viele situationale Faktoren vor, die berücksichtigt werden müssen: die Mitmenschen, die Aufgabe, der Verlauf der bereits stattfindenden Interaktion, usw.

Im sozial-pragmatischen Ansatz wird nicht nur die **Rolle der sozialen Interaktion** hervorgehoben, auch wird der Fokus auf kognitive Prozesse kritisiert. Die sich hartnäckig haltende Vorstellung vom Spracherwerb, Wörter würden auf bereits vorhandene Konzepte abgebildet, wird von Tomasello (2001) als falsche Metapher unmittelbar angegriffen. Er moniert es unter der Überschrift „Could we please lose the mapping metaphor, please?" (ibid: 1119). Diese Zuschreibung, bzw. das Mapping, impliziert nämlich, dass es sich beim frühen Wortlernen um eine Formierung von Assoziationen aufgrund von zeitlichen Korrelationen zwischen dem Sprachsignal und äußeren Bedingungen handelt (Akhtar & Tomasello, 2000: 118). Dieser Vorstellung nach treten Laute und bestimmte äußere Bedingungen miteinander auf und werden im Mappping-Prozess aufeinander bezogen. Dem späten Wittgenstein folgend hält Tomasello dagegen, dass es im Spracherwerb nicht nur darum geht, zwei Seiten – ein Wort und ein Objekt – miteinander zu verbinden (vgl. 4.1.4), sondern es sich um eine Situation handelt, in der eine Person ein Symbol gebraucht, um eine weitere Person auf eine Entität, Situation oder Handlung hinzuweisen (s. auch Sinha, 1999). Demnach steht dem Hörer also nicht nur das Wort als einzige Information zur Verfügung, aus der sie oder er die Bedeutung erschließt. Ebenfalls tragen sowohl das sonstige Verhalten des Sprechers als auch die Gegebenheiten der Situation und ihre oder seine bereits mitgebrachte Erfahrung zu dieser Erschließung bei.

Sprache wird im sozial-pragmatischen Ansatz als intrinsisch sozial angesehen, da sie in Konversationen mit anderen wie auch für den Zweck, mit anderen zu kommunizieren, erworben wird (Akhtar & Tomasello, 2000: 117). Es macht die Essenz des Ansatzes aus, dass die Autoren nicht bestreiten, auch andere kognitive Prozesse wären am Spracherwerb beteiligt. Vielmehr geht es darum, die Rolle der beteiligten sozial-kognitiven Prozesse herauszustellen.

Auch wenn der Ansatz zum assoziativen Lernen (vgl. oben Pruden u.a., 2006) verdeutlicht, dass die ersten Wörter von Kindern assoziativ entstehen, so argumentieren Akhtar und Tomasello (2000), dass auch diese Wörter kommunikativen Intentionen folgen. Zum einen assoziieren Kinder nur eine kleine Menge von Wörtern mit äußeren Vorkommnissen. Diese Auslese kommt eindeutig unter interaktiven Bedingungen zustande. Die interaktiven Bedingungen werden schon bei vorsprachlichen Kindern erkennbar, wenn zum Beispiel nur dann eine Verarbeitung von Semantik (durch EEG) deutlich wird, wenn die Mutter – und nicht eine fremde Stimme – die passenden Wörter zu genau den Objekten ausspricht, die das Kind sieht (Parise & Csibra, 2012). Die interaktive Bedingung wird auch bei verbalen Kindern deutlich, wenn ein Kind nur dann „Nase!" sagt, wenn jemand seine Nase berührt und zugleich „Was ist das?" fragt. Das geäußerte Wort des Kindes steht hier eindeutig im interaktiven Kontext, in dem nicht nur sprachliche Äußerungen ausgetauscht werden (turn-taking), sondern auch prosodische Merkmale vom Kind ausgelesen werden, indem es auf Fragesätze mit einer Äußerung reagiert. In solchen sozial-pragmatischen Situationen lernt das Kind die Wirkung der Sprache. Akhtar und Tomasello (2000) plädieren dafür, dass sich das assoziative Wortlernen (in dem Wörter situationsabhängig angewandt werden) neben der kommunikativen Interpretation etabliert. Hält man jedoch an dem Ansatz zum assoziativen Wortlernen als Vorläufer fest, so kommt man in den Zwang, den Übergang von konditionierten Antworten zum kommunikativen Interpretieren zu erklären (Akhtar & Tomasello, 2000: 120, siehe Kritik in 4.3.2). Es ist wichtig zu betonen, dass in diesem sozial-pragmatischen Ansatz durchaus Platz für Wort- und Referent-Kovariation oder Korrelation ist. Der Ansatz kritisiert jedoch die *Beschränkung* des Wortlernens auf solche Korrelationen oder Mappping-Prozesse.

Tomasellos Kritik erinnert an ein Gedankenexperiment bekannt als „Chinesisches Zimmer" von Searle (1980) zur Künstlichen Intelligenz: Man stelle sich ein geschlossenes Zimmer mit einer Tür vor, in der ein Schlitz zur Ein- und Ausgabe angebracht ist. In diesem Zimmer befindet sich ein Mensch, der die chinesische Sprache nicht sprechen kann. Er bekommt durch den Schlitz in der Tür Zettel in chinesischer Notation gereicht, auf denen eine Geschichte steht. Auf einem weiteren Zettel stehen Fragen zu der Geschichte, die er zu beantworten hat. Obwohl der Mensch die Notationen in Chinesisch nicht verstehen kann, benutzt er Handbücher in seiner Muttersprache, die sich im Zimmer befinden, und kann aufgrund der Zeichenform erkennen, womit er die Fragen verbinden soll und welche Zeichen er auf die Zettel schreiben muss. Er folgt also rein assoziativen Zuweisungen und schiebt das Ergebnis (die „Antworten" auf die Fragen) durch den Türschlitz, ohne die Geschichte oder die Fragen verstanden zu haben. Die Übertragung dieses Experimentes auf das sprachlernende Kind wirft Fragen bezüglich der ersten Worte auf: Wenn ein Kind, ähnlich wie der Mensch im Zimmer, eine richtige Antwort ausgibt, heißt es noch lange nicht, dass die assoziative Leistung die einzige ist. Vielmehr dient die Fähigkeit, die Zettel als Geschichten oder als Fragen zu interpretieren, diese anzunehmen, angemessen zu bearbeiten (d.h. mit dem Wissen, welcher Zweck verfolgt wird) und die richtige Antwort zu einem relevanten Moment auszugeben als Basis des kommunikativen Verhaltens.

Wie ich im nächsten Kapitel zeigen werde, ist die Fähigkeit zur Imitation und zum sozialen Lernen nicht ausschließlich auf die Menschen beschränkt. Daher vertreten

Tomasello und seine Kollegen (Tomasello & Rakoczy, 2003; Tomasello, Carpenter, Call, Behne & Moll, 2005) die Meinung, dass der Unterschied zwischen menschlicher Kognition und der anderer Spezies in der Fähigkeit liegt, sich mit anderen Mitmenschen in gemeinsamen Handlungen mit geteilten Zielen und Intentionen zu beteiligen. Sie nennen diese Fähigkeit „shared intentionality [geteilte Intentionalität]" (Tomasello & Rakoczy, 2003: 121; Tomasello u.a., 2005: 675). Sie entwickelt sich bei menschlichen Kindern in den ersten 14 Lebensmonaten, während zwei ontogenetische Stränge ineinander wachsen: (1) das Menschen wie Affen gemeinsame Verständnis von anderen als belebte [animate], ziel-orientierte und intentionsverfolgende Agenten und (2) eine menschentypische Motivation, Emotionen, Erfahrungen und Handlungen mit anderen Personen zu teilen. Das Produkt dieser Entwicklung ist die Fähigkeit von Kindern, „dialogisch kognitive Repräsentationen [dialogic cognitive representations]" zu konstruieren (ibid: 676). Diese befähigen die Kinder dazu, bereits früh in ihrer Entwicklung an der Gemeinschaft teilzunehmen (ibid: 675). Letztlich ist es die Teilhabe an der Gemeinschaft, die die menschliche Kognition ausmacht.

4.2.4 Der Begriff der Intentionalität

An dieser Stelle wird deutlich, dass der Begriff der *Intentionalität* im sozial-pragmatischen Ansatz zentral für den Gebrauch von Sprache ist. Der Begriff impliziert bei Grice (1979), dass die sprachliche Bedeutung aus kommunikativen Handlungsabsichten abzuleiten ist. Wie aber sollen Kinder bereits mit einem Jahr ein Bewusstsein für kommunikative Handlungsabsicht entwickelt haben? Im Kapitel zur Gestik gehe ich im Detail darauf ein, dass Kinder bereits früh Verständnis für die Absicht des Hindeutens entwickeln. In dieser Phase (um den 9. Lebensmonat) sind Kinder bereits in der Lage, sowohl andere Personen als zielgerichtet handelnde Agenten als auch gemeinsame Ziele wahrzunehmen und zu verfolgen (siehe auch 5.3.6). Dies hilft ihnen bei der Entwicklung eines weiteren Bewusstseins für gemeinschaftliche Handlungen, das sich um den 14. Lebensmonat entwickelt. Wie zuvor erwähnt, nennen die Autoren diese Phase der Entwicklung „geteilte Intentionalität [shared intentionality]" (Tomasello u.a., 2005: 675). Zentral sind die „gemeinschaftlichen Handlungen [collaborative engagement]" (ibid: 689), in denen Kinder andere Personen als „intentionale Agenten [intentional agents]" erkennen und in der Lage sind, „geteilte Intentionen [shared intentions]" zu verfolgen (ibid).

Ein **Ziel** eines Handelnden wahrzunehmen, bedeutet zu erkennen, dass der Agent eine Veränderung in der Umwelt herbeiführen möchte. Das Ziel ist häufig an der Umwelt zu erkennen (z.B. möchte der Handelnde einen Eisstiel in den Müll werfen, wobei ein Geräusch zu hören ist). Die **Absicht** eines Handelnden zu erkennen, ist schwieriger, weil sie nicht eindeutig an einer Veränderung in der Umwelt festzumachen ist. Wenn z.B. ein Kind ein Objekt hochhält, dann weiß man nicht, ob seine Absicht ist, das Objekt jemanden zu geben, einfach nur zu zeigen oder sogar zur Bewunderung auszustellen.

In der Phase der geteilten Intentionalität haben Kinder ein Bewusstsein dafür entwickelt, dass Sprache – da sie aus Symbolen besteht – als Medium in der und für die Kommunikation funktioniert. Kinder merken zum einen, dass sie Symbole auf verschiedene Situationen anwenden, zum anderen, dass Symbole von verschiedenen

Sprechern benutzt werden können. Dementsprechend werden Wörter als reziproke Symbole charakterisiert. Dadurch soll zum Ausdruck kommen, dass ein Kind, das Wörter erwirbt, die kommunikative Funktion eines Wortes aus der eigenen und aus der Perspektive des Sprechers anerkennt (Carpenter, Tomasello & Striano, 2005). Demnach befähigen Wörter die Individuen einerseits dazu, kommunikative Intentionen von anderen zu lesen und diese als symbolisches Verhalten zu sehen; andererseits ermöglichen sie Individuen eigenes symbolischen Verhaltes (Tomasello, 2003, 56 f.; Carpenter u.a., 2005).

> Words are therefore inherently intersubjective in that they serve as conventional and symbolic communicative acts that individuals both understand themselves and understand that others understand (Akhtar & Tomasello, 2000: 117).

In Abgrenzung zur Stufe der geteilten Intentionalität schreiben die Autoren den Kindern vor dem 14. Lebensmonat (ab etwa dem 9. Lebensmonat) ein anderes Verständnis für Mitmenschen zu. Kinder nehmen andere weniger als absichtlich handelnde [intentional agents], sondern eher als zielorientierte Agenten (siehe auch Baldwin, 1995; Tomasello u.a., 2005) wahr. Obwohl Kinder bereits ab dem 9. Lebensmonat in triadischen Interaktionen (an der ein Kommunikationspartner und z.B. ein Objekt beteiligt sind) teilnehmen, verfolgen sie zunächst lediglich gemeinsame Ziele [shared goals] und keine gemeinsamen Absichten [shared intentions]. Diese gemeinsamen Ziele können zum Ausdruck kommen, wenn ein Kind in diesem Alter zum Beispiel die Arme ausstreckt, weil es hochgehoben werden will. Ähnlich wie dieser Geste können Kinder sich auch der Sprache bedienen, doch fehlt ihnen dann das „intersubjektive Bewusstsein [intersubjective awareness]" (Baldwin, 1995: 132). Dieser Mangel an intersubjektivem Bewusstsein äußert sich dadurch, dass Kinder eine Geste aus eigener Motivation benutzen, allerdings dieselbe Geste nicht verstehen können, wenn sie von anderen produziert wird (Akhtar & Tomasello, 2000). Daher gilt diese Geste nicht als *kommunikatives Symbol*. Im Laufe der weiteren Entwicklung ist es jedoch möglich, dass solche Gesten oder frühen Laute zu echten Wörtern werden. Kinder mögen dabei merken, dass die anderen diese Form mit Absicht gebrauchen, um die Aufmerksamkeit auf bestimmte Entitäten zu lenken. Ein nachfolgendes imitatives Lernen (d.h. Erwerb von neuem Verhalten durch Replikation der Form und Funktion) kann eine solche nachgemachte Lautäußerung oder Geste in ein reziprokes kommunikatives Symbol umformen.

4.2.5 Kritik am sozio-pragmatischen Ansatz

Der Begriff der Intention ist problematisch, weil er in den sozio-pragmatischen Ansätzen erst im Laufe der Forschung spezifiziert werden konnte. Im Folgenden werde ich zuerst auf die Schwierigkeiten eingehen, dann aktuelle Lösungen vorschlagen.

4.2.5.1 Was macht die Intention einer Äußerung aus?

Die Intention einer Äußerung erscheint als symbolgebende Kraft. Doch wird auf den ersten Blick nicht klar, was die Intention einer Äußerung ausmacht. Die Sprachtheorie von Grice (1967) beeinflusst die Erläuterungen: Nach Grice gilt eine Äußerung als bedeutungsvoll, wenn mit ihr eine dreifache Absicht verbunden wird: (1) eine bestimmte Reaktion des Adressaten / der Adressatengruppe herbeizuführen, (2) eine bestimmte Reaktion zu erreichen, so dass der Adressat / die Adressatengruppe dies bemerkt und (3) zu erreichen, dass der Adressat / die Adressatengruppe reagiert, weil er / sie die Absicht des Sprechers erkannt hat. Dem Griceschen Ansatz nach ist die Absicht einer Äußerung dem Sprecher bewusst. Man kann sich jedoch Situationen vorstellen, in denen man etwas ohne eindeutige Intention äußert. Solch ein Fall tritt ein, wenn man zu sich selbst spricht oder ein Ereignis wie ein Feuerwerk sprachlich mit jemandem teilt. V. Savigny (1983: 248) plädiert sogar dafür, dass ein großer Teil unserer Sprache dafür verwendet wird, Ereignisse loszuwerden. Denken wir hier an Erlebnisse aus dem Wochenende oder mit eigenen Kindern, die wir anderen gern mitteilen. Sicherlich, so gesteht v. Savigny (1983: 247) zu, ist der Wunsch, der Adressat möge etwas Bestimmtes glauben, ein häufiges Motiv für Äußerungen. Es ist allerdings nicht das einzige. Denken wir zum Beispiel an ein frühlexikalisches Kind (etwa 15 Monate alt), das mit seiner Mutter ein Buch liest. Dann hört es jemanden an der Tür, geht hin und sieht, dass es die Oma ist. Die erste Äußerung, die es macht, ist auf das gerade gelesene Buch zu zeigen und „da!" zu sagen. Welche Absicht verfolgt das Kind mit seiner Äußerung? Will es die Oma überzeugen, das Buch mit ihm zu lesen? Oder ist es eher ein Erlebnisteilen, in dem Sinne, dass das Kind der Oma mitteilt, es gäbe dort ein interessantes Buch? Nehmen wir weiterhin das Wort „aua!", das ein zweijähriges Kind äußert, wenn es sich an der Tischkante stößt. Das Wort wird in diesem Alter sicherlich reziprok benutzt, weil sie oder er es sowohl selbst systematisch gebraucht wie auch solch eine Äußerung eines anderen verstehen kann. Wenn ein Kind „aua!" äußert, kann man dann davon ausgehen, dass es jemanden überzeugen will oder eine bestimmte Reaktion im Adressaten hervorrufen möchte? Diese Beispiele verdeutlichen, dass das kommunikative Ziel hier nicht eine bestimmte Absicht ist, weil es nach Grice überhaupt nicht eindeutig ist, welche Reaktion nach dem Mitteilen vom Adressaten erwartet wird.

Den Aspekt, dass Kinder sich mitteilen wollen, nimmt der sozio-pragmatische Ansatz ebenfalls auf, indem er ihn als intrinsische Motivation der Kinder darstellt, die sie zu einer Interaktion bewegt. Menschen haben die Motivation, Gefühle, Erfahrungen und Handlungen miteinander zu teilen. Diese ist laut der bisherigen speziesvergleichenden Forschung einzigartig beim Menschen (Tomasello & Camaioni, 1997; Tomasello u.a., 2005). Daher sehen Tomasello und seine Kollegen (2005: 687) diese Motivation phylogenetisch (d.h. die Stammesgeschichte betreffend) begründet: Individuen, die in verschiedenen sozialen Aktivitäten zusammen effektiver arbeiteten, hatten einen selektiven Vorteil. Genau dieser Aspekt wird zunehmend zum Zentrum des Spracherwerbs gemacht. Die Vorstellung, Intentionenlesen wäre eine Voraussetzung für den Gebrauch von Sprache als eine komplexe Form der Zusammenarbeit, rückt in die Ferne. Denn in ihr vermischen sich die Ergebnisse aus der phylogenetischen Entwicklung mit Ergebnissen aus der Entwicklung, die ontogenetisch (d.h. die Entwicklung eines Individuums betreffend) verläuft (Bickerton, 2005). Wie v. Savigny (1983) argumentiert, bleibt es unbestritten, dass wir Sprache brauchen, um einander zu überzeugen. Diese Anwendung – die höchstwahrscheinlich eine Errungenschaft der phylogenetischen Entwicklung ist und eine komplexe Form der Zusammenarbeit darstellt – ist jedoch lediglich *eine* von vielen möglichen, die in der Ontogenese Verwendung finden. Wenn das Intentionslernen lediglich eine Anwendung des Sprachgebrauchs ist, dann kann dieser nicht durch die Fähigkeit, Intentionen zu lesen, definiert werden. Shatz und Watson O'Reilly (1990) zeigen in einer Studie mit Kindern im Alter von 2 Jahren und 6 Monaten, dass diese zwar in der Lage sind, Äußerungen zu reparieren sowie auf Anfragen zur Äußerungsklärung zu reagieren, diese Fähigkeit aber auf *Erfahrungen* beruht, an konventionalen Sequenzen eines Diskurses teilzunehmen. Im Diskurs lernen Kinder einerseits die Verständnisabsicherungsformate [clarification formats], um eine Interaktion aufrechtzuerhalten und hören andererseits, wie Erwachsene solche Formate benutzen, um Konversation aufrechtzuerhalten. Deshalb, so die Autorinnen, kann diese Reflexion mehr eine Konversationsfertigkeit als eine Kommunikationsfähigkeit sein. Ich interpretiere diese Studie im Sinne der oben angesprochenen starken Motivation zur Konversation, Erlebnisse mit anderen zu teilen. Konversation ist demnach eine Form des Teilens, die gelernt werden soll, und das Lernen beginnt bereits sehr früh durch das Ausprobieren des turn-takings (Kaye, 1977). Somit erscheint die Vorstellung, Intentionenlesen sei eine Voraussetzung für den Gebrauch von Sprache, als nicht berechtigt, denn zum einen gebrauchen wir Sprache im Alltag auch ohne ersichtliche Intentionen. Zum anderen kann die Intention einer Äußerung gelernt werden.

4.2.5.2 Vorläufer des Intentionslesens

Kurz gesagt: In der aktuellen Darstellung wird Intention als Produkt der sich wiederholenden Handlungsstrukturen gesehen, an denen die Kinder mit anderen Interaktionspartnern teilnehmen. In den Ausführungen des sozio-pragmatischen Ansatzes wird die Intention als ein *Handlungsplan* definiert, der von einem Organismus ausgewählt wurde und an den er sich hält, um ein Ziel zu erreichen:

> [W]e propose that an intention is a plan of action the organism chooses and commits itself to in pursuit of a goal. An intention thus includes both a means (action plan) as well as a goal (Tomasello u.a., 2005: 676).

So formuliert ist das Intentionslesen an die Erfahrung gekoppelt, Handlungsabfolgen und deren anschließende Ziele vorherzusagen. Somit handelt es sich eher um eine pragmatische Deutung der Situation als um eine mentale Fähigkeit, die es einem erlaubt, Handlungsabsichten des anderen lesen zu können. Tomasello und Rakoczy (2003) unternehmen einen Versuch, die Situation in Abhängigkeit von der Erfahrung eines Kindes an kulturspezifischen Handlungen teilzunehmen zu deuten:

> Tomasello & Rakoczy (2003) erläutern drei Aspekte, die zusammen genommen die Kinder dazu befähigen, die Intentionen anderer zu erkennen: (1) Teilhabe (an einer erfolgreichen Handlung), (2) Perspektivverständnis (das Zulassen unterschiedlicher Erklärungen für das gleiche Ziel), (3) Normativitätserkenntnis (was in einer Gemeinschaft als wichtiges Ziel anerkannt ist). Während die ersten Aspekte bei Joint Attention-Aktivitäten von Einjährigen zu beobachten sind, erfordert der dritte Aspekt eine Auseinandersetzung mit Symbolen (sowohl linguistischen wie auch materiellen).

Wie dieses Verständnis und die Erkenntnis im Laufe der ontologischen Entwicklung entstehen, wird nicht ganz deutlich. Alltägliche Routinen mögen hilfreich sein, und Akhtar und Tomasello (2000: 124) betonen, dass sie ein Gerüst für das frühe Wortlernen liefern. Diese schaffen, ohne die konventionale Sprache zu bemühen, einen gemeinsamen Handlungskontext, in welchem die Sprache eines Erwachsenen für das prälinguistische Kind Sinn ergibt. Aus diesen Situationen sollen Kinder zuerst ein nicht-linguistisches Verständnis entwickeln, welches sie dazu befähigt, die einzelnen Schritte der Alltagsroutinen vorherzusagen.

> And the ability to readily understand the situation and what will follow allows them to focus their attentional and cognitive resources on the language used by others within this routine (Akhtar & Tomasello, 2000: 124).

Dieser Textstelle folgend besteht eine Trennung zwischen einerseits der Handlung und andererseits dem kommunikativen Verhalten der Erwachsenen. In der Äußerung scheint implizit die Annahme enthalten zu sein, dass Kinder die Bedeutung eines sprachlichen Verhaltens nur dann verstehen, wenn sie sich auf die Sprache konzentrieren; vorsprachliche Kinder brauchen mehr Unterstützung darin, ihre Aufmerksamkeit der Sprache zu schenken. Der zitierten Aussage könnte man also unterstellen, dass die Pragmatik der Situation dazu dient, die Sprache konzentriert wahrzunehmen. Durch das Memorisieren der Handlung werden weniger Aufmerksamkeitsressourcen benötigt, so dass das Kind sich nun auf das kommunikative Verhalten des Erwachsenen konzentrieren kann, um es zu analysieren.

Um meinen Kritikpunkt zu verdeutlichen, bemühe ich eine Analogie: Die implizite Annahme ist, die Pragmatik der Situation wäre nicht Quelle der Bedeutung, sondern lediglich eine Wasserflasche, die dabei hilft, bis zu der Bedeutung durchzuhalten. Das Kind müsse letztlich erkennen lernen, worauf der Sprecher es aufmerksam machen möchte (Akhtar & Tomasello, 2000: 118). Wie Gómez (2007) bemerkt, muss ein Kind durch die Aufmerksamkeitsprozesse mentale Zustände des Gesprächspartners wahrnehmen, die nicht beobachtbar sind. Die Problematik der Bedeutungsgenerierung (also das schon vielgenannte Referenzproblem) verschiebt sich insofern, als dem eigentlich nicht-symbolischen aufmerksamkeitsbasierten Verhalten (zu) viel Symbolik aufgeladen wird. Die Bedeutung wird hier nicht wie üblich in der Spracherwerbsliteratur mit Referenz, sondern mit der Intention und somit dem mentalistischen Verständnis der Absichten anderer Menschen in Verbindung gebracht.

Gibt es eine Alternative? Die Alltagsroutinen können in ihrer Wirkung auch anders interpretiert werden, d.h. nicht als „Entlastung des Gedächtnisses", sondern als Protokolle, die dem Gedächtnis eine Bedeutungsform vermitteln. In dieser Alternative ist Bedeutung stärker an Handlungsverständnis gekoppelt. Somit fällt die Fähigkeit, sich in andere hineinzuversetzen, nicht vom Himmel, sondern basiert auf Mustern, die man aus bereits erlebten Interaktionen kennt. Ich nehme – wie Gómez (2007) – an, dass diese Interaktionsmuster beobachtbar sind. Mein Argument für eine verhaltensorientierte Bedeutungsgenerierung ist hier: Bedeutung kann deshalb entstehen, weil das beobachtbare Verhalten sie transparent macht. Wie Gómez (2007: 730) bemerkt, bedeutet das Verstehen eines Blicks, der auf ein Objekt gerichtet ist, nicht, dass man eine mentale Erfahrung des Objektsehens zuschreibt. Diese Gerichtetheit kann auch durch den Blick allein zugeschrieben werden:

> For example, understanding that gaze is directed to an object does not require attributing the mental experience of seeing the objects – such directionality is directly attributed to gaze itself (Gómez, 2007: 730).

Das heißt, dass Kinder (und Affen, wie Gómez zeigt) aufgrund ihrer Erfahrungen ein Objekt in der Blickrichtung erwarten. Gómez (2007: 729) schlägt daher eine abgespeckte Version der Intentionalität [lean interpretation of intentionality] vor. Auch er bemerkt, dass der Ansatz von Tomasello, Carpenter und Liszkowski (2007) eine Fähigkeit des Gedankenlesens [mindreading] impliziert. Er wendet dagegen ein, dass die Fähigkeit zum Gedankenlesen schlichtweg eine Fähigkeit sein kann, **Verhaltenskontingenzen** zu beobachten und aus ihnen Erwartungen zu entwickeln.

With lean interpretations you only code contingencies between observable behaviors; for example, a pointing gesture and the obtention of an object or the elicitation of an expressive reaction from others. In contrast, with rich mentalistic understanding you translate behaviors into unobservable mental states, and with the help of these you understand that behavior is intentional, that is, driven by internal desires and representations of objects; for example, you understand that pointing makes others know that you wish to obtain an object or communicate a piece of information that they ignore. In this view, attributed mental representations are the unobservable cognitive glue that links people and objects (Gómez, 2007: 129).

Die beobachtbare Objektorientierung ist auch für Vaish und Woodward (2005) eine wichtige Änderung in der Situation, die Kinder dazu anleitet, die Verhaltenskontingenzen zu bemerken. In den ersten Jahren ihres Lebens begreifen Kinder Handlungen als zielorientiert. Sie können diese Repräsentationen nutzen, um das Verhalten des Agenten in zukünftigen Situationen vorherzusagen. Das heißt Kinder bemerken, dass Handlungen mit Bezug zu externen Objekten organisiert sind und lernen daraus Verbindungen zwischen dem Sehen, Öffnen oder Reichen zu bilden (ibid: 718). Intentionalität ist nach dieser Ansicht der Erfahrungsschatz, der im Verlauf der Entwicklung und erlebter Interaktionen zur Verfügung steht, und der vorhersagen lässt, wie eine Person handelt. Die oben erwähnten drei Aspekte der Intentionalität (Tomasello & Rakoczy, 2003) lassen sich vor diesem Hintergrund so deuten, dass sie ein zunehmendes Wissen über Handlungspläne widerspiegeln: (1) Das Kind nimmt zuerst an gemeinsamen Handlungen Teil und lernt die Handlung aus seiner Perspektive und Rolle kennen. (2) Durch sich wiederholende Handlungen werden dem Kind zunehmend die Rolle und die Handlungspläne des anderen bewusst und (3) weiß es schließlich, welche Handlung in seiner Kultur üblicherweise erwartet wird.

Basierend auf gemeinsamen Handlungen bieten Interaktionprotokolle eine externalistische Alternative, wie Kinder über Handlungspläne von anderen lernen.

4.3 Synthese aus perzeptionsgeleiteten und sozial-pragmatischen Ansätzen

Eine scharfe Abgrenzung der beiden in diesem Kapitel skizzierten Perspektiven auf die Aufmerksamkeitsprozesse ist in den meisten Ansätzen nicht gegeben. Viele Forscher ziehen beide Formen von Aufmerksamkeit in Betracht. Eine attraktive Synthese präsentiert das folgende Modell, in dem verschiedene Formen von Lernprozessen zusammengeführt und je nach Alter des Kindes unterschiedlich gewichtet werden.

4.3.1 Emergentist Coalition Model

Die Wende, unterschiedliche Prozesse am Spracherwerb beteiligt zu sehen, spiegelt sich in jener Wortlerntheorie, die immer mehr an Popularität gewinnt: der *Emergentist Coalition Theory* (Hollich, Hirsh-Pasek & Golinkoff, 2000; Golinkoff & Hirsh-Pasek, 2006). Diesem hybriden Modell nach tragen Informationen aus unterschiedlichen Quellen zur Entwicklung der Wortbedeutung bei. Das heißt, Referenzbildung ist möglich aufgrund einer Koalition von drei Informationsquellen (siehe Abb. 14):

1. Achtungshinweise, die durch die Aufmerksamkeitsprozesse aufgenommen werden (dabei ist das Prinzip der Salienz oder der temporalen Kontinguität entscheidend)

2. soziale Achtungshinweise, d.h. jegliche Form von sozialer Einbettung durch z.B. Blickkontakt des Sprechers oder sonstige Manipulation von Objekten, und
3. linguistische Achtungshinweise, (dabei sind Mechanismen der linguistischen Verarbeitung entscheidend).

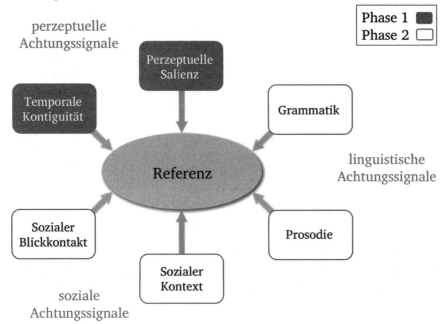

Abbildung 14: Die Koalition der Wirkungsfaktoren für die Wortreferenz: Die zwei Phasen machen deutlich, dass unterschiedliche Faktoren im Laufe der Entwicklung mit unterschiedlicher Gewichtung Einfluss nehmen.

Die soziale Einbettung und Aufmerksamkeitsprozesse helfen mit, den syntaktischen Code einer Äußerung zu knacken (Hirsh-Pasek & Golinkoff, 1996: 159). Bevor genauer auf das Modell eingegangen wird, soll zunächst die Grundidee mit verwandten Ansätzen verknüpft werden. So sehe ich eine Verbindung zwischen der Emergentist Coalition Theory und der *Intersensory Redundancy Hypothese* von Bahrick, Lickliter und Flom (2004). In diesem entwicklungspsychologischen Ansatz zur Entwicklung von Wahrnehmung, Aufmerksamkeit und Kognition wird ein Ereignis in der Welt gleichzeitig von verschiedenen Sinnesmodalitäten aufgenommen und verarbeitet. Somit kommt eine Information selten unimodal beim Menschen an (Bahrick, 2003). Zum Beispiel kann ein Feuer nicht nur gesehen, sondern auch gerochen, gefühlt und gehört werden. Aus der Forschung zur Entwicklung menschlicher Wahrnehmung wird zunehmend deutlich, dass vor allem in frühen Entwicklungsstadien jenen Informationen besondere Aufmerksamkeit geschenkt wird, die sich intermodal verstärken (vgl. auch Gibson, 1991). Dieser Befund steht insofern in einem Zusammenhang mit der Emergentist Coalition Theory, als die Koalition ebenfalls eine verstärkende Wirkung auf die Salienz des Referenten ausübt. Zudem zeigt das Modell verschiedene Phasen in der Entwicklung auf, in denen die intersensorischen Fähigkeiten der Kinder unterschiedlich genutzt werden:

Phase 1 (Abb. 14), in der Kinder von ihrer Wahrnehmung geleitet werden und ihre Aufmerksamkeit auf Objekte, die auffällig sind, richten. Dabei sollen Kinder – so Golinkoff und Hirsh-Pasek (2006: 30) – die soziale Einbettung der Information ignorieren. Diese Phase wird „Extraktion und akustisches Packen [extraction and acoustic packaging]" genannt und betrifft den Zeitraum von der Geburt bis zum 9. Lebensmonat. Mit der Bezeichnung soll deutlich gemacht werden, dass in dieser Phase Kinder hauptsächlich die Fähigkeit erwerben, unanalysierte Häppchen aus dem Sprachstrom aufzugreifen und diese mit dem Erscheinen von Personen oder Vorkommen von Ereignissen zu verbinden. Die Erscheinung einer Person oder das Vorkommen eines Ereignisses werden also akustisch verpackt, so wie zum Beispiel das Öffnen einer Tür zusammen mit dem Wort „auf!" vorkommt.

Diese akustischen Päckchen geben aber nicht nur die Möglichkeit, ein Wort mit einem Ereignis zu assoziieren. Sie helfen auch, die Handlung zu segmentieren, denn Mütter begleiten vieles, was sie mit ihrem Baby tun, sprachlich (Nomikou & Rohlfing, 2011) und sie verstärken viele Vorkommnisse durch z.B. Imitation von Geräuschen (Rolf, Hanheide & Rohlfing, 2009; Nomikou Rohlfing & Szufnarowska, 2013). Durch die Verstärkung, durch die sich gleiche Information in mehreren Modalitäten ergibt, kann etwas aus dem Ereignisstrom aussondert werden. In diese Päckchen werden also auch ganzheitliche Szenen zu sinnvollen Einheiten ‚verpackt'. Das, was an Repräsentation aus diesen Päckchen entstehen kann, ist vom Format kompatibel mit dem Ansatz von Mandler (2004). Hirsh-Pasek und Golinkoff (1996) gestehen zu, dass Kinder primitive Bedeutungen, beispielsweise in Form eines Bildschemas (vgl. 3.4.1), für die räumliche Relation eines Behälters formen können.

Während Hollich und seine Kollegen (2000) betonen, dass diese Phase, in der Segmente eines Ereignisses vom Sprachsignal umklammert sind, nichts linguistisch besonderes beinhalte, argumentiere ich in Kapitel 5, dass diese Phase insofern linguistische Elemente des Sprachsignals beinhaltet, als diese sozial motiviert sind. Meine Sicht ist eine andere als die, die in der in 3.5.2 genannten Studie von McDonough und Kolleginnen (2003) zum Ausdruck kommt. Dort wird die Meinung über die Nicht-Beteiligung von Linguistik in der präverbalen Phase vertreten, weil die Kognition der Kinder zu diesem Zeitpunkt noch hauptsächlich für allgemeingültige Konzepte zugänglich zu sein scheint. Dagegen halte ich, dass bereits in dieser frühen Phase Kinder Ereignissen ausgesetzt sind, die kulturspezifisch (Majid u.a., 2007) akustisch verpackt werden. Diese Phase sollte daher als eine Vorbereitung für die Phase 2 gesehen werden, in der der Einfluss des linguistischen Systems deutlicher wird.

Phase 2 (Abb. 14), in der sich Kinder stärker von sozialen und linguistischen Hinweisen leiten lassen. Diese Phase erstreckt sich über den großen Zeitraum vom 10. bis zum 24. Lebensmonat. Hirsh-Pasek und Golinkoff (1996) erörtern, dass beginnend um den ersten Geburtstag Kinder über das prosodische Abbilden (mapping) hinausgehen. Sie beginnen, Prosodie und Semantik mit Hinweisen aus der Syntax zu korrelieren, um ein symbolischeres Kommunikations- und Repräsentationssystem zu etablieren. Dieses System ist gekennzeichnet durch das Wachstum des Vokabulars. Die Phase wird bezeichnet als „Segmentierung und linguistisches Zuschreiben [segmentation and linguistic mapping]" (Hirsh-Pasek & Golinkoff,

> 1996: 171). Den Schlüssel zu dieser Phase liefert die Fähigkeit, Redundanzen im prosodischen, sozialen, syntaktischen und semantischen Signal zu entdecken. Das heißt, dass in dieser Phase das sprachlernende Kind beginnt, bestimmte akustische Päckchen mit bestimmten Objekten oder Ereignissen in der Welt zu verknüpfen.

Hat das Kind sprachliche Segmente gefunden, kann es diese in Kombination miteinander erkennen und auch miteinander kombinieren. Auf diese Weise kommt es aus der linguistischen Zuschreibung zur Entwicklung der Syntax. Beobachtet man ein Kind in dieser Phase, so fällt auf, dass es gegenüber sozialer Information viel sensibler ist als in Phase 1, wobei in dem Modell nicht deutlich wird, wie sich der Übergang von Phase 1 zu Phase 2 gestaltet (siehe 4.3.2).

> **Phase 3** befähigt die Kinder im Gegensatz zu Phase 1 und 2 nicht nur zur Entdeckung von akustischen, sondern vor allem von linguistischen Einheiten, um mit ihnen hierarchische Strukturen aufbauen zu können. Ereignisse und Personen in der Welt werden nicht nur verpackt, sondern beschrieben. Diese Phase beinhaltet eine „komplexe syntaktische Analyse [complex syntactic analysis]" und umfasst die Zeit vom 24. bis zum 36. Lebensmonat. Hirsh-Pasek und Golinkoff (1996: 187) argumentieren, dass es die wachsende Aufnahmekapazität der Kinder ist, mehr als ein Ereignis im Gedächtnis zu behalten, die sie zur Konstruktion komplexer Bedeutungen in dieser Phase befähigt.

4.3.2 Was fehlt noch? Kritik am Emergentist Coalition Model

Ein wichtiger Kritikpunkt zielt auf den Übergang von Phase 1 zu Phase 2 und betrifft die Frage, wie aus einem perzeptionsgeleiteten Kind eines wird, das auf soziale Informationen achtet und auf dieser Grundlage die Welt interpretiert. Auf der Suche nach einer Beschreibung wie solch ein Übergang aussehen könnte, argumentieren Pruden und ihre Kolleginnen (2006: 278) zunächst ganz schlicht für eine „Entwicklungsveränderung [developmental shift]". Das heißt, die Autorinnen stellen fest, dass dieser Übergang gravierend ist und mit einer Veränderung in der Entwicklung des Kindes im Sinne neuer Fähigkeiten zusammenhängen muss. Als eine Erklärung, warum diese Veränderung passiert, bieten die Autorinnen an, Kinder entwickelten zwischen dem Ende des ersten Lebensjahres und dem Ende des zweiten Jahres eine primitive Fähigkeit zur Theorie des Geistes (Pruden u.a., 2006: 278), d.h. sie fingen an, Menschen als intentionale Wesen zu begreifen. Dies sei die Grundlage dafür, dass Kinder später auch Wörter auf der Basis von Intentionen erlernen.

Hier fällt zum einen auf, dass auf die von Tomasello und Kollegen (2005) vorgeschlagene Lösung zurückgegriffen wird, es gäbe in der Entwicklung eine Phase, in der die Intentionalität bei Kindern eine Reife erreicht und das Handeln der Kinder dominiert. Dabei wird die Bedeutung mit dem mentalistischen Verständnis der Absichten anderer Mitmenschen gleichgesetzt (siehe dazu die Kritik in 4.2.5). Zum anderen fällt auf, dass nicht geklärt ist, was unter einer primitiven Fähigkeit zur Theorie des Geistes verstanden wird (siehe 5.3.5).

Eine ähnlich unzureichende Erklärung zum Übergang von Phase 1 zu Phase 2 wird in einem Beitrag zum Spracherwerb von Golinkoff und Hirsh-Pasek (2006) gegeben, die sich ebenfalls fragen, wie aus einem perzeptuellgeleiteten Kind (10 Monate alt) ein sozial bewusstes Kind (19 Monate alt) wird, und ob diese Entwicklung einen qualitativen Unterschied in seinem Wissen mit sich bringt. Die Frage nach dem qualitativen Unterschied bejahen die Autorinnen in ihrem Artikel: Um den 12. Lebensmonat herum, so die Autorinnen, schwindet die Dominanz der 1. Phase und das Lernen nimmt den Charakter der 2. Phase an (siehe Abbildung 14). Den kritischen Auslöser sehen Golinkoff und Hirsh-Pasek (2006: 32) in der kindlichen Erkenntnis, dass Menschen intentionale Wesen sind, die Ziele verfolgen und eigenständig und rational handeln. Im Unterschied zu Piaget wird in diesem Ansatz nicht angenommen, Kinder befänden sich in einer sensomotorischen Phase, sondern dass sich präverbale Kinder in ihrer primären Entwicklung von Perzeption leiten lassen.

Auch wenn der Übergang sanfter als bei Piaget und mit unterschiedlichen Aufmerksamkeitsprozessen erklärt wird, so beantwortet er doch nicht die Frage, auf welcher Grundlage soziale Information beachtet wird, und warum sie für die Kinder eine zunehmend wichtige Rolle spielt. Wenn also der qualitative Unterschied durch das Erkennen zustande kommt, dass Menschen intentionale Wesen sind, wodurch erkennen Kinder das? (siehe Kritik in 4.2.5). Ein weiterer Kritikpunkt ist, dass in diesem Ansatz die erste Phase zu stark als Beleg für Mechanismen zum assoziativen Lernen betrachtet wird. Dabei findet die Sensitivität der Säuglinge gegenüber Menschen in Richtung sozialer Interaktion – welchem sozialen Rahmen sämtliche Aufmerksamkeitsprozesse eigentlich unterliegen – kaum Beachtung.

4.4   Zusammenfassung

						Geteilte Aufmerksamkeit (joint attention)		
							Wahrnehmung der Menschen als	
Wahrnehmung der Menschen als zielorientierte Handelnde							Handelnde	
	Sensibilität für Bewegung							
Sensibilität für Menschen								
perzeptionsgeleitete Aufmerksamkeit						Perzeption zunehmend geleitet durch		
						soziale und linguistische Hinweise		
0	4	6	8	10	12	16	24

Tabelle 6: Zusammenfassung der Befunde zur Aufmerksamkeit in Abhängigkeit vom Alter der Kinder.

Die Aufmerksamkeit entscheidet, welche Merkmale aus einer Szene ausgewählt und für das Handeln berücksichtig werden. Dass Kinder sich Auffälligkeiten zuwenden, bleibt unbestritten und erschwert manchmal unsere Kommunikation mit ihnen über wenig auffällige Objekte oder Ereignisse. In diesem Kapitel habe ich jedoch dafür argumentiert, dass nicht nur auffällige Objekte oder Bewegung wirksame Merkmale sind, um kindliche Aufmerksamkeit zu lenken. Wie die zitierten Befunde zeigen, entfaltet sich die Aufmerksamkeit der Kinder im Rahmen einer Geschichte der sozialen Interaktion mit Mitmenschen. Man kann sich zwei ineinander greifende Zahnräder vorstellen, die den für das Wortlernen relevanten Mechanismus der Aufmerksamkeit charakterisieren: Ein Zahnrad ist die perzeptionsgeleitete Aufmerksamkeit. Dieses wird von unseren Sensibilitäten angetrieben aber auch durch Muster, die im Gedächtnis aufgrund des Verlaufs einer Interaktion entstehen: Salienz, Kontingenz, Hypothesen einschränkende Prinzipien usw. Das zweite Zahnrad ist die sozial-pragmatische Aufmerksamkeit. Es wird angetrieben von unseren *Erfahrungen* in sozialen Interaktionen und daraus gewonnenen (Proto)Symbolen, die ich als Muster der Interaktion definiere. Es ist vorstellbar, dass das menschliche Verhalten grundsätzlich stärker von sozialer Information geleitet wird, zu welcher auch ein Wort oder eine Äußerung gehört. Es bleibt eine wichtige Forschungsfrage, wie die Verarbeitung von sozialer Information sich mit der Entwicklung der kindlichen Wahrnehmungs- und Gedächtnisfähigkeiten verändert und welche Rolle dabei die Sprache selbst, zuerst als soziales Signal und später durch ihre Semantik, spielt.

Dieses Kapitel verdeutlichte ebenfalls (und das nächste wird es noch weiter vertiefen), dass für die Ausführung einer sprachlichen und nichtsprachlichen Handlung ihre Ziele eine wichtige Rolle für Kinder spielen. Jedoch unterscheiden sich deren Vorstellungen zunächst von unseren Zielvorstellungen: Während bei uns gemeinsame Tätigkeiten und weitreichende Ziele (wie z.B. mit dem Auto zum Bäcker zu kommen, um Brötchen fürs Frühstück zu besorgen) ganz klare Vorgaben und Handlungsschritte definieren, ist es bei Kindern eher die unmittelbare Situation (der Schnürsenkel oder eine Eisschicht auf der Autotür), die ihre Aufmerksamkeit auf sich lenkt und Beschäftigung einfordert. Diese Unmittelbarkeit – so irritierend sie für uns Erwachsene, die sich z.B. mit einem Kind auf den Weg zum Bäcker machen wollen, ist – beschert Kindern viele nützliche Informationen aus der Situation, die sie für die Bedeutungskonstitution verwenden können.

4.5 Aufgaben

1. Welche Sensibilitäten bringen Säuglinge mit auf die Welt?

2. Was ist Salienz? Nennen Sie ein salientes Merkmal eines Objektes!

3. Nennen Sie ein Prinzip des assoziativen Lernens und erklären Sie seine Wirkung!

4. Was bedeutet (engl.) *joint attention* und was ist eine Dyade im Unterschied zu einer Triade in diesem Zusammenhang?

5. Wie wird *joint attention* in der Forschung operationalisiert?

6. Welche Alternative gibt es zu der klassischen Vorstellung des Mappings im Prozess der Referenzbildung?

7. Welche Befunde sprechen gegen einen angeborenen Blickrichtungsdetektor?

8. Was ist die abgespeckte Version der Intentionalität [lean interpretation of intentionality]?

9. Was unterscheidet die Phase 1 von der Phase 2 im *Emergentist Coalition Model*?

10. Deckt das *Emergentist Coalition Model* die unterschiedlichen Lernprozesse gut ab oder welche Kritik kann man daran üben?

5. Motorische Kognition: Eine Brücke zur Sprache

Die bisherigen Versuche, sowohl die Entwicklungsstadien von gemeinsamen Aufmerksamkeitsbezügen (Corkum & Moore, 1995) als auch die Wirkung unterschiedlicher, d.h. sozialer und perzeptueller Faktoren zu erklären, stellen lediglich die Unterschiede zwischen bestimmten Altersgruppen fest. Offen bleibt, was die Veränderungen motiviert und wie die Fähigkeiten von Kindern ineinander übergehen. Notwendig scheint hier eine Erklärung, die sowohl die menschliche Perzeption im frühen Alter wie auch die fortlaufende Entwicklung der sozialen Interaktion berücksichtigt und erklärt, warum Säuglinge an Triaden interessierter sind als an Dyaden. Striano und Reid (2006) fordern daher, dass wir mehr über frühe Entwicklungsprozesse, die soziale Empfindlichkeiten betreffen, wissen müssen, um sie mit späteren kognitiven Entwicklungsprozessen zu verbinden. Daher ist es Ziel dieses Kapitels zu zeigen, wie motorische Kognition zur Entwicklung kommunikativer Fähigkeiten beiträgt. Der Aufbau findet eingebettet in die Geschichte der sozialen Interaktion statt, die wiederum die relevanten, sich in der Kommunikation wiederholenden Merkmale herausragen lässt.

Die Spannung zwischen der Beteiligung von bottom-up (bedingt durch saliente Eigenschaften) und top-down (bedingt durch soziale Merkmale) Aufmerksamkeitsprozessen bei der Entwicklung zur Kommunikation, die im letzten Kapitel präsentiert wurde, soll in diesem Kapitel durch Befunde zum frühen und rudimentären Verständnis von Zeigegesten gelöst werden. Die in den Studien aufgestellte Annahme ist, dass motorische Kognition eine Brücke von der bottom-up zur top-down Informationsverarbeitung schlagen kann.

5.1 Referenz durch Bewegung

Im Kapitel zur Aufmerksamkeit habe ich bereits auf die Sensibilität für Bewegung verwiesen, die Säuglinge aufweisen. Inwieweit diese Sensibilität auch zum Erwerb kommunikativer Fähigkeiten beiträgt und somit eine Brücke zwischen den eigenen motorischen und kommunikativen Fähigkeiten schlägt, lässt sich beeindruckend am Beispiel zweier Formen der Joint Attention Fähigkeit zeigen: jemandes Blick folgen und jemandes Zeigegeste folgen. Wie die Sensibilität für Bewegung für das Wortlernen genutzt werden kann, wird in einem weiteren Unterkapitel verdeutlicht.

5.1.1 Sensibilität für Bewegung trägt zum Blickfolgen bei

Die neuesten Entwicklungen zum Beitrag der Sensibilität für Bewegung in der Interaktion mit Menschen gehen auf die Forschung von Farroni und ihren Kollegen (Farroni, Massaccesi, Pividori & Johnson, 2004) zurück. Deren Forschungsfrage betrifft den Zeitpunkt, ab dem Kinder die Fähigkeit aufweisen, jemandes Blick zu folgen. Sie sind motiviert durch die Annahme, dass diese Fähigkeit in rudimentärer Ausprägung – wenn sie bei Neugeborenen zu beobachten ist – sogar angeboren ist. Die Autoren beziehen sich auf Studien von Hood, Willen und Driver (1998), die zeigten, dass bereits 4 und 5 Monate alte Kinder unter bestimmten experimentellen Bedingungen jemandes Blick folgen können. Die besonderen Bedingungen wurden erreicht durch die Adaptation eines Paradigmas nach Posner (1978). Ursprünglich wurde dieses Paradigma entwickelt, um räumliche Orientierung zu untersuchen: In einer typischen Studie wurden Erwachsene instruiert, ein visuelles Ziel zu entdecken, welches auf unterschiedlichen Seiten relativ zu einem Fixationspunkt erscheinen konnte. Die untersuchte Fragestellung war, ob die Aufmerksamkeit von Versuchspersonen durch einen uninformativen Blitz an einer bestimmten Stelle zu dem Zielort gelockt werden konnte, bevor das eigentliche Ziel erschien. Es sei an dieser Stelle betont, dass dieser lockende Reiz verdeckt war und keine Augenbewegungen initiierte. Laut Ergebnissen der Studie von Posner (1978) waren die Versuchspersonen schneller in der Zielbestimmung, wenn ihre Aufmerksamkeit vorher in diese Richtung gelockt wurde. Bertenthal und Longo (2008) schreiben dazu, dass solch eine Lockung mit einer Augenbewegungssimulation übereinstimmt, nach der das Ziel bereits vor dem eigentlichen Erscheinen prognostiziert wird.

Hood, Willen und Driver (1998) haben dieses Paradigma auf entwicklungspsychologische Studien übertragen (siehe Abb. 15).

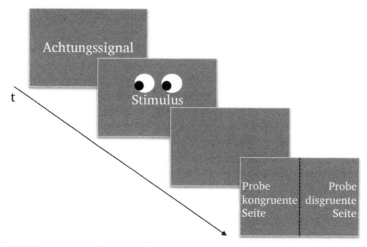

Abbildung 15: Schematische Darstellung des Paradigmas (in Hood u.a., 1998; Rohlfing u.a., 2012): Zuerst wird dem Kind ein Signal präsentiert, was die Aufmerksamkeit weckt. Dann erfolgt die Stimuluspräsentation: Der Stimulus deutet dabei eine Richtung an (hier ,schauen' die Augen nach links). Anschließend wird diese Präsentation unterbrochen, um den Kindern das Überwinden des Fixierens zu erleichtern. Die entscheidende Probe kann dann auf der *kongruenten* Seite (von dem Stimulus angedeutete) oder *disgruenten* Seite erscheinen.

Die Innovation in der Übertragung bestand darin, eine Möglichkeit zu gestalten, die es Säuglingen erlaubte, sich von einem Hauptstimulus abzuwenden. Dies war insofern wichtig, als die Autoren von der Prämisse ausgehen, Säuglinge seien an komplexen Stimuli wie dem menschlichen Gesicht interessiert, und dass sie ihre Aufmerksamkeit auf solch einen Stimulus fixieren. Die Fixierung bleibt unbeeinflusst davon, ob das Gesicht noch weitere kommunikative Signale (wie die Veränderung der Blickrichtung) vermittelt. Durch das Überwinden der kindlichen Präferenz, zentrale Stimuli zu fixieren – so das Argument von Hood und seinen Kollegen (1998) – können weitere Wahrnehmungsfähigkeiten ohne Ablenkung getestet werden. Um also die eigentliche

Fähigkeit, jemandes Blick zu folgen zu testen, sahen Neugeborene in der besonderen Präsentation ein menschliches Gesicht, das mit den Augen blinzelte und schließlich geradeaus schaute. Als nächstes wandte das Gesicht den Blick der einen oder anderen Seite zu und verschwand anschließend. Das Verschwinden ermöglichte nun den Säuglingen, dem kommunikativen Signal des Gesichts (also der Blickrichtung) zu folgen, ohne von dem Gesicht selbst abgelenkt zu werden. Auf dieses Verschwinden folgte die Präsentation einer Probe auf einer Seite des Bildschirmes. Diese Probe erschien entweder kongruent (d.h. auf der gleichen Seite, zu der sich der Blick wandte) oder disgruent (auf der von der Blickzuwendung entgegengesetzten Seite). Als abhängige Variable wurde die Zeit gemessen, die Kinder brauchten, um ihre Aufmerksamkeit (ihre Augen) auf die Probe zu richten. Als Ergebnis sagten die Autoren vorher, dass Kinder sich schneller der kongruenten Probe zuwenden, weil sie durch die Blickrichtung des vorher gezeigten Gesichts bereits auf dem Wege dorthin sind. Die Ergebnisse bestätigten diese Vorhersagen und zeigten, dass bereits 3 Monate alte Säuglinge unter diesen experimentellen Bedingungen der Blickrichtung folgen können.

Die dem von Hood und Kollegen (1998) veröffentlichten Befund folgenden Studien von Farroni und ihren Kollegen (Farroni, Johnson, Brockbank & Simion, 2000) deckten auf, dass diese Fähigkeit von der Sensibilität für Bewegung herrührt. Die Autoren führten Experimente mit 4 bis 5 Monate alten Kindern durch und nutzten das von Hood und Kollegen (1998) entwickelte Paradigma der Blicklockung. Im ersten Experiment replizierten sie zunächst die erreichten Ergebnisse, nach denen 4 bis 5 Monate alte Kinder der Blickrichtung folgen. Im Kontrast zu der Interpretation von Hood und Kollegen (1998) bieten Farroni und ihre Kollegen (2000) zwei mögliche Erklärungen ihrer Ergebnisse: Zum einen kann das schnellere Zuwenden zu der kongruenten Seite durch das Blickfolgen verursacht sein (somit wäre das ein Indiz für eine rudimentäre Joint Attention Fähigkeit und stünde im Einklang mit der Interpretation von Hood und Kollegen); zum anderen kann das schnellere Zuwenden aber auch aufgrund der Bewegung der Pupillen in dem präsentierten Gesicht stattgefunden haben (was lediglich ein Folgen in Richtung der Bewegung wäre, bekannt unter dem Phänomen des ‚visual tracking‘). Während die erste Erklärung also einem Nachweis der Joint Attention Fähigkeit entsprechen würde, ist bei der zweiten Erklärung der Einwand, dass das Blickfolgen der Säuglinge gar nicht auf die Joint Attention Fähigkeit zurückginge, sondern eher auf die sensomotorische Fähigkeit, sich bewegende Objekte (hier die Pupillen) flüssig zu verfolgen.

In einem darauf folgenden Kontrollexperiment wurden diese zwei Faktoren, die Blickrichtung und die Blickbewegung, voneinander getrennt. Während die Bedingung für die Blickrichtung gleich blieb, wurde Kindern auch ein Gesicht präsentiert, dessen Augen geradeaus schauten und keine Regung zeigten, sich dafür aber das ganze Gesicht zu der einen oder anderen Seite bewegte. In der darauf folgenden Präsentation veränderte sich die Blickrichtung immer in Gegenrichtung zu der Gesichtsbewegung. Die Hypothese war, dass wenn die schnellere Reaktionszeit in der Zuwendung zu der mit dem Blick kongruenten Seite allein in der Blickrichtung begründet und unabhängig von der Bewegung der Pupillen ist, dann werden Kinder sich schneller zu der mit der Blickrichtung kongruenten Seite orientieren. Wenn allerdings die Sensibilität für Bewegung im Spiel ist, werden sich Kinder schneller zu der mit der Bewegung des Gesichts kongruenten (und mit dem Blick disgruenten) Seite orientieren. Die Ergebnisse zeigten, dass Kinder signifikant schneller auf das Ziel schauten, das disgruent mit der Blickrichtung aber kongruent mit der Gesichtsbewegung war (Farroni u.a., 2000). Es scheint also, dass der Effekt in der Studie von Hood und Kollegen (1998) auf der Wahrnehmung der Pupillenbewegung und weniger auf einer bereits vorhandenen Joint Attention Fähigkeit beruhte. Die gleiche Wirkung der Bewegung zeigten Farroni und ihre Kollegen für Neugeborene (Farroni u.a., 2004). Damit deckten sie auf, dass Neugeborene Gesichter und Blickrichtung auf Grundlage früher visueller Aufmerksamkeitsmerkmale erkennen.

Zusammenfassend machen diese Befunde deutlich, dass statische Bilder in den ersten Lebensmonaten von Säuglingen nicht interpretiert werden können. Einen kritischen Hinweis zur Interpretation der Blickrichtung liefert die in den Pupillen enthaltene Bewegung, die die Kinder beim Blickwechsel wahrnehmen. Diese Sensibilität für Bewegung scheint sich mit dem Alter (ab dem 4. Lebensmonat) abzuschwächen (Farroni u.a., 2004). Eine ähnliche Meinung vertreten auch Moore und Povinelli (2007), die zeigen, dass jüngere Kinder einem Blick nur folgen können, wenn sie auch noch die dazugehörige Kopfbewegung sehen, während ältere Kinder bereits aufgrund der statischen Endkopfposition dem Blick folgen können.

5.1.2 Sensibilität für Bewegung trägt zum Gestenfolgen bei

Wie nachfolgend gezeigt wird, kann der Beitrag der Sensibilität für Bewegung auf das weitere kommunikative Verhalten ausgedehnt werden. Die folgenden Studien beziehen sich auf ein frühes Verständnis von Zeigegesten (Rohlfing, Longo & Bertenthal, 2012). Die Annahmen dabei sind – wie in den oben genannten Studien zum Blickfolgen –, dass Säuglinge mit bereits 4,5 Monaten unter bestimmten experimentellen Bedingungen die Fähigkeit aufweisen, jemandes Hindeuten zu folgen.

Bei der Übertragung des Paradigmas von Hood und Kollegen (1998) auf das Gestenverhalten war unser Ausgangspunkt, dass die Hand als der Hauptstimulus, ähnlich wie das Gesicht in den Studien von Hood und Kollegen (1998), zu viel Aufmerksamkeit auf sich lenkt; erst, wenn das Abwenden ermöglicht wird, können Kinder einer Geste folgen.

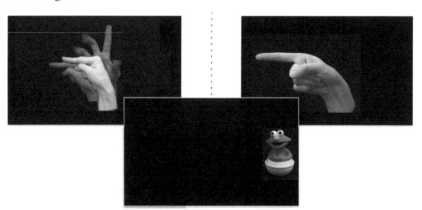

Abbildung 16: (links) die Darstellung einer dynamischen Zeigegeste als Stimulus: Die Hand formt sich zu einer Zeigegeste und bewegt sich zweimal in die angezeigte Richtung; (rechts) die Präsentation einer statischen Zeigegeste und die darauffolgende disgruente Probe.

Unsere Lösung zur Präsentation des Stimulus einer Zeigegeste bestand aus einer Abfolge: Zuerst war eine menschliche Hand zu sehen, deren Finger sich winkend auf und ab bewegten. Aus einem Audiokanal wurde diese visuelle Präsentation von einer Stimme (moduliert im Sinne des Motherese, siehe 5.5.2) begleitet, die „Look, baby, look!" sagte. Dieses Segment konnte so oft wiederholt werden, bis das Kind seine Aufmerksamkeit auf die Mitte des Bildschirmes lenkte. Auf die winkenden Finger folgte die Präsentation des eigentlichen Stimulus. Im ersten Experiment bewegte sich die Hand und formte eine Zeigegeste, die sich dann zweimal zur Seite bewegte (siehe Abb. 16 links). Die Hand kam ein wenig über der Bildschirmmitte zum Stillstand und wurde durch die Präsentation einer Probe (ein buntes Spielzeug, das sich am Bildschirmrand zeigte) abgelöst. Im zweiten Experiment war der Stimulus eine statische Abbildung einer Zeigegeste (Abb. 16 rechts).

Mit dem ersten Experiment (Rohlfing u.a., 2012) verfolgten wir das Ziel zu untersuchen, ob die Zeigegeste bereits im Alter von 4 oder 6 Monaten rudimentär verstanden wird, d.h. ob die Präsentation einer Zeigegeste einen Einfluss auf die Aufmerksamkeit des Kindes hat. Realisiert man die Präsentation mit einer dynamischen Zeigegeste, die sich in eine Richtung bewegt, so erreicht man eine beschleunigte Zuwendung zu der anschließend präsentierten Probe, die auf der kongruenten Seite erscheint. Realisiert man die Präsentation mit dem statischen Bild einer Zeigegeste (Abb. 16 rechts), so ist keine Wirkung zu erkennen. Die Ergebnisse legen nahe, dass nur die Kombination (Zeigegeste und Bewegung in Zeigerichtung) die Aufmerksamkeit der Kinder zu einer Seite lenken kann. Es ist plausibel anzunehmen, dass diese aufmerksamkeitslenkende Kraft zum späteren Verständnis von Zeigegesten beiträgt.

Inwieweit können wir aus diesen Ergebnissen (Rohlfing u.a., 2012; Farroni u.a., 2000) ableiten, dass die Fähigkeit zur Joint Attention primär auf der Sensibilität für Bewegung basiert? Ist es tatsächlich lediglich die Bewegung, die Säuglinge dazu bringt, in eine bestimmte Richtung zu schauen, oder trägt eher die Kombination aus Bewegung und Zeigefinger diese frühe Bedeutung und lenkt damit stärker die Aufmerksamkeit auf sich als eine bloße Handbewegung? Diese Fragen sollten mit einem weiteren Kontrollexperiment geklärt werden.

Im Fokus des dritten Experimentes (Rohlfing u.a., 2012) stand die Frage, ob eine Handbewegung allein oder die Kombination aus einer Handbewegung und einem ausgestreckten Finger einen Blickrichtungswechsel bei Kindern auslösen wird. Die Präsentation der Zeigegeste erfolgte in diesem Experiment auf zweierlei Art und Weise: einer Vorwärts- und einer Rückwärtsbewegung (siehe Abb. 17).

Abbildung 17: Präsentation einer dynamischen Zeigegeste (links) vorwärts; (rechts) rückwärts, in der die Bewegung der Hand *nicht* mit der Richtung des Zeigefingers übereinstimmt.

Unsere Hypothese war, dass wenn die alleinige Bewegung ausreicht (um den Blick in eine bestimmte Richtung zu lenken), dann werden die Kinder auf eine bloße Rückwärtsbewegung reagieren. Wenn sie jedoch die Kombination aus Bewegung und Zeigefinger brauchen, werden sie zuverlässiger der Vorwärtsbewegung folgen.

Zusammen mit dem Faktor der Kongruenz ergaben die Vorwärts- und Rückwärtsbewegungen vier Bedingungen: Eine Episode wurde als *vorwärts kongruent* bezeichnet, wenn die Hand sich in Richtung des Zeigefingers bewegte, und die Probe auf der gleichen Seite erschien, auf die der Zeigefinger hingewiesen hat. Eine Episode wurde als *vorwärts disgruent* bezeichnet, wenn die Probe auf der dem Zeigefinger abgewandten Seite erschien. In einer *rückwärts kongruenten* Episode erschien die Probe auf der Seite des Zeigefingers, aber die Hand bewegte sich in die andere als die gezeigte Richtung. Schließlich in einer *rückwärts disgruenten* Bedingung bewegte sich die Hand entgegen der gezeigten Richtung und die Probe erschien auf der dem Zeigefinger entgegengesetzten Seite.

In der Analyse wurden sowohl die Kompatibilität mit dem Zeigefinger (kongruent vs. disgruent) wie auch die Bewegungsrichtung (vorwärts und rückwärts) beachtet. Die Analyse der Daten dieses Experimentes ergab einen Haupteffekt für Kompatibilität und einen Interaktionseffekt zwischen Kompatibilität und Bewegungsrichtung. Wäre es lediglich die Bewegung des Stimulus, die die Kinder dazu verleitet, der Geste zu folgen, dann müsste die Analyse der Daten einen Haupteffekt der Bewegungsrichtung unabhängig von der Richtungsweisung des Fingers ergeben. Insofern deuten die Effekte zusammen darauf hin, dass das Folgen des Zeigefingers bei den Säuglingen nicht ausschließlich auf die Sensibilität für Bewegung zurückgeführt werden kann.

Diese Ergebnisse lassen zwei Interpretationen zu: Die Bewegung einer Zeigegeste erhöht (a) die Salienz eines Stimulus [stimulus enhancement] und (b) die Wahrscheinlichkeit des visuellen Verfolgens [visual tracking] in Richtung des bewegten Zeigefingers. Beide Möglichkeiten implizieren, dass die Aufmerksamkeit eines Kindes in die Zeigerichtung der Geste gelenkt wird. Unsere Ergebnisse lassen jedoch einerseits offen, ob die Salienz auch im Alltag durch Bewegung erhöht wird; einige Studien im Worterwerb scheinen dies nahezulegen (Booth, McGregor & Rohlfing, 2008). Andererseits bleibt ungeklärt, ob auch andere, nicht menschliche Stimuli (wie z.B. ein Pfeil), diese Wirkung erzeugen können.

5.1.3 Sensibilität für Bewegung wird im Input genutzt

Für das frühe Säuglingsalter scheint Bewegung von besonderer Relevanz zu sein. Sie wird vom Kind genutzt, um Signale wahrzunehmen. Interessanterweise wird die Wirkung, die Bewegung hat, von Erwachsenen ebenfalls genutzt, wenn sie mit ihren Kindern interagieren. So wurde dies in einem Wortlernszenario beobachtet, in dem Mütter gebeten wurden, ihren Kindern unbekannte Begriffe für neue Objekte beizubringen. Ziel der Studie von Gogate, Bahrick und Watson (2000) war es, diejenigen Strategien der Mütter zu beobachten, die diese für den Prozess der Referenzbildung einsetzten. Speziell interessierte die Autoren die Frage, wie Mütter die neue Vokabel einführten und wie sie die Objekte dabei manipulierten. Die bahnbrechende Beobachtung der Autoren betraf die multimodale Präsentation, in der Mütter die neuen Wörter mit der Bewegung des neuen Objektes zeitlich synchronisierten. Mütter prälexikaler Kinder (5–8 Monate alt) machten doppelt so häufig von der Synchronisation zwischen Wort und Bewegung Gebrauch als Mütter von im Lexikon fortgeschrittenen Kindern (21–30 Monate alt). Die Autoren (2000: 879) argumentieren, dass jüngere Kinder eine zeitliche Synchronisation zwischen der Vokalisation und dem Bewegen eines Objektes brauchen, um die willkürliche Relation zwischen dem Wort und dem Referenten zu entdecken.

Diese Wirkung geht auf die *Intersensory Redundancy Hypothesis* zurück (Bahrick, Lickliter & Flom, 2004). Demnach bezieht sich die intersensorische Redundanz auf räumlich koordinierte wie auch zeitlich synchrone Präsentationen der gleichen Information über zwei oder mehrere Sensoren. Klickt jemand ständig einen Kugelschreiber an und aus, so ist die Tätigkeit nicht nur hörbar, sondern auch durch die Fingerbewegung sichtbar. Durch die Redundanz kommt der Rhythmus des Klickens bei uns an als eine amodale Eigenschaft des Ereignisses. Weitere amodale Eigenschaften sind z.B. Tempo, Rhythmus, Dauer, Intensität (vgl. ibid: 100).

Im Spracherwerb wirkt die intersensorische Redundanz ebenfalls auf die selektive Aufmerksamkeit: Redundante Stimuli werden vordergründig verarbeitet, was eine effiziente Weise ist, auf bedeutungsvolle Ereignisse aufmerksam zu machen (ibid). Diese Unterstützung verliert ihre zentrale Rolle (ist aber auch bei Erwachsenen weiterhin vorteilhaft), wenn die Perzeption mit zunehmender Erfahrung – somit top-down Prozessen – und weiterer Entwicklung flexibler wird. Gogate, Bahrick und Watson (2000) zeichnen dabei folgende Entwicklungsstufen auf: Prälexikale Kinder (5–8 Monate) brauchen die zeitliche Synchronisation zwischen Bewegung des Objektes und dem neuen Wort, um die Relation zwischen Wort und Objekt zu entdecken (vgl. auch Gogate & Bahrick, 2001), frühlexikalische Kinder (9–17 Monate alt) brauchen weniger die Synchronisation als die Bewegung des Objektes. Den Kindern, die im Lexikon fortgeschritten sind (21–30 Monate alt), reicht die Vokalisation aus, um die Referenz auf das Objekt zu erfassen.

Ob lediglich die Erwachsenen meinen, dass die Synchronisation zwischen Bewegung und Wort das Lernen fördert oder ob Kinder wirklich von der Synchronisation profitieren, testeten Gogate und Bahrick (2001) in einer Studie mit 7 Monate alten Säuglingen. In diesem preferential looking Experiment wurden Kindern Objekte gezeigt und dabei der Vokal /a/ oder /i/ geäußert. Das Zeigen des Objektes fand dabei in zwei Bedingungen statt: mit Hilfe von Bewegung zeitgleich zum Vokal oder asynchron. Im Test bekamen die Kinder den bekannten Vokal zu hören und es wurde getestet, wohin die Kinder schauen. Die Ergebnisse zeigen, dass wenn Kinder einen aus der Familiarisierungsphase bekannten Vokal hörten, sie dann zuerst zu den Referenzobjekten schauten, wenn sie diese mit Hilfe von zeitgleicher Bewegung präsentiert bekamen. Diese Befunde machen deutlich, dass präverbale Kinder über Fähigkeiten verfügen, die ihnen auf einer perzeptuellen Ebene die Wahrnehmung einer Objekt-Wort-Relation ermöglichen und somit eine Basis für die lexikalische Entwicklung liefern (ibid).

5.2   Aus Bewegung wird ein Zeichen – erst durch *Geschichte* der sozialen Interaktion

Eine Frage, die an dieser Stelle offen bleibt, ist, warum die Sensibilität für Bewegung im Laufe der Zeit und der Entwicklung an Bedeutung verliert. Eine mögliche Erklärung hierfür ist, dass Kinder aufmerksame Beobachter sind, deren Gedächtnis wächst und sie somit immer mehr Details aus einer Situation in Betracht ziehen können. Mit Bezug auf die Zeigegeste bedeutet das, dass Säuglinge in ihrem Alltag sehen, wie andere nach Objekten greifen, mit ihnen umgehen und auf diese deuten. Bei all diesen Handlungen ist das Ausstrecken des Armes wesentlich. Es ist also plausibel anzunehmen, dass die zwei Beobachtungen: ‚Bewegung des Armes in Richtung des Objektes' einerseits und ‚Anwesenheit eines Menschen' andererseits mit signifikanten Veränderungen in einer Szene korreliert werden, was mit der Zeit eine Erwartung beim Säuglings entstehen lassen kann. Das heißt, diese zwei Beobachtungen lassen den Säugling ahnen, dass das Armausstrecken oder später die Endposition des ausgestreckten Armes etwas mit Objekten und Handlungszielen zu tun haben. Auf diese Assoziationen können Kinder aufbauen und Handlungen anderer interpretieren.

> Wesentlich für die Interpretation der oben genannten Daten zum Folgen einer Blickrichtung oder Zeigegeste ist also, dass Kinder einer Bewegung nicht deswegen folgen, weil es sich um ein bewegliches Ziel handelt, sondern dass vielmehr die Wirkung dieser Gesten etwas mit der „Geschichte der sozialen Interaktion [history of social interaction]" (Flom u.a., 2004: 192) zu tun hat. Hsu und Fogel (2003: 1061, eigene Hervorhebung) referieren auf ein ähnliches Konzept und bezeichnen es als „**kumulative Geschichte** [cumulative history]". Demnach setzt sich ein Säugling täglich mit seinen Bezugspersonen auseinander und akkumuliert so über die Zeit Informationen über diese Interaktionen. Das Wissen über diese Geschichte des dyadischen Systems – und nicht nur das Wissen über die Bezugsperson als Individuum – liefert Grundlagen für weitere Kommunikationsmuster oder Verhaltenskontingenzen (Hsu & Fogel, 2003: 1063). Als Geschichte der Interaktion bezeichne ich daher die Erwartungen, die aufgrund immer wieder vorkommender Merkmale (wie das Armausstrecken und die Anwesenheit eines Menschen) generiert werden.

Im Rahmen dieser Geschichte kann ein Stimulus erst deswegen darauf hinweisen, dass sich in einer Richtung ein interessantes Objekt oder eine Person befindet, weil diese Ereignisse angesichts der Präsenz des Stimulus erwartet werden. Lernen im sozialen Kontext unterscheidet sich vom Lernen durch Verstärkung [reinforced learning] gerade durch solche für den eigenen Kontext relevanten Informationen (Liszkowski, 2005; Legerstee, 2005; Striano & Reid, 2006). In diesem Zusammenhang machte Tomasello (2006) darauf aufmerksam, dass Zeigegesten dazu dienen, einen geteilten Aufmerksamkeitsfokus zu etablieren. Diese „intentionale Übertragung der Information [intentional transmission of information]" (Liszkowski, 2005: 149) schreibt kommunikativen und kooperativen Aspekten des Hindeutens eine zentrale Rolle zu, die mit perzeptuellen Sensibilitäten zusammenspielen. Eine solche Synthese wird durch Befunde gestützt, die zeigen, dass Kinder gegenüber biologischen Stimuli empfänglich sind, wie ich im nächsten Unterkapitel erläutere.

5.2.1 Theoretischer Hintergrund: Spiegelneuronen

Die Besonderheit der menschlichen Bewegung und ihre Wirkung auf einen Interaktionspartner rückte im Zusammenhang mit der Entdeckung der Spiegelneuronen [mirror neurons] in den Fokus wissenschaftlicher Diskussionen.

> Ein *Spiegelneuron* ist ein visuomotorisches Neuron, welches sowohl bei der Produktion wie auch bei der Beobachtung einer Handlung aktiv ist.

Mirror neurons are a particular class of visuo-motor neurons, originally discovered in a sector of the ventral premotor cortex in monkeys, called area F5. Area F5 is characterized by the presence of neurons that code goal-related motor acts such as hand and mouth grasping. [...] The main functional characteristic of mirror neurons is that they become active both when the monkey makes a particular action (for example, when grasping an object or holding it), and when it observes another individual (monkey or human) making a similar action. Typically, mirror neurons do not respond to the sight of a hand mimicking an action in the absence of the target. Similarly, they do not respond to the observation of an object alone, even when it is of interest to the monkey (Rizzolatti, Fogassi & Gallese, 2001: 661–662).

Zuerst wurde diese Neuronengruppe für Primaten und später für Menschen identifiziert. Die Spiegelneuronen bei Menschen unterscheiden sich von denen bei Affen insofern, als unsere auch bei kommunikativen Handlungen – und nicht nur bei zielorientierten Handlungen – aktiv sind. Neurobiologische Studien (Rizzolatti & Arbib, 1998; Rizzolatti, Fogassi & Gallese, 2001) legen nahe, dass die aktiven Spiegelneuronen sowohl beim Ausführen einer manuellen wie auch einer kommunikativen Handlung eine Art soziale off-line Simulation liefern: Das Beobachten einer Handlung verursacht eine innere Simulation dieser Handlung und eine Einschätzung des Ziels bzw. Effektes (Bertenthal & Longo, 2008). Dieser Mechanismus sorgt schließlich für eine gemeinsame Repräsentation der Handlungsontologie (Metzinger & Gallese, 2003).

Spiegelneurone veränderten unsere wissenschaftliche Auffassung des Handlungsverständnisses: Es soll an dieser Stelle angemerkt werden, dass bis zur Entdeckung der Spiegelneuronen ein konventioneller Mechanismus für das Handlungsverständnis angenommen wurde. Dieser beinhaltete eine Art **visueller Analyse**, gefolgt von Kategorisierung und Inferenz. Diese Prozesse wurden dann ausschließlich über die ventrale Bahn des Gehirns und unabhängig vom motorischen System ausgeführt. Das Modell der Spiegelneuronen macht dagegen ein **direktes Aufeinanderbeziehen** möglich: Die visuelle Repräsentation einer beobachteten Handlung wird direkt auf die motorische Repräsentation der gleichen Handlung bezogen. Es ist also das motorische Wissen des Beobachters (die Kontrolle und Planung der Handlung), das dazu führt, dass die zielgerichtete Handlung durch verdeckte Imitation (die innere off-line Simulation und somit Aktivierung eines internen Modells) erkannt wird.

Inwieweit Spiegelneuronen für eine Repräsentation einer beobachteten Handlung sorgen können, bezweifelt Prinz (2003), der eher dem Menschen als den Neuronen die Interpretation der Handlung zuschreibt (vgl. auch den Ansatz von Meltzoff unten). Durch diese Kontroverse bleibt die Bestimmung des genauen Beitrags von Handlungen zur kognitiven Entwicklung ein aktuelles Forschungsziel.

Für Studien in der Sprachentwicklung sind Spiegelneuronen insofern von Interesse als durch sie eine Verbindung zwischen Sprache und motorischen Fähigkeiten auf neurologischer Ebene diskutiert wird. Diese Verbindung kann als eine Brücke zwischen den bottom-up und top-down Ansätzen zu Aufmerksamkeitsprozessen beim Wortlernen fungieren. Ausgehend von einer solchen Verbindung sind bestimmte Modalitäten, im Speziellen Sprache und Handlung, dazu prädisponiert, zusammenzuarbeiten. Sowohl McNeill (2003) als auch Masataka (2003) folgen der Idee von Rizzolatti und Arbib (1998) und nehmen für Handlung und Sprache den gleichen sensomotorischen Ursprung an. Diese Einheit erklärt sich durch das Zusammenkommen [convergence] von Sprache und manueller Handlung im Broca-Zentrum. Traditionell wird diese Gehirnregion mit der Sprachproduktion in Verbindung gebracht. Empirische Unterstützung für die Verbindung von vokalem und aktorischem System liefern Daten aus Untersuchungen mit Säuglingen. In Bezug auf die Sprachproduktion zeigen Ejiri und Masataka (2001; Masataka, 2003), dass Rhythmik in der Armbewegung Säuglingen im Übergangsstadium vom präkanonischen zum kanonischen Lallen hilft. Unter kanonischem Lallen versteht man eine repetitive Konsonant-Vokal-Silbe, welche in Form einer Vokalisation zwischen dem 6. und 10. Lebensmonat auftritt und unabhängig von der sprachlichen Umgebung vorkommt (Lust, 2006). Bei einer Langzeitstudie beobachteten die Autoren einen verstärkten gemeinsamen Einsatz von rhythmischen Armbewegungen und Vokalisationen kurz vor dem Auftreten des kanonischen Lallens. Hat das Kind den Eintritt in das kanonische Lallen gemeistert, verschwindet das gleichzeitige Auftreten von Armbewegungen und Vokalisationen (Ejiri & Masataka, 2001).

Eine weitere, auf diesen Ideen aufbauende Studie zeigt ebenfalls eine enge Koordination zwischen vokaler und motorischer Entwicklung im Säuglingsalter: Iverson und Fagan (2004) fanden heraus, dass rhythmische Vokalisierungen (Konsonant-Vokal-Wiederholungen) häufiger mit Bewegung, insbesondere der Hände, erscheinen, als ohne rhythmische Bewegung. Sie schlussfolgern, dass es eine Verbindung zwischen sprachähnlichen Vokalisierungen und manueller Aktivität gibt, die zusammen genommen eine Vorläuferfunktion von koordinierten Handbewegungen wie der Erwachsenengestik übernehmen (ibid: 1063).

Einen weiteren Hinweis auf eine enge Verknüpfung zwischen den Modulen geben Studien mit Erwachsenen, in denen untersucht wurde, wie eine nichtikonische Bewegung (also Bewegung ohne besondere Ausdrucksform) in Form eines Klopfens mit dem Zeigefinger den Zugang zum Lexikon für schwach aktivierte Worteinheiten erleichtert (Ravizza, 2003). Durften die Versuchspersonen eine klopfende Geste machen, lösten sie mehr Aufgaben als Versuchspersonen, die eine solche Geste nicht ausgeführt haben und ohne Bewegung blieben. Diese Daten unterstützen den Eindruck, dass das Verständnis von kommunikativen Vorgängen eng an das handelnde System geknüpft ist und nicht daran, ob die dazugehörige Bewegung semantisch relevant ist. Sowohl Iverson und Fagan (2004) als auch McNeill (2005) gehen von einer engen evolutionär bedingten Bindung zwischen Vokalisation und manueller Aktivität aus, die eine Vorläuferfunktion für die Beziehung von Sprache und Geste erfüllt, welche sich als koordinierte Beziehung bei Erwachsenen äußert.

5.2.2 Verständnis aufgrund des eigenen Handlungsrepertoires

Aus dem theoretischen Hintergrund zu Spiegelneuronen lässt sich ableiten, dass eine Handlung nur dann eine Bedeutung in Form einer inneren Nachahmung – also einer off-line Simulation (Metzinger & Gallese, 2003) – erzeugen kann, wenn sich diese Handlung bereits im Repertoire des Handelnden befindet. Bei Affen konnte die Aktivierung der Spiegelneuronen bei einer vorgeführten Greifgeste nur festgestellt werden, wenn die Affen selbst diese Geste auch produzierten. Auf diese Weise kann die eigene motorische Erfahrung (in der Planung und Kontrolle der Handlung) in die Situation eingebracht werden. Angewandt auf die oben vorgestellten Experimente zum Verfolgen einer Zeigegeste bedeutet es, dass wenn Säuglinge die Geste aufgrund eines Übereinstimmungssystems von Verhaltensbeobachtung und -ausführung [observation-execution matching system] verstehen, dann müssen sie bereits über die motorischen Pläne für diese Geste verfügen. Es stellt sich hier also die Frage nach dem motorischen Wissen, das Kindern zum rudimentären Folgen der Zeigegeste verhelfen würde. Gegen solches Wissen sprechen auf den ersten Blick Befunde aus der Literatur zur Entwicklung von Zeigegesten. Demnach können die ersten Produktionen einer Zeigegeste erst mit 8,5 Lebensmonaten (Butterworth & Morissette, 1996) beobachtet werden. Entsprechend verfügen Säuglinge im Alter von 4,5 Monaten kaum über Erfahrung mit Zeigegesten. Auf den zweiten Blick jedoch weisen 3- bis 4-Monatige zwei Fähigkeiten auf, die eine Rolle beim Deuten einer Zeigegeste spielen könnten:

Zum einen finden sich in der Literatur Berichte einer Vorform von Zeigegesten bei 3 oder gar 2 Monate alten Säuglingen (Fogel & Hannan, 1985; Hannan, 1987; Masataka, 2003). Eine mögliche Funktion dieser Vorform beschreibt Masataka (2003, siehe auch 7.3.2). Demnach diene eine Zeigegeste in diesem Alter der eigenen Aufmerksamkeitsregulation. Insofern befindet sich eine manuelle Handlung im Repertoire des Säuglings, die laut Masataka (2003) aus den Prozessen der Exploration und Selbstregulierung von Aufmerksamkeit motiviert ist und mit Erregungszuständen in Verbindung gesetzt wird (Fogel & Hannan, 1985).

Zum anderen versuchen die meisten Säuglinge im Alter von 3 bis 4 Monaten nach Objekten zu greifen (Rose & Bertenthal, 1996). Eine Vorform des Greifens beobachtete von Hofsten (1984) bereits bei 2 Monate alten Säuglingen. Insofern befindet sich auch diese manuelle Handlung im Repertoire des Kindes. Diese beiden manuellen Handlungen (die eigene Zeigegeste und die zielorientierte Armbewegung zum Objekt) können dem Säugling vermitteln, dass eine Zeigegeste etwas mit der Umorientierung der Aufmerksamkeit zu tun hat. Diese Verbindung muss jedoch mit der Kommunikation koordiniert werden (Blacke, O'Rourke & Borzellino, 1994), um nicht nur die eigene, sondern auch die Aufmerksamkeit eines anderen umzulenken. Das genauere Koordinieren und Abstimmen auf Aufgaben sehen Blacke und Kollegen (1994) als das Ziel der weiteren Entwicklung.

Beide Fähigkeiten, die Vorform der Zeigegeste und das zielorientierte Armbewegen fürs Greifen, können also ausreichend motorische Elemente bieten, die eine innere Simulation aufgrund der beobachteten Zeigegeste anstoßen und sich auf die Lenkung der Aufmerksamkeit erfolgreich auswirken könnten.

Eine weitergehende Idee zur Basis des Handlungsrepertoires für das Verständnis einer Zeigegeste entspringt der Theorie der Ereigniskodierung [Theory of Event Coding] wie sie von Hommel und seinen Kollegen vorgestellt wurde (Hommel, Müsseler, Aschersleben & Prinz, 2001), und greift genau das oben angesprochene Anstoßen einer Simulation aufgrund von ausreichenden motorischen Elementen auf. Nach diesem Ansatz müssen die Bewegungen, die mit einer zielorientierten Handlung assoziiert werden *nicht* mit den beobachteten Bewegungen identisch sein, um diese innerlich zu simulieren. Auch wenn 4,5 Monate alte Kinder wenige Zeigegesten gebrauchen, so gebrauchen sie zielorientierte Bewegungen wie das voraussagende Greifen [predictive reaching] (die Fähigkeit der Kinder, den Standort eines sich bewegenden Objektes vorhersehen zu können, um erfolgreich nach dem Objekt zu greifen). Es ist möglich, dass sich die motorische Repräsentation des voraussagenden Greifens und des eigentlichen Greifens ähnliche Charakteristika teilen. Wenn Säuglinge eine Zeigegeste beobachten, kann also die Repräsentation des voraussagenden Greifens bei ihnen aktiviert werden und dazu führen, dass das Handlungsverständnis simuliert wird. Diese Simulation – so geht es aus der Forschung mit Erwachsenen hervor – erleichtert es dem Beobachter, das Ziel der beobachteten Handlung vorherzusagen (z.B. Knoblich & Sebanz, 2006) und kann im Falle der Zeigegeste bewirken, dass der Beobachtende einen virtuellen Kontakt mit dem vorhergesagten Ziel des Hindeutens etabliert. Sicherlich ist an dieser Stelle weitere Forschung notwendig, um diese Hypothesen zu evaluieren. Die Möglichkeit jedoch, dass es ein gemeinsames Kodieren zwischen Beobachtung und Ausführung der manuellen Geste im Spezifizieren des Fernreferenten bei 4,5 Monate alten Säuglingen gibt, bleibt aufgrund der bisherigen Befunde bestehen.

5.3 Nachahmung / Imitation

5.3.1 Soziale Handlung imitieren

Befindet sich der motorische Plan einer beobachteten Bewegung im eigenen Handlungsrepertoire, so wird er − wie zahlreiche Studien zur Imitation zeigen − genutzt, um Handlungen zu verstehen. In einer prominenten Studie zeigten Meltzoff und Moore (1977), dass Neugeborene in der Lage sind, Gesichtsausdrücke wie das Mundöffnen und Herausstrecken der Zunge zu imitieren.

> Imitation folgt demnach einem **ideomotorischen Gesetz**, d.h. dass Bewegungen und Vorstellungen von Bewegungen samt ihren perzeptuellen Effekten unbewusst und durch pure Beobachtung oder bloße Vorstellung ausgelöst werden können (Schütz-Bosbach & Prinz, 2007). Dieses Gesetz steht in der Tradition von Lotze (1852), der sich Gedanken zu einem physisch-psychischen Mechanismus machte. Er vertrat die Ansicht, dass bereits eine Vorstellung von Handlung ausreicht, um motorische Programme anzuregen und eine Handlung auszuführen (ibid).

Die Entdeckung der Spiegelneuronen und der Mechanismus der Imitation hat viel Bewegung in das Forschungsgebiet des sozialen Lernens gebracht. Um einige Begriffe für diese Diskussion zu klären, führen Call & Carpenter (2002) den Unterschied zwischen Mimikry [mimicry], Imitation und Emulation ein. Dem liegt die Überzeugung zugrunde, dass die Nachahmung einer Handlung nicht zugleich bedeuten muss, dass der Nachmachende das Ziel der Handlung verstanden hat.

1. Bei **Mimikry** handelt es sich um das exakte Kopieren der Handlungsschritte, ohne das Ziel der Handlung zu verstehen. Da das Ziel nicht verstanden wird, wird es entweder mit imitiert oder nicht. Ein Beispiel ist, wenn ein Säugling versucht die Bewegung des Naseputzens nachzumachen: Er bewegt ein Taschentuch zum Gesicht hin. Er weiß zu dem Zeitpunkt allerdings weder, dass die Nase im Gesicht der Zielort der Handlung ist, noch wie die Nase anschließend geputzt werden soll.
2. Eine **Imitation** ist eine Nachahmung, bei der das Ziel der Handlung verstanden und reproduziert wird. Wird das Ziel nicht reproduziert, so handelt es sich um eine fehlgeschlagene Imitation. Im Unterschied zur Emulation (siehe unten) werden bei einer Imitation motorische Bewegungsmuster und -modelle reproduziert, die zur Veränderung der Umwelt führen. Zudem ist Imitation im Gegensatz zur Emulation (siehe unten) um eine vollständigere Kopie des Verhaltensmodells bemüht (Horner & Whiten, 2005). Wegen der hohen Genauigkeit in Übereinstimmung mit dem Modell wird daher die Imitation traditionell als der „Gipfel des sozialen Ler-

nens [the apex of social learning]" betrachtet (Horner & Whiten, 2005). In artvergleichenden Studien zeigt sich, dass menschliche Kinder diesen Lernmechanismus bei verschiedenen Aufgaben präferieren (z.B. Horner & Whiten, 2005; Tennie u.a., 2006).

3. Bei einer **Emulation** (Tomasello, 1990) handelt es sich um eine Nachahmung der Veränderung in der Umwelt, die durch die Handlung eines Demonstrators verursacht wurde. Das emulierende Kind ist in diesem Falle besonders empfänglich für die Handlungsschritte, die diese Veränderung herbeigeführt haben. Dabei steht das Ziel und nicht die Bewegung, die zum Ziel führt, im Zentrum. Emulation zeichnet sich dadurch aus, dass das Handlungsziel auch mit anderen Bewegungen erreicht werden kann. Zum Beispiel gibt es viele Arten, Schuhe zu binden. Das Ergebnis, die zugebundenen Schuhe, kann also in einer Vielfalt von Bewegungen erreicht werden. Eine Emulation einer Handlung kann auch dann zustande kommen, wenn das Ziel nicht verstanden wird, jedoch das Ergebnis reproduziert wird. Dieses zufällige Nachmachen ist in experimentellen Studien denkbar, die zu einfache Problemlösungen erfordern (Call & Carpenter, 2002: 218). Horner und Whiten (2005) machen auf die kausalen Beziehungen aufmerksam, die für eine Emulation von Wichtigkeit sind: Während einer Beobachtung müssen kausale Beziehungen zwischen Handlungsschritten hergestellt werden, die dann eine Reproduktion des gleichen Ergebnisses jedoch mit einer anderen Methode erlauben. Das Nachmachen hängt also davon ab, ob die kausalen Beziehungen leicht zu erkennen sind.

Call und Carpenter (2002) wählen das Nüsseknacken als Beispiel, an dem sie all die Formen deutlich machen: Mimickry bezeichnet die Nachahmung der Handlung, ohne Zielverständnis. Wenn ein Demonstrator eine Nuss mit einem Hammer knackt, beinhaltet Emulation jede andere Art von Knacken, auch das Hineinbeißen. Eine Imitation erfordert jedoch eine Nachahmung dieser Handlung mit einem Hammer.

5.3.2 Was, wie und wer imitiert werden kann

Wie schon oben angedeutet, zeigen artvergleichende Studien zwischen Schimpansen und menschlichen Kindern – vielleicht entgegen der spontanen Einschätzung –, dass beide Gruppen Emulationsverhalten aufweisen (Hopper, Lambeth, Schapiro & Whiten, 2008). Während es nach wie vor aktuelle Debatten darüber gibt, ob Schimpansen imitieren können, zeigt das momentane Bild, dass Kinder in vergleichbaren Aufgaben eine Präferenz für das Imitationsverhalten aufzeigen (Horner & Whiten, 2005; Tennie, Call & Tomasello, 2006). Horner und Whiten (2005) halten mit der Beobachtung dagegen, dass Schimpansen ihre Emulationsfähigkeit in Situationen zeigen, in denen die kausalen Beziehungen leicht zu erkennen sind – in anderen Situationen imitieren sie. Dieses Imitationsverhalten konnten Tennie und seine Kollegen (2006) nicht nachweisen. Die methodische Schwierigkeit liegt darin, Bewegungen und Ergebnisse einer Handlung voneinander zu trennen und Imitationsaufgaben zu schaffen, in denen die Anwesenheit eines Demonstrators als eine kontrollierte Variable berücksichtigt wird. Eine Umweltveränderung, wie sie bei einer Emulation zu beobachten ist, kann durch den Endzustand, den Angebotscharakter der Objekte [affordances of objects] (siehe 8.2) und die Objektbewegung erreicht werden. Tennie und seine Kollegen (2006) sind der Meinung, dass Affen zur Imitation fähig sind; allerdings ist es nicht die vorrangige Lernstrategie, die sie routiniert für Problemlösungen anwenden.

Interessanterweise zeigen Tennie und seine Kollegen (2006), dass 18 aber nicht 12 Monate alte Kinder die Richtung einer Bewegung nachahmen. Bei der Imitation kann eine Bewegung weiter unterschieden werden in Bezug auf ihren Weg / ihre Bahn [path] wie auch auf ihre Art [manner] (siehe auch Pruden u.a., 2012). Mit diesem Unterschied zwischen Bewegungsart und Bewegungsbahn beschäftigen sich Studien zu prälinguistischen Grundlagen für Handlungskomponenten (Pruden, Hirsh-Pasek & Golinkoff, 2008; Pruden, Göksun, Roseberry, Hirsh-Pasek & Golinkoff, 2012). Sie testeten, ob Kinder mehr auf die Art der Ausführung einer Handlung achteten oder auf die Bahn der Handlung. In einem preferential looking Experiment wurde den untersuchten Kindern eine Animation von einem sich bewegenden Objekt gezeigt. Das Objekt bewegte sich von einer Seite auf die andere, nicht nur auf unterschiedlichen Bahnen (z.B. nahm es einen Weg unter oder oberhalb eines Punktes), sondern auch auf unterschiedliche Weise (z. B. drehend oder wackelnd). Die Ergebnisse dieser Studie zeigen, dass Kinder erst im Alter von 10 Monaten einen Unterschied in der Ausführung hinsichtlich der Bewegungsbahn bemerkten, aber nicht hinsichtlich der Bewegungsart. Mit 13 Monaten wiederum bemerken Kinder, wenn sich die Bewegungsart in einer Bahn veränderte (Pruden u.a., 2008). Diese Befunde deuten darauf hin, dass das Enkodieren einer Bewegungsbahn einfacher ist als das Enkodieren einer Bewegungsart. Dies könnte daran liegen, dass eine Bewegungsbahn vielleicht enger, da häufiger, mit dem Ziel einer Handlung und somit dem emulativen Verhalten verknüpft ist als eine Bewegungsart: Eine Veränderung in der Umwelt erreicht man, wenn ein Gegenstand sich von einer zu der anderen Seite bewegt; die Veränderung ist somit die Bahn oder gar der Ortswechsel. Die Bewegungsart dagegen scheint enger mit imitativem Verhalten verbunden zu sein, in welchem ein genaueres Modell des Verhaltens im Sinne von Erreichen des Ziels und nicht nur ein Modell der Ergebnisse eine Rolle spielt. Aktuelle Studien (Pruden u.a., 2012) zeigen, dass es an dem Umfang und der Komplexität einer beobachteten Handlung liegt, dass Kinder sich vorrangig auf das Ziel konzentrieren.

Zusammen mit den unterschiedlichen Arten des sozialen Nachahmens legen die Befunde zu den prälinguistischen Grundlagen für Handlungskomponenten nahe, dass eine Bewegungsart zu imitieren eine schwierigere Aufgabe darstellt.

Einen weiteren Aspekt, der für Imitationsleistung entscheidend sein kann, bringen Zmyj, Daum, Prinz, Nielsen und Aschersleben (2011) in die Diskussion. Die Autoren untersuchten, welche Handlungen Kinder im Alter von 14 Monaten in der Lage waren zu imitieren, wenn ihnen Handlungen von älteren oder gleichaltrigen Menschen im Videofilm vorgemacht wurden. Die Ergebnisse dieser Studie zeigen, dass Kinder neue Handlungen vorrangig von älteren Menschen imitieren. Bekannte Handlungen greifen sie dagegen häufiger von Gleichaltrigen auf.

5.3.3 Kontingenz [contingency]

Nicht nur die Unterscheidung, wie ein Ziel nachgemacht wird, macht die menschliche Imitationsfähigkeit in ihrer Natur besonders, sondern auch die Tatsache, dass die Fähigkeit im Wesentlichen von der **Rückmeldung der Interaktionsperson** abhängt, die Kinder auf ihr Verhalten bekommen. Dies wurde in einer Studie mit 14 Monate alten Kindern gezeigt (Meltzoff, 2007a), bei der das untersuchte Kind an einem Tisch mit zwei Erwachsenen an seiner Seite saß. Die Erwachsenen verhielten sich unterschiedlich in der laufenden Interaktion: Während der eine das Verhalten des am Tisch sitzenden Kindes imitierte, bezog sich das Verhalten des anderen Erwachsenen auf das Verhalten eines vorherigen Kindes, das er an einem für das untersuchte Kind nicht sichtbaren Bildschirm sah. Auch wenn beide Erwachsenen sich genau wie Kleinkinder verhielten, schauten die untersuchten Kinder länger zu dem Erwachsenen, der sie direkt imitierte, und lächelten ihn häufiger an. Es gibt zwei potenzielle Gründe für diese Präferenz: Einerseits kann es der zeitliche Zusammenhang der Handlungen, andererseits auch deren strukturelle Äquivalenz sein. Um zwischen den beiden Erklärungsmöglichkeiten entscheiden zu können, wurden weitere Experimente durchgeführt, in denen ein Erwachsener auf das Verhalten des Kindes (z.B. ein Spielzeug schütteln) zeitnah mit einem entsprechenden Verhalten (er schüttelte ein Spielzeug) oder aber mit einem anderen Verhalten reagierte (z.B. ließ er das Spielzeug über den Tisch gleiten) (Meltzoff, 2007a). Die zeitliche Abhängigkeit blieb in beiden Fällen erhalten. Allerdings schauten die Kinder immer noch deutlich länger auf den Erwachsenen, der ihr Verhalten imitierte, und lächelten ihn an. Dies legt nahe, dass Kinder die strukturelle Äquivalenz erkennen können. Watson (1985) beschreibt das Phänomen der kontingenten Relation als soziales Signal, das über den Wert des Stimulus selbst hinaus wirkt:

> [T]he contingency relation between a behavior and a subsequent stimulus may serve as a social signal beyond (possibly even independent of) the signal value of the stimulus itself. [...] the contingent stimulation would be significant to the infant not only because it was controlled by his behavior but because perception of the behavior stimulus contingency would also mark those stimuli and others of the immediate context (e.g., the adult's face as aligned with the infant's) as within the category of „social simulation" (Watson, 1985: 157 f.).

> **Kontingenz** [engl.: *contingency*]: Kinder erkennen nicht nur, dass jemand in zeitlicher Abhängigkeit handelt, wenn sie etwas tun [temporal contingency], sondern dass jemand sich in der gleichen Weise verhält, was auf eine strukturelle Übereinstimmung [structural congruence] hindeutet (siehe Gergely & Watson, 1999; auch Markova & Legerstee, 2006). Kontingenz bedeutet also eine Entsprechung, die wahrscheinlich, jedoch nicht notwendig ist (Watson, 1985; Gergely & Watson, 1999): „If one event (X) occurs in a contingent temporal relation to another event (Y), this contingency can be represented in standard conditional probability notation as P(X/Y) which is read ‚the probability of *x*, given *y*'" (Watson, 1985: 158).

Dieser hohe, aber doch nicht hundertprozentige Grad an Wahrscheinlichkeit sorgt dafür, dass ein kontingentes Verhalten selbst mit einigen Abweichungen erhalten bleiben kann. Gergely und Watson (1999) gehen sogar davon aus, dass die Fähigkeit, Kontingenzen zu entdecken, ein Modul der Ausstattung ist, mit dem Kinder auf die Welt kommen. Dieses Modul ermöglicht es von Geburt an, Zusammenhänge zu entdecken. Zuerst betreffen die Kontingenzen das eigene Körpergefühl. Später werden sie auf die soziale Interaktion übertragen. Dabei unterscheiden die Autoren zwischen zeitlichen Kontingenzen [temporal contingencies], sensorischen Relationen und räumlichen Informationen.

Zeitliche Kontingenzen kommen vor, wenn zwei Ereignisse zeitgleich geschehen. Das ist zum Beispiel der Fall, wenn Mundbewegungen mit dem Hören von Lauten zusammengebracht werden können. Diese Gleichzeitigkeit wird vor allem dann empfunden, wenn die Signale maximal drei Sekunden versetzt auftreten. Weitere zeitliche

Verzögerungen erschweren zumindest das Erkennen des Zusammenhangs (Millar & Watson, 1979), sodass keine Erwartung aufgebaut werden kann.

Als sensorische Relationen bezeichnen Gergely und Watson (1999) strukturelle Ähnlichkeiten, die ohne gleichzeitiges Auftreten erkannt werden können. Zum Beispiel kann ein dreimaliges Klopfen auf den Tisch mit einer wachsenden Intensität ausgeführt werden. Diese wachsende Intensität kann dann auch in einem Bild von drei unterschiedlich großen Blumen strukturell wieder gefunden werden. Diese Art, Zusammenhänge zu entdecken, erscheint metaphorischer Natur und daher recht abstrakt. Es wird aus den Ausführungen von Gergely und Watson (1999) nicht klar, wie ein junges Kind diese Abstraktion erreichen kann.

Räumliche Information hilft ebenfalls, Zusammenhänge zu entdecken. Ähnlich wie bei zeitlicher Kontingenz wird zum Beispiel die Bewegung des Klopfens an dem gleichen Ort ausgeführt, von dem auch das Klopfen selbst zu hören ist. Der Raum gilt also als guter Indikator für die Erkennung zusammengehöriger Ereignisse.

Zusammenfassend ist die Fähigkeit, einen Zusammenhang zwischen Ereignissen zu erkennen, zentral für das Lernen von Kindern. Diese Fähigkeit ist auch für die Kommunikation wesentlich, da im Dialog eine Bezugnahme stattfindet. Diese dialogische Fähigkeit ist schon bei zwei Wochen alten Säuglingen erkennbar, scheint aber in der Interaktion mit der Mutter erlernt zu sein (Kaye, 1977). Kaye (1977) analysierte Muster in Trinkschüben und Trinkpausen bei Neugeborenen. Wenn ein Baby sein Trinken unterbrach, reagierten die meisten Mütter damit, dass sie es sanft schüttelten. Interessanterweise führte nicht das Schütteln selbst zur Wiederaufnahme des Trinkens, sondern die Pause nach dem Schütteln. Kaye (1977) verweist mit den Ergebnissen auf die Ursprünge des Dialogs. Bereits früh müssen Mutter und Kind lernen, das Verhalten des anderen vorherzusagen und das eigene Verhalten mit dem anderen zu koordinieren: Wenn der andere etwas tut, dann warte ich. Dies ist eine Regel des Turn-Takings und wird gelernt, weil bestimmte interaktive Sequenzen häufiger vorkommen und Kinder gegenüber Kontingenzen und Regularitäten im Verhalten empfänglich sind (ibid; vgl. Masataka, 2003).

Laut einer Studie von Striano, Henning und Stahl (2005) scheint sich diese Empfänglichkeit gegenüber Kontingenzen zwischen dem 1. und dem 3. Lebensmonat zu etablieren. Sie fanden heraus, dass 3 Monate alte Kinder zwischen sozialen Interaktionen, die sich in ihrem Kontingenzgrad unterschieden haben, differenzierten, während 1 Monat alte Kinder keinen Unterschied wahrzunehmen schienen. In Ergänzung zu der Annahme von Gergely und Watson (1999: 117), die in dem Kontingenzdetektor ein angeborenes Modul [„contingency detection module"] sehen, weisen diese Befunde darauf hin, dass es sich bei der sozialen Kontingenz um eine aus der Geschichte der Interaktion erlernte Sensibilität handelt (Striano u.a., 2005). Der Gedanke, dass Kontingenz erlernte Interaktionsmuster umfasst, wird von der aktuellen Forschung unterstützt, die zeigt, dass diese Muster der Interaktion kulturspezifisch sind (Kärtner, Keller & Yovsi, 2010). Die Forscher analysierten Interaktionen von deutschen und Nso-Müttern (ein kleines Dorf in Kamerun) mit ihren Säuglingen. Sie konnten eine kulturspezifische Interaktion beobachten, sobald Kinder 2 Monate alt waren und selbst eine Rückmeldung in Form eines Lächelns geben konnten. Ab dem Zeitpunkt antworten deutsche Mütter mit signifikant mehr visueller Kontingenz, während Nso-Mütter mit mehr taktiler und auditiver Kontingenz reagieren (ibid).

5.3.4 Die Natur früher und später Imitation

Maratos (1998) unterscheidet zwischen Imitationsfähigkeiten im frühen (1–2 Monate) und im späteren Säuglingsalter (9–10 Monate). Der Unterschied liegt vor allem darin, wie auf einen Stimulus geantwortet wird: Während das Modell im frühen Alter erneut präsentiert werden muss, um mit einer Latenzzeit nachgeahmt zu werden, kann das Modell im späteren Alter unverzüglich imitiert werden. Bei der späteren Imitation kreisen die Erklärungen um ein System, in dem Beobachtung und Ausführung übereinstimmen [observation-execution matching system]. Für das Funktionieren des Systems ist jedoch ein bereits vorhandenes Verhaltensrepertoire notwendig. Worauf basiert aber dann das frühe Imitationsverhalten, in einer Phase, in der das Neugeborene auf kaum eigenes Handlungswissen zurückgreifen kann? Diese unterschiedlichen Stufen im Imitationsverhalten werfen daher mindestens zwei grundsätzliche Fragen auf: (1) Ist es die gleiche Imitationsfähigkeit, die lediglich zum Zeitpunkt eines unterschiedlichen Entwicklungsstadiums stattfindet? Und (2) warum gibt es zwischen dem 3. und 6. Lebensmonat eine ,Pause' im Imitationsverhalten?

Im Hinblick auf die erste Frage gibt es unterschiedliche Ansichten darüber, warum das Phänomen der Imitation im frühen Alter beobachtet wird. Die Polarität der Ansichten wird unten in 5.3.7 skizziert. Zum einen wird angezweifelt, ob es sich bei der Neugeborenenimitation tatsächlich um eine Imitation handelt. Denn lediglich anhand zweier Verhaltensweisen, nämlich dem Mundöffnen und dem Herausstrecken der Zunge, wurde nachgewiesen, dass Neugeborene imitieren können. Dies seien aber just zwei Verhaltensweisen, die Neugeborene aus Eigeninitative ausführen (Jones, 2006). Vor allem das Ausstrecken der Zunge wird als eine Antwort von Neugeborenen auf interessante Stimuli beobachtet. Insofern, so die Extremposition, kann es sich bei der Neugeborenenimitation um ein Verhalten handeln, das zufällig mit dem vorgemachten Verhalten übereinstimmt, aber im Grunde ein Zeichen von Interesse ist (Jones, 2006). Die andere Seite der Erklärungen zur Neugeborenenimitation wird von Ansätzen vertreten, die an das Spiegelneuronensystem anknüpfen.

Da allgemein angenommen wird, dass es sich bei der Imitation um eine soziale Fähigkeit handelt, sind Studien mit Populationen, die soziale Beeinträchtigungen zeigen, aufschlussreich. So zeigte die Studie von Hobson und Lee (1999), dass autistische Kinder den Handlungsstil eines Demonstrators weniger nachmachten als Teilnehmer aus einer Kontrollgruppe mit typisch entwickelten Kindern. Dies legt nahe, dass autistische Kinder eher auf die Ergebnisse achten als auf die Handlungen, die dazu führen. Call und Carpenter (2002) schreiben dieser Beeinträchtigung eine wichtige Rolle im Hinblick auf das soziale Lernen zu. Während die Informationen über Handlungsziele Aufschluss über die physikalische Welt geben können, verpassen autistische Kinder die Informationen über das Verstehen von anderen Individuen.

Die neueren Erklärungen für Autismus setzen vor allem an den neurologischen Voraussetzungen für das Imitationsverhalten an, bekannt unter dem Ansatz des „kaputten Spiegels [broken mirror]" (Southgate & Hamilton, 2008: 225; Hamilton, Brindley & Frith, 2007). Auslöser für diesen Ansatz sind Untersuchungen wie die fMRI-Studie von Dapretto und Kollegen (2006), die eine von Williams und Kollegen (Williams, Whiten, Suddendorf & Perrett, 2001) geäußerte Vermutung unterstützten, eine Dysfunktion im Spiegelneuronensystem sei für die beeinträchtigte Imitationsfähigkeit verantwortlich. Eine weitere Studie von Hamilton, Brindley und Frith (2007) untersuchte die Teilnehmer genauer und testete sowohl ihre Theory of Mind-Fähigkeiten wie auch anschließend ihr Imitationsverhalten in verschiedenen Aufgaben, die zielgerichtet waren und die Spiegelung von Bewegungen sowie Greifen, motorische Planung und Gestenerkennung erforderten. Die Autoren bestätigten eher die von Call und Carpenter (2002) formulierten Hypothesen: Das Verständnis von Zielen ist bei autistischen Kindern gut ausgeprägt, jedoch haben sie Schwierigkeiten, die Absichten von anderen zu verstehen (siehe 5.3.5), was durch die verschiedenen Tests zur Theory of Mind deutlich wurde. Hamilton, Brindley und Firth (2007) schließen aus diesen Ergebnissen, dass der ‚Ansatz des kaputten Spiegels' angesichts der gezeigten vielfältigen Imitationsfähigkeiten von autistischen Kindern nicht haltbar ist. Somit kann nicht ausschließlich das Spiegelneuronensystem für die Beeinträchtigungen in den Aufgaben zur Theory of Mind bei autistischen Kindern verantwortlich sein. Southgate und Hamilton (2008) legen nahe, Imitation sei nicht lediglich eine Umsetzung der visuellen Information in motorischen Output und somit nicht eine einheitliche kognitive Komponente, die nur vom Spiegelneuronensystem im menschlichen Gehirn abhängig ist. Vielmehr muss die Fähigkeit der Imitation mehrere unterschiedliche kognitive und neuronale Systeme beschäftigen (Hamilton u.a., 2007; Southgate & Hamilton, 2008).

5.3.5 Theory of Mind: Den anderen verstehen

Für den Spracherwerb ist es nicht ausreichend, die Sprachhandlung eines anderen zu imitieren. Vielmehr müssen Kinder lernen, dass eine Sprachhandlung eine Wirkung gegenüber einem Adressaten hat. Um diese Wirkung zu erzielen, müssen Kinder sich in der Rolle des Kommunikators begreifen (siehe 4.2.4). Das heißt, es bringt ihnen nichts, wenn sie ein „da!" einfach nur wiederholen. Vielmehr müssen sie das „da!" mit Bezug auf ein Objekt / Ereignis gegenüber einem anderen Kommunikationspartner nutzen, damit diese Sprachhandlung eine Wirkung hat. Die Studie von Carpenter und Kollegen (Carpenter, Tomasello & Striano, 2005) verdeutlichte, dass die Fähigkeit zu imitieren in einer umgekehrten Rolle [reverse role] mit den sprachlichen Fähigkeiten von 18-Monatigen in Bezug stand (Carpenter u.a., 2005). Vor allem Kinder, die besser imitierten, zeigten auch bessere Produktions- und Verständnisleistungen bei Pronomen. Die Autoren schlussfolgern sogar, die Fähigkeit zur Imitation in der **Umkehrung der kommunikativen Rolle** wäre eine Voraussetzung dafür, Symbole **bidirektional** zu benutzen (Carpenter u.a., 2005: 275):

> To learn to use a communicative symbol in a conventionally appropriate manner, the child must engage in role reversal imitation: she must learn to use a symbol toward the adult in the same way the adult used it toward her. [...] The result of this process of role reversal imitation is a linguistic symbol: a communicative device understood intersubjectively from both sides of the interaction (Tomasello, 2003: 21).

Wie Kinder diese Vorstellung entwickeln, die Kommunikation in einer umgekehrten Rolle zu begreifen, habe ich für die frühen kommunikativen Fähigkeiten bereits in 4.2.4 ausführlich diskutiert und meine Ansicht dargelegt. Ich sehe das Verständnis für die Umkehrung der kommunikativen Rolle an sich wiederholende Handlungsstrukturen gekoppelt. Gergely und Csibra (2003; Csibra & Gergely, 2007) nehmen an, dass einjährige Kinder zunächst eine Vorliebe für die Ziele von Handlungen entwickeln. Diese Zielorientierung lässt sich im Verlauf der Entwicklung zu einer mentalen Fähigkeit erweitern, in der der Endzustand mit dem Inhalt verbunden wird, was eine Person wollen könnte (Gergely & Csibra, 2003: 289). Diese erweiterte Form der Zielvorstellung von Handlungen wird in der Literatur als Theory of Mind bezeichnet. Die

Fähigkeit, sich in die Gedankenwelt eines anderen hineinzuversetzen wurde lange als Voraussetzung für den Spracherwerb angesehen.

In einem **klassischen Test** für Fähigkeiten, die die Theory of Mind (im Deutschen: *Theorie des Geistes*, und im Folgenden mit ToM abgekürzt) ausmachen, präsentiert sich folgendes Szenario, das auch als ‚unexpected transfer' bezeichnet wird (Wimmer & Perner, 1983): Ein Kind legt seine Schokolade in einen Schrank und geht hinaus. Seine Mutter kommt kurze Zeit später in den Raum, nimmt die Schokolade und legt sie in den Kühlschrank. Auf die Frage, wo das beobachtete Kind, wenn es zurückkommt, nach der Schokolade suchen wird, antworteten Kinder im Alter von 3 Jahren aus der eigenen Wissensperspektive: Da sie gesehen haben, wo die Mutter die Schokolade hingelegt hat, nehmen sie an, das Kind, dem die Schokolade gehört, wüsste es auch. Sie nehmen also implizit an, dass die Geschichte allen bekannt ist, und antworten, dass das Kind im Kühlschrank suchen würde. Eine qualitative Wende in den Antworten der Kinder wird zwischen dem 3. und 4. Lebensjahr beobachtet, wo Kinder bei solchen Fragen berücksichtigen können, dass andere Menschen eigene Vorstellungen haben und sich deren Wissensstand unterscheiden kann.

In einem weiteren Test, genannt ‚deceptive box' (Perner, Leekam & Wimmer, 1987), wurde deutlich, dass Kinder im Alter von 3 Jahren nicht nur den Wissensstand von anderen nicht berücksichtigen, sondern auch den eigenen Wissensstand nicht mehr vergegenwärtigen. In diesem Test wird zunächst eine Schachtel gezeigt, die die Kinder eindeutig identifizieren können (z.B. eine Smarties-Schachtel). Der Inhalt dieser Schachtel wird ausgeleert. Danach wird ein Stift hineingelegt. Fragt man das Kind, was es denn ursprünglich dachte, was in der Schachtel wäre, können Kinder im Alter von 3 Jahren nur den erworbenen Wissensstand berichten und sagen ‚Stift'.

Die Theory of Mind besagt an dieser Stelle, dass jüngere Kinder kein **Konzept von falschen Annahmen** [false beliefs] haben. Doch es muss eingeräumt werden, dass die Ursachen, warum Kinder den zuletzt erworbenen Wissensstand berichten, immer noch diskutiert werden. Es kann sich einerseits um eine fehlende kognitive Fähigkeit handeln (laut einer Representational Deficit Theory z.B. in Freeman & Lacohée, 1995), die dafür verantwortlich ist, dass Kinder die Vorstellungen von anderen im Unterschied zu den eigenen nicht beachten. Auf der anderen Seite gibt es Kritikpunkte, die den Diskurs in der Aufgabe betreffen. Lewis und Osborne (1990) kritisieren, dass Kinder die Fragen, die in diesen oben genannten Theory of Mind-Tests gestellt werden, missverstehen. Werden die Fragen syntaktisch einfacher gestellt, beantworten die meisten der 3-Jährigen die Fragen korrekt und lösen die gestellte Aufgabe. Die Autoren schlagen vor, dass die Schwierigkeiten eher von linguistischen Erfordernissen als von kognitiven Fähigkeiten herrühren, die sich bereits um das 3. Lebensjahr zeigen. Betrachtet man die Form der Fragen: „When you first saw the box, before we opened it, what did you think was inside?" (Mitschell & Lacohée, 1991: 113), leuchtet das Argument insofern ein, als die Formulierung nicht nur durch ihre syntaktische Komplexität auffällt (z.B. was dachtest du ursprünglich, dass drin wäre), sondern zudem einen Konjunktiv (wäre) beinhaltet und sich nicht auf einen unmittelbaren Situationszustand, sondern auf eine vorhergegangene Situation bezieht. Kinder demonstrieren ein Verständnis für solch komplexe syntaktische Konstruktionen erst ab dem 3. Lebensjahr (Avrutin & Wexler, 2000). Die Fähigkeit, auf Vergangenes zu referieren und Vergangenes zu reflektieren, wird zwar schon vor dem zweiten Geburtstag beobachtet (Tomasello, 2003), allerdings handelt es sich dabei um Ausdrücke wie „kaputt" (für „das ist kaputt gegangen"), die einem Attribut ähneln. Dies sind linguistische Fakten, die dagegen sprechen, dass die Aufgabe altersgerecht ist. Zusätzlich muss Kindern im 3. und 4. Lebensjahr nicht unbedingt klar sein, dass das Sehen mit ihren Erwartungen und Annahmen in Verbindung steht, d.h. dass das Sehen einer Smarties-Schachtel zusammen mit der im Vorfeld erzeugten Erwartung die pragmatische Bedingung für die Semantik der Äußerung „what did you think" darstellt (Wimmer, Hogrefe & Sodian, 1988).

Die Vermutung, dass für die Lösung der Aufgabe komplexere linguistische Fähigkeiten abverlangt werden, bestätigen außerdem Studien, die einem Zusammenhang zwischen Sprachentwicklung und ToM-Fähigkeiten nachgingen. In einer längsschnittlichen Studie von Watson, Painter und Bornstein (2001) wurde zuerst das Vokabular von Kindern im Alter von 2 Jahren durch Elternbefragungen erfasst. Im Alter von 4 Jahren Monaten wurden diese Kinder dann einer Aufgabe zu falschen Annahmen unterzogen. Die Autoren konnten einige der individuellen Unterschiede in den ToM-Tests mit Unterschieden in der Sprachentwicklung erklären. Die Befunde einer weiteren Studie reihen sich in die Argumentationslinie ein, wonach sowohl syntaktische wie auch semantische Fähigkeiten mit den ToM-Leistungen zusammenhängen, nicht jedoch das Arbeitsgedächtnis (Slade & Ruffman, 2005).

Für eine starke Beziehung zur Sprache spricht sich nicht nur Tomasello (2003) aus, der die Triebkraft für die menschliche Theorie des Geistes im Spracherwerb sieht. Auch Astington und Jenkins (1999) sowie eine Longitudinalstudie von Ruffman und Kollegen (Ruffmann u.a., 2003) bestätigen in einer Reihe von Experimenten, dass sprachliche Kompetenzen einerseits mit den ToM-Fähigkeiten korrelierten, und andererseits frühe sprachliche Kompetenzen die späteren ToM-Fähigkeiten sogar vorhersagten. Astington und Jenkins (1999) sehen darin eine Unterstützung für das Argument, dass Sprache fundamental für die Theorie des Geistes ist. Diese Ansicht unterstützt das oben genannte Argument, wonach Kinder, deren linguistische Fähigkeiten ausgereifter waren, besser mit den gestellten ToM-Aufgaben zurechtkamen.

Welche linguistischen Fähigkeiten für die ToM-Aufgaben besonders nützlich sind, spezifizieren Ruffman und Kollegen (2003). Entsprechend ihrer Befunde handelt es sich um eine generelle Sprachfähigkeit, die aus einer Interaktion zwischen Syntax und Semantik herrührt. Die Autoren fanden keinen Hinweis darauf, dass insbesondere syntaktische Fähigkeiten mit den ToM-Fähigkeiten korrespondieren (Ruffman u.a., 2003). Interessanterweise wurde die kindliche Erfahrung, an Konversationen teilzunehmen, noch nicht im Zusammenhang mit ToM-Fähigkeiten untersucht. Doch gerade die wiederkehrenden kommunikativen Handlungsmuster (siehe 4.2.4) könnten hier das entscheidende sprachliche und kognitive Wissen liefern. Slaughter, Peterson und Meckintosh (2007) haben in ihrer umfangreichen Untersuchung herausgefunden, dass die Art, wie Mütter mit ihren Kindern mentale Zustände von Protagonisten aus wortlosen Büchern verbalisieren, sich auf die ToM-Fähigkeiten der Kinder auswirkt. Diese Befunde sprechen dafür, dass nicht nur die Sprache der Kinder zur Entwicklung der ToM-Fähigkeiten beiträgt (Ruffmann & Perner, 2005), sondern auch der Input im Allgemeinen und die Art, wie mit Kindern über die mentalen Zustände anderer gesprochen wird, einen wesentlichen Beitrag dazu leistet.

5.3.6 Proto-Theory of Mind-Fähigkeiten

Wie ich bereits in 4.2.4 und oben beschrieben habe, werden die Theory of Mind-Fähigkeiten (ToM) im Zusammenhang mit der Sprachentwicklung diskutiert und Tomasello (2003) postuliert, Symbolverständnis hätte etwas mit der Umkehrung von Rollen zu tun. Nun ergibt sich eine Unstimmigkeit zwischen Diskussionen in der Forschung: Warum bedienen sich bereits 2-jährige Kinder der Sprache, wenn sie eigentlich erst mit 4 Jahren über die ToM-Fähigkeiten zum Symbolverständnis verfügen? Die Lösung für diese Unstimmigkeit liegt in den Vorläufern der ToM-Fähigkeiten.

Studien zu jenen kognitiven Fähigkeiten, die mutmaßlich hinter der ToM stecken, tragen dazu bei, die Vorläufer zu identifizieren. Bevor ich auf die Studien mit Kindern eingehe, möchte ich zunächst einen Blick auf artenvergleichende Studien werfen, die die Exklusivität der ToM als rein menschliche kognitive Fähigkeit in Zweifel ziehen. Denn wenn wir einräumen, dass jüngere Kinder zu einer Proto-Theory of Mind fähig sind, dann kann man diese Proto-Formen auch bei Tieren beobachten. Als Autoren von artenvergleichenden Studien führen Tomasello, Call und Hare (2003) eine frappierende Ähnlichkeit zwischen jüngeren Kindern und anderen Primaten an. Denn Schimpansen verstehen ebenfalls einige geistige Prozesse. Zum Beispiel scheinen sie einschätzen zu können, was andere sehen können (Call & Tomasello, 2005).

Studien mit jungen Kindern belegen überzeugend, dass Kinder bereits bevor sie 4 Jahre alt werden viele mentale Zustände von anderen erkennen und nutzen. Meltzoff (1995) berichtet z.B., wie 18-monatige Kinder vorwiegend jene Handlungen anderer imitieren, die auch ‚gewollt' erscheinen. Liszkowski und Kollegen (Liszkowski, Carpenter, Striano & Tomasello, 2006) zeigen, dass 12 Monate alte Kinder einen Erwachsenen auf Objekte hinweisen, wenn er sich suchend nach ihnen umschaut, was verdeutlicht, dass sie die Erwartungen des Erwachsenen reflektieren. Einen Durchbruch auf dem Gebiet der ToM-Forschung erzielte die Studie von Onishi und Baillargeon (2005), die den Versuch unternahmen, 15 Monate alten Kindern eine nichtsprachliche Aufgabe zu stellen. Darin haben Kinder zuerst sehen können wie die Experimentatorin ein Objekt (z.B. ein Spielzeug) in eine grüne oder gelbe Schachtel legt. Die Schachteln waren rechts oder links von ihr platziert. Als Nächstes kam ein sichtbarer Vorhang hinzu, der das Sichtfeld der Experimentatorin von den Schachteln trennte. In dem Moment wechselte das Objekt die Position. Die Annahmen waren:

> If the infants expected the actor to search for her toy on the basis of her belief about its location, rather than on the basis of (their knowledge of) its actual location, then they should look reliably longer when that expectation was violated. Thus, when the actor had a true belief that the toy was hidden in the green box, the infants should expect her to reach into that box and they should look reliably longer when she reached into the yellow box instead (Onishi & Baillargeon, 2005: 256).

Die Blickbewegungen der Kinder entsprachen diesen Annahmen: Kinder erwarteten, dass die Experimentatorin dort nach dem Objekt suchte, wo sie es als letztes gesehen hat und schauten länger, wenn die Experimentatorin die andere Schachtel ausgewählt hatte. Somit zeigten die Autorinnen, dass bereits jüngere Kinder ein rudimentäres Konzept von falschen Annahmen haben. Es beinhaltet die Prämisse, eine Person handle zielorientiert.

Zusammengenommen sprechen die Proto-ToM-Fähigkeiten somit gegen eine radikale qualitative Wende in der mentalen Entwicklung und generieren Argumente in der Hinsicht, dass Glauben und Annahmen [beliefs] lediglich einen Teil der ToM ausmachen. Die Autoren sowohl der Studien mit Kindern (z.B. Sodian, 2011) wie auch der artenvergleichenden Untersuchungen (z.B. Call & Tomasello, 2005) plädieren dafür, dass man die ToM als eine Zusammenführung von **verschiedenen Systemen** sieht: Das eine System beschränkt sich darauf, einen Menschen als zielorientiert zu erkennen und wird bei Kindern bereits im ersten Lebensjahr sowie bei Schimpansen erkennbar:

> [System 1] allows the attribution of motivational states such as goals and dispositions and permits correct prediction of an agent's action when the agent's informational state corresponds to reality (Sodian, 2011: 39).

Das andere System wiederum berücksichtigt, inwieweit das Erreichen der Ziele vom Agenten auch beabsichtigt wurde; Kinder lassen die Wirkung dieses Systems frühestens mit 18 Lebensmonaten erkennen:

> [System 2] views mental states as representational and is therefore needed to predict and explain actions when the agent's informational state is incongruent with reality, as is the case when the agent holds a false belief (Sodian, 2011: 39).

Diese zwei konzeptuellen Systeme reifen parallel und machen zusammen die ToM-Fähigkeit aus (Sodian, 2011).

Eine wichtige Schlussfolgerung aus diesen Erkenntnissen ist, dass die Fähigkeit, die unter Theory of Mind verstanden wird, kein psychologisch realistisches Modul ist, sondern eher eine Art Sammelbehälter für Fähigkeiten, die mit den zwei Systemen in Zusammenhang stehen. Die neuropsychologische Forschung von Apperly, Samson und Humphreys (2005) fasst zusammen: Beim erwachsenen System scheint ein Netzwerk von Gehirnregionen zu der ToM-Leistung beizutragen wie der mediale präfrontale Kortex, der temporale Pol und die temporo-parietale Grenzregion. Allerdings ist die Rolle dieser Regionen deshalb nicht einfach zu erklären, da es keinen Konsens über die kognitiven Erfordernisse für die ToM-Aufgaben gibt. Apperly und Kollegen sehen ToM weniger als einen domänenspezifischen Prozess und eine modulare Fähigkeit, sondern als einen Sammelbehälter und somit als einen Prozess mit ausführender Funktion [executive function] und in Abhängigkeit von Fähigkeiten wie Sprache (Apperly u.a., 2005: 572).

Für die Konstitution der Bedeutung stellt sich die Frage, welchen Ursprung die Proto-Fähigkeiten zur ToM haben. Hier ist die Vorstellung des ‚Wie ich'-Bezugsystems (siehe unten) hilfreich, die skizziert, dass die rudimentäre Fähigkeit zur Rollenumkehrung bereits angeboren ist.

5.3.7 Theoretischer Hintergrund: ‚Wie ich [Like me]'-Bezugssystem

Die Befunde aus der Forschung zur autistischen Population machen deutlich, dass im Zentrum des sozialen Lernens das Verständnis für Handlungen von anderen steht. Meltzoff und Decenty (2003) sehen darin sogar eine Brücke zwischen dem Spiegelneuronensystem und der Theory of Mind.

Mit dem Argument, dass Neugeborene bereits Gesichtsausdrücke imitieren können (Meltzoff & Moore, 1977), ohne sich jemals im Spiegel gesehen zu haben, spricht sich Meltzoff (2007: 130) für eine angeborene Fähigkeit bei Menschen aus, diese Brücke zu schlagen. Dem Ansatz nach sind Kinder mit einem primitiven Körperschema ausgestattet, das ihnen erlaubt, die visuelle und motor-propriozeptive Information zu einem einheitlichen supramodalen Bezugssystem zu vereinen (Meltzoff & Moore,

1977). Wenn Säuglinge Mimik sehen, dann ist das Aktivieren des entsprechenden Körperteils ihre erste Antwort darauf (Meltzoff & Moore, 1997: 183). Hier kann das Gesicht eine besondere, durch die Evolution etablierte, Rolle spielen und bereits nach der Geburt als eine räumliche Einheit wahrgenommen werden. Eine weitere Möglichkeit ist, dass Körperteile durch ihre besondere Bewegungsform voneinander unterschieden und wahrgenommen werden. Jedes Körperteil hat demnach ein eigenes raumzeitliches Muster, eine Art kinetische Unterschrift [kinetic signature]: Zungen zum Beispiel bewegen sich hinein und hinaus, können sich aber nicht biegen (Meltzoff & Moore, 1997: 184).

Eine solche Ausstattung mit einem Körperschema bedeutet allerdings nicht, dass eine wahrgenommene Handlung einfach an die Handlungsproduktion weitergegeben wird (Meltzoff & Moore, 1997). Dazwischen wirken Repräsentationen. Diese Wirkung wird durch Befunde gestützt, die darauf hinweisen, dass die Handlung von Säuglingen nicht an einen unmittelbaren Stimulus gebunden ist. In einer Studie, in der 3 Wochen alte Neugeborene mit ihrem Schnuller beschäftigt waren, hat ein Erwachsener einige Gesichtsmimiken ausgeführt wie seinen Mund zu öffnen oder seine Zunge auszustrecken. Nachdem die Mimik ausgeführt worden war, nahm der Erwachsene den Schnuller aus dem Mund des Kindes heraus, und das Neugeborene imitierte differenziert, was es vorher gesehen hatte, obwohl die Mimik nicht mehr gezeigt wurde. Je nachdem welche Mimik die Säuglinge bei dem Erwachsenen gesehen hatten, imitierten sie selbst nach einer Verzögerung von 24 Stunden die in der Vergangenheit gesehene Mimik und zwar in der Gegenwart des Erwachsenen, der sich zum Zeitpunkt der Imitation wiederum in seinem Gesichtsausdruck neutral zeigte. Daraus schließen Meltzoff und Moore (1997), dass die Information, die durch das Sehen erlangt wurde, gespeichert und später zugänglich gemacht wird. Diese Verarbeitung ist ein Hinweis auf eine Form von Repräsentation der Erwachsenenhandlung.

Dass diese Repräsentationen vor allem Handlungsziele umfassen, zeigt eine Analyse der Imitationsfehler von 6 Wochen alten Neugeborenen: In dieser Studie wurde den Kindern eine Mimik mit einer zur Seite ausgestreckten Zunge gezeigt. Während nur 30 % der beobachteten Säuglinge die gleiche Mimik zeigten, machten 70 % der Säuglinge einen Fehler: Sie streckten ihre Zunge raus und bewegten ihren Kopf gleichzeitig zur Seite. Auf diese Weise erreichten sie auf einem alternativen Weg, ihre Zunge von der Mittellinie wegzubewegen. Hier wird deutlich, dass es sich bei diesem Nachmachen nicht um die einfachste Form von Imitation im Sinne von Mimikry (Call & Carpenter, 2002, siehe auch oben in 5.3.1) handelt, sondern um eine Form, bei der das Ziel analysiert wird, also Emulation.

Im Zentrum der Imitationsfähigkeit steht diesem Ansatz nach das **supramodale Repräsentationssystem** (Meltzoff, 2007a). Dieses ist dafür verantwortlich, das Ziel der wahrgenommenen Gestik oder Mimik zu identifizieren und die entsprechenden Körperteile beim Kind zu aktivieren. Durch einen Vergleich, der eine kognitive Leistung erfordert (Meltzoff, 2007b: 38), kommt das Kind zu der Erkenntnis ‚wie ich'. Dieser Vergleich impliziert ein aktives Mapping und bedeutet nicht, dass die Imitation intern organisiert und aufgrund eines Stimulus freigesetzt wird (Meltzoff & Moore, 1977). Sie wird vielmehr durch das repräsentationale System vermittelt, das allerdings auf Handlungen zurückgreift, die im Repertoire eines Kindes vorhanden sind. Hier greift das gemeinsame Kodieren [common coding] einer erlebten und einer beobachteten Handlung (Meltzoff & Decenty, 2003). Die Tatsache, dass diese Handlungen gemeinsam kodiert werden, ist ein Bestandteil des menschlichen Systems. An dieser Stelle berufen sich die Autoren auf neurophysiologische Studien zu Spiegelneuronen. Denn befindet sich die wahrgenommene Handlung noch nicht im Repertoire des Kindes, werden bekannte Bewegungen eingesetzt und korrigiert, um das neue Ziel zu erreichen (Meltzoff & Moore, 1997: 187).

Wie hier ersichtlich wird, deutet Meltzoff nur an, wie das Repräsentieren funktioniert. Er selbst verweist auf Arbeiten von Prinz (1997), die eine genauere Vorstellung von der mentalen Arbeit geben. Der supramodale Code (Metzoff, 2007b: 38) ist dort der „common code" (Hommel u.a., 2001). Die grundlegende Annahme ist, dass sich Wahrnehmung, Aufmerksamkeit, Intention und Handlung die gleiche Repräsentationsdomäne teilen, in der sie auch wirken (Hommel u.a., 2001). Die „Theorie des Ereigniskodierens [theory of event coding]" (TEC) bezieht sich auf die späte Wahrnehmung (d.h. nachdem frühe sensorische Prozesse abgelaufen sind) und stellt eine Verbindung zur frühen Handlung oder Handlungsplanung her. Wahrnehmung und Handlungsplanung sind funktionell insofern äquivalent, als es lediglich alternative Wege sind, das Gleiche zu tun: ein externes Ereignis oder die Interaktion zwischen einem Ereignis und einem Akteur intern zu repräsentieren (Hommel u.a., 2001: 860). Ein Argument für die konzeptuelle Einheit von Wahrnehmung und Handlung liegt darin, dass der Prozess der Wahrnehmung ein aktives Verhalten sowohl erfordert wie auch ermöglicht, und das Ausführen einer Handlung sowohl auf einer perzeptuellen Information beruht als auch diese erzeugt.

Übertragen auf das Beispiel von Meltzoff, in dem ein Säugling beobachtet, wie der Erwachsene seine Zunge zur Seite streckt, beinhaltet das Imitieren des Säuglings, d.h. seine Handlungsplanung (oder auch Handlungskontrolle), nicht die Besonderheiten der Bewegung, sondern das Ziel der Handlung (Hommel u.a., 2001: 862). Nach der TEC besteht eine Handlungsplanung aus einigen Merkmalcodes [feature codes], wobei jeder Code auf einen besonderen Aspekt der sensomotorischen Koordination abgestimmt ist. Das heißt, der erste Schritt eines Säuglings in Richtung Handlungsplanung ist das Aktivieren von stimulus-bezogenen Merkmalcodes. Während des zweiten Schrittes werden dann die Merkmalcodes integriert (Hommel u.a., 2001: 863).

Bertenthal und Longo (2007) hegen Zweifel daran, dass es sich bei der Fähigkeit zur Imitation um einen absichtlichen und geplanten Vorgang handelt. Vielmehr sehen sie in der Imitation einen Automatismus, den Neugeborene nicht unterdrücken können. Es gibt zwar keine direkten Befunde für diese Interpretation, allerdings gibt es Anzeichen, die in diese Richtung gedeutet werden können: Zum einen scheint die Fähigkeit zur Imitation bei Neugeborenen ungefähr im zweiten Lebensmonat abzunehmen – ein Zeitpunkt zu dem auch anderes Verhalten unterdrückt [inhibited] werden kann. Es entsteht also eine 3 Monate lange Lücke zwischen der Neugeborenen-Imitation und der späteren Imitation, die sich erst im Alter von 6 Monaten zeigt und für das Beobachtungs-Ausführungssystem [observation-execution system] steht. Bertenthal und Longo (2007) sehen in der Lücke eine Reorganisation in der Natur der Imitation: Erst die spätere Imitation sehen die Autoren als an die intentionale (im Sinne von zielgerichtete) Handlung gekoppelt. Ein anderes Anzeichen dafür, dass es sich bei der Neugeborenenimitation um einen Automatismus handelt, ist die Beobachtung, dass Säuglinge intensiver und zuverlässiger imitieren, wenn der Stimulus häufiger präsentiert wird (Maratos, 1998). Allerdings vertreten Bertenthal und Longo (2007) nicht die Meinung, dass es sich bei der Neugeborenenimitation um einen Reflex handelt, da ein Reflex nicht von mehreren Modalitäten ausgelöst werden kann, wie es aber bei der Imitation der Fall ist.

Die Brücke zwischen Spiegelneuronen und Theory of Mind wird im Ansatz von Meltzoff durch die zielgerichtete Imitation geschlagen: Durch die Nachahmung bildet sich eine ‚wie-ich'-Repräsentation heraus, mit Hilfe derer Kinder bereits früh den Unterschied zwischen sich selbst und den anderen erkennen. Im Zentrum dieses Handlungsverständnisses im Rahmen des ‚wie-ich'-Bezugssystems steht das Agieren [agency], das zum einen die Beteiligung von menschlichen Agenten, zum anderen das Ziel der Handlung beinhaltet. Wie sehr Kinder das Agieren mit einem Menschen verbinden, zeigen die Ergebnisse einer Studie von Meltzoff (1995). Er verglich, inwieweit Kinder Menschen oder eine mechanische Handlung – ausgeführt mit einem Gerät, das Arme und einen Griff hatte – imitieren können. Kinder in beiden Gruppen imitierten vergleichbar, wenn die Nachahmung der ganzen Handlung erfordert war. Kinder schrieben jedoch lediglich den Menschen und nicht dem Gerät ein Ziel bei einer nicht vollendeten Handlung zu. In diesem Fall imitierten sie Menschen (und nicht das Gerät), obwohl die Handlung nicht vollständig gezeigt wurde.

5.4 Ausbildung zur Aufmerksamkeit für Handlungen

5.4.1 Rationale Imitation [rational imitation]

Gergely und Csibra (2005) kritisieren an den bisherigen theoretischen Ansätzen zur Imitation, sie seien entweder zu breit, wie im Falle des ‚Like-me'-Systems von Meltzoff, oder zu eng, wie im Falle von Tomasellos sozial-pragmatischem Lernen, weil sie die Selektivität, mit der Kinder bei der Nachahmung vorgehen nicht erklären können. Als Grundlage dieser Kritik dienen Studien, die zum Imitationsverhalten von 14 Monate alten Kindern durchgeführt wurden (Gergely, Bekkering & Király, 2002). In dem Experiment sahen Kinder wie ein Experimentator eine neue und ungewöhnliche Handlung ausführte: Er brachte einen Knopf, der auf einem Tisch lag, zum Leuchten, in dem er ihn mit der Stirn drückte (siehe Abb. 18).

Abbildung 18: Knopfbetätigen mit der Vorderstirn; die Hände sind dabei: (links) eingepackt oder (rechts) auf dem Tisch zu sehen (© Frank Hegel).

In dieser Präsentation findet sich eine modifizierte Version des von Meltzoff (1998) dargebotenen Stimulus. Modifiziert wurde die Präsentation dadurch, dass Kinder in zwei unterschiedlichen Bedingungen getestet wurden: In einer Bedingung gab der Experimentator vor, dass ihm kalt sei, und wickelte sich in eine Decke ein, so dass seine Hände nicht mehr sichtbar waren (Abb. 18 links). In einer weiteren Bedingung lagen seine Hände sichtbar auf dem Tisch (Abb. 18 rechts).

Die Ergebnisse der Studie zeigten, dass wenn die Hände des Experimentators nicht zu sehen waren, Kinder weniger (etwa 20 %) die Handlung nachahmten als vielmehr den Knopf auf anderen Wegen betätigten, z.B. mit ihrer Hand. In der Bedingung, in der die Hände des Experimentators zu sehen waren, und er seine Handlung ostensiv (siehe 5.5.1) demonstrierte, imitierten die Kinder (zu etwa 70 %) die Handlung mit ihrer Stirn. Nur in der letzten Bedingung konnten also die ursprünglichen Ergebnisse von Meltzoff (1988) repliziert werden. Diese Situation (der Experimentator hat seine Hände frei) kann dahingehend interpretiert werden, dass er offensichtlich nicht aus Not (weil die Hände nicht frei sind) seine Stirn bemüht, um den Knopf zu betätigen. Diese Ökologie der Handlung des Experimentators scheinen die Kinder zu beachten und ihre Imitationsmotivation ist dadurch beeinflusst. Gergely und Csibra (2005) interpretieren die Befunde dahingehend, dass Kinder die Bedingungen, unter denen sich der Experimentator befand, in die Auslegung der Situation einschlossen, und motivierter waren die Handlung nachzuahmen, wenn ihnen das rational am sinnvollsten erschien.

> Die rationale Imitation besteht also darin, dass Kinder nicht nur die vorgemachte Handlung selbst wahrnehmen, sondern auch die situativen Bedingungen, die die Ausführung der Handlung beeinflussen könnten. Ob und welche Aspekte einer Handlung von Kindern imitiert werden, wird entschieden durch das Prinzip der Rationalität (Gergely & Csibra, 2003: 289). Es besagt, dass (1) Handlungen die Funktion haben, zukünftige **Zielzustände** herbeizuführen und (2) diese Zielzustände durch die innerhalb der **situativen Bedingungen** am meisten verfügbare rationale Handlung realisiert werden können (ibid).

In diesem Zusammenhang referieren Southgate und Hamilton (2008) auf eine Studie mit autistischen Kindern, die diesen Unterschied in der Imitationsleistung in Abhängigkeit der Einschätzung der Situation nicht zeigten. Stattdessen imitierten sie die Handlung (Betätigen des Knopfes mit dem Kopf) in beiden Bedingungen. Insgesamt sprechen immer mehr Befunde dafür, dass es sich bei der Imitation um eine Auswahl an top-down Prozessen handelt, die auf sozialen Achtungssignalen (die im nächsten Unterkapitel erläutert werden) aus der gegebenen Situation beruhen. Zu wissen, wann und was man imitieren soll, hängt von der Fähigkeit ab, die sozialen und kommunikativen Hinweise von anderen Mitmenschen zu nutzen und auf ihr Feedback einzugehen (Southgate & Hamilton, 2008: 227; Knoblich & Sebanz, 2006).

5.4.2   Unterstützte Imitation [assisted imitation]

An diese Argumentationslinie, d.h. dass Imitation auf sozialen Hinweisen aus der Situation beruht, knüpft der Ansatz der unterstützten Imitation an (Zukow-Goldring, 2006). Durch pure Beobachtung, so Csibra und Gergely (2005), könne man niemals eine Handlung durchschauen. Denn es gibt unzählige Wege, auf denen ein Ziel erreicht werden kann. Würden Kinder aus der puren Beobachtung lernen, wären sie nicht so erfolgreich. Ihr Erfolg basiert vielmehr auf der menschlichen Fähigkeit zur Hilfestellung. Das heißt, dass einerseits Handlungen von kompetenteren Partnern in unserer Gesellschaft vermittelt werden, die zudem signalisieren, welche Aspekte der Handlung wichtig sind. Andererseits sind die Lerner für das Wissen anderer empfänglich. Dieses primäre didaktische System – wie Papoušek (1994: 32) die Interaktion zwischen Säugling und Eltern charakterisiert, besteht aus elterlichen Anpassungen, die das prozedurale Erlernen und praktische Einüben von heranreifenden integrativen und kommunikativen Fähigkeiten ermöglichen und es auf wirksame Weise unterstützen (ibid). Der Wert dieser Anpassungen wird im Konzept der **Zone der proximalen Entwicklung** [zone of proximal development] (Vygotsky, 1978) erklärt:

> In der Zone der soeben in Entwicklung begriffenen Fähigkeiten können Kinder über die Grenzen ihrer bereits existierenden individuellen Kompetenzen hinaus handeln, wenn sie von einem erfahrenen Erwachsenen unterstützt werden. So werden Kinder befähigt, sich mit fortgeschritteneren Problemen auseinanderzusetzen, als ihnen ihre Fähigkeiten ohne solche Unterstützung erlauben würden. Im Rahmen solcher Interaktionen üben sie neue Fähigkeiten ein, die sie internalisieren und später auch unabhängig einsetzen können [...] (Papoušek, 1994: 32).

Das Verhalten, das Papoušek (1994: 32) mit „intuitive kommunikative Didaktik" bezeichnet, arbeiten Csibra und Gergely (2011; Gergely & Csibra, 2003) weiter zum Ansatz der „Natürlichen Pädagogik [Natural Pedagogy]" aus. Hauptanliegen des Ansatzes ist es, kognitive Mechanismen zu identifizieren, die eine schnelle Vermittlung des kulturellen Wissens durch Kommunikation ermöglichen, was wiederum der menschlichen Spezies einen evolutionären Vorteil verschafft. Während bei den Autoren jedoch nicht klar ist, ob diese Mechanismen angeboren oder erworben sind, geht Zukow-Goldring (2006) einen Schritt weiter und zeigt auf, dass die Strategien des Lernens zuerst gelernt werden müssen. Denn ein Lerner begreift nicht sofort, dass der Lehrer bestimmte Handlungsaspekte hervorhebt. Durch perzeptuelle Informationen, die der Lehrer hinzufügt, wird die Referenz multimodal aufgelöst. Diesen Lernvorgang nennt Zukow-Goldring (2006) *unterstützte Imitation* [assisted imitation]. Ein Beispiel von Zukow-Goldring (2006) ist das Schälen einer Orange: Obwohl die Mutter dabei mit ihrer Zeigegeste und zusätzlichen Kommentaren helfen möchte, kann das Kind das Ziel nicht erreichen. Erst als die Mutter die Hand des Kindes im Sinne der erfolgreichen Handlung führt, gelingt es dem Kind, die Orange zu schälen. Das Führen der Hand sorgt für perzeptuelle Information (nicht nur visuell, taktil sondern auch kinästhetisch). Zukow-Goldring postuliert daher, dass junge Kinder im Alltag der perzeptuellen Information und multimodalen Präsentation bedürfen, damit sie erfahren können, welche Konsequenzen die Bemühungen der Eltern für sie haben. Erst so lernen sie, dass die Zeigegeste sich auf bestimmte Handlungsaspekte des Schälens bezogen hat. Auf diese Weise kommt der Lerner zu der Einsicht, dass ihm genau die wichtigen Aspekte einer Handlung gezeigt werden und er dann diese beim Beobachten bevorzugt wahrnehmen muss. Die Wahrnehmung des Lerners muss also zunächst in einer Interaktion geschult und auf die elterlichen Strategien hin sensibilisiert werden (Zukow-Goldring, 1996; 2006), damit die Informationsvermittlung im Allgemeinen und Imitation im Speziellen gelingt.

Call und Carpenter (2002) unterstreichen ebenfalls die „Sozialisierung der Aufmerksamkeit [socialization of attention]" (Call & Carpenter, 2002: 223), die sich in einer Interaktion abspielt: Kinder werden darin gelenkt, auf bestimmte Aspekte der Umwelt zu achten. Dieses Lenken, so vermuten die Autoren, ermöglicht es den Kindern, nicht nur die Handlungsziele, sondern auch die exakten Handlungsverläufe wahrzunehmen. Dabei können unterschiedliche soziale Signale für die Lenkung der Aufmerksamkeit benutzt werden. Diese gehen auf etablierte Interaktionsmuster zurück (Nomikou u.a., 2013). Ohne das Lenken, so Zukow-Goldring (2006), wären Kinder nicht in der Lage, manche undurchsichtigen Handlungen (wie z.B. das Öffnen eines Einmachglasses, bei dem das kaum sichtbare Drehen des Deckels einen entscheidenden Handlungsschritt ausmacht) zu imitieren.

Für den Spracherwerb ist diese Form von Imitation essenziell. Denn Sprache und Handlung beeinflussen sich gegenseitig: Sprache kann nicht nur bestimmte Handlungsaspekte hervorheben, was bereits in einer frühen Mutter-Kind-Interaktion deutlich wird (Nomikou & Rohlfing, 2011). Ebenso kann eine Handlung die Bedeutung eines sprachlichen Ausdrucks in den Vordergrund bringen (De Villiers Rader & Zukow-Goldring, 2010; Gogate & Bahrick, 2001, siehe auch 5.1.3).

Es gibt eine Reihe von sozialen Signalen (Ostension, Referenz, Motherese, Motionese, etc.), die aktuell als aufmerksamkeitslenkend diskutiert und auf ihre Wirkung untersucht werden. Ihre Beschreibung hätte genauso gut in das letzte Kapitel zur Aufmerksamkeit gepasst, weil sie in erster Linie die Aufmerksamkeit des Säuglings berühren. Doch an dieser Stelle geht es verstärkt um die Strategien im Input, auf die Kinder offensichtlich mit Präferenz reagieren. Papoušek (1994: 32) umschreibt diese Strategien als „kleine didaktische Interventionen, die die noch begrenzten kognitiven Fähigkeiten des Kindes unterstützen und im konkreten Kontext der Interaktion erweitern". Im Folgenden werden die Strategien vorgestellt.

5.5 Referenz durch Handlung: Aufmerksamkeitsregulation im Diskurs

Wie bereits erwähnt, scheint eine symbiotische Beziehung zwischen dem Aufmerksamkeitszustand des Kindes und der Aufmerksamkeitslenkung des Lehrers den Prozess des Lernens auszumachen: Der Lehrer muss sicherstellen, dass das Kind seine Handlung wahrnimmt und bedient sich dabei verschiedener Verhaltensweisen, die dem Kind signalisieren, dass etwas Wichtiges vermittelt wird, was wiederum das Kind in einen Lernzustand [pedagogical stance] versetzt (Gergely & Csibra, 2006).

5.5.1 Ostension, Referenz und Relevanz

In einem Versuch, die Facetten der Aufmerksamkeitsschulung zu beschreiben, gehen Csibra und Gergely (2006) sowohl auf Ostension wie auch auf sich daraus ergebende Referenz und Relevanz ein.

5.5.1.1 Ostension

Unter Ostension ist ein soziales Signal zu verstehen, welches vermittelt, dass der Sprecher etwas mitzuteilen hat (vgl. Sperber & Wilson, 1995). Am Beispiel der Ostension machen Csibra & Gergely (2006) darauf aufmerksam, dass beide Seiten, d.h. der Lerner und der Lehrer, bei der Informationsvermittlung beteiligt sind. Der Lehrer muss darauf achten, dass der Lerner aufnahmefähig ist. Das wird in der Interaktion mit einem Kind dadurch erreicht, dass der Lehrer sein Verhalten modifiziert und somit in einen sichtbaren Vermittlungsmodus kommt. Csibra und Gergely (2006) räumen ein, dass dieses Signalisieren auch durch primäre Kommunikationsebenen vermittelt werden kann, indem z.B. der Lehrer Blickkontakt zum Lerner aufnimmt. Auch gehören das Nennen des Vornamens oder die kindgerichtete Sprache zu ostensiven Merkmalen einer Lernsituation (siehe unten).

Einen beeindruckenden Beleg für die Wirkung der Ostension liefert die Studie von Senju und Csibra (2008) mit 6 Monate alten Kindern. Die Autoren untersuchten, unter welchen Umständen Säuglinge in der Lage sind, einem Blick auf ein Objekt zu folgen. In allen Bedingungen sahen die Versuchspersonen zunächst eine Experimentatorin, wie sie nach unten schaute, und rechts und links von ihr jeweils ein Objekt lag. In der ostensiven Bedingung schaute die Experimentatorin hoch und stellte Blickkontakt mit dem Kind her. Dann erschien an der Stelle des Gesichts ein salientes Zeichen (eine Blume) und es war eine kindgerichtete Stimme zu hören, die „Hallo!" sagte. In der nicht-ostensiven Bedingung war statt des Blickkontakts nur ein auffälliges Zeichen an der Stelle des Gesichts (eine Blume) zu sehen und ein monotones „Hallo!" erklang. Zum Schluss der Präsentation sahen die Säuglinge in beiden Bedingungen wie das Gesicht der Experimentatorin zu dem einen oder anderen Objekt hinschaute. Es wurde gemessen, ob die Versuchspersonen dem Blick der Experimentatorin folgten und ebenfalls auf das Objekt schauten. Senju und Csibra (2008) fanden heraus, dass 6-Monatige dem Blick nur in der ostensiven Bedingung folgten. Die Ostension etabliert somit einen (pragmatischen) Rahmen für die Relevanz der zu vermittelnden Information (im Experiment war es die Blickrichtung). Zurzeit werden vor allem Blickkontakt und kindgerichtete Sprache als ostensive Mittel diskutiert. Doch auch andere elterliche Modifikationen haben das Potenzial dazu (Nomikou u.a., 2013).

5.5.1.2 Referenz

Im Ansatz der Natürlichen Pädagogik [Natural Pedagogy] von Gergely und Csibra (2003) wird Referenz (siehe Kapitel 3) nicht als eine plötzliche Einsicht aus der Erfahrung heraus gesehen, sondern als eine „innere Erwartung [inherent expectation]" für kommunikative Signale (Gliga & Csibra, 2009: 347).

Wie bereits oben angemerkt, heben Zukow-Goldring (2006) wie auch Call und Carpenter (2002) die Besonderheiten in der Aufmerksamkeitslenkung des Kindes hervor, die in einer Interaktion nicht nur durch die Gegebenheiten der materiellen Welt, sondern vor allem durch den sozialen Partner herbeigeführt werden. Dabei nimmt der Partner explizit Bezug auf die Information (z.B. die Handlungsaspekte), die er / sie zu vermitteln versucht. Diese Explizitheit unterscheidet die menschliche Kommunikation vom kommunikativen Verhalten bei Affen. Die Autoren erklären, dass es sich bei einer expliziten Vermittlung um generalisierbares Wissen handelt (siehe auch Pepperberg, 1997; Gliga & Csibra, 2009). Der Bezug kann z.B. durch verbale Äußerungen oder durch deiktische Gesten hergestellt werden und bereits Einjährige zeigen, dass sie Wörtern und Gesten eine referenzielle Natur zuschreiben (Gliga & Csibra, 2009). Dagegen kann bei Affen das Wissen nicht über den direkten Kontext der Kommunikation hinausgetragen werden (Csibra & Gergely, 2006). Dass bereits 13-monatige Kinder eine innere Erwartung aufweisen (siehe „pedagogical stance in 5.5.1.3), muss nicht davon zeugen, dass sie ihrem Kommunikationspartner mentale Zustände zuschreiben. Es kann vielmehr sein, dass sie eine Situation als kommunikativ erkennen. Was mit der Erfahrung zunimmt, ist somit nicht eine besondere Form von symbolischem Verständnis, sondern die Fähigkeit, unterschiedliche und unterschwellige Achtungssignale im Sinne der Referenz zu deuten (ibid: 352).

5.5.1.3 Relevanz

Damit die Vermittlung von Wissen funktioniert, muss das Wissen für den Lerner relevant sein. Dabei bezieht sich die Relevanz auf die Beidseitigkeit des Vermittlungsvorgangs: Der Lerner muss sich in einem **pädagogischen Zustand** [pedagogical stance] (Gergely & Csibra, 2006: 243) befinden, der ihn annehmen lässt, die vermittelte Information sei nicht nur neu, sondern auch relevant und beinhalte ein generalisierbares Wissen (d.h. das Wissen wird von allen Gemeinschaftsmitgliedern geteilt); zugleich bemühen sich die kompetenteren Partner darum, die wesentlichen und neuen Aspekte einer Handlung zu betonen. Dazu gehört es, dass sie mithilfe des Monitoring erkennen müssen, was dem Lernenden fehlt. Möchte ein Kind eine Klinke herunter drücken, muss ein Lehrer erkennen, ob das Kind schon die Hand ausstrecken und dann nach der Klinke greifen kann.

5.5.2 Motherese: An das Kind gerichtete Sprache

Um Aspekte einer Handlung zu betonen, stehen Erwachsenen einige Mittel zur Verfügung, die die Relevanz der zu vermittelnden Information signalisieren. Ein solches Signal ist die Verwendung von Motherese.

> *Motherese* wird in der Umgangssprache auch als *Babysprache* oder in der Forschung als *kindgerichtete Sprache* [child-directed-speech] bezeichnet und bezieht sich auf die **vokalen Modulationen**, die von Erwachsenen oder älteren Kindern gegenüber einem kleineren Kind vorgenommen werden. Die Modulationen betreffen nicht nur die Prosodie (höhere Tonlage, breite Tonlagekonturen, lange Pausen zwischen den Äußerungen, langsame Sprechgeschwindigkeit), sondern auch die Inhalte (Bezug auf die Gegenwart, inhaltliche Wiederholungen, geringer Abstraktionsgrad, usw.), die sprachlich vermittelt werden sowie deren grammatische Ausgestaltung (Menge der Wörter, einfache Sätze, usw.) (Masataka, 2003; Szagun, 2006). Die Charakteristika der an kleine Kinder gerichteten Sprache von Erwachsenen werden in tabellarischer Form von Szagun (2006: 174) zusammengestellt.

Ich verwende den Begriff „Motherese", weil das „Mother" sich auf die Betreuer oder Bezugspersonen bezieht, während das „ese" [ease] auf die Tatsache Bezug nimmt, dass diese Modifikationen einer Vereinfachung dienen. Szagun (2006: 174) fasst zusammen, dass die Vereinfachungen in der Sprache in europäischen und nordamerikanischen Kulturen generell bei Personen zu beobachten sind, die sich an Kinder richten, also nicht nur bei Müttern.

Ferguson (1964) unternahm die ersten Versuche, das Phänomen, das in unterschiedlichen Sprachen beobachtet wurde, zu charakterisieren. Da in der Sprachforschung der Inhalt einer verbalen Äußerung stärker im Vordergrund stand als seine prosodische Kodierung, beschäftigten sich zuerst Primatenforscher, und nicht Linguisten, mit der Signalwirkung der Prosodie. Masataka (2003: 129) berichtet, es handle sich bei der freiwilligen Modulation des Vokalsignals nicht um ein typisch menschliches Phänomen. Er beruft sich auf Studien mit anderen Primaten wie erwachsenen Japanmakaken, die freiwillig die Frequenz der Gurrtöne modulieren, um bei der auditiven Lokalisierung zu helfen. Masataka (2003: 142) vermutet, dass diese Rufe ein phylogenetischer Vorläufer sein könnten. Motherese betrifft aber nicht nur die Prosodie, sondern auch andere Ebenen des sprachlichen Verhaltens. Experimentelle Studien von Fernald (1987) zeigten, dass vor allem die Tonlage das Motherese ausmacht. Phonologisch gesehen können im Rahmen des Motherese die Formanten der Vokale (das sind feststellbare Bündel von Partialtönen, die die Klangfarbe von Lauten ‚formen', vgl. Bußmann, 1990) stärker voneinander unterschieden werden, weil sie extremer produziert werden (Masataka, 2003). Stellt man die menschlichen Vokale nach ihrer Artikulationsstelle im Mundraum auf, dann machen sie ein Vokaldreieck (oder -trapez) aus, das im Motherese größer wird. Auf der Ebene der Lexik und Syntax kann beobachtet werden, dass auch die gesprochene Wortmenge, Wiederholungen und die Komplexität der Äußerungen angepasst werden (Masataka, 2003: 130).

Grimm (1999) gliedert das Phänomen des Motherese in drei zeitlich aufeinander folgende Phasen, die sich sowohl in den Merkmalen der verbalen Äußerung wie auch in ihren Funktionen für den Spracherwerb unterscheiden:

1. **Ammensprache**, die zu Säuglingen bis zu etwa ihrem 12. Lebensmonat gesprochen wird. Die gesprochene Sprache soll den Säugling für die Prosodie und Phonologie der Zielsprache empfänglich machen: Sie zeichnet sich durch überzogene Intonationskontur, hohen Tonfall, lange Pause an Phrasenstrukturgrenzen und einfachen Sätzen aus. Laut Dominey und Dodane (2004) sind die Merkmale dann am stärksten ausgeprägt, wenn das Kind 4 bis 6 Monate alt ist: Mütter gebrauchen eine glockenartige Tonlage und aufsteigende Intonationskonturen, um die Aufmerksamkeit des Kindes auf sich zu lenken. Diese Phase zeichnet sich sowohl durch Wahrnehmungskontraste, die für das Lenken und Erhalten von Aufmerksamkeit nötig sind, wie auch durch perzeptuelle Kohärenz aus, die durch die Familiarisierung an wenige Sprecher entsteht.

2. **Stützende Sprache** dagegen führt in Dialogroutinen ein (Newport, Gleitman & Gleitman, 1977) und liefert dem Kind „Formate" (Grimm, 1999: 45), innerhalb welcher neue Wörter eingeführt werden; es werden z.B. Benennungsroutinen eingeübt, in denen Objekte mit Wörtern versehen werden. Ein Merkmal der Formate ist die wiederkehrende Dialogform, die an Schlüsseläußerungen wie „Schau', hier ist ein _" zu erkennen ist. Die Dialogroutinen richten sich an Kinder in ihrem 2. Lebensjahr und sorgen für einen Bezug zum Hier und Jetzt (Snow, 1977) durch einen gemeinsamen Aufmerksamkeitsfokus, der zum Beispiel in Bilderbuch-Lesesituationen verstärkt zur Geltung kommt.

3. Die **lehrende Sprache** sorgt ab etwa dem 24.–27. Lebensmonat für die immer zentraler werdende Grammatik der Zielsprache. Die Daten der Zielsprache werden in längeren Äußerungen, höherer Anzahl von Nominalphrasen pro Äußerung sowie mittels Fragen geliefert. Das Kind lernt, indem es selbst die Strukturprinzipien anzuwenden sucht (Grimm, 1999: 47).

Motherese ist auf der einen Seite ein Weg, Sprache den Wahrnehmungsfähigkeiten und -empfindlichkeiten des Kindes anzupassen (Sachs, 1977). Diese Art kann insofern als erfolgreich gegenüber Kindern bezeichnet werden, als Studien gezeigt haben, dass Kinder die angepasste Sprache als Input präferieren (siehe eine Zusammenfassung in Masataka, 2003 und Dominey & Dodane, 2004). Allerdings dauert die wissenschaftliche Debatte zur Frage noch an, *warum* Kinder die angepasste Sprache präferieren und *ob* sie sie für den Spracherwerb benötigen.

Im Hinblick auf die zweite Frage zeigte Monnot (1999), dass Motherese nicht nur im Sprachlehren, sondern auch im Zusammenhang mit emotionaler Regulation und Sozialisation betrachtet werden muss (Masataka, 2004). Snow (1977) bezieht sich auf Motherese als eine soziolinguistische Fertigkeit. Reissland und Shepherd (2006) zeigten kürzlich, dass Mütter, die unter Depressionen leiden, sich nicht im Emotionsausdruck in ihrem Gesicht unterscheiden, sondern in der Tonhöhe, mit der sie z.B. Überraschung vokalisierten. Im Vergleich zu nicht depressiven Müttern äußerten sie ihre Überraschung mit tiefer Frequenz. Die Autoren beschreiben, dass die Kinder dieser

Mütter weniger Gesichtsausdrücke und weniger Überraschung in Situationen zeigten, die ein Staunen hervorrufen sollten. Diese Studie betont also, dass die emotionale Information, die durch Motherese vermittelt wird, von Kindern, deren Mütter unter Depressionen leiden, weniger aufgegriffen wird.

Kulturvergleichende Studien zeigen, dass Erwachsene nicht in jedem Kulturkreis von Motherese Gebrauch machen, wenn sie ihre Kinder ansprechen. Ingram (1995) argumentiert, dass es sich bei Motherese vielmehr um eine konventionalisierte Art des Sprechens zu Kindern handelt, durch die kulturelle Regeln vermittelt werden. Ferguson (1977) stellt Motherese als eine Art Sprechregister dar, das nicht nur im Interagieren mit Kindern, sondern auch mit Tieren oder älteren Menschen eingesetzt wird. Dagegen wenden sich Smith und Trainor (2008), die zeigen, dass die Tonhöhe des Motherese durch die Rückmeldung des Säuglings selbst beeinflusst wird. Zudem kann die Ausführung von Motherese sogar innerhalb einer Kultur extrem individuell variieren. Hierzu fanden Ikeda und Masataka (1999) heraus, dass das Umfeld, in dem die Bezugspersonen aufgewachsen sind, ein Vorbild für die Verwendung von Motherese sein kann: Japanische Mütter, die selbst Einzelkinder waren, zeigten weniger Modifikationen in der Tonhöhe als Mütter, die mit einem oder mehreren Geschwistern aufwuchsen.

Wenn es sich bei Motherese um einen Regelsatz handelt, der von Kultur zu Kultur variieren kann, aber in jeder Kultur Spracherwerb stattfindet, dann kann Motherese nicht eine Voraussetzung für den Spracherwerb sein. Das Argument von Ingram (1995), dass in Motherese eine kulturelle Regel steckt, sagt lediglich, dass Motherese keine Bedingung für den Spracherwerb ist, entkräftet aber nicht die Ansicht, Motherese wäre für den Spracherwerb förderlich. Zudem wirft das Argument die Frage auf, warum diese Art des Sprechens zu Kindern in der westlichen Kultur bevorzugt wird. Ein Erklärungsversuch setzt an dem hohen Wert der Kommunikation für unsere Gesellschaft an: Motherese als Art mit Kindern zu sprechen wird favorisiert, weil dieser Sprachstil die Kommunikation mit Kindern fördert, und es uns wichtig ist, dass sich ein Kind früh und individuell äußern kann.

Im Hinblick auf die erste Frage, warum Kinder Motherese einem typischen Sprechen vorziehen, folgen die Befunde zwei Argumentationssträngen: Einerseits wird argumentiert, dass das Wahrnehmungssystem der Kinder durch die angepasste Sprache in seinen Prädispositionen gezielt angesprochen wird. Masataka (1999) zeigte, dass selbst Kinder, deren Eltern nicht hören können, starke Präferenzen für Motherese aufweisen, was darauf schließen lässt, dass es sich um eine angeborene und nicht um eine angelernte Präferenz handelt. Zum anderen wird argumentiert, dass Kinder deshalb aufmerksam auf die angepasste Sprache reagieren, weil sie ihnen etwas vermittelt. Der Inhalt der Vermittlung wird ebenfalls noch diskutiert: Eine Möglichkeit ist, dass Motherese die essenziellen Eigenschaften der Zielsprache in einer Übertreibung präsentiert, d.h. dass mit Motherese Kinder an Variationsmöglichkeiten gewöhnt werden. Eine andere Möglichkeit zeigen Csibra und Gergely (2006) vor einem evolutionären Hintergrund auf und plädieren dafür, dass diese angepasste Sprache deshalb erfolgreich ist, weil sie dem Kind signalisiert, dass der soziale Partner etwas zu sagen hat oder kommunizieren möchte. Dieses Signal wiederum berühre bei Kindern die Anlagen zur Wissensvermittlung. Interessanterweise findet sich das Register der angepassten Sprache nicht nur in der Interaktion mit einem Kind, sondern auch in Interaktionen unter Erwachsenen, die einem Zuhörer etwas Neues vermitteln wollen (Farald & Mazzie, 1991).

5.5.3 Motionese: An das Kind gerichtete Bewegung

Dass es sich bei Motherese um ein multimodales Phänomen handelt, zeigen aktuellere Studien zum kindgerichteten Input. So fanden Brand, Baldwin und Ashburn (2002) heraus, dass Mütter nicht nur ihr sprachliches Verhalten, sondern auch ihre Bewegung an Kinder anpassen. Dieses Phänomen nannten die Autorinnen „Motionese" (Brand, Baldwin & Ashburn, 2002: 73). In der zugrunde liegenden Studie vermittelten Mütter ihren Kindern sowie einem vertrauten Erwachsenen Funktionen neuer Objekte. Brand und ihre Kolleginnen (2002) beobachteten dabei, dass Mütter ihr Demonstrationsverhalten gegenüber einem vertrauten Erwachsenen auf das einfache Vorführen beschränkten. Dagegen äußerte sich ein typisches Motionese-Verhalten darin, dass Mütter wenige Handlungen wählen, um ein Objekt einzuführen, diese aber mehrmals nacheinander wiederholen, bevor sie mit einer neuen Handlung fortfahren (Brand u.a., 2002: 78 f.).

Zusammen mit Kollegen habe ich diese Untersuchungen fortgesetzt, um die zentralen Parameter der Bewegungsmodifikation objektiv zu erfassen (Rohlfing, Fritsch, Wrede & Jungmann, 2006). In unserem Setting sollten die Eltern (Mütter *und* Väter) ihren Kindern und erwachsenen Partnern bekannte Objekte zeigen. In unserem Ansatz benutzten wir eine algorithmische Lösung, um die visuell erkennbaren Modifikationen in der Handlungsausführung quantitativ zu identifizieren, wofür wir lediglich Videoaufnahmen von den Versuchspersonen benötigten. Wir fanden heraus, dass eine runde und zügige Bewegungstrajektorie in einer Interaktion mit einem Erwachsenen ausgeübt wird. Dagegen erscheint in einer Interaktion mit einem Kind eine Bewegung weniger rund, geradliniger, kürzer und mit mehr Pausen zwischen den einzelnen Bewegungen. Diese Charakteristika ähneln dem von Brand und Kollegen (2002) definierten Parameter ‚Akzentuierung [punctuation]‘.

In weiteren Arbeiten konnten wir zeigen, dass diese Bewegungsmodifikationen speziell gegenüber jüngeren Kindern (8 bis 11 Monate) vollzogen werden, deren Aufmerksamkeit (und Handlungsverständnis) mehr Unterstützung braucht (siehe 5.4.2). Mit zunehmenden kognitiven und sprachlichen Fähigkeiten der Kinder schwinden die Bewegungsmodifikationen (Vollmer, Lohan, Fritsch, Rohlfing & Wrede, 2009). Zu vermuten ist, dass Eltern sich zunehmend auf die Sprache und ihre Semantik verlassen können, um Kindern die Handlungsaspekte zu verdeutlichen, was durch die Tatsache gestützt wird, dass Kinder mit zunehmendem Alter eine andere Form des Feedbacks äußern (Vollmer u.a., 2010).

Die beim Motionese untersuchten Parameter erinnern an die Parameter des Motherese. Die Parallele zum Motherese lässt wiederum die Funktionen des Motionese vermuten: Die Modifikationen sollen dem Kind helfen, eine Struktur in der Handlung zu entdecken und die signifikanten Aspekte des Signals zu identifizieren. Wie diese Hilfe jedoch geleistet wird, ist in der Literatur noch nicht beschrieben. Unsere Daten legen die Vermutung nahe, dass Eltern komplexe Handlungen in unterscheidbare Teilbewegungen zerlegen, an deren Ende entweder (1) das Objekt selbst, (2) seine Funktion oder (3) die Eigenschaft des Objektes für das Kind hervorgehoben wird (Rohlfing u.a., 2006). Dabei kommt es zu einer Verminderung der Geschmeidigkeit der Bewegung, wodurch das Kind das Objekt sowie seine Funktion(en) und Eigenschaften einfacher erkennen kann.

Aus einigen Studien erfahren wir, dass Kinder von dieser Bewegungsanpassung profitieren, weil sie ihre Aufmerksamkeit leichter auf die Bewegungen richten können. Dann, führen Brand u.a. (2000) fort, können Kinder die Ziele und Strukturen von

Handlungen durch die Betonung lernen. Dass die kindgerichtete Handlungsausführung wirksamer für die kindliche Aufmerksamkeit ist, zeigten Brand und Shallcross (2008). In ihrer Studie bedienten sie sich des Preferential Looking-Paradigmas und präsentierten zwei Formen von Handlungsausführung. Anschließend analysierten sie, ob die 6 bis 8 Monate alten Kinder die Handlungsausführung aus einer Eltern-Kind-Interaktion oder einer Erwachsener-Erwachsener-Interaktion präferieren. Sie fanden heraus, dass selbst wenn die Gesichter mit einem Schatten versehen waren (sodass lediglich die manuelle Handlungsausführung und die Bewegung der Körpers aber nicht der Ausdruck des Gesichtes zu sehen war), Kinder die an sie gerichtete Ausführung (Motionese) präferieren und länger darauf schauen.

Eine Studie von Koterba und Iverson (2009) untersucht wie Aspekte von Motionese, wie übertriebene Bewegung einerseits und Wiederholung der Handlung andererseits, auf die Aufmerksamkeit von 8 bis 10 Monate alten Kindern und ihr Explorationsverhalten wirken. In dem Experiment wurde Kindern zunächst eine Handlung mit einem Objekt gezeigt (hierbei wurde die Zeit gemessen, die die Kinder auf die Handlung schauten), danach durften sie das Objekt für 30 Sekunden explorieren (und es wurde gemessen, wie lange sich die Kinder mit dem Objekt beschäftigten). Das Experiment zeigt, dass die Aspekte des Motionese die Aufmerksamkeit der Kinder auf die Bewegung lenkten; denn Kinder, denen eine nicht-modifizierte Handlung präsentiert wurde, schauten die Bewegung am kürzesten an. Weiterhin hatte die Wiederholung der Handlung einen Einfluss auf die Art, wie die Kinder anschließend das Objekt untersuchten: Hatten sie viele Wiederholungen gesehen, dann schüttelten sie das Objekt oder klopften damit; weniger Wiederholungen führten signifikant häufiger zum Drehen der Objekte. Aspekte des Motionese können also nicht nur die Aufmerksamkeit eines Kindes beeinflussen, sondern auch die Art der Objektexploration (ibid).

In Fischer, Foth, Rohlfing und Wrede (2011) konnten wir zeigen, dass die Ausführung von Motionese von der Rückmeldung des Lerners abhängt – ein Befund, der eine zusätzliche Parallelität zwischen Motherese und Motionese aufzeigt. Es ist daher möglich, dass je nachdem welche Aspekte einer Handlung der Lerner wahrgenommen und geäußert hat, der Lehrer seine erneute Demonstration den sich neu ergebenden Bedürfnissen des Lerners anpasst.

5.5.4 Handlungsregulation

In den Studien zu Motionese wird argumentiert, dass die Modifikationen letztendlich auf das Handlungsverständnis einwirken (Koterba & Iverson, 2009). In der Tat gibt es Arbeiten, die einen Zusammenhang zwischen elterlichem Verhalten und der Entwicklung des Handlungsverständnisses herstellen. Hofer, Hohenberger, Hauf & Aschersleben (2008) replizierten zuerst ein Experiment, das das Verständnis von zielorientierter Handlung bei Säuglingen untersuchte und ursprünglich von Woodward (1999) durchgeführt wurde. Dann berücksichtigten sie den Interaktionsstil der Mütter, deren Kinder an dem Experiment teilnahmen, indem sie sie nach dem Experiment baten, fünf Minuten mit ihrem Kind zu spielen. Das Verhalten der Mütter während dieser Interaktion wurde mit einem Care-Index (Child-Adult Relationship Experimental Index) kodiert. Das Kodieren ergab, dass die Mütter in der Stichprobe einfühlsam [sensitive], kontrollierend [controlling] oder nicht nachkommend [unresponsive] gegenüber ihren Kindern waren. Hofer und Kollegen (2008) fanden überraschenderweise heraus, dass im Speziellen die Kinder von kontrollierenden Müttern – und nicht wie erwartet die Kinder von einfühlsamen Müttern – die zielorientierte Handlung als solche verstanden. Kontrollierende Mütter initiierten häufig Handlungen, griffen in das Verhalten der Kinder ein und steuerten die Kinder nach ihrem Willen. Dieser Interaktionsstil kann für eine aktive Interaktion sorgen, in der Kinder die Auswirkung von Handlungen lernen (siehe 5.5.5 zu dem direktive Stil in gemeinsamen Aufmerksamkeitsbezügen). Hofer und ihre Kollegen (2008) betonen, dass die Gruppe der kontrollierenden Mütter in dieser Stichprobe weit davon entfernt war, ein extrem kontrollierendes Verhalten zu zeigen. In diesem Sinne kann es sich um einen Stil handeln, der sowohl instruierend wie auch belehrend ist, da eine kontrollierende Mutter erwartet, dass ihr Kind ihrem Verhalten folgt.

5.5.5 Aufmerksamkeitsregulation und der kindliche Aufmerksamkeitsfokus

In der Interaktion spielt nicht nur die Aufmerksamkeit des Kindes eine Rolle, sondern auch die Versuche der anderen Gesprächsteilnehmer, auf die Aufmerksamkeit Einfluss zu nehmen. Für die Spracherwerbsforschung ist es von Interesse zu untersuchen, welchen Einfluss das Verhalten anderer Mitmenschen, die häufig mit dem Kind interagieren, auf die Vokabularentwicklung des Kindes hat. Dabei konzentrieren sich die meisten Studien auf die Sprache der Mütter. So fanden Della Corte, Benedict und Klein (1983; ebenso Tomasello & Todd, 1983) heraus, dass die Art, wie Mütter ihre Konversation mit der Aufmerksamkeit ihrer Kinder abstimmen, einen Einfluss auf deren lexikalische Entwicklung hat. Im Speziellen stand bei Tomasello und Todd (1983) der Stil der Aufmerksamkeitsregulation im Fokus. Unter Aufmerksamkeitsregulation wird zum Einen das Eingehen eines Erwachsenen auf einen schon vorhandenen Fokus verstanden, d.h. wie ein Erwachsener das vorhandene Interesse eines Kindes in seinen Diskurs einbezieht. Zum anderen fällt unter Aufmersamkeitsregulation das Anleiten des Kindes, andere Entitäten und Ereignisse wahrzunehmen, d.h. wie der Erwachsene einen anderen Aufmerksamkeitsfokus beim Kind erreicht.

Diese unterschiedlichen Weisen der Aufmerksamkeitsregulation wurden mit den individuellen Unterschieden im Spracherwerb in Zusammenhang gebracht. Dabei offenbarte sich ein Unterschied zwischen Kindern: Die Kinder, die ihre Sprache **analytisch / referenziell** nutzen, machen häufiger Objektbezüge und gebrauchen mehr Substantive. Dagegen verwenden die anderen Kinder ihre Sprache **holistisch / expressiv** und äußern sich handlungs- und personenbezogen.

Tomasello und Todd (1983) beobachteten eine Interaktion zwischen Müttern und ihren 12 bis 13 Monate alten Kindern und untersuchten dabei unterschiedliche mütterliche Stile im Aufmerksamkeitslenken. Ein **direktiver Stil** zeichnet sich dadurch aus, dass die Mutter Interaktionen initiiert, um die Aufmerksamkeit des Kindes auf ein Ereignis zu lenken, dass es noch nicht selbst im Blickfeld hat. Dieser Stil wurde als nicht optimal für die gemeinsam gerichtete Aufmerksamkeit beurteilt, weil es in dieser Situation das Kind ist, das erkennen muss, worauf der Erwachsene seine Aufmerksamkeit richtet (Tomasello & Todd, 1983: 200). Tomasello und Todd (1983) stellten fest, dass die Kinder der Mütter mit direktivem Stil, die ihre Sprache eher holistisch nutzten. Ein direktiver mütterlicher Stil steht also im Zusammenhang mit mehr personal-sozialen Wörtern und weniger Substantiven in der lexikalischen Entwicklung.

Eine weitere experimentelle Studie von Tomasello und Farrar (1986) zeigte zudem, dass Kinder zuverlässiger einzelne Wörter lernten, wenn sie in einem gemeinsamen Erlebnis [joint episode] präsentiert wurden, d.h. wenn das Wort genau in dem Moment geäußert wurde, als das Kind seinen Aufmerksamkeitsfokus auf dem benannten Objekt hatte. Kann daraus geschlossen werden, dass es besser für die Vokabularentwicklung des Kindes ist, wenn man über etwas spricht, das sich direkt in seinem Aufmerksamkeitsfokus befindet?

Eine Studie von Akhtar, Dunham und Dunham (1991) untersuchte, ob die Ergebnisse von Tomasello und Todd (1983) aufgrund des Aufmerksamkeitsfokus (d.h. der Information, wohin das Kind schaut) oder aufgrund der linguistischen Eigenschaften des direktiven Kommunikationsstils erreicht wurden. Um den Aufmerksamkeitsfokus zu untersuchen, griffen die Autoren verbales Verhalten auf, das den Fokus der kindlichen Aufmerksamkeit zum einen zu lenken (und somit verändern) oder ihm zum anderen zu folgen versuchte. Um die linguistischen Aspekte zu verstehen, untersuchten die Autoren das mütterliche Sprachverhalten der 13 Monate alten Kinder und überprüften später den Einfluss auf den Lexikonumfang im 22. Lebensmonat des Kindes. Das mütterliche Sprachverhalten wurde als deskriptiv (bei Äußerungen, die Ereignisse beschrieben), und präskriptiv (bei Instruktionen, die an das Kind gerichtet waren) kategorisiert. Jede der zwei Kategorien wurde danach unterschieden, ob es sich um aufmerksamkeitsfolgendes oder -führendes Verhalten handelte. Zum Beispiel galt als präskriptiv-folgend, wenn eine Mutter mit ihrem Kind einen Turm baute und dabei mit der Referenz auf einen Klotz, den das Kind in der Hand hatte und gerade darauf schaute, sagte „Gib' mir den Klotz!" (Akhtar, Dunham & Dunham, 1991). Interessanterweise korrelierten diese präskriptiv-folgenden Äußerungen zuverlässig mit dem produktiven Wortschatz des Kindes im Alter von 22 Monaten, während andere Äußerungskategorien (präskriptiv-führend, deskriptiv-folgend und deskriptiv-führend) keinen Zusammenhang mit der Sprachentwicklung der Kinder aufwiesen. Die Studie deckt auf, dass sich mütterliche Direktivität im Sprachverhalten gegenüber 13 Monate alten Kindern eher positiv auf die Sprachentwicklung auswirkt. Instruktionen im gemeinsamen Fokus der Aufmerksamkeit zu geben, scheint mehr Vorteile für die frühen Entwicklungsstufen der Vokabularentwicklung zu bringen (ibid). Die Studie belegt darüber hinaus die Notwendigkeit, nicht nur zwischen Aufmerksamkeitsverhalten (folgend vs. führend), sondern auch zwischen linguistischen Eigenschaften (deskriptiv vs. präskriptiv) zu unterscheiden, um die Auswirkung des mütterlichen Stils auf die Sprachentwicklung genauer zu erfassen.

Zusammenfassend legen die Studien nahe, dass die Art wie Mütter ihr Verhalten der Aufmerksamkeit des Kindes anpassen, sich in der Vokabularentwicklung niederschlägt. Allerdings ist hier wichtig zu betonen, dass die Studien sich auf eine ganz bestimmte Form von sozialem Lernen konzentrieren, die in westlichen Kulturen verstärkt vorkommt. Lieven (1994) beobachtete, dass diese Form des Lernens, in der Erwachsene sich mit ihren Kindern in einer face-to-face-Situation beschäftigen, in anderen Kulturen nicht häufig vorkommt; vielmehr *organisieren* Mütter die Aufmerksamkeit ihrer Kinder als ihr zu folgen. Um differenzierte Einsicht in die Organisation der Aufmerksamkeit zu erhalten, müssen Mütter in den sozialen Routinen beobachtet werden, in denen sie mehr Verhaltensoptionen haben. Auch scheint es notwendig für die weitere Forschung zu sein, die Vielfalt der Lernkontexte zu berücksichtigen.

Ein neuer Ansatz wird in der Studie von Benigno, Clar und Farrar (2007) sichtbar. Sie untersuchten das mütterliche Verhalten im Aufmerksamkeitslenken sowohl im dyadischen Mutter-Kind-Kontext wie auch im triadischen Mutter-Kind-Geschwisterkind-Kontext: Eine koordinierte, gemeinsam gerichtete Aufmerksamkeit war vorhanden, wenn sich ein Objekt im gemeinsamen Fokus aller Kommunikationspartner befand. Als eine passive gemeinsam gerichtete Aufmerksamkeit wurde bezeichnet, wenn sich ein Objekt zwar in einem gemeinsamen Fokus befand, die Partner sich aber darüber nicht bewusst waren. Die Ergebnisse der Studie zeigten, dass

Mütter im dyadischen Kontext zwar eine längere Zeit in gemeinsamen Aufmerksamkeits-Episoden verbracht haben, aber nur das kooperative Verhalten der Mütter im triadischen Kontext einen statistischen Zusammenhang mit der Vokabulargröße des Kindes ergab (Benigno u.a., 2007). Diese Studie motiviert dazu, weitere Untersuchungen des sprachlichen und nichtsprachlichen Verhaltens in triadischen Kontexten durchzuführen, um die förderliche Wirkung auf die Sprachentwicklung der Kinder genauer zu analysieren.

5.6 Zusammenfassung

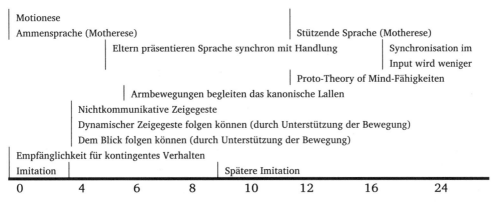

Tabelle 7: Zusammenfassung der Befunde zur motorischen Kognition und Bewegung im Input in Abhängigkeit vom Alter der Kinder.

Ohne Handlung gibt es für Sprache keinen Bezug. Die Bedeutungskonstitution wird durch angeborene Handlungssensibilität aber auch durch erworbenes Handlungswissen unterstützt. Kognitive Mechanismen, die für den Spracherwerb von Bedeutung sind (Imitation), werden ebenfalls für den Erwerb von Handlungen rekrutiert. Allerdings können Kinder darin gelenkt werden, auf bestimmte Aspekte der Umwelt zu achten. Dieses soziale Lenken ermöglicht es den Kindern, nicht nur die Handlungsziele, sondern auch die exakten Handlungsverläufe wahrzunehmen und diese nachzuahmen. Die motorische Kognition stellt somit eine Brücke zwischen bottom-up und top-down Aufmerksamkeitsprozessen dar: Je mehr ein Kind über Handlungsziele und kommunikative Signale weiß, desto mehr wird es diese top-down für seine Aufmerksamkeit nutzen, um schnell aus einer Situation zu lernen.

Bezogen auf die Hypothese zur Intersensorischen Redundanz bedeutet die hier dargelegte enge Verbindung zwischen Sprache und Handlung, dass nicht alle Modalitäten durch eine Verstärkung das Potenzial haben, einen Aufmerksamkeitsfokus zu erzeugen. Vielmehr bietet sich die Sicht an, dass es die Handlung ist, die ein Sprachsignal verstärken und dadurch Bedeutung konstituieren kann. Diese Verstärkung äußert sich im Verhalten des Kindes selbst: Das Lallen wird motorisch begleitet. Diese Verstärkung wird ebenfalls von Bezugspersonen in der frühen Kommunikation mit Kindern genutzt. Sie äußert sich durch zeitliche Synchronisation zwischen Lautsprache und Handlung, die mit der Entwicklung der kindlichen linguistischen Fähigkeiten schwindet. Dadurch bieten die Bezugspersonen ihre Lautsprache sichtbarer und greifbarer dar. Zugleich ‚verpackt' die Lautsprache Teile der Handlung in bedeutungsvolle

Einheiten und ermöglicht den Kindern auf diese Weise ein besseres Handlungsverständnis. Es ist möglich, dass das zunehmende Handlungswissen einem Kind semantische Kategorien für die Sprache vorgibt.

In der bisherigen Forschung bleibt die semantische Kraft einer sich wiederholenden Handlung und deren Auswirkung auf Gedächtnis und kognitive Fähigkeiten wenig berücksichtigt, obwohl sie für die Etablierung von Dialogroutinen – wie sie im Rahmen von stützender Sprache (Motherese) stattfinden – und Theory of Mind-Fähigkeiten eine große Rolle spielt: Handlungsroutinen bauen Erwartungen bei Kindern auf. Auf diese Weise können Kinder sowohl selbst ein Handlungsziel auswählen wie auch Ziele und Intentionen anderer erkennen.

5.7   Aufgaben

1. Welche Befunde lassen uns schlussfolgern, dass es die Sensibilität für Bewegung ist, die zum Blickfolgen bei 4 und 5 Monate alten Kindern beiträgt?

2. Verstehen 4 bis 6 Monate alte Kinder eine statische Zeigegeste?

3. Nennen Sie eine Strategie, die Eltern für das Sprachlernen ihrer Kinder verwenden, aus welcher deutlich wird, dass sie die Sensibilität ihrer Kinder für Bewegung nutzen!

4. Wodurch kann man die Wirkung von *Spiegelneuronen* charakterisieren?

5. Welche Befunde sprechen für eine enge Verknüpfung von vokalem und aktorischem System bei Säuglingen?

6. Wie viele Typen von *Imitation* können voneinander unterschieden werden?

7. Was ist *Kontingenz*?

8. Mit welchen Tests werden Kinder auf ihre Fähigkeit zur Theory of Mind untersucht?

9. Nennen Sie bitte zwei Proto-Theory of Mind-Fähigkeiten junger Kinder!

10. Wie tragen Theory of Mind-Fähigkeiten zum Spracherwerb bei?

11. Nennen Sie zwei Operationalisierungen von ostensiven Achtungssignalen, die den Lerner in einen Lernzustand versetzen!

12. Welche Stufen von Motherese (an das Kind gerichtete Sprache) können voneinander unterschieden werden?

13. Sind elterliche Verhaltensmodifikationen (z.B. Motherese oder Motionese) universell (d.h. in allen Kulturen zu beobachten)?

6.   Emotionalität: Soziale Signale einer ansprechbaren Umwelt

Eine in der bisherigen Darstellung unberührte Quelle der Situationsinterpretation bieten Emotionen. Als soziale Signale haben sie eine prominente Wirkung und sind aus einer Interaktion nicht wegzudenken. Der Einfluss der affektiven Faktoren wird mittlerweile in der Forschung sehr umfangreich diskutiert: Das Kapitel bietet einen selektiven und kritischen Einblick in dieses Feld im Hinblick auf das Wortlernen.

Zuerst erläutere ich, warum Emotionen für die Kognition relevant sind. Diese Frage erscheint vor allem angesichts der traditionellen Unterscheidung zwischen Kognition als stehend für reine, körperlose Entscheidungen und Emotion als körperlichem Zustand wichtig. Anschließend erörtere ich, wie Emotionen Kinder zur Semantik eines Wortes oder einer Äußerung führen können. Dieser Weg wird über Motivation und Kommunikation skizziert. Denn auch Emotionen vermitteln Informationen und referieren auf Erfahrungen und Zustände von anderen. Zudem spielen bei der Emotionswahrnehmung Aufmerksamkeitskoordination und ToM eine wichtige Rolle, wodurch sich eine Verbindung zu den vorangehenden Kapiteln ergibt.

Für das Wortlernen stelle ich die soziale Bezugnahme als wichtiges Phänomen dar und diskutiere die Funktionen. Die soziale Bezugnahme leitet sich – wie auch die oben dargestellten Handlungsmodifikationen (siehe Kapitel 5) – von einer symbiotischen Beziehung zwischen dem Lerner, der gegenüber Emotionen empfänglich ist, und dem Lehrer, der die Emotionen nutzt (beschrieben in 6.5) ab, um Einfluss auf das Lernen zu nehmen.

6.1   Kognition und Emotionen

Die heutige Sicht auf die affektiven Faktoren unterscheidet sich diametral von der traditionellen Ansicht, die maßgeblich durch Descartes (1596–1650) geprägt ist. Bekannt ist sein Diktum „cogito ergo sum [ich denke, also bin ich]", in dem das Denken als menschliches Substrat postuliert wird. Somit wird auch ein Unterschied gemacht zwischen Geist und Körper. Nach Bailer-Jones (2004) sind Gedanken für Descartes körperlose, geistige Zustände. Emotionen sind ebenfalls eine Art geistiger Zustände, aber sicher nicht körperlose. Insofern geht man davon aus, dass Emotionen aufgrund ihrer Körperlichkeit nicht Teil der reinen, körperlosen, rationalen Entscheidungen sein können und keinen Zugang zu den Mechanismen der Vernunft haben. Später in seinen Ausführungen zu „Les Passions de l'Âme [Leidenschaften der Seele]" (1649) befasst auch Descartes sich mit Emotionen und bezieht sie mit ein. Doch viel stärker bleibt der Dualismus von Geist und Körper als ontologisch separate Entitäten bei der Nachwelt haften (Bailer-Jones, 2004).

Damasio (1994) bezieht sich auf diesen Dualismus und bezeichnet ihn als Descartes Irrtum. In seinem Buch führt er eine Reihe von Studien auf, die alle darauf hindeuten, dass die Trennung der höchst geistigen Tätigkeiten vom Aufbau und der Arbeitsweise des biologischen Organismus nicht möglich ist. Zum Beispiel bezieht sich Damasio (1994) auf die Läsionsforschung: Menschen, die Läsionen von für Emotionen zuständigen Gehirnarealen (z.B. dem ventromedialen Areal des Frontallappens) erleiden, empfinden ihre Emotionen nur noch selten und in begrenztem Maß.

Obgleich ihr abstraktes und logisches Denken intakt zu bleiben scheint, leidet jedoch ihre Fähigkeit, praktische Lebensentscheidungen zu treffen. Solche Schwierigkeiten beim praktischen Denken werden sichtbar, wenn diese Menschen angesichts einer Fülle von Optionen ihre Entscheidungen hinauszögern. Offensichtlich haben sie Mühe, zwischen den wesentlichen und unwesentlichen Faktoren zu unterscheiden und können deshalb nicht zu einer Entscheidung kommen. Heute weiß man, dass Emotionen uns darin leiten, zu werten, was wichtig und was in unserem Interesse ist (Bailer-Jones, 2004). Denken erfolgt also nicht losgelöst vom Körper. Im Gegenteil: Das Fühlen trägt wesentlich zur Arbeit des menschlichen Gehirns bei, und rationales Entscheiden ist ohne Emotionen kaum möglich. So gesehen ist die Emotion also nicht die Feindin, sondern die Freundin der Rationalität (Bailer-Jones, 2004). Als Erbe von Descartes bezeichnet Damasio (1994) jene Darstellung der Kognition, in der die Affektivität als wirkender Faktor vernachlässigt wird.

Nicht nur in den Kognitionswissenschaften, sondern auch in der ontologischen Entwicklung wurden Emotionen als störende Ereignisse gesehen. Waren sie Gegenstand der Untersuchung, so wurden sie isoliert in mechanischer Weise betrachtet. Heute erkennt man an, dass sie aus einer bedeutenden Person-Umwelt-Beziehung entspringen, und man ist bemüht, sie als aktive und fortlaufende adaptive Prozesse zu erkennen (Emde, 1998).

Vor diesem Hintergrund und mit Blick auf das Ziel des Buches ist es relevant zu fragen, ob Emotionen Kinder zur Semantik führen können. Hier folgt mein Ansatz den Überlegungen von Emde (1998), der Emotionen zwei wesentliche Funktionen zuschreibt: Motivation und Kommunikation. Der Bereich der Motivation wird in der folgenden Darstellung dabei in den Hintergrund treten. Betrachtet man den Vorgang der Kommunikation, so fällt zunächst eine Ähnlichkeit zwischen Sprache und Emotionen auf: Auch Emotionen vermitteln Informationen, referieren auf Erfahrungen und Zustände von anderen; bei der Emotionswahrnehmung spielen Aufmerksamkeitskoordination und ToM eine wichtige Rolle.

6.2 Sensibilität gegenüber Emotionen

Viele Forscher unterscheiden zwischen fundamentalen, primären auf der einen und komplexen, sekundären Emotionen auf der anderen Seite (Reissland, Shepherd & Cowie, 2002; Marshall, 2010).

> Als **fundamental / primär** gelten Emotionen, die bereits von Geburt an vorhanden sind, wie dies bei Freude und Wut diskutiert wird. Dagegen müssen Kinder, um eine Emotion wie Überraschung zu zeigen, bereits über ein gewisses Wissen und Erwartungen verfügen, daher gelten sie als **komplex / sekundär**.

Zum Beispiel zeigen Trevarthen und Marwick (1986), dass Kinder zwischen dem 4. und 5. Monat entscheidendes motorisches Wissen wie das Greifen erwerben und Erwartungen in ihrer Wahrnehmung aufbauen – vor diesem Hintergrund zeigen sie Neugier, als sekundäre Emotion, gegenüber neuen Ereignissen.

Das Antworten im Sinne einer Reaktion auf Emotionen von anderen beginnt bereits früh in der menschlichen Entwicklung. Witherington, Campos und Hertenstein (2001) berichten über Befunde mit 2 Monate alten Kindern, die systematische Reaktionen auf einen emotionalen Gesichtsausdruck zeigten: 10 Wochen alte Neugeborene schauten signifikant häufiger weg, wenn ihre Mutter ein verärgertes Gesicht zeigte, als wenn sie zufriedenen aussah. Die Studie von Reissland und Shepherd (2006) mit depressiven Müttern ergänzt, dass Kinder nicht nur für die visuell dargebotene Emotion, sondern auch für die in der Stimme enthaltene emotionale Information empfänglich sind.

Im Alter von 3 Monaten sind Kinder in der Lage, den Zusammenhang zwischen visuell und auditiv dargebotener emotionaler Information zu entdecken, allerdings nur, wenn diese in einem familiären Kontext und von ihrer Mutter präsentiert wird (Walker-Andrews, 1998). Das heißt also im Umkehrschluss, dass Säuglinge den Zusammenhang in Form zeitlicher Synchronisation nicht bei fremden Gesichtern und Stimmen herstellen können. Walker-Andrews (1998: 1270) vermutet, dass Säuglinge zunächst das ganze Erscheinungsbild einer emotionalen Äußerung brauchen, um die Bedeutung zu verstehen: „That is, infants may first recognize affective expressions as part of a unified multimodal event that has a unique communicative meaning".

> Der sehr spezielle Ausgangspunkt für die Erkennung von Emotionen scheint also ein **Bündel** aus vertrauter Umgebung, einer vertrauten Person und redundanter Präsentation (sich multimodal verstärkender Signale) zu sein (ibid).

Eine modalitätenspezifische Information (z.B. lediglich ein Gesichtsausdruck oder nur durch die Tonhöhe der Stimme vermittelte Emotion) wird erst später in der Entwicklung erkannt. Auch hier wird deutlich, dass Modularität ein Produkt der Entwicklung ist (siehe Kapitel 3).

Die bereits früh in der Entwicklung vollbrachte Leistung der Emotionserkennung im vertrauten Kontext hat sicherlich ihre Wurzel in der Präferenz, die Neugeborene für das Gesicht und die Stimme ihrer Mutter haben: Einerseits wird berichtet, dass Neugeborene bereits nach wenigen Stunden diese Präferenz zeigen (Field, Cohen, Bracia & Greenberg, 1984). Andererseits konnten Hernandez-Reif und ihre Kollegen (Hernandez-Reif, Field, Diego & Largie, 2002) diese Präferenz nicht von Geburt an bestätigen (siehe auch Haith, Bergman & Moore, 1977), bieten aber die Alternative der gelernten Präferenz und unterstreichen diese mit Befunden. Laut der Annahme der gelernten Präferenz können Neugeborene nach einer Gewöhnungsphase ein anderes Gesicht von dem der Mutter unterscheiden (Hernandez-Reif u.a., 2002). Unterstützt man die Präsenz des Gesichtes der Mutter intermodal, d.h. durch einen anderen Stimulus, der dazu gehört, und präsentiert man das Gesicht der Mutter mit ihrer Stimme, so wird die Erkennungsleistung der Säuglinge besser (Sai, 2005). Diese Studien unterstützen die Annahe der intermodalen Perzeption, die bereits kurz nach der Geburt evident sei (Sai, 2005: 29): „The neonates' ability to recognize the face of the mother is most likely to be rooted in prenatal learning of the mother's voice".

Ob die Art, wie Emotionen präsentiert werden, sich auch auf die kindliche Emotionsentwicklung auswirkt, wird mit der besonderen Population von Risikokindern untersucht, deren Mütter unter Depressionen leiden. Diese Kinder sind deshalb von besonderem Interesse, weil die Forschung hier zeigt, dass die Interaktion zwischen depressiven Müttern und ihren Kinder auseinanderläuft und nicht, wie sonst, aufeinander abgestimmt erscheint. Die Kinder fallen auf Grund ihres Verhaltens im Vergleich zu Kindern nicht-depressiver Mütter auf, z.B. nehmen sie die Synchronisation von Zeichen und Geräuschen anders wahr. Auch werden sie als weniger aufmerksam und ausdrucksfähig eingeschätzt und explorieren weniger die materielle Umwelt (Hernandez-Reif u.a., 2002).

Wie die Studie mit Neugeborenen von Hernandez-Reif und ihren Kollegen (2002) zeigt, benötigen Kinder depressiver Mütter ein Drittel mehr Zeit als Kinder nicht-depressiver Mütter, um sich an das Gesicht der Mutter zu gewöhnen. Im Anschluss an die Gewöhnungsphase sind sie zudem nicht in der Lage, auf ein anderes weibliches Gesicht zu schauen. Das ist ein Zeichen dafür, dass sie ein anderes Gesicht von dem ihrer Mutter nicht unterscheiden können oder aber nicht daran interessiert sind, ein anderes Gesicht zu explorieren.

Die Frage, wie Kinder depressiver Mütter Emotionen lernen, wurde in einer Studie von Reissland und Shepherd (2006) angegangen. Diese Untersuchung bezog sich auf sekundäre emotionale Fähigkeiten wie die Überraschung. In einer Situation, die Überraschung elizitieren sollte (aus einer Schachtel sprang ein Clown), beobachteten die Autoren die Gesichtsausdrücke und Blickbewegungen von Müttern und ihren 5 bis 11 Monate alten Kindern, während sie bei den Müttern speziell auch die Tonhöhe ihrer verbalen Kommentare analysierten. Sie fanden heraus, dass die depressiven Mütter sich nicht im Hinblick auf den Gesichtsausdruck unterschieden, wohl aber in Hinsicht auf die Tonhöhe: Sie vokalisierten die Überraschung mit tiefer Frequenz. Eine tiefe Frequenz wird nach Scherer (1982) jedoch mit Wohlempfinden assoziiert und steht im Gegensatz zu hohen Frequenzen, die mit Überraschung assoziiert werden (Reissland u.a., 2002). Für die Aufgabe scheint also die höhere Frequenz angemessener zu sein, welche die nicht-depressiven Mütter intuitiv aufweisen. Bei den Kindern der depressiven Mütter wiederum konnten die Autoren in Überraschungssituationen weniger Überraschung in ihrem Gesicht sehen (Reissland & Shepherd, 2006). Interessant wäre zu erforschen, ob sich die geringere emotionale Markierung von Kausalität in der Überraschungssituation auch auf ihr Handlungsverständnis auswirkt. Solche kombinierten Studien, in denen sowohl auf eine Verhaltenspräferenz der Mutter wie auch auf die kognitiven Fähigkeiten der Kinder geschaut wird, weckten erst kürzlich das Interesse von Forschern (vgl. Hofer u.a., 2007, im Kapitel 5). Allgemein bleibt festzuhalten, dass die Sensibilität gegenüber Emotionen anderer es erlaubt, sie als soziale Signale zu nutzen, um Ereignisse zu interpretieren.

6.3 Emotionen als soziales Zeichen für kulturspezifische Interaktion

Einen beeindruckenden Beleg dafür, dass eine emotionale Äußerung bei Säuglingen als willkommenes kommunikatives Zeichen aufgegriffen wird, liefert die in 5.3.3 genannte Studie von Kärtner u.a. (2010). Die Forscher untersuchten Säuglinge in einer Interaktion mit ihrer Mutter während der ersten 3 Lebensmonate als diese 4, 6, 8, 10 und 12 Wochen alt waren. Die Daten für diese Untersuchung kamen einerseits aus Deutschland von sogenannten Mittelschicht-Familien, anderseits aus Kamerun von Nso-Familien, die in einem kleinen Dorf leben. Die Untersuchung wurde von der Frage geleitet, wie Mütter auf die Kinder eingehen und ob es kulturspezifische Unterschiede in den Mustern der Interaktion gibt.

Zum einen besteht der Wert dieser Studie darin zu zeigen, dass die Interaktion von Müttern zu den ersten zwei Datenzeitpunkten (wenn die Säuglinge 4 und 6 Wochen alt sind) kulturell nicht signifikant unterschiedlich ist: Mütter antworteten auf das Verhalten ihrer Säuglinge zu etwa 60 % kontingent, unabhängig von der Kultur, in der sie lebten. Am häufigsten gehen die Mütter durch auditorische Reaktion darauf ein (Kärtner u.a., 2010: 550). Zum anderen zeigt die Studie, dass bereits mit 8 Wochen – wenn Säuglinge immer häufiger ein Lächeln produzieren – dieses als kommunikatives Zeichen aufgenommen wird. Dieses Zeichen aktiviert ein kulturspezifisches Interaktionsmuster (ibid): Nso Mütter gaben mehr proxemische Antworten (durch Körpernähe oder Berührung), während deutsche Mütter häufiger eine visuelle Antwort (durch Gesichtsausdrücke oder ein Lächeln) auf das Verhalten ihrer Säuglinge darboten. Diese unterschiedlichen Formen kontingenten Verhaltens gehen auf die kulturspezifische Gewichtung proximaler und distaler Modalitäten zurück. Schlicht formuliert bedeutet es, dass in Deutschland Wert darauf gelegt wird, dass Kinder früh von der Nähe anderer Mitmenschen unabhängig werden.

Es ist wichtig zu betonen, dass sich diese kulturellen Unterschiede erst im zweiten und dritten Lebensmonat der Säuglinge herauskristallisierten – nachdem die Säuglinge auch selbst emotional und dadurch kommunikativ tätig wurden. Die Autoren schlussfolgern:

> Mother-infant interaction is a bidirectional process in which each partner's behavior is reciprocally influenced by the behavior of the other (Kärtner u.a., 2010: 551).

Die besondere (da kulturspezifisch geprägte) Ausformulierung von wechselseitigem Verhalten, das die Aufmerksamkeit des Kindes schult (s. Kapitel 5) scheint durch die ersten kommunikativen Zeichen seitens des Kindes angestoßen zu werden.

6.4 Soziale Bezugnahme

Soziale Bezugnahme bedeutet, dass wenn ein Kind im Alter von 8–12 Monaten mit einem unbekannten Objekt konfrontiert wird, es (1) zu seiner Bezugsperson schaut und (2) sich anschließend übereinstimmend mit dem von der Bezugsperson gezeigten Affekt gegenüber dem neuen Objekt oder Ereignis verhält:

> Social referencing – the ability to use another's emotional display to guide one's own response to something novel [...]. The social referencing phenomenon is this: When infants as young as 8 to 12 months of age encounter a new person, object, or event, they will sometimes look toward a parent and subsequently respond to the novel circumstance in accord with the affective expression that the parent displays (Baldwin 1995: 135).

6.4.1 Erklärungen zur sozialen Bezugnahme

Möglicherweise spielt bei diesem Phänomen die motorische Entwicklung eine wesentliche Rolle: Denn die meisten Kinder im Alter von 10 bis 12 Monaten können sich bereits durch Krabbeln oder Laufen selbst bewegen. Bertenthal, Campos und Caplovitz Barrett (1984) zeigten, dass mit der Selbstbewegung [self-locomotion], sich auch die Art der Interaktion zwischen Kind und Umwelt verändere, insofern als Selbstbewegung weitere Vorgänge wie die soziale Kommunikation beschleunigt oder erleichtert. Das Kind, das sich nun weiter entfernt von der Mutter befindet und keinen unmittelbarem Körperkontakt hat, braucht eine emotionale Bestätigung auf die räumliche Distanz und eine andere Art von Gefahrenprävention.

In diesem Sinne kann die Vermittlung von Emotionen aussagekräftig und wirkungsvoll sein, was sich am Phänomen der sozialen Bezugnahme [social referencing] zeigt, das von Hornik, Risenhoover & Gunnar (1987) in einem experimentellen Setting festgehalten wurde. In dieser Studie wurde Kindern im Alter von 10 bis 12 Monaten ein neues Objekt gezeigt, dem gegenüber die Bezugsperson eine affektiv positive, negative oder neutrale Meinung kundtat. Die Kinder hatten danach die Möglichkeit, mit dem ‚emotional aufgeladenen' Objekt und anderen im Raum verteilten Objekten zu spielen. Es zeigte sich, dass das Spiel mit dem speziellen Objekt von der Affektivität der Bezugsperson beeinflusst wurde: Kinder spielten länger mit Objekten, die positiv aufgeladen waren als mit Objekten, denen die Mutter gegenüber eine negative Emotion geäußert hatte. Dies legt nahe, dass Emotionen das Verhalten der Kinder speziell lenken können. Interessanterweise blieb die emotionale Beladenheit bestehen, obwohl sich Eltern im Laufe der Interaktion natürlich (und nicht nur experimentell vorbestimmt) gegenüber dem speziellen Objekt zeigten.

Baldwin (1995) merkt an, dass es unklar bleibt, wodurch die soziale Bezugnahme eines Kindes motiviert ist, zumal das Rückversichern häufig einfach nur einen schnellen Blick [glance] in die Richtung der Bezugsperson bedeutet, ohne ihr Gesicht genauer zu erfassen. Auch scheint das Bezugnehmen eher aus dem Wunsch des Kindes heraus zu entstehen, Affekte mit der Bezugsperson zu teilen als aus dem Wunsch heraus, affektive Informationen zu nutzen, um eine eigene Unsicherheit zu lösen (Baldwin, 1995: 136). Zu diesen zwei Alternativen zur Erklärung des Phänomens (Bezugnahme durch das Bedürfnis, Ereignisse zu teilen oder Bezugnahme durch das Bedürfnis, sich zu bestätigen) liegen folgende Hypothesen für die Motivation zur sozialen Bezugnahme vor:

1. **Intersubjectivity** (Intersubjektives Verständnis für emotionale Informationen), welche die Kinder dazu motiviert, die inneren Zustände der Bezugsperson wahrzunehmen, zu analysieren und zielgerichtet [purposefully] auf das Objekt zu übernehmen. In dieser Erklärung wird dem Kind insofern eine rudimentäre Fähigkeit zur Theorie des Geistes zugesprochen, als es die inneren emotionalen Zustände der Bezugsperson analysieren und diese auf die eigene Tätigkeit mit dem Objekt übertragen kann.
2. Demgegenüber steht die **Bestätigung** [comfort-seeking interpretation] als eine low-level-Erklärung, nach welcher Motivation Kinder lediglich eine Emotion teilen wollen und sie deshalb ohne bewusstes Wahrnehmen übernehmen, wenn sie sich unsicher oder ‚verführt' fühlen:

> Infants could simply look toward the parent due to a wish to gain comfort or to reassure themselves as to the parent's presence without appreciating that the parent might supply information regarding the object that is engendering uncertainty. [...] It is possible that infants are receptive to a parent's emotion and influenced by it without actually understanding the referential quality of that emotion (Baldwin, 1995: 137).

Auch wenn Baldwin (1995) die beiden Alternativen zur Erklärung des Phänomens vorschlägt, so spricht sie selbst der Fähigkeit zur sozialen Bezugnahme keine besondere mentalistische Funktion im Sinne einer Intentionszuschreibung zu. Sie zweifelt daran, ob Kinder bewusst erkennen, dass der Aufmerksamkeitsfokus der Bezugsperson wichtig für die Emotion ist:

> The question is: Are infants sensitive to whether the person displaying emotion is concerned with or focused upon the same thing with which infants themselves are engaged? Until there is reason to believe that infants indeed appreciate that the other's

attentional focus is relevant to interpreting the emotion displayed, there is no surety that the so-called social referencing phenomenon trades on intersubjective understanding (Baldwin, 1995: 138).

6.4.2 Alternative Erklärungen zur sozialen Bezugnahme

Ein wesentliches Merkmal des Phänomens der sozialen Bezugnahme ist, dass das Kind die Emotionen der Bezugsperson kaum auf weitere im Raum vorhandene Objekte überträgt. Stattdessen wirken die Emotionen sehr spezifisch auf das Objekt, das das Kind gerade im Fokus hat (den Referenten). Insofern handelt es sich bei sozialer Bezugnahme nicht um eine Art Stimmungsübertragung (Baldwin, 1995). Eine Stimmungsübertragung kann, laut den Tests der Stimmungsmodifikationshypothese [mood modification hypothesis] durch Stenberg und Hagekull (1997), durch andere Arten von Information erreicht werden. Es handelt sich dann um eine emotionale Resonanz. Diese Art von emotionaler Kommunikation findet bereits früh in der Entwicklung statt (Klann-Delius, 1990; Legerstee, 2005), und Mütter nehmen häufig die Stimmungen des Säuglings auf und benennen diese. Legerstee (2005) präsentiert dazu die weitreichenden Konsequenzen des emotiven Verhaltens [affect attunement] der Mutter nicht nur auf die emotionale Entwicklung des Kindes, sondern auch auf die Motivation, an zwischenmenschlichen Beziehungen teilzunehmen. Bei sozialer Bezugnahme jedoch wird mit einer speziellen, sowohl durch die Stimme wie auch das Gesicht ausgedrückten Nachricht über ein bestimmtes Objekt das Verhalten der Kinder nur gegenüber diesem Objekt beeinflusst (Stenberg & Hagekull, 1997).

Im Hinblick auf Objekte bemerkt Baldwin (1995), dass in all den Studien, die über eine hohe Rate sozialer Bezugnahme berichten, Objekte besonderer Natur eingesetzt wurden: ein ferngesteuertes Spielzeug wie ein Roboter oder eine Spinne, die sich dem Kind nähert oder aber das Kind sah eine visuelle Klippe (Abb. 19). Auch wenn die Standarddarstellung ist, dass diese Objekte Unsicherheit auslösen und deshalb die Bezugnahme elizitieren, so kann es ebenso gut der Fall sein, dass all diese Objekte nicht als mehrdeutig, sondern als verführerisch angesehen werden: Sie verleiten die Kinder dazu, in Richtung der Eltern zu schauen, um so eher eine Bestätigung als eine Information über die Objekte zu bekommen (Baldwin, 1995: 137).

Wenn es bei sozialer Bezugnahme nicht um Intersubjektivität, sondern um emotionale Bestätigung [comfort] geht, bleibt die Frage, wodurch dieses Verhalten motiviert ist. In ihrer Studie untersuchte Stenberg (2003), warum Kinder im Kontext der sozialen Bezugnahme auf die Mutter schauen. Hat der Blick etwas mit der Bindung zur Mutter zu tun? Oder erhalten Kinder durch das Schauen auf die Bezugsperson besondere Informationen für die Situationsinterpretation? Die Hypothesen für diese Untersuchung waren: Wenn Kinder auf die Mutter schauen, um ein Signal der Bestätigung [comfort] zu erhalten, dann sollten sie ausschließlich auf die Mutter achten; wenn jedoch Kinder Informationen suchen, dann werden sie diese auch von Personen annehmen, die keine Bezugspersonen sind. Stenberg (2003) untersuchte daher die Bezugnahme sowohl zur Mutter wie auch zu einem Experimentator als fremder Person. Ihre Studie mit 12 Monate alten Kindern und deren Müttern bot verschiedene experimentelle Bedingungen für die Mütter, in denen sie sich unter anderem auch unaufmerksam (z.B. durch das Lesen einer Zeitschrift) zeigen sollten. Kinder, die keine Information über das neue Objekt von ihrer Mutter bekamen, schauten den Experimentator häufiger an als die Kinder, deren Mütter aufmerksam waren, sich also auf das Objekt bezogen. Insgesamt stellte Stenberg (2003) fest, dass Kinder offensichtlich bereits früh ein Gespür dafür entwickeln können, wer in einer Situation die zuverlässigsten Informationen für ihre Interpretation liefert. Diese Befunde sprechen dafür, dass Kinder eine Interpretation der Situation erwarten und diese auch von fremden Personen annehmen.

Die Deutung der Situation mag den Kindern dazu verhelfen, Handlungsziele zu identifizieren. Wie Carpenter und Call (2007) argumentieren, nutzen bereits 14 Monate alte Kinder emotionale Informationen, um herauszufinden, was die Erwachsenen zu tun versuchen. Sie berichten über eine unveröffentlichte Studie von Behne und Kollegen (2006), in der 18 Monate alte Kinder eine handelnde Person gesehen haben, die in einer Bedingung einen zufriedenen, in der anderen Bedingung einen unzufriedenen Geschichtsausdruck machte. Während sie eine Handlung genauso nachmachten, wenn diese von einer zufriedenen Person vorgemacht wurde, haben sie eher die Handlung zu vervollständigen versucht, wenn diese von einer unzufriedenen Person demonstriert wurde. Das heißt, dass der Gesichtsausdruck ihnen einen Hinweis auf das beabsichtigte Ziel der Handlung lieferte, und die Kinder von einem zufriedenen Gesichtsausdruck annahmen, die Handlung hätte das Ziel erreicht, während sie aus einem unzufriedenen Gesichtsausdruck schlossen, der Handelnde hätte sein Ziel nicht erreicht und bräuchte Hilfe (Call & Carpenter, 2007).

6.5 Emotionese: Vermittlung von Emotionen

Reissland und Shepherd (2002) betonen zurecht, dass soziale Bezugnahme kein einseitiges Phänomen ist: Nicht nur Kinder achten auf die Emotionen ihrer Bezugspersonen, auch die Bezugspersonen selbst orientieren sich an den Emotionen der Kinder und richten ihre weiterführenden Handlungen danach aus (Emde, 1998). Die soziale Realität wird also von beiden Seiten geschaffen (Reissland & Shepherd, 2002). In der Studie von Reissland und Shepherd (2002) wurde eine Überraschung durch einen aus der Schachtel hüpfenden Clown elizitiert (wie auch in Reissland & Shepherd, 2006). Allerdings stand in der Analyse hauptsächlich das Verhalten der Mütter im Vordergrund. Die Autoren fanden heraus, dass sich die Mütter nicht nur nach den Situationsumständen (ob es sich um eine Überraschungssituation handelte), sondern auch nach dem Verhalten ihres Kindes richteten. Im Speziellen passte sich die mütterliche Tonhöhe dem Blickverhalten des Kindes an, abhängig davon, ob diese das Objekt oder die Mutter ansahen. Obwohl die meisten Kinder im entscheidenden Überraschungsmoment nicht auf die Mutter schauten, schauten alle Mütter in diesem Moment ihr Kind an. Dabei orientierten sich die Mütter eher an dem Blickverhalten als an dem Gesichtsausdruck ihres Kindes [monitoring].

Dieser Befund legt eine gewisse Erziehung zu Emotionen nah: Für die Mütter ist der Aufmerksamkeitsfokus des Kindes wichtiger als deren Gesichtsausdruck (s. auch Nomikou u.a., 2013 für frühe Kommunikation). Sie übernehmen also nicht die Emotion des Überraschtseins von ihrem Kind, sondern vermitteln diese in ihrer Tonhöhe, in dem Moment, in dem das Kind auf das Objekt schaut. Wenn diese Vermittlung zuverlässig und konsistent ist, dann werden die durch die Mutter vermittelten Emotionen vom Kind verinnerlicht (Emde, 1998).

Der springende Punkt ist hier die Rolle der Mutter bei der sozialen Bezugnahme, die in anderen Studien eher vernachlässigt wird. Für Reissland und ihre Kollegen (2002) ist klar, dass es die Mutter ist, die für diese Situationen einen emotionalen Rahmen erkennt, diesen auch liefert und die Emotionen ihres Kindes dementsprechend benennt. Ihre Befunde zeigen, dass Mütter sich in ihrem vokalen Verhalten den Gesichtsausdrücken ihrer Kinder anpassen:

> [I]t is the mother who adjusts her vocal behaviour according to infant facial expressions rather than infants referencing the facial expression from their mothers' facial display of surprise (Reissland u.a., 2002: 276).

6.6 Soziale Bezugnahme und gemeinsame Aufmerksamkeitsbezüge

Wie bereits dargestellt, erlaubt es die Sensibilität gegenüber Emotionen anderer, sie als „soziale Signale [social signals]" zu nutzen, um Ereignisse zu interpretieren (Reissland u.a., 2002: 276). Da emotionale Reaktionen von Reddy (2005) in vermittelnder Funktion zur Aufmerksamkeit gesehen werden, ist es von Bedeutung, ob sie zum weitergehenden Verständnis von Aufmerksamkeit führen können. Die relevante Frage ist in diesem Zusammenhang, ob und wann in der Entwicklung Emotionen auch als Verstärkung von Signalen im Sinne der Intersensorischen Redundanz Theorie (siehe Kapitel 5) wirken können.

Dieser Frage gingen Flom und Pick (2005) nach. In einer experimentellen Studie untersuchten sie bei 7 Monate alten Kindern das Verfolgen der Blickrichtung in Abhängigkeit vom emotionalen Gesichtsausdruck des Präsentierenden. Konkret zeigte sich der Experimentator in diesem Setting traurig, fröhlich oder neutral. Flom und Pick (2005) stellten fest, dass Kinder dem Blick des Präsentierenden häufiger folgten, wenn dieser einen neutralen Gesichtsausdruck hatte, als wenn er sich traurig oder fröhlich zeigte. Die Autoren interpretieren die Befunde dahingehend, dass Kinder vom emotionalen Ausdruck in ihrer Referenzaufgabe abgelenkt werden können. Insofern ist auf der Grundlage dieser Studie die Frage, ob Emotionen als Verstärkung eines Signals wirken können, bei 7 Monate alten Kindern zu verneinen. Vielmehr scheinen sie eine kommunikative Referenzaufgabe zu stören.

Auf die Studie von Flom und Pick (2005) baut die Untersuchung von De Groote, Roeyers und Striano (2007) auf, in der ebenfalls untersucht wurde, unter welchen Umständen Kinder einem Blick folgen. Als Erweiterung wurden die Emotionen verstärkt in einem Bündel präsentiert, welches sowohl aus einem Gesichtsausdruck wie auch aus der Stimmlage bestand. Fröhlichkeit wurde also durch ein freundlich lächelndes Gesicht und eine fröhlich ausgesprochene Objektbezeichnung präsentiert. Da im Laufe der Entwicklung andere Signale in der Situation berücksichtigt werden (vgl. Kapitel 4), wurden Kinder im Alter von 3, 6 und 9 Monaten getestet. Die Ergebnisse der Studie bestätigten frühere Befunde, denen zufolge Kinder auf fröhliche Posen mit Präferenz reagierten, verglichen mit traurigen, neutralen oder verärgerten Posen. Allerdings konnten auch De Groote und ihre Kollegen (2007) keine signifikante Unterstützung der Emotionen bei der Referenzaufgabe finden. Hinsichtlich der verstärkenden Wirkung von Emotionen zeigten die Ergebnisse, dass Kinder zum Blickfolgen motiviert sind, und zwar unabhängig von der gezeigten Emotion. Insofern liefert die Studie eine Bestätigung für die Befunde von Flom und Pick (2005). Kinder im Alter von 3 bis 9 Monaten verstehen die referenzielle Wirkung von Emotionen nicht. Die Studie zeigt jedoch auch Unterschiede in der Verarbeitung von Emotionen in Abhängigkeit vom Alter eines Kindes: Emotionen wie Ekel werden von kleinen Kindern schwieriger verarbeitet als Freude.

Vaish und Striano (2004) untersuchten die Rolle der Stimme in der sozialen Bezugnahme als Referenz zu Objekten im Rahmen einer anderen Aufgabe genauer. Die

Aufgabe für die Kinder war es, eine Gefahr zu überqueren. Die Gefahr wurde in Form einer Klippe [visual cliff] dargeboten (siehe Abb. 19). Bei der Aufgabe bekamen die Kinder eine Ermutigung, ausgedrückt entweder im Gesicht der Mutter, durch ihre Stimme oder beides. Die Forscher fanden heraus, dass signifikant mehr 12 Monate alte Kinder die Herausforderung bewältigten und die Klippe überquerten, wenn sie die Ermutigung einerseits sowohl durch den Gesichtsausdruck als auch die Stimme der Mutter und andererseits nur durch die Stimme bekamen, als wenn Kinder die Ermutigung nur im Gesicht ihrer Mutter sahen. Diese Studie zeigt, dass 12 Monate alte Kinder die in der Stimme ausgedrückten Emotionen ihrer Mutter – auch bei einer anderen Aufgabe als Referenz zu Objekten – wahrnehmen und nutzen.

Abbildung 19: Ein Beispiel für eine visuelle Klippe [visual cliff] (© F. Hegel).

Zusammenfassend zeigen die Untersuchungen, dass Emotionen als soziale Signale bereits früh, aber zunächst in Form von **Informationsbündeln** wahrgenommen werden: Die vertraute Umgebung, eine vertraute Person und die multimodal redundante Stimuluspräsentation machen dieses Bündel aus. Die emotiven Signale liefern einen Rahmen für die adaptive Interaktion mit dem Kind. Allerdings scheint ihre semantische Kraft erst um das erste Lebensjahr zuverlässige Wirkung zu zeigen. Die Konsequenzen für die weitere Forschung liegen darin, Emotionen nicht nur durch eine einzige Ausdrucksform zu operationalisieren, wie das bisher z. B. durch die Präsentation eines Gesichtsausdrucks geschah. Vielmehr sollte sich die Operationalisierung der Emotionen an ihrer Ökologie orientieren. Das bedeutet, dass wenn Emotionen Informationsbündel sind, es kaum einen Sinn macht, ihre Wirkung durch die Präsentation einer einzigen Emotionsform zu überprüfen.

6.7 Emotive Information und Spracherwerb

Wie bereits angedeutet, interessieren sich einige Forscher für Emotionen nicht nur, weil sie Informationen vermitteln, sondern weil sie für die Entwicklung eines Kindes eine Rolle spielen (Klann-Delius, 1990; Legerstee, 2005; Marshall, 2010). Um diese Rolle zu spezifizieren, ist es zunächst wichtig, den Begriff der emotionalen Resonanz zu klären:

> **Emotionale Resonanz** [affect attunement] bezieht sich auf die Beobachtung, dass die Mutter die Stimmung des Säuglings und später auch das Kind die Stimmung der Mutter für die jeweilige Situation übernimmt.

Klann-Delius (1990) sieht in der emotionalen Resonanz nicht nur ein Phänomen der Interaktion, sondern betrachtet diese als notwendige, für das Kind emotional ansprechbare [emotional responsive] Umwelt. Nur in solch einer Umwelt kann ein Kind das Prinzip der Wechselseitigkeit lernen. Die Wechselseitigkeit (auch: Umkehrung der kommunikativen Rolle, erläutert in Kapitel 5) als eine Form von Kooperation und Koordination wiederum schafft die Voraussetzungen für die sprachliche Interaktion (siehe auch Kaye, 1977; Masataka, 2004; Tomasello, 2003; Carpenter u.a., 2005). Ein Dialog kann sich vorsprachlich äußern und wird dann sprachlich verwirklicht. Insofern ist die emotional ansprechbare Umwelt für die soziale, kognitive und kommunikative Entwicklung eines Kindes verantwortlich (Klann-Delius, 1990). Diesen Zusammenhang sieht auch Legerstee (2005). In ihrem Ansatz ist die Wahrnehmung der Emotionen wesentlich, und die Autorin spricht bereits Neugeborenen eine Sensibilität gegenüber Emotionen zu. Diese Sensibilität unterstützt das Gefühl, die Interaktionspartner mit denen Kooperation und Koordination vonnöten ist, als „mit mir [with me]" statt „wie ich [just like me]" zu sehen (Markova & Legerstee, 2006: 139). Sie ist somit zuständig für die Entwicklung von Fähigkeiten wie gemeinsam gerichtete Aufmerksamkeit oder Theory of Mind, die wiederum für die Entwicklung von Sprache relevant sind.

Klann-Delius (1990) vertritt die These, dass das Aneignen sprachlicher Kompetenz durch die emotionale Qualität der Mutter-Kind-Beziehung mitbeeinflusst wird. In ihrem Forschungsprojekt zur Auswirkung der Affektivität auf den eigentlichen Spracherwerb untersuchte sie 39 Mutter-Kind-Paare über einen Zeitraum von zwei Jahren, angefangen mit einjährigen Kindern. Alle Kinder wurden zunächst in eine Situation gebracht, in der ihr Bindungsverhalten beurteilt wurde (vgl. Ainsworth, 1979). Anschließend wurden sie alle vier Wochen beim freien Spiel beobachtet. Die Analysen zeigen, dass die Größe des kindlichen Vokabulars positiv mit ihrer sicheren Bindung korreliert. Ebenso korreliert die Fähigkeit des Kommunizierens und Interagierens positiv mit der Bindung. Das heißt, dass in den Dyaden häufiger aneinander vorbei geredet wurde, wenn das Verhalten der Kinder eine unsichere Bindung aufwies. Sicher gebundene Kinder wiederum lernen mehr als unsicher gebundene Kinder, über Emotionen zu kommunizieren (Klann-Delius, 2005).

Auch wenn die emotionale Resonanz fundamental für die Entwicklung von sozialen, kognitiven und kommunikativen Fähigkeiten ist, so ist es für die weitere Entwicklung der Identität von Bedeutung, dass Kinder lernen, sachliche oder linguistische Informationen von affektiven zu unterscheiden. Wie das möglich wird, untersuchte Friend (2001). Sie bezog sich auf eine Studie, aus der hervorging, dass 9 Monate alte Kinder mehr von paraverbalen Informationen in Form von Prosodie beeinflussbar sind, während 18 Monate alte Kinder sich mehr vom lexikalischen Inhalt einer Äußerung beeinflussen lassen.

In ihrer Studie untersuchte Friend (2001) 15 bis 16 Monate alte Kinder und nutzte die Effekte der sozialen Bezugnahme für ihr experimentelles Vorgehen: Kinder bekamen ein neues Spielzeug präsentiert. Die paraverbalen Informationen wurden allerdings hauptsächlich in visueller Form als emotionaler Gesichtsausdruck in Videobotschaften dargeboten. Das heißt, Kinder sahen und hörten Videobotschaften mit paraverbalen und linguistischen Botschaften in entweder konsistenter oder aber diskrepanter Weise. In einer konsistenten Bedingung sahen Kinder zum Beispiel ein freundliches Gesicht und hörten einen positiven Satz wie „Good, look!" oder sie sahen ein verärgertes Gesicht und hörten „Don't touch!". In einer diskrepanten Bedingung wurde dagegen beispielsweise der Satz „Don't touch!" mit einem freundlichen Gesicht präsentiert. Es ist wichtig herauszustellen, dass die Prosodie der Äußerung nicht systematisch untersucht wurde. Denn der Gesichtsausdruck wurde immer mit der Prosodie der Äußerung in konsistenter Weise präsentiert: Freundliche Stimme zum freundlichen Gesicht und bestimmende Stimme zu abweisendem Gesicht. Im Zentrum der Analyse stand, inwieweit sich Kinder vom Gesichtsausdruck und inwieweit vom linguistischen Inhalt des Satzes leiten lassen. Das analysierte Verhalten im Experiment war der referenzielle Blick des Kindes zwischen dem Spielzeug und dem Gesicht der Sprecherin (d.h. die Anzahl der Blicke auf das Gesicht), das Zögern beim Anfassen des Spielzeugs (in Sekunden) und die Länge der Manipulationszeit (d.h. wie lange das Kind mit dem neuen Objekt spielte).

Die Ergebnisse zeigen, dass das Verhalten der 15 Monate alten Kinder sich im Durchschnitt mehr von Parasprache (operationalisiert durch den emotionalen Gesichtsausdruck) regulieren lässt als vom lexikalischen Inhalt (operationalisiert durch einladende oder abweisende Äußerungen). Weiterhin lässt sich die Variabilität in der sozialen Bezugnahme im 2. Lebensjahr durch den Umfang des rezeptiven Wortschatzes erklären. Zusammenfassend scheint sich im 15. Lebensmonat ein Übergang anzubahnen: Das frühkindliche Verhalten wird zunächst durch die Kombination von sogenannter Parasprache und Sprache, und ab dem 15. Lebensmonat jedoch zunehmend von linguistischer Information, reguliert. Laut Friend (2001) hängt dieser Übergang mit dem schnell voranschreitenden rezeptiven Wortschatz im 2. Lebensjahr zusammen, der zum neuen kommunikativen Werkzeug für das Verstehen wird.

Wie schon angemerkt, betrifft ein wichtiger Kritikpunkt die Tatsache, dass in dieser Studie die Prosodie der Äußerung nicht systematisch untersucht wurde. Dass die Stimme jedoch eine große Rolle in der sozialen Bezugnahme spielt, wurde von Parise und Kollegen (Parise, Cleveland, Costabile & Striano, 2007) untersucht. In dieser Studie schaute ein Experimentator entweder nur auf ein neues Objekt (Joint Attention Only-Bedingung) oder kommentierte es gleichzeitig mit „Oh nice!" / „It's pretty!" (Joint Attention plus Voice-Bedingung). Nach einer Familiarisierungsphase – nach der das vorher neue Objekt nun bekannt war – wurden die Blickbewegungen der 11 Monate alten Kinder zum neuen versus dem bekannten Objekt gemessen. Die Autoren fanden, dass Kinder, die in der Familiarisierungsphase auch die Stimme hörten, in der Testphase auf das neue Objekt blickten. Sie schlussfolgern daraus, dass die Stimme ein kraftvoller sozialer Stimulus im Lenken des kindlichen Verhaltens ist. Allerdings machte das Design dieser Studie wiederum keinen Unterschied zwischen Stimme und Emotionen (d.h. Stimme wurde immer als Bestätigung präsentiert). Insofern wäre für die zukünftige Forschung eine systematische Unterscheidung der Faktoren Stimme, Gesichtsausdruck, Emotion und linguistischer Inhalt hilfreich.

6.8 Zusammenfassung

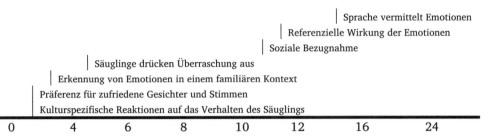

				Sprache vermittelt Emotionen			
			Referenzielle Wirkung der Emotionen				
		Soziale Bezugnahme					
Säuglinge drücken Überraschung aus							
Erkennung von Emotionen in einem familiären Kontext							
Präferenz für zufriedene Gesichter und Stimmen							
Kulturspezifische Reaktionen auf das Verhalten des Säuglings							
0	4	6	8	10	12	16	24

Tabelle 8: Zusammenfassung der affektiven Fähigkeiten, geordnet nach Alter der Kinder, ab dem sie beobachtet werden können.

Emotionen – übertragen durch den Gesichtsausdruck und die Stimme – sind soziale Signale und bieten zum einen eine zusätzliche Quelle der Situationsinterpretation. Im Alter von etwa einem Jahr nutzen Kinder emotive Informationen, um herauszufinden, was die Erwachsenen zu tun versuchen, aber auch um eigene Ziele zu bestätigen, was am Phänomen der sozialen Bezugnahme [social referencing] deutlich wird: Kinder, die motorisch in der Lage sind, sich selbst zu bewegen, und sich deshalb häufiger weiter entfernt von der Mutter befinden, holen eine emotionale Bestätigung ein, wenn sie auf neue Objekte oder Ereignisse treffen.

Zum anderen sorgen Emotionen als soziale Signale für eine ansprechbare Umwelt, in der Kinder Andere als Kooperations- und Koordinationspartner wahrnehmen (Markova & Legerstee, 2006) und somit das Prinzip der Umkehrung der kommunikativen Rolle lernen können, das für den Spracherwerb einen Meilenstein darstellt. Die emotiven Signale liefern also einen Rahmen für die adaptive Interaktion mit dem Kind. Allerdings scheint ihre semantische Kraft erst um das erste Lebensjahr zu wirken.

Für die zukünftige Forschung ist eine systematische Unterscheidung von Stimme, Gesichtsausdruck, Emotion und linguistischem Inhalt nötig, um den genauen Beitrag dieser Faktoren für die kommunikative Entwicklung zu erkennen.

6.9 Aufgaben

1. Welche Emotionen gelten als fundamental / primär?

2. Was ist der Ausgangspunkt für die Erkennung von Emotionen bei Säuglingen?

3. Welche angeborenen Präferenzen helfen Neugeborenen, Emotionen bei anderen zu erkennen?

4. Wie wird ein Lächeln eines Säuglings in unterschiedlichen Kulturen aufgegriffen?

5. Beschreiben Sie, wie sich *soziale Bezugnahme* äußert! Wann kann man dieses Verhalten bei Kindern beobachten? Wodurch ist es motiviert?

6. Was ist *Emotionese*?

7. Erläutern Sie bitte kurz, inwiefern das Aneignen sprachlicher Kompetenz durch die emotionale Qualität der Mutter-Kind-Bezieheung mitbeeinflusst werden kann!

8. Welche Lücken weist die aktuelle Forschung zu dem Einfluss von emotiven Faktoren auf den Spracherwerb auf?

7.   Gestik: Semantischer Inhalt wird vervollständigt

McNeill (1992: 1) definiert Gestik als Bewegungen von Händen und Armen, die wir sehen, wenn Menschen reden. Manchmal sind es gut sichtbare und ausschweifende Bewegungen; manchmal sind die Bewegungen nur minimal. Mit dieser Definition nimmt McNeill (1992) eine Einschränkung vor, denn beispielsweise Postur oder Kopfbewegung können ebenfalls als Gesten gelten. Doch die meisten Untersuchungen (vor allem im Bereich des Lernens) berücksichtigen lediglich die Bewegungen mit Händen und Armen.

Die Forschung zur Gestik hat seit den 90er Jahren an Bedeutung gewonnen, wenn es darum geht, das kommunikative Verhalten eines Menschen zu erfassen. Während vorher hauptsächlich die verbale Äußerung im Zentrum linguistischer Untersuchungen stand, ist nun klar, dass der semantische Inhalt nicht nur in einer Modalität zum Ausdruck kommt. Vielmehr kann die Betrachtung erst dann dem semantischen Inhalt gerecht werden, wenn verschiedene Modalitäten, durch die kommuniziert werden kann, berücksichtigt werden.

Gestik spielt aber nicht nur in der Kommunikation, sondern auch für das Denken eine Rolle. Diese Erkenntnis hat für die Studien zum Spracherwerb insofern eine Wende gebracht, als durch Gestik ein präverbales Fenster zum Denken aufgetan wurde (Goldin-Meadow, 1999: 425). Für die Frühsemantik möchte ich im Folgenden Studien vorstellen die, den Einfluss der (deiktischen und symbolischen) Gestik auf den frühen Spracherwerb herausarbeiten und dafür sprechen, dass der Gebrauch von Lautsprache und Gestik als Kombination ein Vorläufer der Fähigkeit ist, Informationen größtenteils mit Hilfe der Lautsprache zu vermitteln.

7.1   Gestiktypen

Generell wird in der Forschung zwischen **repräsentationalen Gesten** [representational gestures] (Iverson & Thal, 1998; McNeil, Alibali & Evans, 2000) – die zu einer sprachlichen Bedeutung beitragen – und anderen Typen unterschieden, welche jedoch zu wenig erforscht sind, um ihre Funktion genau charakterisieren zu können.

7.1.1   Repräsentationale Gesten

Für die Entwicklung von linguistischer Bedeutung spielen vor allem die deiktischen und ikonischen Gesten eine große Rolle. Ein umfassender Überblick über verschiedene Gestiktypen ist in Rohlfing (2009) zu finden.

7.1.1.1 Deiktische Gesten

Deiktische Gesten [deictic gestures] (Goldin-Meadow, 1999) werden auch *indexikalische Gesten* [indexical gestures] (McNeil, Alibali & Evans, 2000) oder *performative gestures* genannt (Goodwyn u.a., 2000: 82). Wenn abstrakte Deixis verwendet wird, nennen Iverson und Thal (1998) sie auch *representational gestures*. Schließlich beziehen sich die Autorinnen mit *nonsymbolic gestures* auf diesen Gestiktyp. Ihre Funktion besteht darin, eine Referenz zum Hier und Jetzt herzustellen, hinzuweisen oder Aufmerksamkeit auf Objekte oder Ereignisse zu lenken (Iverson & Thal, 1998: 60; siehe auch 7.3). Zu diesem Gestiktyp zählen:

- **Zeigen** [showing] im Sinne von „holding up an object in the listener's potential line of sight" (Iverson u.a., 2000: 11), d.h. das Hinhalten eines Objektes, sodass es von dem Interaktionspartner wahrgenommen werden kann;
- **Hindeuten** mit Zeigefinger [index points], Handfläche [palm points] oder ausgestreckter ganzer Hand [whole-hand points] (Liszkowski & Tomasello, 2011) als Erweiterung der Handfläche in die Richtung des Referenten;
- **Greifen**, d.h. Ausstrecken des Arms nach einem gewünschten Objekt, häufig begleitet durch Öffnen und Schließen der Finger (Iverson & Thal, 1998: 60; Goodwyn u.a., 2000);
- **Geben**, d.h. Ausstrecken des Arms samt Zielobjekt in Richtung des Gesprächspartners (Iverson & Thal, 1998; Capone & McGregor, 2004).

7.1.1.2 Ikonische Gesten

Ikonische Gesten [iconic gestures] (McNeill, 1992; Goldin-Meadow, 1999) vermitteln einen semantischen Inhalt und stellen eine Referenz zum Objekt oder Ereignis her (siehe auch 7.4 für weitere Erläuterungen); laut Iverson und Thal (1998: 61) lassen sich zwei Untertypen unterscheiden:

(a) **Objektbezogene Gestik** [object-related gesture] repräsentiert einige Aspekte des Referenten wie z.B. Flattern mit den Fingern für „Vogel" oder die Bewegung des Trinkens für „Becher".
Ein besonderer Typ der objektbezogenen Gestik sind **symbolische Gesten** [symbolic gestures] (Goodwyn, Acredolo & Brown, 2000), die Tomasello (2003: 34) auch *referential gestures* nennt. Eine solche Geste trägt ihre Bedeutung in ihrer Form (Goodwyn u.a., 2000: 83). Die Form dieser Gestik (z.B. Zeigefinger an den Zähnen entlang bewegt steht für „Zähneputzen") muss über unterschiedliche Situationen hinweg gleich bleiben, damit die Kommunikation gelingt. Obwohl sie zum objektbezogenen Gestiktyp der ikonischen Gesten gehören, wird unter *symbolic gesture* häufig eine festgelegte Form verstanden, die Sprache eher ersetzt als begleitet, während objektbezogene Gestik auch spontan, kreativ und einmalig entstehen kann. Auf Grund der festen Form hat sich diese Art von Gesten als „Babysprache" in Trainingsprogrammen für die Eltern etabliert (siehe z.B. http://www.baby-handzeichen.de). Diese Trainingsprogramme entspringen der Forschung von Goodwyn und Kollegen (2000; siehe auch 7.4.2) und regen die Eltern dazu an, symbolische Gesten begleitend zu ihrem lautsprachlichen Verhalten zu benutzen, um Kommunikation mit frühlexikalischen Kindern zu ermöglichen.
(b) **Konventionalisierte Gesten** [conventional gestures] (Iverson & Goldin-Meadow, 2005: 368) werden wie soziale Marker gebraucht. Die Bedeutung von diesen *conventional gestures* ist entweder kulturell (in unserer Kultur steht Kopfnicken für „ja" und Kopfschütteln für „nein") oder in einem festen situativen Rahmen zwischen Interaktionspartnern festgelegt (z.B. sieht ein Kind einen erhobenen Finger, wenn es ermahnt wird).

7.1.2 Andere Typen

Manipulative Gesten [manipulative gestures] (Rohlfing, 2011) sind vergleichbar mit einer Vorstufe von *embodying gestures* (Zukow-Goldring, 2006) und *in-hand gestures* (Namy & Nolan, 2000). Sie sind eine Form der Manipulation von Objekten und werden von Nomy and Nolan (2000) als wichtige Quelle der Objektbenennung gesehen. In Rohlfing (2011) charakterisiere ich diesen Gestentyp als Manipulation von Objekten, die (1) ihre Ausrichtung oder (2) ihre Rolle verdeutlicht. Diese Geste dient der Aufmerksamkeitslenkung, weil sie auf das Objekt durch die Manipulation hervorhebt. Sie vermittelt aber auch soziale Informationen darüber, wie man mit einem Objekt umgeht.

Beat gestures erscheinen stets in der gleichen Form, und die Bewegungen sehen aus „als würden sie den Takt anschlagen" (Weidinger, 2011: 7), die Hand bewegt sich dabei rhythmisch zur Sprache (McNeill, 1992: 15) und akzentuiert die relevanten Aspekte einer Rede, die prosodisch markiert werden (Weidinger, 2011). Typisch ist auch, dass diese Gestik meistens nur zwei Bewegungsphasen aufweist: auf / ab und hinein / hinaus [in / out].

Kohäsive Gesten [cohesives] (McNeill, 1992: 16) haben die Funktion, zusammenzubringen, was thematisch zusammenhängt, aber im Diskurs zeitlich verschoben oder getrennt behandelt wird.

Ritualisierungen [ritualizations] (Tomasello, 2003) sind mutmaßlich ohne einen symbolischen Inhalt, werden aber eingesetzt, um Ziele zu erreichen, z.B. ein Kind, das die Arme nach oben ausstreckt, wenn es hochgehoben werden möchte.

> [R]itualized gestures are thus not symbolic because the gesturer is not attempting to influence the attention of the other with some mutually understood communicative act [...], but only to achieve some concrete result using a behavior that originally was designed to be physically efficacious (Tomasello, 2003: 32 f.).

7.2 Synchronisation zwischen Gestik und Sprache

Viele Menschen gestikulieren begleitend zu ihrem Sprechen. In der Gestikforschung spricht man in diesem Fall von **Ko-Expressivität** [co-expressiveness; co-expression] (McNeill & Duncan, 2000; Kita & Özyürek, 2003; Capone & McGregor, 2004). Darunter versteht man das Phänomen, dass Gestik das Sprechen begleitet. Bei Gestikausführung werden verschiedene Phasen unterschieden:

Kendon (1980) zeigt **drei zeitliche Phasen** auf, in denen eine prototypische Geste ausgeführt wird:

- eine *Vorbereitungsphase* [preparation]: die Hand steigt von ihrer Ruheposition auf und bewegt sich
- einen *Schlag* [stroke]: die Hand schlägt aus und akzentuiert etwas; dies ist die Hauptphase (die bedeutungsvollste Phase) der Gestikausführung
- eine *Rückzugsphase* [retraction]: die Hand fällt zurück auf ihre Ruheposition.

Während die Vorbereitungs- und die Rückzugsphase optional sind, ist der Schlag für die Gestikausführung essenziell (McNeill, 1992). Die Beobachtung, dass Gestik manchmal dem Sprechen vorausgeht, bezieht sich auf die Vorbereitungsphase, in der der Ausschlag [stroke] angedeutet werden kann.

7.2.1 Arten der Synchronisation

Für die Synchronisation von Sprache und Gestik stellt McNeill (1992) drei Regeln auf: die phonologische, die semantische und die pragmatische Regel der Synchronisation, die im Folgenden näher erläutert werden.

Phonologische Synchronisation: Die phonologische Synchronisation bringt eine Relation zwischen einer bestimmten Geste und einem Wort zum Ausdruck. Manchmal, so McNeill (1992: 26), kann sogar beobachtet werden, dass die Hand auf das Wort wartet (d.h. ihre Bewegung unterbricht), um auszuschlagen; so stark ist das Bedürfnis, Gestik und Sprache zusammenzuhalten. Kendon (1980) stellte fest, dass die Stroke-Phase einer betonten Silbe voraus ging oder aber mit der Silbe endete. Es kam jedoch kaum vor, dass die Phase nach der betonten Silbe zu sehen war. Ein Beispiel ist die Äußerung eines Tierpflegers, der gegen elf Uhr morgens einem vorbeigehenden Kind sagt: „Jetzt mache **ich** Frühstück!" (Stroke-Phase gekennzeichnet durch die Fettschrift). Die begleitende Zeigegeste referiert auf ihn selbst bei dem Wort „ich". Dadurch wird klar, dass der Tierpfleger eine Frühstückspause einlegt und nicht weiterhin mit Futterarbeit (also auch Frühstück) für die Tiere beschäftig ist.

Semantische Synchronisation: Die Regel der semantischen Synchronisation besagt, dass wenn Gestik und Lautsprache gemeinsam auftauchen, sie sich auf die gleiche Ideeneinheit beziehen (ibid: 27). In diesem Fall kommt die semantische Kraft durch beide Modalitäten (die sich gegenseitig ergänzen) zum Ausdruck. In einem klassischen Beispiel wird in der Gestik eine zusätzliche Information geäußert: Wenn bei der Äußerung „er **kam** durch die Tür" die gestikulierende Hand eine schnelle Bewegung in eine bestimmte Richtung macht, so kann sie dadurch nicht nur die Art, wie jemand durch die Tür kam (nämlich zügig), sondern auch noch die Richtung aus der er kam, ausdrücken.

Pragmatische Synchronisation: Diese Regel besagt, dass wenn Gestik und Lautsprache gemeinsam auftauchen, sie dann die gleiche pragmatische Funktion verfolgen. Eine Äußerung und eine Geste drücken gemeinsam einen Sachverhalt aus. Ein Beispiel mag hier eine metaphorische Sicht auf einen Sachverhalt sein: Wenn die Äußerung „sie müssen sich **wohl**fühlen!" von einer Geste begleitet wird, die eigentlich ein rundes Objekt andeutet und zu der Äußerung zunächst nicht passt, dann hilft die Regel, die Geste semantisch zu deuten: Das Wohlfühlen wird vermutlich mit einer geschützten Atmosphäre gleichgesetzt.

In der Forschungspraxis lässt sich die Synchronisation zwischen Sprechen und Gestikulieren nicht eindeutig bestimmen. Ein enges Timing zwischen den Modalitäten wird zwar angenommen, zugleich wird aber zugegeben, dass das Timing nicht in einer Eins-zu-eins-Korrespondenz zur Echtzeit besteht. McNeill (1992: 25) postuliert vorsichtig: „gesture and speech have a constant relationship in time"; Gestik ist aber nicht die Übersetzung von Sprache in visuo-kinetischer Form. McNeill (1992) und McNeill und Duncan (2000) gehen vielmehr von einem *Growth Point* aus, was bedeutet, dass die Planung einer Äußerung ein Zusammenspiel von imaginärem (in Form von räumlich-motorischen Repräsentationen) und linguistischem kategorischen Denken erfordert, welches eine hohe Variabilität in der zeitlichen Korrespondenz mit sich bringt. Schlicht gesagt, nach der Growth Point-Theorie kann man nicht von einer Eins-zu-eins-Korrespondenz in der Zeit zwischen Sprache und Geste ausgehen (ibid).

7.2.2 Synchronisation in Sprachentwicklungsstudien

Während die drei Regeln der Synchronisation von Sprache und Gestik vorwiegend in der Forschung mit Erwachsenen entwickelt wurden, erfährt in den Studien zur Sprachentwicklung hauptsächlich die semantische Relation zwischen Gestik und Lautsprache eine hohe Beachtung.

> Eine Relation zwischen Gestik und Sprache gilt als **verstärkend** [complemented] (Iverson & Goldin-Meadow, 2005: 368), wenn die gleiche Information sowohl in der Lautsprache wie auch in der Geste steckt, z.B. auf einen Apfel zeigen und „Apfel" sagen. Die zweite Unterkategorie der semantischen Relation wird als **ergänzend** [supplemented] bezeichnet (ibid), wenn in beiden Modalitäten unterschiedliche, aber relevante Informationen vermittelt werden; dies ist der Fall, wenn zum Beispiel jemand auf einen Apfel zeigt und dazu „meins" äußert.

Eine ergänzende Geste (wie das Kopfschütteln in 3.) kann aber auch eine Information verneinen, wie in diesem Beispiel mit einem Mädchen (22 Monate alt) deutlich wird:

1. Mutter: *Hannah, wer ist denn im Kindergarten?*
   Hannah: [guckt auf die Mutter]

2. Hannah: *Cynthi...*
   Mutter: *Arne ist da.*

3. Mutter: *Cynthia auch?*
   Hannah: *Ja.*   [1 Sek.]   *Da.*
                       [Kopfnicken]   [schüttelt den Kopf]

Weiter kann diese ergänzende Relation in „klärend [disambiguated]" und „hinzufügend [added]" unterteilt werden (Iverson u.a., 1999). Eine typische, durch die Geste klärende Information ist die Ergänzung für deiktische Ausdrücke wie „hier" oder „da": Welcher Ort genau mit diesem Ausdruck bezeichnet wird, kann eine Geste klären. Eine hinzufügende Information ist zum Beispiel, wenn auf den Apfel gedeutet wird und „meins" dazu gesagt wird. Damit ist nicht nur klar, dass das Wort sich auf den Apfel bezieht (Referenz), sondern auch wem der Apfel gehört.

Es sei darauf hingewiesen, dass aus der Darstellung von Iverson und Goldin-Meadow (2005) zur Spracherwerbsforschung nicht klar wird, wie über die semantische Synchronisation entschieden wird. In der Forschungspraxis (Iverson, persönliche Kommunikation, Mai 2005) wird eine Zeitspanne von 2 Sekunden angenommen, in der nach der Relation gesucht wird. Das heißt, in dem Moment, in dem die Geste ausschlägt, wird im zeitlichen Umfeld von 2 Sekunden nach einem zugehörigen Wort gesucht. Nach der Growth Point-Theorie (McNeill & Duncan, 2000) garantiert jedoch dieser zeitliche Umkreis keinesfalls eine zuverlässige Entscheidung über die semantische Zugehörigkeit, da Gesten variabel produziert werden. Die Variabilität bei der Gesten-Lautsprache-Produktion hat mit der Beteiligung der Geste an Denkprozessen zu tun und wird in 7.6 erläutert. Zusammenfassend lässt sich sagen, dass ein Konsens darüber besteht, dass Gestik und Lautsprache als Einheit auftauchen. Es ist jedoch schwierig zu entscheiden, wie konsistent und nach welchem Muster sich die Einheit in der Zeit gestaltet.

7.3   Zeigegeste

Das Verständnis einer Zeigegeste wird im Rahmen gemeinsamer Aufmerksamkeitsbezüge als Fähigkeit operationalisiert, jemandes Zeigegeste zu folgen (Kapitel 4). In der Produktion einer Geste des Hindeutens wird die morphologische Struktur durch das Ausstrecken des Armes und die Verlängerung des Indexfingers definiert (ibid: 9):

> Zusätzlich zu der Armausführung findet häufig auch eine Blickbewegung statt, die die Geste begleitet. Desrochers, Morissette und Ricard (1995: 94) unterscheiden drei Entwicklungsstadien, die das Zusammenspiel zwischen der manuellen Zeigegeste und der begleitenden Blickgeste charakterisieren:
>
> 1. Hindeuten ohne auf das Gesicht des Erwachsenen zu schauen;
> 2. Zuerst hindeuten, und dann innerhalb der nächsten Sekunde auf das Gesicht des Erwachsenen schauen;
> 3. Zuerst auf das Gesicht des Erwachsenen schauen und dann Hindeuten oder gleichzeitiges Hindeuten und auf das Gesicht des Erwachsenen schauen.
>
> Das „**visuelle Rückversichern** [visual checking]", wie es im Punkt (3) operationalisiert wird, attestiert den Kindern das Bewusstsein für psychologische Prozesse bei anderen und kann schon mit 12 Monaten beobachtet werden (Franco & Butterworth, 1996: 307, eigene Hervorhebung, siehe auch 5.3.6). Um erfolgreich zu kommunizieren, muss ein Kind sicher gehen, dass sich die Aufmerksamkeit des Gesprächspartners auf dem richtigen Referenten befindet.

Liszkowski (2005) vertritt die Meinung, dass Kinder deshalb motiviert sind, das visuelle Rückversichern [visual checking] zu entwickeln, weil sie ihre Interessen und Aufmerksamkeit teilen wollen. Zusätzlich zu dieser inneren Motivation entwickelt sich das visual checking möglicherweise aus der Geschichte der sozialen Interaktion heraus (vgl. Knoblich & Sebanz, 2006; Kapitel 5) als ein fest etabliertes Kommunikationsmuster.

7.3.1   Funktion der Zeigegeste

Das Verständnis der Zeigegeste betrifft die Fähigkeit, den kommunikativen Akt eines anderen zu verstehen und ist bereits in den Kapiteln 4 und 5 berücksichtigt worden. Dort habe ich dafür argumentiert, dass bereits ein Säugling die ‚Bewegung des Armes in Richtung des Objektes' einerseits und die ‚Anwesenheit eines Handelnden' andererseits mit signifikanten Veränderungen in der Szene in Verbindung bringt, was mit der Zeit bei ihm eine Erwartung entstehen lassen kann. Somit lassen diese zwei Beobachtungen den Säugling ahnen, dass ein Armausstrecken oder später die Endposition des Ausstreckens etwas mit Objekten, Handlungen und Handlungszielen zu tun hat. Im Folgenden baue ich auf dieser Interpretation auf.

Die Funktion der Zeigegeste in der Produktion ist die Deixis. Das Hindeuten dient laut Butterworth (2003: 9) dazu, die Aufmerksamkeit von einer anderen Person auf ein Objekt umzulenken, so dass sich dieses im gemeinsamen Fokus befindet. Liszkowski (2005: 136) macht darauf aufmerksam, dass die Geste des Hindeutens für sich bedeutungslos sei; erst der Kontext, in dem sie produziert wird, gibt ihr die eigentliche Bedeutung, die sowohl von der Umwelt, in der sie geäußert wird, wie auch von den Kommunikationspartnern und deren Beziehung zueinander abhängt: „Pointing thus provides a means for a ‚meeting of minds' in the external environment" (Liszkowski, 2005: 136). Eine Zeigegeste bezieht sich somit auf die Person-Raum-Zeit-Struktur der jeweiligen Äußerungssituation und kann in den Aufforderungssatz „wenn du meiner Geste folgst und dort hinsiehst, dann weißt du, was ich meine [if you look over there, you will know what I mean]" (Tomasello, Carpenter & Liszkowski, 2007: 705) übersetzt werden. Dieses „meeting of minds" (Liszkowski, 2005: 136) kann für unterschiedliche Zwecke genutzt werden. Ursprünglich wurde ein Unterschied zwischen deklarativer und imperativer Funktion einer Zeigegeste postuliert (Bates, Camaioni & Volterra, 1975). Unter **deklarativer Funktion** wird die Absicht verstanden, Informationen zu teilen. Dafür muss ein Kind die Aufmerksamkeit des Gesprächspartners auf die Quelle der Information in der Umwelt lenken. Wenn also ein Kind auf ein Objekt deutet, kann dahinter der Ausdruck „Schau' hier! Das ist interessant!" stecken. Dagegen birgt die **imperative Funktion** des Hindeutens die Absicht, eine Aufforderung zum Ausdruck zu bringen wie etwa „Das da will ich!". In diesem Falle möchte das Kind ein bestimmtes Objekt erhalten und sieht in dem Gesprächspartner ein Mittel, das Objekt zu bekommen.

Tomasello und Camaioni (1997) beobachteten die Ausführung einer Zeigegeste bei typisch entwickelten und autistischen Kindern wie auch bei Schimpansen. In diesen Studien wurden wichtige Unterschiede klar: Zum einen gebrauchen typisch entwickelte Kinder Gestik in triadischen Szenarien (siehe 4.2), also gegenüber einem Gesprächspartner in Bezug auf ein Objekt. Zum anderen gebrauchen sie ihre Gesten vorwiegend mit deklarativen Absichten. Autistische Kinder hingegen gebrauchen die Zeigegeste weniger zu deklarativen als vielmehr imperativen Zwecken (ibid). Schimpansen führten die Zeigegeste hauptsächlich zu imperativen Zwecken aus. Einige Autoren sprechen deshalb dem deklarativen Hindeuten eine typisch menschliche Funktion zu (Butterworth, 2003: 16).

In Ergänzung zu der Unterscheidung zwischen deklarativem und imperativem Hindeuten führen Tomasello und seine Kollegen (2007) weitere Funktionen ein. Sie bezeichnen Hindeuten als informativ (assertive), wenn der Kommunizierende (K) möchte, dass der Adressat (A) etwas weiß, von dem er (K) denkt, es wäre für ihn (A) nützlich oder interessant (Liszkowski, 2005; Liszkowski, Carpenter, Henning & Striano, 2004). Eine weitere Funktion sehen sie im expressiven Hindeuten. In diesem Fall will der Kommunizierende, dass der Adressat eine bestimmte Einstellung oder Emotion fühlt; er (K) möchte diese Emotion mit ihm teilen (Tomasello u.a., 2007). Begus und Southgate betonen wiederum die interrogative Funktion des Zeigens: Das Zeigen elizitiert nicht nur Information vom Adressaten, sondern ist selbst zugleich ein Ausdruck von Motivation oder Bereitschaft, diese Information aufzunehmen. Im Prinzip sind auch weitere Funktionen denkbar.

Eine nicht-kommunikative Funktion der Zeigegeste wird ebenfalls diskutiert (Bates, 1977; Hannan, 1987; Masataka, 2003; Gómez, 2007). So bemerkte Gómez (2007), aus der evolutionären Perspektive könnte das Hindeuten für die eigene Aufmerksamkeit mit der taktilen Objektexploration verbunden sein. Dies steht im Einklang mit den Interpretationen der oben genannten Befunde zum rudimentären Verständnis der Zeigegeste (Kapitel 5). Dementsprechend wird das Hindeuten eher in einem nicht-kommunikativen Sinne geäußert und ist ein Mittel, um die eigene Aufmerksamkeit zu lenken (Masataka, 2003; Gómez, 2007). Nicht-kommunikativ wirkt es zuerst auch auf die Bezugspersonen (Hannan, 1987). Doch macht die Geste den

Aufmerksamkeitsfokus des Säuglings publik (Gómez, 2007), woran wiederum die Bezugspersonen anknüpfen und umfangreichere Informationen über die Objekte und Ereignisse liefern können (Csibra & Gergely, 2006). Das heißt, wenn Kinder hindeuten und dazu vokalisieren, neigen Eltern dazu, sie als Kommunikationspartner anzuerkennen und darauf verstärkt zu reagieren (Masataka, 2003: 77).

Zusammenfassend ist es wichtig zu betonen, dass die zwei ursprünglichen Funktionen – die deklarative und imperative – zum einen nicht die einzigen Funktionen des Hindeutens sind. Zum anderen sind sie nicht als dichotom zu sehen (Gómez, 2007). Auch sei kritisch angemerkt, dass in den bisherigen Ansätzen zur Funktion der Zeigegeste zu wenig die Geschichte der Interaktion (siehe Kapitel 5) berücksichtigt wird, was dazu führt, dass der Geste des Hindeutens im Ansatz von Tomasello und Kollegen viel Intentionalität zugesprochen wird (siehe 7.3.3).

7.3.2 Entspringt das Hindeuten dem Greifen?

Man könnte vermuten, das Hindeuten entspringe dem Greifen. Die Urfunktion dieser Geste ist laut dieser Meinung eine proto-imperative („Gib mir das!") und nicht eine proto-deklarative („Schau' dir das an!") (Butterworth, 2003: 17). Entgegen dieser Meinung, zitiert Butterworth (2003) verschiedene Studien, die mit ihren Ergebnissen die proto-deklarative Funktion des Hindeutens belegen. Hinsichtlich der Frage, warum Kinder sich überhaupt um Kommunikation bemühen, fasst Masataka (2003) die Prämissen für das kommunikative Handeln der Kinder in zwei Punkten zusammen:

1. Kinder kommunizieren, weil sie ursprünglich möchten und benötigen, dass andere ihre Bedürfnisse erfüllen – was der imperativen Funktion der Zeigegeste entspricht.
2. Zusätzlich zu den Bitten um Unterstützung sind Kinder innerlich motiviert, mit anderen intersubjektiv Erfahrungen auszutauschen, und teilen mit ihnen kommunikativ ihre Aufmerksamkeit und Exploration – was der deklarativen Funktion der Zeigegeste entspricht (Masataka, 2003: 80; Tomasello u.a., 2005).

Wie die Forschung zeigt, lassen sich die zwei unterschiedlichen Motivationen direkt testen. Zu diesem Zweck wird das Greifen nach Objekten in Abgrenzung zum Hindeuten definiert (Blacke, O'Rourke & Borzellino, 1994: 196).

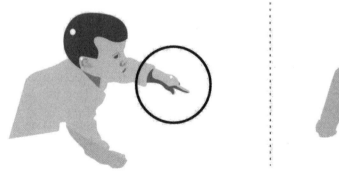

Abbildung 20: (links) die Zeigegeste; (rechts) die Greifgeste (© Frank Hegel).

Vergleicht man die Greifgeste (Abb. 20 rechts), die dem Zweck dient, ein Objekt zu bekommen, mit der Zeigegeste, die wiederum dem Zweck dient, über ein Objekt zu kommunizieren (Abb. 20 links), so haben sie das Armausstrecken, die Ausrichtung zu einem Objekt und das Fingerausstrecken gemeinsam. Diese Komponenten können bei Kindern bereits mit 4 Monaten beobachtet werden – wenn auch unkoordiniert (Blake u.a., 1994: 202). Die spätere Entwicklung trägt zur Koordination dieser Komponenten bei. Während einige Bewegungskomponenten für die Greifgeste benutzt werden, ist bei der Zeigegeste die referenzielle Funktion wesentlich. Hier muss jedoch angemerkt werden, dass auch die Greifgeste kommunikativ sein kann: Leung und Rheingold (1981) berichten von Mutter-Kind-Interaktionen, in denen Kinder im Alter von 10 bis 16 Monaten in einem freien Spiel vokalisierten, während sie diese Geste ausführten und dabei ihre Mutter anschauten; die Mütter wiederum fühlten sich angesprochen und schauten das Objekt an. Beide Gesten, sowohl die Greif- wie auch die Zeigegeste, sind also soziale Gesten [social gesture], weil sie dem Zweck dienen, die Aufmerksamkeit des Gesprächspartners zu lenken (ibid: 219).

Leung und Rheingold (1981; auch Blacke, O'Rourke & Borzellino, 1994) verglichen das Verhaltens bei Kindern im Alter zwischen 10,5 und 16,5 Monaten und fanden **unterschiedliche Entwicklungsverläufe** der Greif- und Zeigegeste: Während der Gebrauch von Zeigegesten ab einem bestimmten Alter deutlich zu beobachten war und dieser auch mit der Entwicklung zunahm, gebrauchten Kinder die Greifgeste nicht altersabhängig und die Häufigkeit ihrer Anwendung steigerte sich nicht.

Ein interessantes Argument für die Entwicklung der Zeigegeste als von vornherein selbständige Geste liefert Masataka (2003: 82). Er erklärt, dass Kinder eher dem Bedürfnis nach Mitteilung und intersubjektivem Austausch folgen als dem Bedürfnis nach Hilfe und Begleitung im Erreichen eigener Ziele. Er beobachtete, dass 8 Monate alte Kinder die Verlängerung des Zeigefingers benutzen, auch wenn keine weiteren Personen anwesend waren. Er schließt daraus, dass die Geste primär in Bezug zur Exploration und Selbstregulation von Aufmerksamkeit steht, und nicht (nur) in Bezug zu dem Wunsch des Kindes, das Objekt zu erhalten (ibid; vgl. 7.3.1).

Die Frage nach der Urfunktion der Zeigegeste greifen auch Franco und Butterworth (1994) auf. Die Autoren testen die Funktion in verschiedenen Kontexten, die sie davon abhängig machen, ob sich das Spielzeug in greifbarer Nähe (deklarativer Kontext) oder außerhalb der Reichweite (imperativer Kontext) befindet. Sie formulierten folgende Annahmen für die Interaktionen: Wenn das Hindeuten eine imperative Funktion erfüllt und Kinder mit dieser Geste nur ihre Bedürfnisse erfüllen möchten (Punkt 1 oben), dann sollte der Gesprächspartner antworten, indem er / sie dem Kind das gewünschte Objekt gibt (Franco & Butterworth, 1996). Wenn das Hindeuten allerdings eine deklarative Funktion erfüllt (wie in Punkt 2 oben beschrieben), dann sollte die Antwort des Gesprächspartners im Sinne der Referenz ausfallen, und er / sie wird die Aufmerksamkeit auf das gezielte Objekt lenken und ebenfalls etwas über das Objekt aussagen, d.h. mehr verbale Informationen dazu liefern (Franco & Butterworth, 1996). Ihre Daten zeigen, dass die Kernfunktion der Zeigegeste einerseits und der Greifgeste andererseits aus unterschiedlichen Kontexten stammt: Für das Zeigen ist es deklarativ-referenziell und für das Greifen imperativ-instrumentell. Deshalb geht aus dieser Studie hervor, dass die Urfunktion des Hindeutens nicht im imperativen ‚Haben-wollen' liegt (Franco & Butterworth, 1996).

Zusammenfassend weisen die Befunde auf Kontinuität zwischen der Zeige- und Greifgeste hin, insofern als sie beide früh in der Kommunikationsentwicklung vorkommen und mit Sprache koordiniert werden. Die Befunde weisen aber auch auf

Diskontinuität hin, insofern als sich das Armausstrecken als Verhalten um den 12. Lebensmonat häuft, die Häufigkeit der Greifgeste aber abnimmt und eher für imperative Zwecke verwendet wird. Somit kann die Frage, ob das Hindeuten dem Greifen entspringt, nicht eindeutig mit ja oder nein beantwortet werden.

7.3.3 Wie viel Semantik erfordert das Verständnis einer Zeigegeste?

Der oben erwähnte Zusammenhang zwischen dem Verstehen der Zeigegeste und der Theorie des Geistes (Theory of Mind, siehe 5.3.5) birgt schwerwiegende Konsequenzen, denn die Fähigkeit zur Theorie des Geistes – ursprünglich dem vierten Lebensjahr zugeschrieben – würde sich dann bereits Ende des ersten Lebensjahres äußern. Dies ist ein zeitlicher Unterschied, der für eine große Debatte (siehe 5.3.6) sorgt. Für die Semantik der Zeigegeste ist es wichtig zu untersuchen, was die Kinder dazu befähigt, Gestik als Achtungssignal [cue] zu nutzen, um einen Bezug zwischen dem Wort auf der einen und dem Objekt oder Ereignis auf der anderen Seite zu ermöglichen. Es existieren zwei grundsätzliche Ideen zu der Herkunft der Zeigegeste, die anhand von zwei Hypothesen erfasst werden können (Desrochers, Morissette & Ricard, 1995):

1. Hypothese: Die Entwicklung des Verständnisses der Zeigegeste kann mit der Entwicklung der Fähigkeit, Intentionen anderer wahrzunehmen (Theory of Mind), gleichgesetzt werden. Diese Deutung geht davon aus, dass Kinder ein Verständnis vom Sehen als eine Form von Aufmerksamkeit haben. Hier wird angenommen, dass Kinder nicht nur einen einfachen Zusammenhang zwischen zwei Verhaltensweisen lernen, sondern evolutionär darauf vorbereitet sind, auf ein bestimmtes Verhalten zu reagieren. Sie reagieren auf eine Zeigegeste, weil diese die intentionale Absicht des Sprechers vermittelt (siehe 4.2.4 zum Begriff der Intentionalität).
2. Hypothese: Das Verständnis der Zeigegeste und die Sprachentwicklung sind aufgrund von sozialen und nicht aufgrund kognitiver Faktoren miteinander verbunden. Das frühe Verständnis von Zeigegesten wird im Laufe der Zeit im Rahmen einer Geschichte des sozialen Verhaltens verstärkt. Hier ist es nicht klar, aber auch nicht wichtig, was der Agent mit dem Zielobjekt vorhat (Moore & Povinelli, 2007). Das frühe Verständnis drückt eher eine Erwartung aus, die Kinder aufgrund des Verhaltens anderer in triadischen Interaktionen aufgebaut haben: Sie folgen der Zeigegeste, weil sie etwas Interessantes erwarten und nicht, weil sie dem anderen eine Intention zuschreiben (Flom u.a., 2004: 192).

In ihrer Studie untersuchten Thoermer und Sodian (2001) den Zusammenhang zwischen der Fähigkeit, jemandes Zeigegeste zu folgen und dem Verständnis der referenziellen Intention. Kinder im Alter von 10 bis 12 Monaten nahmen zuerst in einem Habituationsexperiment teil, danach in einer Aufgabe, in der sie dem Hindeuten des Experimentators folgen sollten. Im Habituationsexperiment wurden der Ort des Objektes, das Objekt selbst und die Art der Geste (nur Hinschauen; Hinschauen und Hinzeigen; Hinschauen und Hinreichen) variiert. Das Habituationsexperiment ergab, dass weder die 10 noch die 12 Monate alten Kinder den Bezug der Geste zum Objekt verstanden haben. Die 12 Monate alten Kinder zeigten ihr Verständnis lediglich, wenn eine Reichgeste ausgeführt wurde. Laut der Ergebnisse aus der interaktiven Aufgabe waren die meisten Kinder nicht in der Lage, dem Hindeuten des Experimentators zu folgen. Die Autoren schließen daraus, dass 12 Monate alte Kinder die untersuchten deiktischen Gesten nicht als sich auf ein Zielobjekt beziehend sehen. Das anfängliche Verständnis von deiktischen Gesten beruhe laut den Autorinnen nicht auf der Fähigkeit, die Verbindung (und Referenz) zwischen dem Gestikulierenden und dem Zielobjekt zu erkennen und zu verstehen. Stattdessen bestehe die Basis für die Bedeutung einer Zeigegeste aus einem simplen Verhaltensmechanismus (ibid: 259), nämlich das Ziel aus dem Kontaktverhalten zwischen den Körperteilen (wie Arm und Hand) und den Objekten zu schließen (ibid: 262). An dieser Stelle wird deutlich, dass die Autorinnen die Fähigkeit, Intentionalität anderer wahrzunehmen, jungen Kindern nicht zusprechen. Stattdessen belegen sie, dass Kinder in ihren Proto-ToM-Fähigkeiten, andere Personen als zielorientiert Handelnde wahrnehmen (vgl. 5.3.6).

In die gleiche Richtung geht die Erkenntnis von Schnur und Shatz (1984), die als primäres Ziel der mütterlichen Gestik in einer Konversation mit Einjährigen das Gewinnen ihrer Aufmerksamkeit sehen. Während sich also Tomasello und seine Kollegen (2007) für die oben genannte Hypothese 1 aussprechen, plädieren Thoermer und Sodian (2001) wie auch Schnur und Shatz (1984) für die Hypothese 2. Im Prozess der Intersubjektivität sehen Thoermer und Sodian (2001) wiederum die Rolle der Sprache als ausschlaggebend:

> The use of language is an important factor in intentionality attribution in young infants. Once infants are able to attend jointly to a specific target with the adult, they are able to benefit from labeling events. Such labeling events may then in turn draw their attention to the intentional relation between communicator and referent (Thoermer & Sodian, 2001: 262).

7.3.4 Produktion der Zeigegeste und Spracherwerb

Eine Zeigegeste zu verstehen, bedeutet, dass ein Objekt in die laufende Interaktion mit dem Gesprächspartner eingeschlossen wird. Dagegen impliziert die Produktion einer Zeigegeste, dass der Gesprächspartner in die Beziehung eingeschlossen wird, die das Kind mit dem Objekt hat (Desrochers, Morissette & Ricard, 1995: 91).

Auch wenn die ersten Aktivitäten in Richtung einer Zeigegeste bereits mit 3 Monaten zu sehen sind (Masataka, 2003; Fogel & Hannan, 1985; Hannan, 1987), ist das kommunikative Hindeuten frühestens ab dem 10. Lebensmonat zu beobachten (Liszkowski, 2005). Die Zeigegeste macht den Hauptteil des gestischen Repertoires bis zum 20. Lebensmonat aus (Morford & Goldin-Meadow, 1992; Capone & McGregor, 2004). Das Hindeuten wird laut Desrochers, Morisette und Ricard (1995) in drei Entwicklungsstufen produziert, die sich durch die unterschiedliche Koordination der Zeigegeste mit dem Blickverhalten auszeichnen (siehe oben). Zuerst zeigen Kinder, ohne auf den Erwachsenen zu schauen. Dann zeigen sie und schauen innerhalb einer Sekunde auf das Gesicht des Erwachsenen. Schließlich schaffen sie es, sich der Aufmerksamkeit des Erwachsenen zu vergewissern, bevor sie die Zeigegeste ausführen. Franco und Gagliano (2001) verdeutlichen in zwei Experimenten mit 18 bis 36 Monate alten Kindern, dass Kinder bereits ab dem 18. Lebensmonat Verständnis für die Aufmerksamkeit des Gesprächspartners aufbringen. In einer Bedingung, in der der Experimentator das Zielobjekt des Kindes nicht sehen konnte, schauten die Kinder signifikant häufiger den Gesprächspartner an, während sie darauf zeigten (Franco & Gagliano, 2001: 317); auch wurde ein Anstieg im antizipatorischen Rückversichern bemerkt, d.h. Kinder schauten den Experimentator an, kurz bevor sie auf das Objekt hindeuteten. Die Autoren stellen fest, dass die unterschiedlichen Verhaltensformen wie Gestik, Blick und ihre Kombination, im dritten Lebensjahr speziellere Funktionen in der Kommunikation bekommen. Zum Beispiel wurde bei älteren Kindern eine visuelle Rückversicherung häufiger in den Interaktionen beobachtet, die anstrengend oder ambivalent waren. Hier scheint der Blickkontakt eine spezifische Strategie zu sein, um solche Ambivalenzen zu lösen (siehe oben, Kapitel 6). Sicherlich hängen die speziellen Funktionen auch mit der Sprachentwicklung zusammen (ibid: 318). Daher schlussfolgern die Autoren, dass die Produktion der Zeigegeste bei Kindern (a) sowohl für das Verständnis steht, dass Sehen und Wissen zusammenhängen – womit eine Basis für die sozialen Fähigkeiten im Sinne der Theorie des Geistes (ToM) geschaffen wird – (b) wie auch ein kraftvoller Mechanismus des frühen Spracherwerbs ist.

Genau dieser Zusammenhang zwischen Gestik und Spracherwerb wurde zum zentralen Forschungsgegenstand der letzten Jahre. Dabei interessierte vor allem die Frage nach der Beziehung zwischen Gestik und Lautsprache in der ontologischen Entwicklung: Ist es lediglich eine zeitliche Beziehung, nach der Gesten früher als Wörter produziert werden? Oder ist es eine kognitive Beziehung, nach der es eine fundamentale Beziehung zwischen dem Gestikgebrauch und der Sprachproduktion gibt (Iverson & Goldin-Meadow, 2005)?

Bates und ihre Kollegen (1977) vermuten ein integriertes System von linguistischen, kognitiven und sozialen Fähigkeiten, die sich in gegenseitiger Abhängigkeit entwickeln können. Eine Reihe von aktuellen Studien liefert Argumente für die Gleichzeitigkeit von zeitlicher und kognitiver Beziehung. Als erstes sei hier die Studie von Butcher und Goldin-Meadow (2000) aufgeführt. In dieser Studie wurde sowohl die semantische wie auch die temporale Synchronizität zwischen Gestik und Lautsprache untersucht. Die Autorinnen beobachteten sechs Kinder während der Übergangsphase von Ein-Wort- zu Zwei-Wort-Äußerungen. Die Ergebnisse zeigen, dass in der Ein-Wort-Phase Gestik auch ohne Worte produziert wird. Diese nonverbale Art zu kommunizieren nimmt aber in der weiteren Entwicklung ab.

Integriertes Gestik-Lautsprach-System: Während also die Häufigkeit der Gestikproduktion über verschiedene Beobachtungspunkte relativ stabil bleibt, verändert sich die Art, wie Kinder gestikulieren. Diesen Befund interpretieren die Autorinnen dahingehend, dass kommunikative Gestik zuerst unabhängig von der Lautsprache funktioniert, beide aber im Laufe der weiteren Entwicklung immer mehr miteinander verbunden und ineinander integriert werden (Morford & Goldin-Meadow, 1992; Iverson & Fagan, 2004). Im Erwachsenenalter formen schließlich beide Modalitäten ein einheitliches System (McNeill, 1992). Die Dynamik des Wechselns und nicht, dass ein Referent in lediglich einer Modalität ‚stecken‘ bleibt, scheint ausschlaggebend für die Weiterentwicklung (Iverson & Goldin-Meadow, 2005).

Der Studie von Butcher und Goldin-Meadow (2000) nach wird nicht nur die Synchronisation von Lautsprache und Gestik zeitlich enger, sondern auch die Art, wie der semantische Inhalt in beiden Modalitäten ausgedrückt wird, verändert sich. Denn mit der Zeit produzierten alle Kinder mehr Kombinationen von Lautsprache und Gestik, entweder mit einheitlichem semantischen Inhalt (z.B. zeigten sie auf ihren Papa und sagten „Papa!") oder aber mit einem ergänzenden semantischen Inhalt (wenn ein Kind z.B. auf eine Tür zeigt und sagt „auf!"). In einer Langzeitstudie mit zehn Kindern bestätigten McEachern und Haynes (2004), dass Gestik-Lautsprach-Kombinationen, die sich ergänzen und somit zwei Elemente enkodieren, einen Übergang von Ein- zu Mehr-Wort-Äußerungen bilden.

In einer ähnlichen Studie fanden Iverson und Goldin-Meadow (2005), dass es eine dynamische Wechselwirkung zwischen sprachlicher und gestischer Modalität gibt: Eine signifikant größere Menge an Referenten wurde entweder zuerst in lediglich einer Modalität ausgedrückt und wechselte dann zu der anderen oder breitete sich auf beide Modalitäten aus. Die Fähigkeit, einen semantischen Inhalt ergänzend auszudrücken, erweitert also die kommunikativen Möglichkeiten des Kindes (Butcher & Goldin-Meadow, 2000: 248).

Den **Zeitpunkt der Verschmelzung** [convergence point] (ibid) zwischen Gestik und Lautsprache definieren die Autorinnen weniger durch ein bestimmtes Alter als durch drei parallel ablaufende Ereignisse, die individuell stattfinden: (1) die Produktion der Gestik ohne Worte nimmt mit der Zeit ab, zugleich (2) nehmen Geste-Lautsprach-Kombinationen in dem Moment zu, wenn (3) Kinder beginnen Gestik mit *bedeutungsvollen* Äußerungen (im Sinne von stärker dekontextualisierten wie „Ball!" und nicht nur deiktischen wie „da.") zu kombinieren, mit denen sie auf Objekte / Ereignisse referieren (ibid: 248). Gestik macht es möglich, Informationen zu vermitteln, die noch nicht in der Lautsprache vermittelt werden können (Iverson & Goldin-Meadow, 2005). Sie kann daher als eine Art Transportmittel in Richtung Sprachproduktion gesehen werden (Butcher & Goldin-Meadow, 2000: 254).

Eine weitere, sich an die oben dargestellten Studien anschließende Fragestellung betrifft den Beitrag der Gestik zur Entwicklung der syntaktischen Kompetenz. Eine Studie von Özçalişkan und Goldin-Meadow (2005a) mit Kindern im Alter von 14, 18 und 22 Monaten geht auf diese Frage ein. In dieser Studie wurde ein besonderes Kategoriensystem aufgestellt, um syntaktische Strukturen multimodal zu erfassen. Die Autorinnen unterscheiden drei verschiedene Typen der semantischen Relation zwischen Gestik und Lautsprache (siehe Tabelle 9).

	verbale Äußerung wie	Geste-Lautsprach-Kombinationen wie
Argument + Argument	„Mama Sofa!"	„Mama!" und Hindeuten auf ein Sofa
Prädikat + Argument	„Baby schläft!"	„Fahren!" und Hindeuten auf ein Auto
Prädikat + Prädikat	„Fertig kochen!"	„Mag ich!" und ikonische Geste fürs Eisessen

Tabelle 9: Zwei Informationen, verbal und nichtverbal ausgedrückt (vgl. Özçalişkan & Goldin-Meadow, 2005a: 106).

Mit *Argument* werden Objektinformationen (Subjekt wie Objekt) bezeichnet, wogegen *Prädikat* eine Information über ein Ereignis umfasst. Diese Termini betreffen nicht nur lautsprachliches, sondern auch gestisches Verhalten. Beispielsweise wenn ein Kind auf ein Objekt deutet (Argument) oder eine ikonische Geste für eine Tätigkeit wie Eisessen (Prädikat) benutzt (Özçalişkan & Goldin-Meadow, 2005a: 103).

Die Analyse der Studie ergab, dass zwei Informationen über ein Ereignis zuerst in Geste-Lautsprach-Kombinationen ausgedrückt werden und erst später gänzlich in der

Lautsprache produziert werden. Nach diesen Befunden wird der Gestik die Rolle eines Werkzeugs verliehen, das den Kindern hilft, komplexe Ideen auszudrücken und somit ihr kommunikatives Repertoire zu erweitern. Die Rolle eines Werkzeugs mag Gestik dadurch bekommen haben, dass sie im Vergleich zur Lautsprache, die sowohl komplexe Phonologie wie auch entsprechende Artikulation umfasst, kognitiv weniger fordernd ist und daher die Last der Kommunikation vermindert (ibid: 111; siehe 7.6.1). Die Befunde dieser Studie basieren auf Ergebnissen anderer Studien mit kleineren Stichproben (Butcher & Goldin-Meadow, 2000; Iverson & Goldin-Meadow, 2005). Iverson und Goldin-Meadow (2005) fanden eine Korrelation zwischen ergänzenden Geste-Lautsprach-Kombinationen (also unterschiedliche Informationen über das gleiche Ereignis verteilt auf zwei Modalitäten) und Zwei-Wort-Äußerungen. Insofern kann davon ausgegangen werden, dass Gestik das Aufkommen von Mehrwortäußerungen erleichtert.

Eine Zusammenfassung der in den einzelnen Studien präsentierten Aussagen liefert die Tabelle 10. Demnach liefert die Gestik eine Vorlage für weitere Leistungen auf der verbalen Ebene.

	semantische Kohärenz	Geste-Lautsprach-Kombination	Kombination unimodal
Lautsprache		X	X	XY
Gestik	X	X	Y

Tabelle 10: Gestik in der Vorläuferrolle: X und Y stehen für unterschiedliche semantische Informationen: Zuerst drückt sich ein Kind gestisch aus; die semantische Kohärenz erreicht es dann, wenn Geste und Lautsprache die gleiche Information vermitteln; eine multimodale Kombination vermittelt zwei unterschiedliche Inhalte, die später in der Entwicklung unimodal in der Sprache zum Ausdruck gebracht werden können.

7.3.5 Zeigegeste im Input

Wie bereits in Kapitel 5 gezeigt, unterstützen Erwachsene die Kommunikation des Kindes und passen sich seinen Fähigkeiten an. Diese Anpassung findet auch in der Gestik statt. Iverson und ihre Kollegen (1999) beobachteten italienisch sprechende Mütter in einer Interaktion mit ihren 16 und 20 Monate alten Kindern. Auch in diesen Interaktionen wurde die Gestik sowohl verstärkend als auch ergänzend zu verbalen Äußerungen gebraucht. Der häufigste Gestiktyp war die Zeigegeste.

Mit „**gestural motherese**" bezeichnen Iverson und Kollegen (1999: 57, eigene Hervorhebung) die Anpassungen der Mütter, die sie gestisch gegenüber ihren Kindern vornehmen, d.h. sie führen weniger und konkretere Gesten aus, die redundant wirken und die verbale Äußerung verstärken. Die genauen Parameter der gestischen Anpassung sind Gegenstand der aktuellen Forschung (Grimminger, Rohlfing & Stenneken, 2010).

Welche Wirkung das *gestural motherese* hat, kann noch nicht eindeutig beantwortet werden. Die Ergebnisse der Studie von Pan, Rowe, Singer & Snow (2005) zeigten, dass Kinder zwischen 14 und 36 Monaten, deren Eltern auf das Gesprochene öfter gestisch hindeuteten, eine schnellere Vokabularentwicklung aufwiesen als Kinder, deren Eltern dies seltener taten. Ähnlich fanden Rowe und Pan (2004), dass das rezeptive Vokabular der Kinder positiv mit dem mütterlichen Hindeuten während einer Buchlesesituation korrelierte. Das heißt, dass Kinder, deren Mütter während des Buchlesens auf Bilder hindeuteten, weiter fortgeschritten in ihrer Vokabularentwicklung waren als Kinder, deren Mütter nicht so oft auf Bilder zeigten.

Allerdings darf der Gestik der Bezugsperson nicht zu viel Macht über die Sprachentwicklung des Kindes zugesprochen werden. Die Studie von Özçalişkan und Goldin-Meadow (2005b) ging der Frage nach, ob die Gestik der Eltern für die Übergänge in der frühen Sprachentwicklung verantwortlich ist. Sie untersuchten 40 Mutter-Kind-Dyaden zu den Zeitpunkten, zu denen die Kinder 14, 18 und 22 Monate alt waren. Die Autorinnen stellten fest, dass das verbale und gestische Verhalten der Bezugspersonen in den untersuchten Lebensmonaten recht stabil bleibt, und ihre Geste-Lautsprach-Kombinationen durchgehend ähnlich sind. Daher verneinen die Autorinnen ihre Ausgangsfrage. Vielmehr scheinen die Übergänge im Spracherwerb der Kinder durch das Wachsen ihrer kognitiven und kommunikativen Fähigkeiten verursacht zu sein. Sollte das elterliche Gestikverhalten also auf die Kinder Einfluss haben, dann wirke es eher als genereller Faktor, der über die frühe Spracherwerbsphase des Kindes konstant bleibt.

Eine neuere Studie von Rowe, Özçalişkan und Goldin-Meadow (2008) untersuchte längsschnittlich 53 englischsprechende Eltern-Kind-Dyaden in ihren Wohnungen während einer alltäglichen Aktivität. Die Familien wurden alle vier Monate zwischen dem 14. und dem 34. Lebensmonat des Kindes besucht. Die Autorinnen fanden heraus, dass während die Gestik des Kindes – im Einklang mit den oben genannten Studien – ein zuverlässiger Faktor ist, der die Sprachentwicklung vorhersagt, die elterliche Gestik in keinem direkten Zusammenhang mit der Sprachentwicklung des Kindes stand. Allerdings hatte die elterliche Gestik einen *vermittelnden Effekt* (Rowe & Goldin-Meadow, 2009a): Sie stand in Zusammenhang mit der Gestik des Kindes in seinem 14. Lebensmonat. Zugleich waren die Kinder, die zu diesem Zeitpunkt (14. Lebensmonat) mehr gestikulierten auch diejenigen, die einen größeren Wortschatz im 34. Lebensmonat aufwiesen. Dieser Zusammenhang blieb bis zum Schuleintritt (54. Lebensmonat) bestehen. Aus der Sicht der Autorinnen kann also die elterliche Gestik die Gestik des Kindes in seinem 14. Lebensmonat ankurbeln, welche wiederum in einem engen Zusammenhang mit seiner späteren Sprachentwicklung steht (ibid; Rowe u.a., 2008). Insofern zeigt das elterliche Gestikverhalten eine indirekte und vermittelnde Wirkung auf die Sprachentwicklung des Kindes.

Sind Eltern empfänglich für die Gestik des Kindes und gehen auf sie ein, so äußert sich das auch darin, dass sie die gestische Nachricht verbal ausschmücken. Goldin-Meadow, Goodrich, Sauer und Iverson (2007) zeigten, dass wenn ein Kind z.B. auf eine Mütze zeigt und sagt „Mütze", so kann die Mutter z.B. „ja, das ist Mamas Mütze" dazu äußern und somit die Äußerung des Kindes in einen ganzen Satz ‚übersetzen'. Es ist plausibel anzunehmen, dass diese Äußerungen als Input für den kindlichen Spracherwerb wichtig sind, aber auch die Kinder motivieren, selbst Gestik-Lautsprache-Kombinationen zu äußern. Diese Annahme wurde jedoch noch nicht überprüft. Allerdings führte eine weitere Analyse der oben genannten Längsschnittdaten (Rowe & Goldin-Meadow, 2009b) zu dem Befund, dass die Menge an Gestik-

Lautsprache-Kombinationen von Kindern zum Zeitpunkt ihres 18. Lebensmonats ihre syntaktischen Fähigkeiten zum 42. Lebensmonat vorhersagte. Demnach waren Kinder, die mit 18 Lebensmonaten viele Gestik-Lautsprache-Kombinationen äußerten diejenigen, die mit 42 Monaten bessere produktive Syntaxkenntnisse zeigten. Um die Leistungen in produktiver Syntax zu berechnen, wurden die Sätze, die die Kinder in den freien Spielsitzungen mit 42 Lebensmonaten äußerten, in die Punktwerte eines Syntaxtests umgerechnet (Rowe & Goldin-Meadow, 2009b).

Eine soziolinguistische Tatsache ist, dass das eigene Verhalten – egal ob lautsprachlich oder nichtsprachlich – stets auch innerhalb einer Gemeinschaft geschieht und von Sozialstrukturen beeinflusst wird. So auch vom sozio-ökonomischen Umfeld. Rowe (2000) untersuchte, inwieweit der sozio-ökonomische Status der Mütter einen Einfluss auf ihr verbales und gestisches Verhalten zu ihren Kindern hat. Sie untersuchte 45 Mutter-Kind-Dyaden. Der Status wurde an dem jährlichen Einkommen der Familie festgemacht, das sich durchschnittlich auf $ 13.361 (ca. 10.205 €) belief. Die Interaktion wurde zu einem Zeitpunkt aufgenommen, zu dem die Kinder 14 Monate alt waren. Zusätzlich zu den Interaktionen füllten die Mütter einen Fragebogen zum Sprachstand ihres Kindes aus (MBCDI = MacArthur-Bates Communicative Development Inventories, eine nordamerikanische Version). Im Hinblick auf die sozialen Faktoren ergaben die Analysen eine positive Korrelation zwischen mütterlicher Bildung und dem Hindeuten. Das heißt, Mütter mit höherer Bildung gingen mehr auf das gestische Verhalten ihrer Kinder ein, was impliziert, dass diese Kinder in ihrem gestischen Verhalten motiviert werden, was wiederum – wie bereits oben dargestellt – die Interaktion ankurbeln kann. Weiterhin ergaben die Analysen, die sich auf den Zusammenhang zwischen mütterlicher und kindlicher Kommunikation bezogen, eine positive Korrelation zwischen dem Hindeuten und dem Sprechen. Das heißt, dass Mütter, die mit ihren Kindern mehr gesprochen haben, auch häufiger gestisch auf etwas hindeuteten. Allerdings scheint sich diese positive Wirkung nur bei Kindern zu ergeben, die selbst schon mindestens fünf Wörter sprechen konnten. Bei Kindern, die weniger als fünf Wörter beherrschten, zeigt sich sogar eine negative Korrelation zwischen dem Hindeuten und dem Sprechen. Im Hinblick auf das berichtete Sprachverständnis gab es eine positive Korrelation zwischen dem Wortverständnis der Kinder und dem Hindeuten der Mütter, die die oben genannten Befunde unterstützt. Auch fand Rowe (2000), dass Kinder, die mehr an Sequenzen mit Zeigegesten beteiligt waren, auch mehr sprachen (siehe auch Pan u.a., 2005). Die Analysen des gestischen Verhaltens ergaben, dass Gestik hauptsächlich dazu benutzt wurde, die Aufmerksamkeit zu lenken und somit auch eine Konversation zu führen.

Zusammengenommen lassen die Ergebnisse annehmen, dass der gestische Input für die Sprachentwicklung der Kinder eine Rolle spielt, welche aber in der zukünftigen Forschung genauer definiert werden muss. Denn einerseits wird berichtet, dass der Input lediglich eine unterstützende Wirkung in der Sprachentwicklung hat. Andererseits zeigen aber unsere eigenen Studien mit sprachentwicklungsverzögerten Kindern, dass Eltern sich gestisch an den Sprachstand ihrer Kinder in Abhängigkeit von dem Schwierigkeitsgrad der Aufgabe anpassen (Grimminger u.a., 2010).

7.4　Ikonische Geste

Ikonische Gesten bilden einen anderen Typ des nichtverbalen Verhaltens und werden auch als repräsentationale, symbolische oder referenzielle Gesten sowie als Babysprache [baby signs] bezeichnet (siehe 7.1). Kinder produzieren sie bereits bevor sie etwa 25 Wörter sprechen können, also ab dem ersten Geburtstag (Vogt & Schreiber, 2006). Gesten von diesem Typus stehen für einen Referenten und vermitteln ihre Bedeutung durch ihre Form, denn diese ändert sich mit dem Kontext nicht (Capone & McGregor, 2004: 174). Da die Geste also abstrakt verweist, kann sie dazu dienen, auch über abwesende Objekte oder Ereignisse zu kommunizieren (O'Reilly, Painter & Bronstein, 1997; Vogt & Schreiber, 2006). Solche Zeichen können sehr bildhaft sein, so dass ein naher Bezug zum Referenten entsteht:

> Es ist leicht nachvollziehbar, dass beispielsweise das kindliche Öffnen und Schließen des Schnutenmundes auf den Referenten ‚Fisch' verweist. Hingegen weisen konventionelle Gesten wie Winken zum Abschied [...] schon arbiträren, das heißt willkürlichen Charakter auf (Vogt & Schreiber, 2006: 180).

7.4.1 Produktion von ikonischen Gesten

Ikonische Gesten werden ab dem 12. Lebensmonat produziert (Vogt & Schreiber, 2006). Dieser Typ macht jedoch im Vergleich zum Zeigegestengebrauch einen sehr geringen Anteil des gestischen Verhaltens aus (Morford & Goldin-Meadow, 1992). Als eine der wenigen Studien mit typisch entwickelten Kindern gilt die Studie von Acredolo und Goodwyn (1988). Sie untersuchten längsschnittlich spontane Gestik von Kindern im Alter von 11 bis 24 Monaten. Die Autorinnen stellten fest, dass Mädchen ihre Kommunikation stärker auf diese Gesten aufbauen als Jungen. Des Weiteren scheinen die Gesten eher Funktionen von Objekten als deren Formen zum Ausdruck zu bringen. Auch ist das Benutzen dieser Gesten positiv mit der Vokabularentwicklung verknüpft. Acredolo und Goodwyn (1988) interpretieren ihre Befunde dahingehend, dass ikonische Gesten sich im Tandem mit frühen Wörtern entwickeln: Kinder, die mehr ikonische Gesten verwendeten, neigten dazu, über ein größeres Vokabular zu verfügen und die 10-Wort-Grenze schneller zu durchbrechen als Kinder, die wenige ikonische Gesten aufwiesen. Die Autorinnen gehen davon aus, dass sich in der Geste das Verständnis für symbolische Kraft äußert. Diesen Zusammenhang sehen auch O'Reilly, Painter & Bornstein (1997), die allerdings nicht den Worterwerb, sondern vielmehr das symbolische Spiel der Kinder in den Fokus stellten.

Während, wie oben gezeigt wurde, Gesten für die meisten Kinder „**Wegbereiter**" (Vogt & Schreiber, 2006: 180, eigene Hervorhebung) auf dem Weg zur Lautsprache sind, scheinen die ikonischen Gesten ein zusätzlicher Ausdrucksweg für eine besondere Gruppe von Kindern zu sein: für späte Sprecher.

Späte Sprecher [late talker] weisen typischerweise eine Verzögerung in der Sprachproduktion auf und machen etwa 10 % aller zweijährigen Kinder aus (Grimm, 1999). Ihr Wortschatz ist kleiner und bezogen auf ihre syntaktischen Leistungen fällt auf, dass sie mit 24 Monaten keine Zwei-Wort-Äußerungen bilden. Ein Teil der späten Sprecher wird in der weiteren Entwicklung zu späten Blühern [late bloomers] (vgl. auch Kauschke, 2012) und schließt in seiner sprachlichen Leistung auf. Die Kinder, die in ihrer Sprachproduktion bis zum 3. Lebensjahr späte Sprecher bleiben, gelten als Risikokinder für eine Sprachentwicklungsstörung.

Um eine gezielte Intervention für späte Sprecher zu ermöglichen, ist es notwendig, diese Gruppe von Kindern zu identifizieren und nach Möglichkeit von der Gruppe der späten Blüher zu unterscheiden. Eine Studie von Thal und Tobias (1992) zeigte, dass es nicht ausreichend ist, späte Sprecher und späte Blüher aufgrund ihrer produktiven Lautsprachleistungen zu identifizieren. Viel aussagekräftiger sei das gestische Verhalten dieser Kinder. Denn späte Blüher produzieren signifikant mehr kommunikative Gesten beider Typen, ikonische und deiktische. Das bedeutet, dass späte Blüher aufgrund ihres gestischen Verhaltens von späten Sprechern unterschieden werden können: „[I]t appeared that late bloomers, as a group, used gesture early on to compensate for their oral expressive deficits whereas truly late talkers did not" (Capone & McGregor, 2004: 180). Auch wenn diese Angaben ohne weitere Bestätigung in der Forschung geblieben sind (weil sie nicht repliziert werden konnten), legen sie nahe, die Einschätzung des kommunikativen Verhaltens eines Kindes nicht nur von der Lautsprache, sondern auch von dem gestischen Verhalten abhängig zu machen.

7.4.2 Verständnis von ikonischen Gesten

Motiviert durch die vielversprechenden Ergebnisse zum gestischen Verhalten bei späten Sprechern verfolgen die meisten Studien zu ikonischen Gesten die Idee, das Wortlernen durch gestisch vermittelte Informationen zu fördern. Im Zentrum dieser Untersuchungen steht also der Zusammenhang zwischen der symbolischen Geste im Input und der Vokabularentwicklung seitens der Kinder. In den meisten Studien wird das Verständnis der Geste aus dem Input dadurch operationalisiert, dass dem Kind eine Geste dargeboten wird, die einen Lerninhalt (z.B. ein neues Wort) begleitet; dann wird die Lernleistung des Kindes analysiert.

Eine der wichtigsten Studien wurde von Goodwyn, Acredolo und Brown (2000) durchgeführt. In dieser längsschnittlichen Studie wurden die 103 teilnehmenden Kinder bereits mit 11 Monaten in drei Gruppen aufgeteilt. Alle drei Gruppen wurden im Verlauf der Studie zu Laborsitzungen eingeladen, die stattfanden als die Kinder 15, 19, 24, 30 und 36 Monate alt waren. Die drei Gruppen unterschieden sich im Verhalten der Eltern. In einer Gruppe wurden die Eltern geschult, ikonische Gesten in der Kommunikation mit ihrem Kind zu gebrauchen. In der zweiten Gruppe wurden die Eltern instruiert, besonders auf ihre Lautsprache zu achten und möglichst viele Objekte zu benennen. Im Vergleich zu der ersten Gruppe sollte es auch in dieser Gruppe zu vielen bewussten Interaktionen mit dem Kind kommen. Schließlich galt die dritte Gruppe als Kontrollgruppe, wo die Eltern weder zum besonderen gestischen noch lautsprachlichen Verhalten motiviert wurden. Das gestische Verhalten der Kinder wurde als symbolische Geste kodiert, wenn es (a) spontan vom Kind eingesetzt wurde, (b) in einer stereotypischen Form erschien und (c) in Bezugnahme auf mehrere Beispiele des Referenten, unabhängig vom spezifischen Kontext angewendet wurde (ibid: 90). Zusätzlich zu der Analyse der Interaktion wurde ein Elternfragebogen zur Erfassung der Sprachrezeption und -produktion des Kindes eingesetzt, sowie ein Test zur kommunikativen Entwicklung und ein Bildertest zum Vokabular. Des Weiteren wurde die durchschnittliche Länge der Äußerungen in der Interaktion wie auch die kindliche Fähigkeit, Phoneme in einem Test zu unterscheiden, gemessen.

Die Autorinnen fanden heraus, dass Kinder beiden Geschlechts aus der in der Gestik trainierten Gruppe mehr gestikulierten als Kinder aus anderen Gruppen. Insofern wurde die Art des Inputs im Verhalten der Kinder aufgegriffen. Wenn man gegenüber einer gestischen Unterstützung oder dem Gebrauch der Zeichensprache in einer

Kommunikation mit Kindern den Vorbehalt hegt, das Kind solle nicht lernen, diese Form von Kommunikation über die lautsprachliche zu favorisieren, so finden Goodwyn und Kolleginnen (2000) eine Antwort darauf: Ihre Ergebnisse zur Sprachrezeption und Sprachproduktion der Kinder, deren Eltern symbolische Gestik benutzten, zeigen, dass dieser Vorbehalt unbegründet ist. Was die Sprachproduktion anbetrifft, so ergaben die Analysen, dass die Erfahrung in ikonischer Gestikulation das Sprechen eher stimulierte als verzögerte: Kinder in der in Gestik trainierten Gruppe wiesen ein signifikant höheres Sprachniveau auf als Kinder aus anderen Gruppen. Auch im Hinblick auf die Sprachrezeption zeigte sich, dass Kinder aus der in der Gestik trainierten Gruppe zum Zeitpunkt ihres 19. und 24. Lebensmonates ein besseres Verständnis zeigten. Im Alter von 30 und 36 Monaten fanden sich allerdings keine signifikanten Unterschiede mehr. Insofern kann aus den Befunden geschlossen werden, dass symbolisches Gestikulieren die Sprachentwicklung eher fördert als behindert (ibid: 94). Die Ergebnisse hinsichtlich der Syntaxentwicklung gestalten sich ähnlich: Auch hier zeigen die Kinder gestikulierender Eltern einen Vorteil gegenüber den anderen Gruppen der Studie. Die Autorinnen merken an, dass syntaktische Fähigkeiten stark mit der Größe des Lexikons in Verbindung stehen, insofern ist es nicht verwunderlich, dass die in der Gestik trainierten Kinder durch ihren Vorteil im Vokabular auch ihre syntaktischen Leistungen verbessern konnten. Allerdings muss für diese Studie kritisch angemerkt werden, dass der Unterschied zwischen den beiden Trainingsgruppen nicht differenziert berichtet wird, und somit nicht klar ist, ob es die Gestik im Input oder die intensive Interaktion war, die zu den positiven Effekten in der Sprachentwicklung führte.

Schließlich führen Goodwyn und ihre Kolleginnen (2000: 101) weitere Vorteile auf, die eine durch ikonische Gestik unterstützte Kommunikation im Alltag mit einem Kleinkind mit sich bringen kann: Zum einen können sich Kinder schneller äußern, wodurch sie auch selber den Interaktionsinhalt bestimmen können. Zum anderen erfahren Eltern bereits präverbal von Interessen des Kindes. Mittlerweile gibt es Programme für Eltern, die die Babysprache, Babyhandzeichen oder Zwergensprache – wie sie im Deutschen genannt werden – lernen möchten, um gestisch den Spracherwerb ihrer Kinder zu unterstützen. Die Mühe lohnt sich sicherlich für späte Sprecher (vgl. Thal & Tobias, 1992). Für alle anderen Kinder stellen Namy und Nolan (2004) fest, dass es große individuelle Unterschiede in den Dyaden gibt. Sie untersuchten 17 Mütter und Kinder in einem freien Spiel zu einem Zeitpunkt, zu dem die Kinder 12, 18 und 24 Monate alt waren. Ihre Forschung konzentriert sich auf die Veränderungen im Gebrauch der ikonischen Gestik im Input der Mütter in Relation zu den wachsenden Lautsprachleistungen der Kinder. Allerdings fanden sie wenig Systematik in den Verhaltensmustern (Namy & Nolan, 2004: 833). Auch diese Studie zeigt, dass die individuellen Unterschiede in der Gestikperzeption und -produktion noch wenig erforscht sind. Wir wissen nicht viel darüber, inwieweit es Kinder gibt, die selbst wenig gestikulieren und auf die Gestik von anderen wenig achten.

Der Zusammenhang zwischen dem gestischen Input und dem Wortlernen wird nicht nur in semi-naturalistischen Studien, sondern auch in experimentellen Studien untersucht. So untersuchten Capone und McGregor (2005) die Unterstützung der lautsprachlichen Entwicklung durch Gestik bei 27–30 Monate alten Kindern, während sie das neue Wort unter verschiedenen experimentellen Bedingungen präsentierten. Zwei dieser Bedingungen umfassten Gestikgebrauch: In einer Bedingung bezog sich die Gestik auf die Form (z.B. stand eine flache ausgestreckte Hand für ein flaches Objekt), in der anderen auf die Funktion des Objektes (z.B. kam das Drehen durch eine Bewegung des Handgelenks zum Ausdruck). In der dritten Bedingung gab es keine semantische Unterstützung. Bei einer Wortabfrageaufgabe sollten die Kinder das Objekt auf einem Foto wiedererkennen und das neue Wort sagen. Die Autorinnen stellten fest, dass in der Gruppe, die das neue Wort mit Unterstützung einer Geste lernte, mehr Kinder das Objekt benannten. Sie schlussfolgern daraus, dass ikonische Gestik das semantische Wissen bereichert und die Wortproduktion verbessert. Dabei scheint die Gestik, die für die Form des Objektes steht, wirksamer zu sein als Gestik für die Funktion (Capone & McGregor, 2005). Der letzte Befund steht in einem gewissen Widerspruch zu den Befunden aus Acredolo und Goodwyns Studie (1988), die wiederum herausfanden, dass Kinder von selbst aus eher die Funktionen als die Form von Objekten durch ihre Gestik symbolisch ausdrückten.

Ob eine Geste nicht nur für Objektkonzepte, sondern auch für räumliche Relationen behilflich sein kann, untersuchten McGregor, Rohlfing, Bean und Marschner (2009). In dieser Trainingsstudie gab es drei Lerngruppen, in denen 40 Kindern im Alter von 20 bis 24 Monaten das Wort für die räumliche Relation ‚unter' beigebracht wurde. In einer Gruppe wurde das Wort mit Unterstützung einer symbolischen Geste geäußert. In der zweiten Gruppe wurde parallel zu dem neuen Wort ein Bild der gewünschten Relation gezeigt. Schließlich diente die dritte Gruppe der Kontrolle. Das Wissen über ‚unter' wurde vor dem Training, direkt danach und zwei bis drei Tage nach dem Training überprüft. Die Messung direkt nach dem Training sollte Aufschluss über das Fast Mapping der Kinder geben. Die Messung zwei bis drei Tage nach dem Training sollte wiederum die Fähigkeiten im Slow Mapping (Carey, 1978, siehe Kapitel 4) zum Vorschein bringen. In der Studie zeigte sich, dass die Gestik ein robusteres Wissen von ‚unter' (dem gelernten Wort) unterstützte und dabei effektiver wirkte als die Unterstützung durch ein Bild. Allerdings wurden diese Vorteile hauptsächlich am untrainierten Material deutlich, d.h. an Objekten, die nicht im Training benutzt wurden, und an denen Kinder einen Transfer ihres vorhandenen Wissens leisten mussten. Die Ergebnisse der Studie machen deutlich, dass ikonische Gestik das langfristige Wortlernen unterstützen kann.

Kinder können auch beim Erwerb von Verben durch Gestik unterstützt werden, wie Goodrich und Hudson Kam (2009) zeigten. Sie untersuchten das Lernen neuer Verben (Nichtwörter) bei 2-, 3- und 4-jährigen Kindern sowie bei Erwachsenen und fanden heraus, dass 2-Jährige von einer ikonischen Geste profitieren konnten.

7.5 Aufgabenorientierte Gestik

Im Hinblick auf die Wirkung des Gestikulierens für einen Lerner merken McNeil, Alibali und Evans (2000) an, dass die Fähigkeit, Sprache zu verstehen, ein dynamisches Konstrukt sei und je nach Aufgabe mehr oder weniger Unterstützung erfordern könne (vgl. auch Grimminger u.a., 2010). In ihrer Studie untersuchten die Autorinnen zwei Gruppen von Kindern: Kindergartenkinder im Durchschnittsalter von 51 Monaten und Vorschulkinder im Durchschnittsalter von 64 Monaten. Beide Altersgruppen bekamen Blöcke präsentiert, auf denen ein lächelndes Gesicht mit einem Dreieck über oder unter ihm zu sehen war. Zusätzlich war rechts von dem Gesicht ein Pfeil abgebildet, der nach unten oder oben zeigte. Kinder wurden dann instruiert, den Block zu identifizieren, auf dem z.B. das Dreieck unter dem lächelnden Gesicht angeordnet war und der Pfeil nach oben zeigte. Die Instruktion erfolgt per Video von einem Sprecher in drei verschiedenen Ausführungen: Mit verstärkender Gestik (die sich auf Äußerungen wie oben und unten bezog), mit konfligierender Gestik (wenn das Wort „oben" gesprochen wurde, so zeigte die Gestik das „unten") und ohne Gestik.

McNeil und ihre Kolleginnen (2000) ermittelten, dass der Einfluss der verstärkenden oder konfligierenden Gestik von der Komplexität der Aufgabe abhängt. Für jüngere Kinder war diese Aufgabe komplex und die verstärkende Gestik erleichterte ihr Verständnis. Die konfligierende Geste zeigte keinen Einfluss auf die Leistung in der Aufgabe. Für ältere Kinder war die Aufgabe weniger komplex. Die verstärkende Gestik hat bei ihnen wiederum wenig Wirkung gezeigt, allerdings erschwerte die konfligierende Gestik das Verständnis. Diese Ergebnisse machen deutlich, dass der Einfluss der Gestik auf den Zuhörer von der Aufgabe und somit von der zu kommunizierenden Information abhängt (McNeil u.a., 2000: 144).

Durch die Aufgabe verändert sich aber nicht nur die Relevanz der Gestik für den Zuhörer, sondern, wie Rohlfing (2011) zeigte, auch die Ausführung der Gestik. Demnach kann eine bestimmte Aufgabe eine neue Form von Gestik generieren. Wir beobachteten einen solchen Typ in einer Studie, in der eine neue experimentelle Situation für ein Mutter-Kind-Paar geschaffen wurde (siehe 2.11.3).

Abbildung 21: Die manipulative Geste: (a) Die Mutter dreht die Brücke, um sie richtig für die Aufgabe zu positionieren; (b) die Mutter gibt die Figur an ihr Kind und verdeutlicht damit, dass die Figur in Beziehung zu dem anderen Objekt gesetzt werden soll (© Frank Hegel).

Wie in der Abbildung 21 verdeutlicht, wird die in der Aufgabe beobachtete manipulative Handlung als *manipulative Geste* bezeichnet (Rohlfing, 2011, siehe auch 7.1). Die manipulative Geste wird definiert als eine Manipulation von Objekten um (1) ihre Ausrichtung (siehe Abb. 21 links), wie das aufrechte Stehen einer Brücke, oder (2) ihre Rolle als Trajektor- oder Landmark-Objekt (siehe Abb. 21 rechts) zu verdeutlichen. Nomy and Nolan (2000) bemerkten ebenfalls, dass Manipulation von Objekten eine wichtige Quelle der Objektbenennung ist. Diese Geste erfüllt einerseits eine Rolle im Aufmerksamkeitslenken, weil sie auf das Objekt und seine funktionalen Rollen aufmerksam macht. Sie vermittelt aber auch soziale Informationen darüber, wie man mit einem Objekt umgeht und es manipuliert.

Die Analysen dieser Form von Gestik ergaben, dass dieses nichtverbale Verhalten mit dem berichteten Sprachstand vom Kind in keinem Zusammenhang stand. Wenn dieser Gestentyp nicht zum Repertoire des ‚gestural motherese' gehört, sollte es denn dann als Geste betrachtet werden? Es findet sich jedoch ein Zusammenhang zwischen dieser Geste und einer Zeigegeste, die die Mütter ausführten. Demnach gebrauchten die Mütter in der Studie ihre manipulative Geste häufig direkt vor der Zeigegeste. In Rohlfing (2011: 167) findet sich ein Beispiel: Die Aufgabe war es, die Lokomotive auf den Tunnel zu setzen. Dementsprechend versuchte die Mutter das Kind dazu zu bewegen, die Lokomotive, die in seiner Hand war, auf den Tunnel zu stellen. Während die Mutter synchron zu „hier oben" die Öffnung des Tunnels wegdreht, so dass er mehr wie ein Block für das Kind aussieht, verweist die anschließende Zeigegeste in der Kombination mit dem Wort „darauf" genau auf diesen Zielort. Dieses Ergebnis deutet darauf hin, dass die manipulative Geste zum einen die geplante motorische Handlung einleitet. Zum anderen scheint sie durch die Korrelation mit der Zeigegeste eine kommunikative Funktion zu erfüllen.

7.6 Gestik in Denkprozessen: Zwei unterschiedliche Hypothesen

Iverson und Goldin-Meadow (1997; 2001) verglichen das gestische Verhalten von vier blinden Kindern mit dem gestischen Verhalten sehender Kinder der gleichen Altersgruppe. Die Ergebnisse beider Studien belegen, dass blinde und sehende Kinder Gesten desselben Inhalts und derselben Form verwenden, obwohl die Verwendung stark vom Kontext abhängt. Die Tatsache, dass auch Blinde Gesten verwenden, obwohl sie diese noch nie gesehen haben, zusammen mit der Tatsache, dass blinde Menschen gegenüber blinden Mitmenschen ebenfalls gestikulieren, legt die Annahme nahe, dass Gesten eine Funktionen für den Sprecher selbst haben müssen – und nicht nur für den zuhörenden Interaktionspartner – und somit ein Teil des intrinsischen Sprachprozesses sind (Iverson & Goldin-Meadow, 2001).

Im Bezug auf die Funktion der Gesten für die eigenen Sprachprozesse können zwei Ansätze voneinander unterschieden werden: die *Lexical Retrieval Hypothesis* und die *Information Packaging Hypothesis* (siehe Abb. 22). Beide Hypothesen kommen aus der Forschung mit Erwachsenen wie auch älteren Kindern und sehen die Sprachproduktion in einer Verbindung mit Denkprozessen. Um die Unterschiede zwischen den beiden Ansätzen zu verdeutlichen, soll diese Verbindung in drei Phasen gegliedert werden: denken, planen und sprechen (siehe Abb. 22).

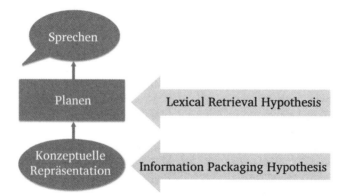

Abbildung 22: Die Ansätze zur Funktion der Gestik für den Sprecher.

So handelt es sich bei der ersten Phase, dem Denken, um eine konzeptuelle Planung einer Äußerung. Bei dem zweiten Schritt, dem Planen, handelt es sich um das Formulieren einer Oberflächenform oder -struktur, d.h. um das phonologische Enkodieren.

Schließlich steht der dritte Schritt, das Sprechen, für das lautsprachliche Äußern. Während die Lexical Retrieval Hypothesis der Gestik lediglich bei dem zweiten Schritt, dem phonologischen Enkodieren, eine Funktion zugesteht, sieht die Information Packaging Hypothesis die Funktion der Geste bei dem ersten Schritt, dem konzeptuellen Planen.

> Die **Lexical Retrieval Hypothesis** (LRH) wird von Krauss (1998) vertreten. Die Theorie wird in Kita und Özyürek (2003: 16) auch „Free Imagery Hypothesis" genannt; diese Bezeichnung soll die Verbindung von Gestik zum räumlichen Gedächtnis betonen. Das Hauptargument lautet dabei, dass Gestik eine Rolle beim lexikalischen Zugang (dem lautsprachlichen Äußern) spielt und bei der Erstellung der Oberflächenformen und -strukturen von Äußerungen behilflich ist. Sie wirkt während des phonologischen Enkodierens und fördert also das flüssige Sprechen: „[G]estures help speakers formulate coherent speech by aiding in the retrieval of elusive words from lexical memory" (Krauss, 1998: 54). Laut dieser Hypothese geschieht das Denken jedoch in Abwesenheit von Gestik.

Im Gedächtnis findet sich das Wissen in vielfachen Formaten repräsentiert. Zum Beispiel kann ein Konzept sowohl räumliche wie auch propositionale Repräsentationen enthalten. Wenn ein Konzept in einem Format aktiviert wird, wirkt auch eine in Beziehung stehende weitere Repräsentation in einem anderen Format mit. Während Gestik für den Ausdruck der räumlichen Repräsentationen zuständig gemacht wird, drückt eine lexikalische Einheit die propositionalen Repräsentationen aus. Versuchspersonen, die an ihrer Gestik gehindert wurden, hatten Schwierigkeiten, ihre Äußerungen zu formulieren und sprachen langsamer, jedoch nur dann, wenn ihre Äußerungen auf räumliche Ereignisse referierten (Krauss, 1998). Diese Theorie führt voneinander unabhängige Module ein: Das Modul des Sprechens hat keinen Einfluss auf das Modul der Gestik. Ganz anders sieht der Einfluss der Gestik auf das Denken im zweiten Ansatz aus.

> Die **Information Packaging Hypothesis** (IPH) wird von Alibali, Kita und Young (2000) und Kita und Özyürek (2003) vertreten. Darin äußert sich die Überzeugung, dass Gestik bereits für das Denken eine Rolle spielt. Es werden zwei Arten des Denkens angenommen: analytisches und räumlich-motorisches Denken. Zentral ist die These, dass Gestik bereits bei der konzeptuellen Planung [conceptualizer] beteiligt ist, und sich somit Sprechen und Denken gegenseitig beeinflussen und formen. Diese Theorie argumentiert interaktiv, da Sprache und Gestik dynamisch zusammenarbeiten.

Alibali, und Kollegen (2000) untersuchten Kinder im Alter von 4;11 bis 6;2 Jahren sowohl in einer Erklärungs- wie in einer Beschreibungsaufgabe. Generell bezogen sich beide Aufgaben auf ihr Urteil bezüglich zweier Gefäße mit Sand; die Kinder wurden gefragt, ob sich nach dem Umfüllen die Menge des Sandes verändert habe. Die Autoren konnten beobachten, dass Kinder Gestik dann benutzt haben, wenn räumliche Informationen zum Ausdruck kommen sollten. Sie hatten den Eindruck, Gestik helfe, diese räumliche Information für das Verbalisieren zu organisieren.

In einer späteren Studie untersuchten Kita und Özyürek (2003) gestisches Verhalten bei englischen, japanischen und türkischen erwachsenen Sprechern. Alle Teilnehmer der Studie beschrieben eine Szene, in der eine Schwingbewegung von einem Punkt zum anderen vorkam. Diese Schwingbewegung hat im Englischen, nicht aber im Japanischen oder Türkischen, einen lexikalischen Ausdruck (ibid: 19). Die Analyse des gestischen Verhaltens der Sprecher in verschiedenen Sprachen ergab, dass englische Versuchspersonen signifikant häufiger diese Schwingbewegung in ihrer Gestik ausdrückten, während japanische und türkische Versuchspersonen entweder eine Gerade oder einen Bogen mit einer Gerade gestisch zeichneten.

Diese Ergebnisse verdeutlichen, dass die Formulierung der verbalen Äußerung einen Einfluss auf die Gestikproduktion hat: In der Gestik der japanischen und türkischen Sprecher wurde weniger die Schwingbewegung nachgezeichnet. Vielmehr spiegelte die Geste den in der Sprache zur Verfügung stehenden lexikalischen Ausdruck wider. Die Information, die zum Ausdruck gebracht wird, unabhängig davon ob verbal oder gestisch, wird auf das Sprechen zugeschnitten. Slobin (1996: 76) nennt es „thinking for speaking". Auf dieser Grundlage schlussfolgern Kita und Özyürek (2003: 30), dass „gestures are generated from the interface representation between speaking and spatio-motoric processes". Dies ist ein wichtiger Befund im Hinblick auf die Diskussion zur sprachspezifischen Konzeptualisierung (siehe 3.5.2).

Als weiteren Vorteil zeigen Kita und Özyürek (2003), dass die IPH die Ergebnisse der LRH erklären kann. Die LRH ist also zum Teil in der IPH beinhaltet, vernachlässigt aber generell die Interaktion zwischen Sprache und Gestik. Berücksichtigt man die Tatsache, dass Gestik bei vielen Kindern eine Vorläuferrolle für verbale Kommunikation hat, stellt sich dann auch die Frage, warum Gestik den Zugang zum Lexikon erleichtern sollte. Denn für die Kinder, die früher gestikulieren als sie sprechen können und zu diesem Zeitpunkt noch kein Lexikon haben, ist ein Zugang zum phonologischen Enkodieren nicht das primäre Ziel.

7.6.1 Gestik in Lernprozessen: Der Weg durch die Gestik des Partners

Die Tatsache, dass durch Gesten auch Informationen vermittelt werden, die nicht in der Sprache enthalten sind, ist für die Spracherwerbsforschung von großem Interesse. Wie bereits in der Einführung vermerkt, schafft diese Erkenntnis ein Fenster, durch das Forscher das präverbale Denken zu beobachten hoffen. Goldin-Meadow (2000) beruft sich auf Befunde, die zeigen, dass Gestik auch in Lernprozessen eine Rolle spielt. Um den Beitrag der Gestik für die Lernprozesse zu analysieren, führten Goldin-Meadow und ihre Kollegen (Morford & Goldin-Meadow, 1992: 577; Goldin-Meadow & Alibali, 1993: 485, auch Goldin-Meadow, 1999; 2000) die Begriffe „gesture-speech match" und „gesture-speech mismatch" ein. Diese Begriffe haben Ähnlichkeit mit der semantischen Relation von Sprache und Gestik, greifen jedoch stärker das konzeptuelle Wissen auf. Im Grunde steht **match** für eine verstärkende Relation (s. oben). Noch wichtiger für die Lernprozesse sind jedoch **mismatches**, die insofern für eine ergänzende Relation stehen, als durch sie zwei verschiedene Ideen des gleichen Problems vermittelt werden (Goldin-Meadow, 1999: 423). Dabei werden in der Gestik häufig solche Ideen vermittelt, die etwas weiter entwickelt sind. Ein Beispiel sind Mathematikaufgaben, die Schulkinder lösen sollen. In einem Experiment sollten Kinder die Gleichung $4 + 7 + 5 = 4 + x$ lösen (Alibali & Goldin-Meadow, 1993). Als Match wurde bezeichnet, wenn ein Kind sagte „ich habe die 4, die 7 und die 5 zusammenaddiert" und auch auf die linke 4, die 7 und die 5 zeigte. Als Mismatch wurde betrachtet, wenn unterschiedliche Lösungsprozeduren für die Gleichung in beiden Modalitäten vermittelt wurden, beispielhaft zeigte das Kind bei dem gleichen Satz auf die linke 4, die 7, die 5 und auf die rechte 4 (ibid). In diesem Beispiel wird deutlich, dass die Geste eine Prozedur ausdrückt (das Kind berücksichtigt auch Elemente auf der rechten Seite), die jedoch lautsprachlich nicht geäußert wird. Solch eine Antwort deutet an, dass das Kind zwei Hypothesen in Erwägung zieht, wie das mathematische Problem zu lösen sei (ibid). Diese gleichzeitige Präsenz der unterschiedlichen Hypothesen zur Problemlösung ist die Ursache für die Mismatches. Diese wiederum äußern sich typischerweise bei Übergangswissen: Sie sind also ein Symptom für ein Wissen, das sich im Umbruch befindet (ibid: 518). Übergangswissen bedeutet, dass Lerner gerade dabei sind, die richtigen Lösungsstrategien zu erfassen (Goldin-Meadow & Wagner, 2005) und auch für Instruktionen offen sind und von ihnen profitieren können (Goldin-Meadow, 2000). In diesem Sinne kann ein Mismatch einen kognitiven Status des Lernenden an die Lehrer signalisieren, nämlich dass der Lerner sich im Umbruch befindet und für mehr Informationen zugänglich ist. Die Lehrer wiederum reagieren darauf spontan mit einem modifizierten Verhalten: Sie geben Kindern, die Mismatches produzieren, andere Instruktionen für die Aufgabe als den Kindern, die Matches produzieren (Goldin-Meadow & Singer, 2003). Man kann vermuten, dass einerseits der kognitive Status der Lerner, die Mismatches produzieren, und andererseits die Anpassung der Kommunikationspartner dazu führen, dass Mismatcher schneller lernen (Goldin-Meadow & Singer, 2005).

7.6.2 Gestik in Lernprozessen: der Weg durch kognitive Prozesse

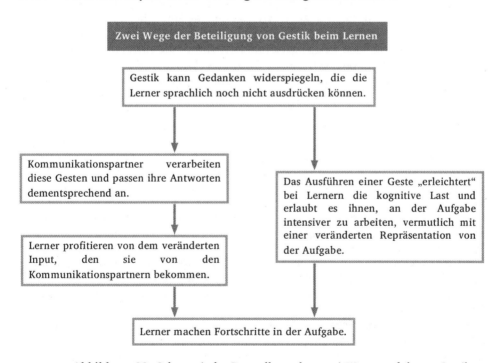

Abbildung 23: Schematische Darstellung der zwei Wege, auf denen Gestik an Lernmechanismen beteiligt ist (nach Goldin-Meadow & Wagner, 2005).

Goldin-Meadow und Wagner (2005) zeigen zwei Wege auf, bei denen Gestik eine Rolle für das Lernen spielt (siehe Abb. 23). Der eine Weg wurde oben skizziert und bezieht sich auf die angepassten Antworten des Kommunikationspartners (linker Weg in der Abb. 23) als Reaktion auf die Gestik eines Lerners. Auf dem anderen Weg werden kognitive Prozesse thematisiert: Gestik soll kognitive Last [cognitive load] beim Lerner selbst erleichtern (rechter Weg in der Abb. 23). Die in der Darstellung der einzelnen Gestiktypen beschriebenen Studien beziehen sich genau auf diesen Punkt.

Ergänzend sollen an dieser Stelle Studien mit älteren Kindern in anderen Aufgaben vorgestellt werden. Goldin-Meadow und Wagner (2005) berichten von Studien, in denen die Sprecher einmal gebeten worden sind, bei einer Mathematikaufgabe nicht zu gestikulieren. Ein anderes Mal war es ihnen frei gestellt worden, ob sie gestikulieren. In diesem Fall lag der Fokus der Analyse auf den Versuchspersonen, die nicht gestikuliert haben. Im Vergleich zu Versuchspersonen, die gestikulierten, zeigten beide nicht gestikulierenden Gruppen schlechtere Ergebnisse in Gedächtnisaufgaben. Diesen Befund nehmen die Autorinnen als Zeichen dafür, dass Gestik kognitive Ressourcen befreit (Goldin-Meadow & Wagner, 2005).

Warum schafft es Gestik, die kognitive Arbeit zu erleichtern? Betrachtet man Lautsprache und Gestik als zwei voneinander unabhängige Module, so müsste das Planen, Ausführen und Koordinieren in jedem dieser Module für einen Sprecher eigentlich mehr Arbeit bedeuten. Alternativ formen Gestik und Lautsprache ein integriertes System, in welchem diese zwei Modalitäten zusammenarbeiten, um Bedeutung mitzuteilen. Özçalişkan und Goldin-Meadow (2005) sprechen die Möglichkeit an, dass die manuelle Modalität weniger fordernd ist, weil Kinder bereits Monate vor dem Sprechen zu gestikulieren anfangen. Auch besteht die Möglichkeit, dass Gestik weniger das Gedächtnis belastet als Wörter, dessen lautsprachliche konventionalisierte Formen eingeprägt und zu einer bestimmten Zeit abgerufen werden müssen (ibid). Gemäß dieser alternativen Perspektive reduziert Gestik die Anstrengung und befreit Kapazitäten für andere Aufgaben (Goldin-Meadow & Wagner, 2005).

Die Gründe dafür, warum Gestik die kognitive Anstrengung reduzieren kann, werden erst in der aktuellen Forschung angedeutet (Hostetter & Alibali, 2008; Beilock & Goldin-Meadow, 2010). Sie knüpfen auch an den in 3.4.1 vorgestellten verkörperten kognitiven [embodied cognitive] Ansatz zur Semantikkonstitution an. Zwar ist es schwierig, sich vorzustellen, Bedeutungen könnten direkt aus der Wahrnehmung generiert werden. Doch der Ansatz postuliert, dass (a) unsere Repräsentationen auf perzeptuellen und motorischen Erfahrungen basieren, des Weiteren (b) die Fähigkeit eine Information, welche nicht unmittelbar wahrnehmbar ist, zu repräsentieren wie auch diese zu manipulieren, eine Aktivierung der sensomotorischen Prozesse mit sich bringt und (c) sprachliche Bedeutung entstehen kann, weil wir mit Wörtern auf die reale Welt und unsere Erfahrungen dort hinweisen (Hostetter & Alibali, 2008). Diesem Ansatz zufolge generiert ein Sprecher, der auf Repräsentationen zugreift, perzeptuelle und motorische Informationen, um Bedeutungen zum Ausdruck zu bringen (ibid: 498 f.). Gesten können helfen, diese Informationen zu generieren – ebenfalls für Sprecher, die blind sind und daher keine visuelle Erfahrung machen konnten (Iverson & Goldin-Meadow, 2001).

Beilock und Goldin-Meadow (2010) gehen noch einen Schritt weiter, indem sie auf der Grundlage ihrer Erkenntnisse aus Erwachsenenstudien behaupten, dass Gesten nicht nur die Handlungskonzepte zur Verfügung stellen, sondern sie auch aktiv modifizieren können. In ihrer Studie mussten Sprecher Scheiben verschiedener Größen und unterschiedlichen Gewichts sortieren. Anschließend gaben sie sprachlich und gestisch wieder, wie sie die Aufgabe gelöst haben. Dann mussten sie die Aufgabe erneut lösen. In einer Gruppe wurde das Gewicht der Scheiben in der zweiten Aufgabe verändert, sodass die ursprünglich leichteste Scheibe nicht mehr mit einer Hand manipuliert werden konnte. Die Ergebnisse zeigten, je mehr die Sprecher die leichteste Scheibe mit einer Hand gestisch andeuteten, desto mehr Probleme hatten sie beim erneuten Lösen der Aufgabe. Wenn Sprecher eine Geste äußern, dann kann dieses Verhalten ihr Denken insofern verändern als es einen Einfluss auf das Problemlösen hat. Beilock und Goldin-Meadow (2010) erklären dieses Phänomen, in dem sie der Geste eine Rolle der Handlungsübersetzung zuschreiben.

Gesten als eine Art Übersetzungsebene zu sehen bietet den Vorteil, dass den sich bildenden Repräsentationen eine Handlungsinformation hinzugefügt werden kann. Diese Wirkung erzeugt Gestik dadurch, dass sie selbst eine Form von Handlung ist (ibid). Somit spiegeln Gesten nicht nur die simulierte Handlung, sondern können diese Handlungssimulationen entstehen lassen (ibid). Für den Spracherwerb bedeuten diese entworfenen Modelle, dass Gestik bei Kindern Kapazitäten für symbolisches Denken schafft, in dem sie einerseits Konzepte aus der Handlung in das Denken hineinbringt, die das Sprachliche verankern. Andererseits aber werden die vorhandenen sensomotorischen Konzepte durch das Zusammenwirken von Sprache und Geste modifiziert. Diese aus den Modellen abgeleiteten Vorhersagen bedürfen noch empirischer Unterstützung in zukünftigen Studien.

7.7 Zusammenfassung

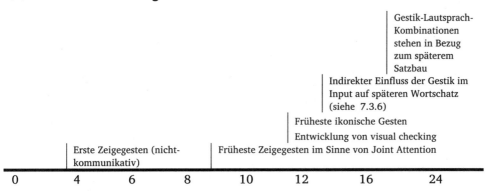

Tabelle 11: Zusammenfassung der gestischen Fähigkeiten (mit Schwerpunkt auf Zeigegeste), geordnet nach Alter der Kinder, ab dem sie beobachtet werden können.

Gestik bei jungen Kindern lässt uns einige Vorhersagen über ihren Spracherwerb treffen. Daher ist es notwendig, nicht nur auf den sprachlichen Ausdruck, sondern auch auf die gestische Ausdrucksweise eines Kindes einzugehen, diese zu unterstützen oder sogar durch ein eigenes Gestikrepertoire im Input zu erweitern.

Für die Praxis in der Kommunikation mit frühlexikalischen Kindern ist es wichtig zu wissen, dass eine Geste nicht nur verstärkend zu dem lautsprachlichen Ausdruck ausgeführt wird; sie kann auch Informationen hinzufügen oder sogar das bereits Geäußerte verneinen. Daher ist es essenziell, auf den gesamten Ausdruck des Kindes – sowohl seine Lautsprache als auch seine Gestik und Postur – zu achten und auf diese in der Kommunikation einzugehen.

Eltern passen sich in der Regel intuitiv den sprachlichen und kognitiven Fähigkeiten ihrer Kinder an (siehe 5.5.2 und 5.5.3). Diese Anpassung äußert sich auch im gestischen Verhalten: Gestural motherese bezieht sich auf die Modifikation in der Gestik, die eine Person einem Kind gegenüber unternimmt; dabei werden weniger Gesten geäußert, die die lautsprachlichen Äußerungen verstärken. Die Modifikationen scheinen dann am ausgeprägtesten zu sein, wenn Kinder Schwierigkeiten in den zu lösenden Aufgaben signalisieren.

Für den Spracherwerb relevant, zeigt sich in der Literatur ein konstantes Bild: Gestik, die gegenüber 14-Monatigen geäußert wird, hat einen vermittelnden Effekt. Das bedeutet, dass sie zunächst das gestische Verhalten der Kinder ‚ankurbelt‘. Die eigene Gestik erleichtert die kognitive Last in Lernprozessen, weil sie Kindern hilft, sensomotorische Konzepte zu aktivieren, die wiederum das Denken für Sprache in der Handlung verankern. Auf diese Weise können Kinder mit 18 Lebensmonaten in ihren Gestik-Lautsprache-Kombinationen unterstützt werden, die wiederum mit späteren sprachlichen Fähigkeiten in Zusammenhang stehen. Frühlexikalische Kinder (10 bis 24 Monate) profitieren somit besonders vom gestischen Input. Situationen, in denen zusammen ein Bilderbuch angeschaut wird, eignen sich besonders gut, um das gestische Verhalten zu äußern und seitens des Kindes zu unterstützen.

7.8   Aufgaben

1. Was unterscheidet eine Zeigegeste von einer ikonischen Geste?

2. Ab welchem Alter kann man bei Kindern die ersten Zeigegesten im kommunikativen Sinne erwarten?

3. Nennen Sie zwei Formen der semantischen Ko-Expressivität im Hinblick auf die Zusammenarbeit von Sprache und Gestik!

4. Hat die Gestik im Input eine Wirkung auf den Spracherwerb des Kindes?

5. Wodurch zeichnet sich „gestural motherese" aus?

6. Diskutieren Sie kritisch, ob der Einsatz von ikonischen Gesten den Spracherwerb fördert!

7. Was sagt die Information Packaging Hypothesis hinsichtlich der Funktion von Gesten für den eigenen Sprachprozess aus?

8. Hat die Struktur der Sprache einen Einfluss auf die Gestikproduktion?

9. Welche zwei Wege der Beteiligung von Gestik beim Lernen können unterschieden werden?

10. Warum kann Gestik die kognitive Anstrengung [cognitive load] beim Spracherwerb reduzieren?

8.   Materialität: Bedeutung durch Objekte

Traditionell wird zwischen einem Symbol und dem Objekt, auf das sich das Symbol bezieht, unterschieden. In einem semiotischen Dreieck leistet der Interpretator die Verbindung (Referenz) zwischen dem Symbol und dem Objekt (siehe Kapitel 3). In diesem Ansatz wird ein Symbol als autonome Bezeichnung, als ein Signifikant (das Bezeichnende, die Bezeichnung) gesehen und kann flexibel in wechselnden Situationen angewendet werden. Im Kontrast dazu gehört ein Objekt zu verschiedenen sich verändernden Situationen. Im Referenzprozess konstituiert es den Signifikat (das Bezeichnete) (de Saussure 1967 [1916]). Psycholinguistische Befunde lassen an dem skizzierten strikten Unterschied jedoch Zweifel aufkommen. Wie unten aufgeführt wird, gibt es Gründe anzunehmen, dass ein Symbol nicht nur auf eine Situation referiert und sie bezeichnet, sondern auch Objekte hervorheben kann, indem es die Wahrnehmung lenkt. Der Bezeichnende beeinflusst also den Bezeichneten. Der umgekehrte Einfluss von Objekten auf Symbole (also von dem Bezeichneten auf das Bezeichnende) wird vor allem im Lichte von Sprachentwicklungsstudien deutlich: Das Bezeichnete (das Objekt) beeinflusst den Bezeichnenden (das linguistische Symbol) insofern, als das Objekt einen semiotischen Charakter enthüllt und zugleich einschränkt, wie ein Symbol in einer spezifischen Situation verstanden werden soll.

Dieses Kapitel soll verdeutlichen, dass die materielle Welt die Bedeutungsbildung im Spracherwerb verankert. Denn die frühe Bedeutung eines Wortes entsteht gerade in einer engen Kopplung an den semiotischen Charakter eines Objektes. Diese Unschärfe zwischen einem Symbol und einem Objekt ist in Spracherwerbsstudien – ganz entgegen der traditionellen Annahme (Bühler, 1982 [1934]) – für die Bedeutungskonstitution essenziell. Im Folgenden werden die beiden Seiten, das Symbol und das Objekt, zunächst im Hinblick auf ihre gegenseitige Einflussnahme dargestellt. Darauf folgend wird konkreter auf den Einfluss von Objekten auf das sprachliche Verhalten eingegangen und in Form zweier Operationalisierungen, Familiarität und Kanonikalität, experimentell diskutiert. Abschließend argumentiere ich dafür, die frühkindliche Semantik in engem Zusammenhang mit Semiotik und Pragmatik zu sehen.

8.1   Das Symbol beeinflusst die Objekt- und Ereigniswahrnehmung

Wie schon in Kapitel 2 und 3 erläutert, gelten räumliche Ausdrücke in den meisten Ansätzen zur Semantik als von unserer Wahrnehmung der physikalischen Gegebenheiten beeinflusst. Insofern gelten sie als Träger von physikalischen und nicht sozialen Kategorien. Neuere linguistische Studien zeigen jedoch, dass bereits die Art, wie die physikalischen Gegebenheiten benannt werden, einen Einfluss auf unsere Wahrnehmung hat. Von einer Form der Wahrnehmungslenkung [bias], die durch ein linguistisches Symbol verursacht wurde, berichten Feist und Gentner (1998). Das Design der Studie zum Verständnis von räumlichen Präpositionen beinhaltete die Aufgabe, ein manipulierbares Objekt (Trajektor) mit einem Bezugsobjekt (Landmark) zusammenzuführen. Die Begriffe Trajektor und Landmark stammen aus der Terminologie, die Langacker (1987; 1991) entwickelt hat.

> Ein **Landmark** (genannt auch ‚patients'), wie zum Beispiel eine Tür im Raum oder ein Berg in der Landschaft, setzt einen Bezugspunkt im Raum. Wenn man sich selbst bewegt, dann ist die eigene Position kein zuverlässiger Landmark. Wenn sich die Tür zum Beispiel zu meiner Rechten befindet, bleibt meine rechte Seite ein unzuverlässiger Bezugspunkt, wenn ich mich durch den Raum bewege. Sicherer sind dagegen die Gegebenheiten der Umwelt, also die Tür selbst. Dagegen ist ein **Trajektor** (genannt auch ‚agens') das Objekt im Raum, das sich in Bezug zu einem Landmark befindet. In der Grammatik stehen beide Elemente für semantische Rollen, die sich durch eine Verbhandlung ergeben: Patiens ist das von der Verbhandlung betroffene Element und Agens der Urheber dieser Handlung (Bußmann, 1990). In der kognitiven Linguistik liegt der Unterschied zwischen Landmark und Trajektor in der Aufmerksamkeit (Langacker, 1987; 1991). Es kann sich um die gleiche räumliche Konstellation handeln, aber mal ist der Fokus auf der Decke unter dem Kind (mit Decke als Trajektor) oder es ist das Kind auf der Decke (mit Kind als Trajektor), das im Fokus steht.

Feist und Gentner (2007) untersuchten den Einfluss von konzeptuellen und funktionalen Informationen auf das Sprachverständnis und gaben dem Bezugsobjekt unterschiedliche Bezeichnungen: In drei Bedingungen wurde das Bezugobjekt entweder mit „Teller", „Schüssel" oder „Schale" bezeichnet. Die Versuchsteilnehmer sollten dann auf einem Zettel ankreuzen, welchen Satz sie als angemessene Beschreibung der Situation empfanden. Die Sätze beinhalteten die Präpositionen „in" und „auf". Die Ergebnisse der Studie decken auf, dass der Gebrauch der räumlichen Präpositionen je nach Bezugsobjektbezeichnung entschieden wurde: Die Versuchsteilnehmer haben häufiger Sätze mit der Präposition „in" angekreuzt, wenn das Bezugsobjekt vorher als „Schüssel" bezeichnet wurde – im Unterschied zu der Bedingung, in der es mit „Teller" benannt wurde. Auch in weiteren Experimenten von Feist und Gentner (2007) zur Interaktion von sprachlicher und perzeptueller Information wird deutlich, dass räumliche Sprache das Enkodieren von räumlichen Relationen beeinflusst.

    Die Tatsache, dass räumliche Ausdrücke nicht lediglich auf räumliche Ereignisse referieren, sondern diese Referenz sich je nach Aufgabe anders gestalten kann, zeigt auch die Studie von Malt, Sloman und Gennari (2003). Sie untersuchten die Kategorisierung von Bewegungsereignissen und zeigten, dass Sprache die Wahrnehmung (speziell die Wahrnehmungskategorisierung) in solchen Aufgaben beeinflussen kann, in denen den Versuchsteilnehmern linguistische Entscheidungen abverlangt wurden. In dieser Studie wurden Teilnehmer mit unterschiedlichem linguistischen Hintergrund untersucht: Spanisch und Englisch sprechende Erwachsene. Da die beiden Sprachen sich durch die Art unterscheiden, in denen Bewegung ausgedrückt wird, stand im Zentrum der Untersuchung die Frage, ob Englischsprecher eine bestimmte Art der Gehbewegung (wie Schleichen oder Schlendern) kodieren, während Spanischsprecher sich mehr auf einen bestimmten Pfad der Bewegung (wie „entrar [Hineingehen]", „salir [Hinausgehen]") konzentrieren. Die Teilnehmer sahen dazu einen Film, in dem eine Person zum Beispiel in einen anderen Raum hineinging, gefolgt von einer von zwei Alternativen, in denen entweder die Bewegungsart (z.B. jemand schlich in Richtung einer Tür) oder der Bewegungsweg (z.B. jemand ging aus dem Raum heraus) gezeigt wurden. An dieser Stelle fand das Experiment unter zwei Bedingungen statt: In einer Bedingung wurde der Zielfilm lediglich angeschaut; in einer anderen Bedingung sollten die Teilnehmer den Film beschreiben, während sie ihn sahen. Nachdem die Teilnehmer die Präsentationen gesehen hatten, hatten sie zwei Aufgaben zu absolvieren: In einer Aufgabe zur Wiedererkennung sollten die Teilnehmer so schnell wie möglich entscheiden, ob ein Videoclip dem Film ähnelt, den sie gerade gesehen haben; in der zweiten Aufgabe mit Ähnlichkeitsurteil entschieden die Teilnehmer darüber, welcher der Videoclips dem Zielfilm am meisten ähnelte. Die Autoren fanden schließlich in der Wiedererkennungsaufgabe keine Auswirkung der Sprache. In der Aufgabe mit Ähnlichkeitsurteil wiederum wurde die Wirkung der Sprache sichtbar, erstreckte sich aber nur auf die Bedingung, in der die Teilnehmer beschrieben, was sie in dem Film sahen. Die Ergebnisse legen nahe, dass wenn ein Enkodieren einer Handlung auf nicht-linguistische Weise abverlangt wurde, die Sprecher beider Sprachen ähnliche Leistungen gezeigt haben. Wenn die Teilnehmer jedoch eine linguistische Aufgabe lösen und die Filme zuerst benennen sollten, dann fanden sie Ähnlichkeiten, die den in der jeweiligen Sprache vorhandenen Kategorien entsprachen. Malt und ihre Kollegen (2003) schlussfolgern daraus, dass Sprache unter bestimmten Bedingungen die Wahrnehmung beeinflussen kann, und zwar solchen, unter denen ein sprachliches Urteil verlangt wird.

Zu ähnlichen Ergebnissen kommen Papafragou, Massey und Gleitman (2002). Sie zeigen, dass sich die Leistungen von Englisch- und Griechischsprechern in nichtlinguistischen Aufgaben zur Gedächtnis- und Kategorisierungsleistung nicht unterscheiden – während sie bei sprachlichen Beschreibungen unterschiedlich ausfielen. Dies bringt einen aufgabenspezifischen Aspekt in die komplexe Interaktion zwischen Sprache und Kognition mit ein.

Die oben angeführten Studien sollen die Dichotonomie zwischen einerseits einem Wort als Signifikant und andererseits dem bezeichneten Objekt als Signifikat aufweichen. Sie zeigen, dass sprachliche Leistungen vom gegebenen Kontext (der Aufgabe und der wahrgenommenen Szene) abhängen, der unsere Wahrnehmung von physikalischen Objekten und Ereignissen (Materialität) beeinflusst.

8.2 Semiotischer Charakter von Objekten

Bereits 1977 machte Gibson darauf aufmerksam, dass Objekte verschiedene Handlungenmöglichkeiten in Abhängigkeit von den Fähigkeiten eines Handelnden bieten. Aus der Verbindung zwischen Wahrnehmung und Handlung ergibt sich ein Angebotscharakter [affordance] eines Objektes:

> [T]he affordance of anything is a specific combination of the properties of its substance and its surfaces taken with reference to an animal (Gibson, 1977: 67).

> **Angebotscharakter [affordance]** eines Objektes ist die Handlungsmöglichkeit mit dem Objekt in Abhängigkeit von den Fähigkeiten eines Handelnden sowie vom kulturell vermittelten Handlungsrepertoire.

In Gibson und Pick (2000) findet sich dieser Ansatz auf die Entwicklungspsychologie übertragen. Die Autoren betonen, dass die Welt erst dann für einen Organismus relevant ist, wenn sie eine bestimmte Handlung anbietet. Sie bietet aber eine Handlung entsprechend der Fähigkeiten des Organismus an. Ein Kind wird die Objekte nicht als ‚greifbar' betrachten, solange es selbst noch nicht greifen kann. Dann allerdings bekommt ein Objekt einen Angebotscharakter und ist für einen Organismus relevant, weil es mit seinen Objekteigenschaften eine bestimmte Handlung ermöglicht (Sinha, 2005). Das Phänomen, dass ein Objekt einen semiotischen Charakter mit sich bringt, bezeichnete bereits Jakob von Uexküll (1920) als funktionale Tönung von Objekten.

In der Neurophysiologie sind affordances von Objekten mit kanonischen Neuronen [canonical neurons] innerhalb des Spiegelneuronensystems (Rizzolatti u.a., 2001) assoziiert (siehe auch 5.2.1). Während Spiegelneuronen aktiv sind, wenn eine zielgerichtete Handlung gesehen oder ausgeführt wird, werden kanonische Neuronen aktiv, wenn ein Objekt im Fokus der Aufmerksamkeit steht (Rizzolatti & Arbib, 1998; Grèzes, Armony, Rowe & Passingham, 2003); sie sind sowohl aktiv wenn ein Mensch ein Objekt manipuliert als auch wenn er es lediglich wahrnimmt – als ob der Mensch bereits eine Handlung mit dem Objekt vorhersehen würde (Rizzolatti & Arbib, 1998). Die Verbindung zwischen Objektwahrnehmung und Objektmanipulation wird somit durch einen neurophysiologischen Befund bestätigt.

Affordances sind Voraussetzungen für Handlungen (Greeno, 1994). Wenn eine Person zum Beispiel in einen Vortrag gehen möchte, dann konstituiert die Handlung des Hineingehens in einen bestimmten Raum einen funktionalen Teil dieses Vorhabens. Insofern wird die Person auf die Aspekte der Umwelt aufmerksam, die für sie das Hineingehen anbieten (wie Türen) (Greeno, 1994: 340).

In Ansätzen, die vom semiotischen Charakter der Objekte ausgehen, wird die menschliche Wahrnehmung als ein System begriffen, das nur solche Informationen aus der Umwelt aufnimmt, die die Handlungen des Agenten mit der Umwelt koordinieren (Greeno, 1994: 341). Es wäre jedoch falsch, die Umwelt lediglich auf ihre physikalischen Gegebenheiten einzuschränken. Wie neuere Studien aus der Semiotik verdeutlichen, bieten Objekte bestimmte Funktionen an, weil sie für bestimmte Zwecke sozial gestaltet werden (Sinha, 2005; Sinha & Rodriguez, 2008). Ein Knopf am Fernsehgerät bringt die Handlung des Drückens mit sich, weil er nun einmal zum Zweck des Ein- und Ausschaltens konstruiert wurde. Es ist daher wichtig, die Affordances im Lichte der kulturellen Bedürfnisse und somit der sozialen Materialität zu sehen [social materialist sense] (Sinha, 2005).

Csibra und Gergely (2006) argumentieren, dass – im Gegensatz zum Nachwuchs anderer Tiere – Menschen von Objekten fasziniert sind und sie gern manipulieren. Auch wenn Schimpansen Objekte zielgerichtet benutzen und einige Eigenschaften von Objekten auch anpassen können [modulate], um ein Ziel zu erreichen, legen sie die Objekte ab, sobald sie ihr Ziel erreicht haben. Im Unterschied dazu werden Menschenkinder dazu erzogen, mit Objekten zu hantieren und in ihnen dauerhafte Funktionen zu sehen. Als Ergebnis dieses sozialen Lernens erwarten Kinder, dass Objekte Funktionen erfüllen.

Das Wissen über die Objektmanipulation ist endogen und enthält frühere Erfahrungen und Erwartungen. Ein Kind bringt dieses Wissen in weitere Situation ein. Aktuelle Studien basierend auf bildgebenden Verfahren zeigen, dass motorisches Wissen ein Teil der Situationswahrnehmung ist. Konkret zeigten Pierno, Becchio, Wall, Smith, Turella und Castiello (2006), dass – wenn die Gegenwart eines Objektes durch den Blick signalisiert wird – beim Beobachter eine ähnliche neuronale Reaktion verursacht wird wie wenn er / sie eine Handlungsausführung zum Objektgreifen beobachten würde. Diese Befunde legen nahe, dass wir bei einer Referenz auf ein Objekt auf Wissen über dessen Manipulation zurückgreifen.

8.3   Objektwissen und sozio-kognitive Fähigkeiten

Objektwissen kann auch die Entwicklung sozio-kognitiver Fähigkeiten beeinflussen, wie eine Untersuchung von Acredolo (1990) zeigte. Im Rahmen des sozial-pragmatischen Ansatzes wurde bereits die Fähigkeit zu gemeinsamen Aufmerksam-keitsbezügen (GA [joint attention]) diskutiert (siehe 4.2). Kinder zeigen diese Fähig-keit wenn sie beispielsweise einer Zeigegeste folgen können. Acredolo (1990) vermu-tet, dass zum Verstehen des Hindeutens auch die Wahrnehmung des Landmarks beiträgt. Für die Autorin (ibid: 338) steht also am Anfang einer symbolischen Funkti-on das „Erkennen [appreciation]" des Landmarks im Sinne von Wissen darüber, wo er sich befindet (für den Unterschied zwischen Trajektor und Landmark, siehe 8.1).

Die Fähigkeit, ein Landmark zu erkennen, bildet sich in der zweiten Hälfte des er-sten Lebensjahres aus und setzt sich im zweiten Lebensjahr fort. Was genau versteckt sich hinter diesem Erkennen? Es ist ein Verhalten, das bereits 6 Monate alte Kinder zeigen: Sie beachten ein Landmark, wenn es sehr deutlich oder salient im Erscheinen ist (z.B. wenn auf und ab wandernde Lichter das Landmark kennzeichnen). Acredolo (1990: 328) berichtet allerdings, dass bereits in diesem Alter einige der Kinder stärker empfänglich für Landmarkinformationen sind als andere. Die individuellen Unter-schiede setzen sich auch bei 9 Monate alten Kindern fort. In diesem Alter bezogen 75 % der Kinder den Ort der Objekte auf sich selbst, die eigene Position und Ausrichtung (egozentrischer Bezug), nur 25 % von ihnen schien fortgeschrittener zu sein und auf mögliche Landmarks zu achten. Im Alter von 11 Monaten nutzen 37 % der Kinder die Landmarkinformation, was deutlich macht, dass die individuellen Unterschiede lang-sam schwinden. Mehrere Faktoren können zu der individuellen Fähigkeit beitragen, Landmarkinformationen zu nutzen. Zum Beispiel spielt hier die eigene Bewegung [self-produced locomotion] eine große Rolle. Wenn die Kinder in der Lage sind, sich von einem Objekt zum anderen zu bewegen, dann sind sie motivierter, die Objekte und ihre Positionen zu verfolgen (ibid). Die Selbstreferenz kann einem wenig helfen, wenn die Umwelt und das Kind selbst dynamisch sind. Interessanterweise trägt nur eine ganz bestimmte Form der Fortbewegung, nämlich auf Händen und Füßen – und nicht das Robben auf dem Bauch [belly crawling] –, zur Empfänglichkeit gegenüber einer Landmarkinformation bei:

> [W]alker experience works, hand and knee crawling works, but crawling on one's belly does not [...] belly crawling involves both greater physical effort that may direct re-sources away from spatial problem solving and an inferior visual perspective on the environment through which one is moving (Acredolo, 1990: 333).

Die Erfahrung der Selbstbewegung fördert das visuelle Verfolgen. Das visuelle Verfol-gen [visual tracking] trägt wiederum direkt zur Leistungsverbesserung in räumlichen Aufgaben bei (Acredolo, 1990: 336). Die Rolle der Selbstbewegung sehen auch Flom und seine Kollegen (2004). Allerdings betonen sie dabei nicht so sehr die Landmark-informationen als vielmehr die neuen Möglichkeiten von sozialen Interaktionen über einen räumlichen Abstand hinweg, der die nichtverbale Kommunikation notwendig macht (ibid: 193; auch in Bertenthal u.a., 1984).

Auch ein emotiver Faktor (siehe Kapitel 6) ist laut Acredolo (1990) bei der Ent-deckung des Landmarks behilflich: Kinder, deren Bindung mit 12 Monaten als sicher beurteilt wurde, engagierten sich aktiver in eine explorative Tätigkeit und zeigten sich effizient darin, die Wegplanung zu ihrem Ziel anzupassen. Acredolo (1990) be-richtet, die kindliche Leistung in räumlichen Aufgaben – speziell in neuen Umgebungen – sinke erheblich, wenn Kinder unter Ängsten leiden und keine Zeit haben, sich an die Gegebenheiten zu gewöhnen. Zusammen mit weiteren Faktoren wie Geschlecht, Temperament und symbolischem Denken (Acredolo, 1990: 337 f.) wirken die Erfahrungen auf das Erkennen der Landmarkinformation, die bei einer Zeigegeste essenziell ist (siehe auch Flom u.a., 2004: 193).

8.4   Objektwissen und sprachliche Fähigkeiten

Wie Objektwissen in Form von Handlungsimplikationen [affordance] sogar Sprachverhalten beeinflusst, wurde durch die Studien von Clark (1973a) deutlich. Sie untersuchte das kindliche Verständnis von räumlichen Präpositionen. Wenn Kinder instruiert wurden, zwei Objekte zusammenzusetzen, zeigten sie ein unterschiedliches Verhalten je nachdem, wie die Landmark-Objekte beschaffen waren:

- Kinder stapelten die Objekte aufeinander, wenn eines der Objekte eine horizontale Oberfläche bot.
- Wenn ein Objekt dagegen einen Behältercharakter aufwies, wurden weitere Objekte hineingelegt.

Diese Neigungen dominierten das Antwortverhalten der Kinder auf Anweisungen, und Kinder legten selbst dann zum Beispiel etwas auf einen Tisch, wenn sie instruiert wurden, das Objekt *unter* den Tisch zu legen (ibid; auch in Rohlfing, 2006). Clark (1973a) argumentierte daher, dass die Reaktionen der Kinder auf linguistische Instruktionen durch die physikalischen Eigenschaften der Objekte beeinflusst wurden. Laut der Autorin liefert diese Voreingenommenheit für die Kinder eine Grundlage für „erste linguistische Hypothesen [first linguistic hypotheses]" (Clark, 1973a: 180) in Form von nicht-linguistischen Strategien. Auch wenn in dem Ansatz von Clark offen bleibt, wie Kinder über dieses Stadium, in dem sie die nicht-linguistischen Strategien einsetzen, hinausgehen können zu einem Stadium, in dem sie aus ihrem linguistischen Wissen schöpfen können, verdeutlichen die Beobachtungen, dass der Aufbau von linguistischen Fähigkeiten eng mit der Wahrnehmung gekoppelt ist. Deshalb habe ich den Begriff der „co-verbalen Strategien" vorgeschlagen (Rohlfing 2003: 43). Durch ihn soll die Zusammenarbeit von Wahrnehmung und linguistischen Fähigkeiten zum Ausdruck gebracht werden. Ich vertrete die Ansicht, dass Kinder durch diese Neigungen in der Lage sind, in Situationen handeln zu können und auf ihre Handlungen eine Rückmeldung zu bekommen. Mit der Strategie, auf eine Oberfläche zunächst etwas zu stellen, handeln Kinder in einer Situation und werden möglicherweise daraufhin korrigiert. Auf diese Weise (mit Unterstützung von Mitmenschen) können sie ihr Wissen erweitern. Ohne diese Unterstützung würden sie – wie in dem Ansatz von Clark – über ein bestimmtes Verhalten und Stadium nicht hinauskommen können.

8.5   Operationalisierung von Objektwissen

Die Beeinflussung von linguistischen Fähigkeiten durch die materielle Umwelt in Form einer externen Situation wurde bereits in einigen entwicklungspsychologischen Studien gezeigt (z.B. Freeman, Lloyd & Sinha, 1980; Jensen de López, 2006; Rohlfing, 2006). Darauf basierend kann die Materialität von Objekten, die Einfluss auf die

Wahrnehmung und sprachliches Verhalten hat, durch (1) Familiarität and (2) Kanonikalität operationalisiert werden. Anhand dieser Operationalisierungen wird im folgenden aufgezeigt, wie die Natur der Objekte das Verstehen eines Wortes, die Lerneffekte, das diskursive und gestische Verhalten verändern kann.

8.5.1 Familiarität

Familiarität ist ein Phänomen, das erst durch einen Interaktionsverlauf entsteht. Damit ein Objekt, Ereignis oder eine Person familiär wird, muss es bereits in einer früheren Situation vorgekommen sein. In der aktuellen Forschung ist jedoch noch zu wenig darüber bekannt, welche Merkmale von Situationen sich wiederholen müssen, damit Kinder ein Objekt, Ereignis oder eine Person als familiär ansehen.

Familiarität sorgt dafür, dass die potentiellen Möglichkeiten, ein Objekt, Ereignis oder das Verhalten einer Person zu interpretieren, reduziert werden. Umgekehrt sorgt Familiarität auch dafür, dass Veränderungen in einer Situation auffälliger werden: Das, was neu ist, fällt auf. In diesem Sinne zeigen Studien, dass Familiarität von Objekten die Wahrnehmung, Konzeptualisierung und das sprachliche Verhalten beeinflusst. In Kapitel 6 wurde bereits darauf hingewiesen, dass das Erkennen einer Emotion davon abhängt, ob diese von einer familiären Person geäußert wird. Im Folgenden sollen exemplarisch weitere Studien vorgestellt werden, die die These stützen, Familiarität beeinflusse die Perzeption, die Kognition sowie die Sprache.

Im Hinblick auf die Wahrnehmung zeigt eine Studie von Sommerville und Crane (2009), dass 10 Monate alte Kinder erlebte Informationen nutzen, um ein Handlungsziel von einem Handelnden zu identifizieren. In dieser Studie sahen die Kinder zunächst einen Handelnden, der direkt ein Ziel ausführte. Im Test wurde untersucht, ob Kinder diese vorausgehende Information in einer mehrdeutigen Handlungssequenz einerseits und in einem neuen Kontext andererseits nutzen können. Die Autorinnen stellten fest, dass Informationen darüber, wie jemand mit Objekten umgeht, eine gewisse Erwartung formen und die darauffolgende Gedächtnisverarbeitung von Handlungssequenzen beeinflussen. Für die Wirkung der Familiarität auf kommunikatives Verständnis sei hier die Studie von Flom und Pick (2005) angeführt. Sie machten deutlich, wie schnell sich Kinder an bereits vorhandene Objekte gewöhnen und wie empfindlich sie auf eine Veränderung reagieren – vor dem Hintergrund der Familiarität. Insbesondere verglichen die Autoren den Einfluss von familiären und neuen Objekten auf die kindliche Wahrnehmung in experimentellen Situationen, in denen Kinder einer Zeigegeste ihrer Mutter folgen sollten. Sie fanden, dass 18 Monate alte Kinder zuverlässiger die Fähigkeit zur Joint Attention zeigten, wenn ihnen neue Objekte gezeigt wurden. Die Neuheit der Objekte scheint also eine Umorientierung der Aufmerksamkeit bei Kindern zu motivieren.

Ein weiterer Effekt der Familiarität wurde in einer Studie von Casasola and Cohen (2002) zur Konzeptualisierung bei Kindern berichtet. In dieser Studie wurden 9 bis 11 sowie 17 bis 19 Monate alte Englisch lernende Kinder in Bezug auf ihre Konzeptualisierungsleistung von räumlichen Ereignissen untersucht. Als Untersuchungsmethode wurde die visuelle Habituation gewählt. Zunächst sahen die untersuchten Kinder Szenen von räumlichen Relationen und wurden an einige entsprechende Beispiele wie Behälter-Relation (ein Objekt wird in ein anderes hineingelegt), passend-Relation (ein Objekt wird passend in ein anderes oder auf ein anderes gesteckt) oder Stütze-

Relation (ein Objekt wird auf ein anderes gelegt) habituiert. Nach dieser Habituationsphase wurde ihre Diskriminierungsleistung getestet, wenn (a) ein aus der Habituation familiäres Ereignis, (b) ein familiäres Objekt in einer neuen Relation, (c) ein neues Objekt in einer familiären Relation und (d) ein neues Objekt in einer neuen Relation gezeigt wurde. Es ist wichtig anzumerken, dass die Forschung zur Konzeptualisierung von räumlichen Relationen davon ausgeht, dass das Konzept eines Behälters in der Entwicklung früher erworben wird als andere Relationen. Die Ergebnisse zeigten, dass 10 Monate alte Kinder, die an die Behälter-Relation habituiert wurden, zuverlässig zwischen verschiedenen Relationen unterscheiden konnten, unabhängig von der Natur der Objekte. Kinder, die an die Stütze- oder passend-Relation habituiert wurden, reagierten jedoch lediglich auf die Änderungen in den Objekten und nicht in den Relationen. Das legt nahe, dass 17 bis 19 Monate alte Kinder zunächst eine neue Relation zwischen familiären Objekten erkennen lernen, ehe sie neue Objekte berücksichtigen und die Relation somit auf neue Objekte generalisieren können (Casasola & Cohen, 2002).

Schließlich wurde der Effekt der Familiarität auch in Wortlernprozessen gezeigt. In einer Trainingsstudie lernten 20 bis 26 Monate alte Kinder die Präposition „unter" (Rohlfing, 2006). Die Testphase zeichnete sich durch drei Bedingungen aus, in welchen Kinder instruiert wurden, ein Objekt unter ein anderes Objekt zu stellen: (a) eine familiäre Bedingung, in der die gleichen Objekte wie im Training benutzt wurden; (b) eine Transferbedingung, in der neue Objekte eingesetzt wurden und (c) eine funktional abstrakte Bedingung, in der zwei Bälle (einer frei verfügbar und einer montiert auf einer Holzkonstruktion) ohne ersichtliche Funktionen präsentiert wurden (siehe Abb. 24).

Abbildung 24: Die funktional abstrakte Bedingung in Rohlfing (2006), (© Frank Hegel).

Die untersuchten Kinder wiesen einen sehr guten Lerneffekt mit familiären Objekten und einen mittelmäßigen Effekt mit neuen (Transfer-)Objekten auf. In der funktional abstrakten Bedingung zeigte sich kein Lerneffekt. Dank einer unveröffentlichten Pilotstudie kann ich berichten, dass Kinder erst mit 28 Monaten in der Lage sind, linguistische Bedeutung von räumlichen Relationen in Anweisungen auf abstrakte Objekte zu übertragen. Diese Ergebnisse zeigen, dass junge Kinder wissen müssen, was mit den

Objekten gemacht werden kann, um auf dieser Information ihr Sprachverständnis aufzubauen.

Ähnliche Beobachtungen machten Farrar, Friend und Forbes (1993). Sie beobachteten Zweijährige zusammen mit ihren Müttern über mehrere Sitzungen hinweg beim Spielen jeweils sowohl mit einem gleichbleibenden als auch mit einem neuen Spielzeugset. Die zugrundeliegende Annahme war in dieser Studie, dass Kinder durch die Familiarisierung an ein Spielzeugset und an die Situation ein bestimmtes Handlungs-/Ereigniswissen erwerben (was z.B. mit den Objekten gemacht werden kann); durch das erworbene Handlungswissen werden weniger kognitive Ressourcen für die Verarbeitung des Ereignisses benötigt, so dass mehr Kapazitäten für die Sprache zur Verfügung stehen. Die Ergebnisse zeigten, dass die Kinder im Vergleich zu Ereignissituationen mit einem unbekannten Spielzeugset, in der bekannten Ereignissituation mehr ereignisspezifische Verben lernten und äußerten.

Gedächtnisprozesse, die wie ein ‚Haken' funktionieren, an dem die Kommunikation ‚aufgehängt' werden kann (Farrar u. a., 1993), wurden in den Studien zur Gestik kaum untersucht. Eine Ausnahme bildet eine frühere Studie von Marcos (1991), in der Mutter-Kind-Interaktionen von 12 bis 13-Monatigen untersucht wurde. Die Ergebnisse zeigten, dass – gegenüber an die Situation nicht-familiarisierten Kindern – mehr referenzielles Verhalten und mehr Zeigegesten bei Kindern in einem familiarisierten Dialog mit ihrer Mutter beobachtet werden konnten. Dieses Verhalten diente der Konventionalisierung von Kommunikation (ibid). Eine weitere Ausnahme bildet die aktuellere Studie von Liebal, Carpenter und Tomasello (2010), bei der 18 Monate alte Kinder mit einer bestimmten Person vertraut gemacht wurden und dann sich über das gemeinsam erlebte Spiel austauschten. Die Kommunikationsleistung der Kinder wurde in zwei Bedingungen miteinander verglichen: In einer Bedingung war es die vertraute, in der anderen eine fremde Person, mit der Kinder über das erlebte Spiel kommunizieren sollten. Die Ergebnisse zeigten, dass Kinder das gemeinsame Wissen gern mit der vertrauten Person teilten (Liebal u. a., 2010). Die kommunikative Leistung hängt hier von dem Vertrautheitsgrad des Gesprächspartners ab.

In diesem Zusammenhang gesteht Dąbrowska (2005) zu, dass Kinder wahrscheinlich deshalb gute Lerner sind, weil sie Neigungen für bestimmte Lösungen in eine Situation mitbringen. Allerdings wird speziell der Punkt, dass Objektwissen für die Objektwahrnehmung eine Rolle spielt, in Sprachlerntheorien wenig berücksichtigt (Rohlfing, 2011a).

8.5.2 Kanonikalität

Eine weitere Form von Objektwissen ist die Kanonikalität. Für die Operationalisierung des Objektwissens in Form der Kanonikalität ist es wichtig, zwischen einer kanonischen Funktion von Objekten und einer kanonischen Relation zwischen Objekten zu unterscheiden.

> Eine **kanonische Funktion** ist mit der funktionalen Rolle eines Objektes verbunden: Ein Tisch hat die kanonische Funktion der Stütze / des Tragens. Wenn ein zweijähriges Kind ein Spielzeugpferd auf einen Spielzeugtisch stellt, dann steht diese Tätigkeit im Einklang mit der kanonischen Funktion des Tisches. Auch in dieser Relation erfüllt der Tisch die Funktion des Tragens, selbst wenn ein Pferd auf dem Tisch durchaus ungewöhnlich ist.

> Wenn zwei Objekte in einer konventionellen Weise aufeinander bezogen werden,
> liegt hingegen eine **kanonische Relation** vor. Ein Beispiel ist, wenn ein Becher auf
> einen Tisch gestellt wird. Aus diesem Unterschied zwischen einer kanonischen
> Funktion und einer kanonischen Relation ergibt sich auch die Definition einer
> nicht-kanonischen Relation. Wenn eine verkehrte Zusammensetzung zweier Objekte
> angestrebt wird, dann muss die Zusammensetzung auch gegen die kanonische
> Funktion eines Objektes verstoßen. Dies trifft zum Beispiel auf einen Löffel zu, der
> sich auf einem Becher befindet, weil in dieser Relation gegen die Funktion des Be-
> chers als Behälter verstoßen wird (weitere Beispiele in Abb. 25).

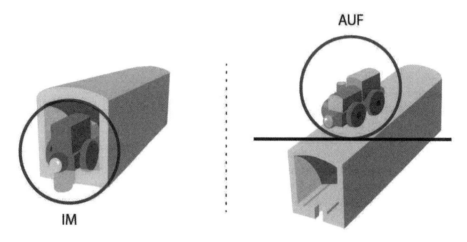

Abbildung 25: Beispiel für kanonische (links) und nicht-kanonische Relation
(rechts) (© Frank Hegel).

Vergleicht man die Kanonikalität von Objekten mit dem Effekt der Familiarität, so ist
ihnen gemeinsam, dass beide sich auf die bereits vorhandene Geschichte mit einem
Objekt, Ereignis oder einer Person beziehen. Kanonikalität betrifft jedoch stärker die
Handhabung eines Objektes für bestimmte Zwecke (Freeman, Lloyd & Sinha, 1980).
So muss ein Becher zum Beispiel in passender Weise ausgerichtet sein, um die Funktion als Behälter zu erfüllen. Kinder müssen diese angemessene Orientierung zunächst
lernen. Sie beginnen häufig damit, ein Objekt mit einem weiteren zu assoziieren. Zum
Beispiel bringen sie schnell einen Stift mit Papier zusammen und legen ihn einfach
auf das Papier (siehe Rohlfing, 2003). In einem weiteren Schritt müssen sie lernen,
wie der Stift gehalten werden soll, d.h. in welchem Winkel zum Papier er sich befinden muss, um auf dem Papier schreiben zu können. An dieser Stelle scheint es wichtig zu sein, dass Kinder bestimmte Erfahrungen machen, um die Funktionen zu lernen
und zu erkennen (siehe auch Kapitel 5).

Die persönliche Erfahrung fügt dem Begriff der Handlungsimplikation [affordan-
ce] (siehe 8.2) einen sozialen Aspekt hinzu (Sinha 2005; Sinha & Rodriguez, 2008),
denn es wird deutlich, dass das, was ein Objekt an Handlung mit sich bringt, nicht
objektiv ist und nicht von allen Individuen gleich wahrgenommen werden kann. In
diesem Sinne hängt das, was ein Objekt an Handlung mit sich bringt, von (1) intra-
personaler Erfahrung, die ein Individuum gesammelt hat (Rohlfing, Rehm & Goecke,

2003) und (2) sozialer Vermittlung (Freeman, Lloyd and Sinha, 1980; Sinha, 1982; Jensen de López, 2006) ab. Wenn einem Kind ein Objekt gezeigt wird, dann spielt die Vermittlung bereits eine Rolle, weil das Objekt in einer bestimmten sozialen Art und Weise und für einen bestimmten funktionalen Zweck innerhalb einer bestimmten sozialen Gruppe vorgeführt wird, ohne dass zwangsläufig eine besondere vermittelnde Intention dahinter steckt (Sinha & Rodriguez, 2008). Nelson (1996: 96) betont deshalb: „Event knowledge is social knowledge and social knowledge is event knowledge". Dieses Argument des sozialen Objektwissens kontrastiert mit der Idee, dass die Wahrnehmung sich lediglich mit den in einer Szene vorhandenen Objekten als Perzepten auseinandersetzen muss und deshalb eine pure Wahrnehmung der Situationsinterpretation dient. Vielmehr kommt hier zum Ausdruck, dass eine Wahrnehmung in einem Kontext von sozialen Handlungen stattfindet.

Der Effekt der Kanonikalität wurde experimentell von Freeman, Lloyd und Sinha (1980) nachgewiesen. Die Autoren entwarfen eine Suchaufgabe für Kinder im Alter von 12 bis 15 Monaten. In dieser Aufgabe wurden zwei Becher auf einem Tablett präsentiert: aufrecht, also herkömmlich, und umgedreht, also mit dem Boden nach oben, als würde man unter dem Becher etwas verstecken wollen. Die untersuchten Kinder sahen, wie ein Spielzeug in einen Becher gelegt wurde, ein weiterer Becher diente der Ablenkung. Danach wurden die Plätze der beiden Becher vertauscht. Schließlich sollten die Kinder nach dem Spielzeug in einem der beiden Becher suchen. Freeman und Kollegen (1980) beobachteten bessere Leistungen der Kinder, wenn die Becher in ihrer gebräuchlichen Orientierung benutzt wurden. Die Ergebnisse lassen also ein Objektkonzept, das eine „herkömmliche Orientierung [customary orientation]" beinhaltet, bei Kindern vermuten (Freeman, Lloyd & Sinha, 1980: 259).

Wie oben bereits beschrieben, umfasst Kanonikalität zusätzlich zu der Orientierung eines einzelnen Objektes ebenfalls eine Relation zwischen zwei Objekten. Eine kanonische Relation ist erreicht, wenn zwei Objekte zu ihrem häufigsten Zweck zusammengeführt werden (Nelson & Ware, 2002), wie beispielsweise ein Deckel und ein Topf, bei denen in diesem Fall der Deckel auf den Topf gelegt wird. Diese Konventionen werden aus kulturellen Gepflogenheiten heraus und aus der Handhabe von Objekten abgeleitet (Sinha, 1983). Die Handhabe und Manipulation von Objekten ist unzertrennlich mit dem Objektwissen verbunden. Sinha (1983: 269) bezeichnet dies als „Hintergrundwissen [background knowledge]".

Wie dieses Hintergrundwissen über Objekte auch den Diskurs mit Kindern beeinflusst, wurde von Choi und Rohlfing (2010; auch in Rohlfing, 2011b) nachgegangen. In ihrer sprachvergleichenden Studie brachten Mütter ihre Englisch und Koreanisch lernenden Kinder dazu, zwei Objekte in Beziehung zueinander zu setzen. Die Aufgaben variierten in der Kanonikalität, d.h. es wurden sowohl kanonische wie auch nicht-kanonische Relationen abverlangt (vgl. Abb. 25). Im Verlauf der Studie wurden zuerst zwei Objekte vor dem Kind auf den Tisch gelegt. Danach bekam die Mutter ein Bild zu sehen, auf dem die Zielrelation abgebildet war. Anschließend durfte die Mutter von ihrem verbalen und nichtverbalen Verhalten Gebrauch machen, um ihr Kind für die Aufgabe auf dem Bild zu motivieren. Für die Analyse wurde das Verhalten der Mütter aufgezeichnet und transkribiert. Das Diskursverhalten wurde dabei in zwei Kategorien kodiert: Bring-In-Strategien [Einbringstrategien] und Follow-In-Strategien [Befolgenstrategien]. Die Follow-In-Strategien orientierten sich an der Definition von Tomasello und Farrar (1986), nach der Mütter sich nach den Kindern richteten, um ihrer Aufmerksamkeit zu folgen und somit einen gemeinsam gerichteten Aufmerksamkeitsbezug beibehielten. Mütter, die dieser Strategie folgten, sagten zum Beispiel

„Jetzt geht das Pferd über die Brücke, aber tue es unter die Brücke, nicht auf!". Dagegen brachten Mütter, die Bring-In-Strategien benutzten, einige Assoziationen mit ins Spiel, die auf Objektwissen abzielten (vgl. Rohlfing, 2011b). So sagten sie zum Beispiel „Lass' uns einen Tee trinken!", um so das Hintergrundwissen über die an der Situation beteiligten Objekte zu aktivieren. Weil solch ein Wissen aus persönlicher Erfahrung und alltäglichen Gepflogenheiten entsteht, kann es hauptsächlich für vergleichbare Ziele in unterschiedlichen Situationen von Vorteil sein. Dies zeigen auch die Ergebnisse der sprachvergleichenden Analyse: Mütter benutzten signifikant mehr Bring-In-Strategien, wenn sie kanonische Relationen instruierten; umgekehrt fanden signifikant häufiger Follow-In-Strategien in nicht-kanonischen Aufgaben Anwendung (Choi & Rohlfing, 2010).

Die Natur der Objekte kann nicht nur das diskursive, sondern wahrscheinlich auch das nonverbale Verhalten verändern. In einer Pilotstudie (Rohlfing, 2011a) habe ich das gestische Verhalten von Müttern in einem aufgabenorienterten Setting untersucht. Im Fokus der Analyse standen verschiedene Muster von Zeigegesten. Dabei wurde unterschieden, wie eine Zeigegeste ausgeführt wurde; folgte auf ein Hindeuten zu einem Objekt zeitnah ein weiteres Hindeuten zum zweiten Objekt, so wurde dieses Muster als eine *Zeigesakkade* bezeichnet (Rohlfing, 2011a). Die Annahme war, dass solch eine Sakkade zusätzliche semantische Informationen über die Zusammengehörigkeit von Objekten (die Kanonikalität) beinhaltet. Hier ist die Zeit, in der die Geste ausgeführt wird, ein wesentlicher Faktor der Semantik: Folgt eine Geste zeitnah auf die andere, so ergibt sich ein konzeptueller Zusammenhang beider Gesten. Die Ergebnisse der Pilotstudie deuten darauf hin, dass wenn Mütter ihre Kinder zu kanonischen Relationen instruierten, sie die Zusammengehörigkeit zweier Objekte durch ein zeitlich sehr nah folgendes Deuten zu beiden Objekten verdeutlichten. Die Zeigesakkaden wurden also häufiger in kanonischen Aufgaben beobachtet. In nicht-kanonischen Aufgaben deuteten Mütter dagegen häufiger auf den Zielort hin. Eine genauere Überprüfung dieser Hypothesen in weiteren Experimenten mit unterschiedlichen Relationen ist jedoch notwendig (ibid).

Die oben erwähnten Studien sollen verdeutlichen, dass Objektwissen in Form von Kanonikalität einen festen Bestandteil der Situation bildet, mit der sich ein Kind auseinandersetzt, um in ihr (dialogisch) zu handeln. Deshalb muss dieses Wissen in der Planung von empirischen Studien berücksichtigt werden. Zusammengenommen zeigen die oben skizzierten Ergebnisse, dass ein Objekt nicht nur die Funktion des Bezeichneten innehat. Vielmehr kann die Natur der Objekte das Verstehen eines Wortes, die Lerneffekte, das diskursive und das gestische Verhalten verändern. Somit kann es auch als Bezeichnendes, als semiotische Quelle, funktionieren. Die Dichotomie zwischen Objekt und Wort scheint auf Grund der Ausführungen artifiziell zu sein. Viel angemessener erscheint es von einer „Semiosphäre" (Lotman, 1984: 6) zu sprechen, in der nicht nur von einem Zeichen, seinem Benutzer und dem Bezeichnenden ausgegangen wird, sondern von einem semiotischen Raum, in dem eine innere Dynamik der Bedeutungsgebung herrscht. Der Begriff der Semiosphäre und die aus dieser Sicht folgenden Konsequenzen werden im Folgenden erläutert.

8.6 Beziehung von Frühsemantik und Semiotik

Wenn das Bezeichnende – also in den oberen Ausführungen das Objekt – als semiotische Quelle funktionieren kann, dann ist es nun notwendig, die Beziehung zwischen der hier postulierten frühkindlichen Semantik und der Semiotik zu erläutern. Unter *Semiotik* wird Theorie und Lehre von sprachlichen aber auch nicht-sprachlichen Zeichen und Zeichenprozessen verstanden (Bußmann, 1990). Mit nicht-sprachlichen Zeichen beschäftigt sich nicht nur die Linguistik, sondern auch andere geisteswissenschaftliche Disziplinen wie die Ästhetik, die Religionswissenschaft usw. (ibid). Wie schon im Kapitel 3 angeklungen ist, ist mein Ansatz darum bemüht, sprachphilosophische (Wittgenstein, 1945 [1993], Putnam (1975), v. Savigny, 1993) wie auch sozio-pragmatische Erkenntnisse (Vygotsky, 1938 [1978]; Bruner, 1975; Tomasello, 2003; Fogel & Garvey, 2007) in Theorien zum Spracherwerb aufzunehmen. Den Erkenntnissen dieser Ansätze zufolge können Bedeutung und Referenz nicht lediglich durch psychologische Zustände erklärt werden. Vor allem jene sozialen und verkörperten Strukturen des Kontextes müssen untersucht werden, die die Bedeutungs- und Referenzprozesse unterstützen. Materielle Objekte gehören somit zu dem zu untersuchenden Kontext, was bereits Vygotsky (1938 [1978]) anerkennt. Er (1938 [1978]: 54) schreibt sowohl Objekten wie auch sprachlichen Zeichen eine ähnliche Funktion zu: die „vermittelnde Funktion [mediating function]". Das heißt, dass sowohl verschiedene Instrumente oder Werkzeuge [tools] als auch Zeichen diese vermittelnde Funktion erfüllen können. Demgemäß kann nicht nur ein sprachliches Zeichen, sondern auch ein Werkzeug eine helfende Rolle in der psychologischen Aktivität spielen (Vygotsky, 1938[1978]: 53). Trotz dieser Verbindung lässt Vygotsky jedoch die Semiotik nicht vollständig mit der Semantik verschmelzen und macht einen Unterschied zwischen dem Benutzen eines Instruments und dem Benutzen eines Zeichens:

> The tool's function is to serve as the conductor of human influence on the object of activity; it is externally oriented; it must lead to changes in objects. [...] The sign, on the other hand, changes nothing in the object of a psychological oneself; the sign is internally oriented (Vygotsky, 1938[1978]: 55).

Auch Sinha und Rodriguez (2008) betonen, dass es nicht darum gehe, die Grenzen zwischen Semiotik und Semantik verschwinden zu lassen; jedoch sei es wichtig, sowohl die semiotischen Aspekte der Materialität wie auch die materiellen Aspekte der Bedeutung zu betrachten, um ihre Rolle in Entwicklungsprozessen (für den Spracherwerb) analysieren zu können.

Aus der Entwicklungsperspektive scheint die frühe Bedeutung insofern mit der Semiotik zusammenzuhängen, als eine robuste Bedeutung eines Zeichens oder Instrumentes im Sinne einer Reizsynonymie (Quine, 1960) ausfällt. Das heißt, es ist jemandes Disposition, auf eine bestimmte sensorische Stimulation mit einem Verhalten zu antworten. Nimmt man das Beispiel des rudimentären Verständnisses einer Zeigegeste (siehe Kapitel 5), so äußert sich eine Verhaltensdisposition darin, dass ein Kind der Richtung der Zeigegeste folgt. Betrachtet man das Beispiel des frühen Verständnisses von räumlichen Präpositionen (wie oben dargestellt), so äußert sich eine Verhaltensdisposition darin, dass die vorliegenden Objekte in eine Relation zueinander gesetzt werden, ohne dass es zunächst wichtig ist, ob die ausgeführte Relation auch der sprachlichen Instruktion vollständig entspricht. Gerade an dem letzten Beispiel wird deutlich, wie das kommunikative Verhalten durch den Kontext – im Speziellen durch die Handlungsimplikation [affordance] des Objektes – unterstützt werden kann. Sinha und Rodriguez (2008) vermuten, dass eine Handlungsdisposition zeitlich *vor* der Symbolleistung der Sprache stattfindet, d.h. bevor ein Kind die Bedeutung eines Stuhls kennt, weiß es, dass ein Stuhl eine bestimmte Funktion hat. Ein Stuhl ist deshalb ein Stuhl, weil er zum Sitzen konstruiert wurde und auf eine bestimmte Weise verwendet wird. Der sozial bestimmte Verwendungszweck ist entscheidend, weil im Prinzip auch ein Stein die Funktion eines Stuhls übernehmen kann, und doch nicht sofort als „Stuhl" bezeichnet wird (es sei denn, alle Beteiligten einigen sich darauf in einem bestimmten Kontext). Hier spielen also nicht nur die physikalischen Eigenschaften, sondern vor allem die sozialen Fakten über die funktionalen Zwecke und „normativ geregelten Handlungsimplikationen [normatively regulated affordances]" (Sinha & Rodriguez, 2008: 368) eine Rolle.

Die sozialen / kulturellen Praktiken sind es, die eine **Semiosphäre** (Lotman, 1984: 6) schaffen, also eine **Umgebung** / einen **Kontext**, in der / dem etwas (ein Objekt, ein Ereignis) zusammen mit den situativen Gegebenheiten (dem Wissen der Beteiligten, ihrer Erfahrung, usw.) eine Bedeutung bekommt (vgl. auch Rohlfing u.a., 2003).

Im Gegensatz zu den semiotischen Ansätzen von Peirce oder de Saussure, die ein sprachliches Zeichen als Anstoß zum Denken sehen, stellt Lotman (1984) diese Umgebung (die Semiosphäre) an den Anfang des Denkens. Ein Zeichen ist in seinem Ansatz nicht sofort vorhanden, sondern entsteht als ein Produkt der Analyse (Lotman, 2002: 33): „So, in the beginning was the environment". Für den Erwerbsprozess bedeutet diese Sicht, dass das Kind in eine sinngebende Umwelt geboren wird und ihm verschiedene Bezugsquellen der Bedeutung zur Verfügung stehen. Diese beteiligen sich daran, linguistische Bedeutung zu konstituieren.

Wie oben gezeigt wurde, stellt die kanonische Funktion eine solche Bezugsquelle dar. In der Frühsemantik impliziert sie eine Handlung und ist eine soziale Tatsache (Sinha & Rodriguez, 2008). Die materielle Welt der artifiziellen Objekte besteht daher nicht nur aus physikalischen Aspekten, sondern trägt ebenfalls eine soziale Bedeutung. Die Beziehung der frühkindlichen Semantik zur Semiotik liegt entsprechend in dem oben erläuterten Anknüpfungspunkt, der die linguistische Semantik verortet. Wie Sinha und Rodriguez (2008) darstellen, entstehen Konzepte räumlicher Relationen aus kanonischen Funktionen von Objekten.

8.7   Beziehung von Frühsemantik und Pragmatik

Wenn die frühe Bedeutung mit einer Handlungsdisposition einhergeht, dann liegt eine enge Beziehung zur Pragmatik auf der Hand. In der klassischen Linguistik wird Semantik von der Pragmatik unterschieden. Während Semantik sich auf die „wörtliche, kontextinvariante Bedeutung von sprachlichen Ausdrücken" fokussiert, beschäftigt sich die Pragmatik damit, die „Relation zwischen natürlichsprachlichen Ausdrücken und ihren spezifischen Verwendungssituationen" zu untersuchen (Bußmann, 1990: 606).

Wie in Kapitel 4 dargestellt wurde, besteht der Unterschied zwischen der menschlichen Kognition und der anderer Spezies in der Fähigkeit, sich mit anderen Mitmenschen in gemeinsamen Handlungen mit geteilten Zielen zu beteiligen (Tomasello & Rakoczy, 2003; Tomasello u.a., 2005). Letztendlich ist es die Teilnahme an der Gesellschaft, die die menschliche Kognition ausmacht (Tomasello u.a., 2005). Im Zuge dieser Teilnahme, also durch die Geschichte der sozialen Interaktion, gewinnen Menschenkinder die Fähigkeit, „dialogisch kognitive Repräsentationen [dialogic cognitive representations]" zu konstruieren (Tomasello u.a., 2005: 676).

Die Umbenennung der Repräsentationen von mentalen Einheiten in „dialogische" hebt den sozialen und pragmatischen Aspekt der Kognition hervor: Bedeutung ist nicht nur ein individueller und interner Prozess, sondern entsteht im Dialog mit anderen Mitmenschen, die der Semiosphäre nicht nur angehören, sondern diese auch aktiv gestalten. Denn soziale Praktiken schaffen Artefakte und ihre Funktionen. Wie solche Praktiken auf die Kognitionsentwicklung wirken, wird erneut bereits von Vygotsky (1938 [1978]: 50) angedeutet, der dem Gedächtnis die primäre Rolle für die frühe Bedeutung verleiht: „For the very young child, to think means to remember". Die generellen Repräsentationen der Welt sieht er auf konkreten abrufbaren Instantiierungen basierend, die zunächst kaum einen Abstraktionscharakter haben (ibid). Was dem Kind hilft, ein Ereignis abzurufen, ist ein Objekt, eine Person oder aber ein sprachliches Zeichen (ibid: 51). Sieht ein Kind zum Beispiel einen Tisch, dann kann es das Ereignis des Draufstellens abrufen und dementsprechend handeln.

Wie verträgt sich diese Ansicht mit den neueren Ergebnissen zur frühkindlichen Semantik, laut denen bereits Säuglinge eine Fähigkeit zur Konzeptualisierung aufweisen (siehe Kapitel 3)? Würde frühe Bedeutung sich nur in Form von konkreten abrufbaren Ereignissen und Verhaltensdispositionen zeigen, könnten Säuglinge dann zwischen belebten und unbelebten Objekten unterscheiden, wie es Mandler und McDonough (1998) mit 7 Monate alten Kindern zeigten? Auf der Grundlage dieser Ergebnisse wäre es notwendig, der frühen Bedeutung nicht nur eine Verhaltensdisposition, sondern auch eine Form mit abstraktem Inhalt zuzusprechen. Was den konkreten Inhalt anbetrifft, so bemerkt Mandler (2004), es mache eine Repräsentation aus, was die Objekte tun und was mit ihnen getan wird (siehe 3.6.2). Es kann also sein, dass 7 Monate alte Kinder die Unterscheidung zwischen belebten und unbelebten Objekten auf der Grundlage der mit ihnen assoziierten Handlungen machen. Dann würde allerdings nicht nur die eigene Verhaltensdisposition in die frühe Bedeutung einfließen, sondern auch die Verhaltensdisposition anderer Handelnder. Es bleibt eine offene Forschungsfrage, wie die Struktur einer Repräsentation aussehen könnte, in der verschiedene Bezugsquellen in der Bedeutungsetablierung berücksichtigt werden.

Generell ist für die Beziehung zwischen frühkindlicher Semantik und Pragmatik die Frage relevant, ob Kontext (so wie er bisher in dieser Schrift dargestellt wurde) als ein dazugehöriger Teil in die semantischen Repräsentationen eingeschlossen werden soll, oder ob er lediglich den Erwerbsprozess unterstützt (Krackow & Gordon, 1998). Aufgrund der engen Verbindung zwischen kognitiven und motorischen Fähigkeiten sowie zwischen Semantik und Semiotik plädiere ich dafür, den Kontext in die frühsemantische Repräsentation einzuschließen. Allerdings möchte ich vorhersagen, dass die Erfahrung mit Sprache die semantische Repräsentation verändert (vgl. Göksun u.a., 2010 dargestellt in 3.5.2). Die unterschiedliche Natur der sich entwickelnden Bedeutung ist höchstwahrscheinlich auf unterschiedliche Gedächtnisprozesse zurückzuführen. Je nach Erfahrung kann das konzeptuelle Wissen schwach oder stärker ausgeprägt und aktiviert werden. Für die Zukunft ist es daher notwendig, die Entwicklung der Semantik im Zusammenhang mit der Entwicklung der Gedächtnisprozesse zu sehen, und aus dieser Perspektive genauer zu untersuchen.

8.8 Zusammenfassung

In der frühkindlichen Semantik hat ein Objekt nicht nur die Funktion des Bezeichneten inne. Ebenfalls beeinflusst es, wie ein Wort gedeutet wird. Diese enge Wechselbeziehung steht für die Kontextabhängigkeit der Sprache und verdeutlicht, dass Sprache aufgabenorientiert verwendet wird. In diesem Sinne verändert die Natur der Objekte das Verstehen eines Wortes, die Lerneffekte, das diskursive und das gestische Verhalten. Es ist somit angemessen, von einer „Semiosphäre" (Lotman, 1984: 6) zu sprechen, in der nicht nur von einem Zeichen, seinem Benutzer und dem Bezeichnenden ausgegangen wird, sondern von einem semiotischen Raum, in dem eine innere Dynamik der Bedeutungsgebung herrscht. Diese Semiosphäre braucht ein Kind, um Sprache zu verstehen und sich dementsprechend zu verhalten: Entweder bringt das Kind diese Semiosphäre mit in die Situation als seine Erfahrung, die es dann umsetzt. Somit wirken sich alltägliche Routinen positiv auf das Verstehen von Anweisungen aus. Oder aber die Situation an sich bietet dem Kind genug Hinweise, um sie richtig zu deuten. Hier liegt es an dem Gesprächspartner selbst, das Kind entsprechend seinem Wissen über Objekte und Ereignisse zu lenken. Ein Kind wird eine Anweisung „hänge deine Jacke über den Stuhl" nur teilweise verstehen, weil es zum einen weiß, dass es um seine Jacke und einen Stuhl geht und darum, dass etwas gemacht werden soll. Die Anweisung widerspricht aber seinem sonstigen Wissen, nämlich dass man sich auf einen Stuhl setzt. Daher kann sie erst nach Übung und Familiarisierung erfolgreich ausgeführt werden. Gesprächspartner können für eine Semiosphäre sorgen, indem sie Kindern möglichst viele zusätzliche gestische und lautsprachliche Informationen anbieten.

8.9 Aufgaben

1. Welche Rolle erfüllt ein Objekt im semiotischen Dreieck?

2. Nennen Sie einen Befund, der darauf hinweist, dass ein Symbol die Objektwahrnehmung beeinflussen kann!

3. Was ist *affordance*? Warum soll der Begriff im Hinblick auf soziale Materialität diskutiert werden?

4. Erklären Sie, was einen *Trajektor* von einem *Landmark* unterscheidet!

5. Erläutern Sie, wie die Erfahrung der Selbstbewegung die sozio-kognitiven Fähigkeiten verändert?

6. Erläutern Sie kurz mit einem Beispiel, wie sich Familiarisierung mit einer Situation auf die sprachliche Kompetenz auswirkt!

7. Geben Sie ein Beispiel für eine nicht-kanonische Relation!

8. Wenn Sie ein Kind (im Alter von etwa 24 Monaten) bitten, seine Hausschuhe unter eine Bank zu legen, was denken Sie, wie sich das Kind verhalten wird? Erklären Sie kurz, warum!

9. Charakterisieren Sie, was ein Kontext für eine sprachliche Handlung ist!

10. Ab welchem Alter können Sie davon ausgehen, dass Kinder keinen Kontext brauchen, um sprachliche Anweisungen zu verstehen (d.h. ihnen zu folgen)?

Literatur

Acredolo, L. & Goodwyn, S. (1988): Symbolic gesturing in normal infants. *Child Development 59:* 450–466.

Acredolo, L. P. (1990): Individual differences in infant spatial cognition. In: Colombo, J. & Fagen, J. (Eds.): *Individual differences in infancy: reliability, stability, prediction.* Erlbaum: 321–340.

Adams, R. J. (1987): An evaluation of color preference in early infancy. *Infant Behavior and Development 10:* 143–150.

Ahnert, L., Klix, F. & Schmidt, H.-D. (1980): The acquisition of local prepositions in early childhood. *Zeitschrift für Psychologie 188:* 226–234.

Ainsworth, M. S. (1979): Infant-mother attachment. *American Psychologist 34:* 932–937.

Akhtar, N. & Tomasello, M. (2000): The social nature of words and word learning. In: Golinkoff, R. M. & Hirsh-Pasek, K. (Eds.): *Becoming a word learner. A debate on lexical acquisition.* Oxford: OUP: 115–135.

Akhtar, N. Dunham, F., & Dunham, P. (1991): Directive interactions and early vocabulary development: the role of joint attentional focus. *Journal of Child Language 18:* 41–49.

Alibali, M. W. & Goldin-Meadow, S. (1993): Gesture-speech mismatch and mechanisms of learning: What the hands reveal about a child's state of mind. *Cognitive Psychology 25:* 468–523.

Alibali, M. W., Kita, S. & Young, A. J. (2000): Gesture and the process of speech production: we think, therefore we gesture. *Language and Cognitive Processes 15:* 593-613.

Amano, S., Kezuka, E. & Yamamoto, A. (2004): Infant shifting attention from an adult's face to an adult's hand: a precursor of joint attention. *Infant Behavior and Development 27:* 64–80.

Ambridge, B. & Lieven, E. V. M. (2011): *Child language acquisition. Contrasting theoretical approaches.* Cambridge: CUP.

Ameel, E., Malt, B. & Storms, G. (2008): Object naming and later lexical development: From baby bottle to beer bottle. *Journal of Memory and Language 58:* 262–285.

Apperly, A. I., Samson, D. & Humphreys, G. W. (2005): Domain-specificity and theory of mind: evaluating neuropsychological evidence. *Trends in Cognitive Science 9:* 572–577.

Astington, J. W. & Jenkins, J. M. (1999): A longitudinal study of the relation between language and Theory-of-Mind development. *Developmental Psychology 35:* 1311–1320.

Avrutin, S. & Wexler, K. (2000): Children's knowledge of subjunctive clauses: obviation, binding and reference. *Language Acquisition 1:* 69–102.

Axelsson, E. L., Churchley, K. & Horst, J. S. (2012): The right thing at the right time: why ostensive naming facilitates word learning. *Frontiers in Psychology 3:* 88.

Bahrick, L. E. (2003): Development of intermodal perception. In: Nadel, L. (Ed.): *Encyclopedia of Cognitive Science (Vol 2).* London: Nature Publishing Group: 614–617.

Bahrick, L. E., Lickliter, R. & Flom, R. (2004): Intersensory redundancy guides the development of selective attention, perception and cognition in infancy. *Current Directions in Psychological Science 13:* 99–102.

Bailer-Jones, D. M. (2004): Hoffen auf Verstehen: Rationalität und Emotion. Paper presented at the Diskursfestival HOPE. Gießen, 24. Mai.

Bakeman, R. & Adamson, L. B. (1984): Coordinating attention to people and objects in mother-infant and peer-infant interaction. *Child Development 55:* 1278–1289.

Baldwin, D. A. & Moses, L. J. (1994): Early understanding of referential intent and attentional focus: Evidence from language and emotion. In: Lewis, C. & Mitchell, P. (Eds.): *Children's early understanding of mind. Origins and Development.* Hove / Hillsdale, NJ: LEA: 133–156.

Baron-Cohen, S. (1995): *Mindblindness: An essay on autism and theory of mind.* Cambridge, MA: MIT Press.

Barsalou, L. W. (1999): Perceptual symbol systems. *Behavioral and Brain Sciences 22:* 577–660.

Bates, E., Benigni, L., Bretherton, I., Camaioni, L. & Volterra, V. (1977): From gesture to the first word: on cognitive and social prerequisites. In: Lewis, M. & Rosenblum, L. (Eds.): *Interaction, conversation and the development of language.* New York: John Wiley & Sons: 247–307.

Bates, E., Camaioni, L. & Volterra, V. (1975): The acquisition of performatives prior to speech. *Merrill-Palmer Quarterly 21:* 205–224.

Beer, R. D. (2000): Dynamical approaches to cognitive science. *Trends in Cognitive Science 4:* 91–99.

Begus, K. & Southgate, V. (2012): Infant pointing serves an interrogative function. *Developmental Science 15:* 611–617.

Behne, T., Carpenter, M., van Veen, A. & Tomasello, M. (2006): Infants use attention and reaction information to infer others' goals. Unpublished data.

Behrens, H. (2009): Usage-based and emergentist approaches to language acquisition. *Linguistics 47:* 383–411.

Benigno, J. P., Clark, L. & Farrar, M. J. (2008): Three is not always a crowd: contexts of joint attention and language. *Journal of Child Language 34:* 175–187.

Bennett-Kastor, T. (1988): *Analyzing children's language. Methods and theories.* Oxford / New York: Basil Blackwell.

Bergelson, E. & Swingley, D. (2012): At 6–9 months, human infants know the meanings of many common nouns. *PNAS 109:* 3253–3258.

Bertenthal, B. I. & Longo, M. R. (2007): Is there evidence of mirror system from birth? *Developmental Science 10:* 526–529.

Bertenthal, B. I., & Longo, M. R. (2008): Motor knowledge and action understanding: A developmental perspective. In: Klatzky, R., Behrmann, M. & MacWhinney, B. (Eds.): *Embodiment, ego-space, and action: 34th Carnegie symposium on cognition.* Mahwah, NJ: Erlbaum: 319–364.

Bertenthal, B. I., Campos, J. J. & Caplovitz Barrett, K. (1984): Self-produced Locomotion. An organizer of emotional, cognitive, and social development in infancy. In: Emde, R. N. (Ed.): *Continuities and discontinuities in development.* New York: Plenum Press: 175–210.

Bickerton, D. (2005): Language first, then shared intentionality, then a beneficent spiral. *Behavioral and Brain Sciences 28:* 691–692.

Blake, J., O'Rourke, P., & Borzellino, G. (1994): Form and function in the development of pointing and reaching gesture. *Infant Behavior and Development 17:* 195–203.

Bloom, P. (2000): *How children learn the meanings of words.* Cambridge, MA / London: MIT Press.

Booth, A. E., McGregor, K. K. & Rohlfing, K. J. (2008): Socio-pragmatics and attention: Contributions to gesturally guided word learning in toddlers. *Journal of Language Learning and Development 4:* 179–202.

Bornstein, M. H. (1985): Habituation of attention as a measure of visual information processing in human infants: Summary, systematization, and synthesis. In: Gottlieb, G. &

Krasnegor, N. A. (Eds.): *Measurement of audition and vision in the first year of postnatal life: A methodological overview.* Norwood, NJ: Ablex: 253–300.

Bowerman, M. (1996): Learning how to structure space for language: a crosslinguistic perspective. In: Bloom, P., Peterson, M., Nadel, L., & Garrett, M. (Eds.): *Language and space.* Cambridge, MA / London, England: MIT Press: 385-436.

Bowerman, M. & Levinson, S. C. (2001): Introduction. In: Bowerman, M. & Levinson, S. C. (Eds.): *Language acquisition and conceptual development.* Cambridge: CUP: 1–16.

Brand, R. J. & Shallcross, W. (2008): Infants prefer motionese to adult-directed action. *Developmental Science 11:* 853–861.

Brand, R. J., Baldwin, D. A. & Ashburn, L. A. (2002): Evidence for ‚motionese': modifications in mothers' infant-directed action. *Developmental Science 5:* 72–83.

Bruner, J. S. (1975): From communication to language – a psychological perspective. *Cognition 3:* 255–287.

Bruner, J. S. (1983): *Child's talk: Learning to use language.* New York: Norton.

Bühler, K. (1982 [1934]): *Sprachtheorie. Die Darstellungsfunktion der Sprache.* Stuttgart: Fischer.

Bußmann, H. (1990): *Lexikon der Sprachwissenschaft.* Stuttgart: Alfred Kröner Verlag.

Butcher, C. & Goldin-Meadow, S. (2000): Gesture and the transition from one- to two-word speech: when hand and mouth come together. In: McNeill, D. (Ed.): *Language and gesture.* Cambridge: CUP: 235–257.

Butterworth, G. (1995): Origins of mind in perception and action. In: Moore, C. & Dunham, P. J. (Eds.): *Joint attention: its origins and role in development.* Hillsdale, NJ: LEA: 29-40.

Butterworth, G. (2003): Pointing is the royal road to language for babies. In: Kita, S. (Ed.): *Pointing: where language, culture, and cognition meet.* Mahwah, NJ: LEA: 9–33.

Call, J. & Carpenter, M. (2002): Three sources of information in social learning. In: Dautenhahn, K. & Nehaniv, C. L. (Eds.): *Imitation in animals and artifacts.* Cambridge, MA: MIT: 211–227.

Call, J. & Tomasello, M. (2005): What chimpanzees know about seeing, revisited: an explanation of the third kind. In: Eilan, N., Hoerl, C., McCormack, T. & Roessler, J. (Eds.): *Joint attention: Communication and other minds. Issues in philosophy and psychology.* Oxford: OUP: 45–64.

Campbell, R., Heywood, C., Cowey, A. & Regard, M. (1990): Sensitivity to eye gaze in prospagnosics patients and monkeys with superior temporal sulcus ablation. *Neurophsychologica 28:* 1123–1142.

Capone, N. & McGregor, K. K. (2004): Gesture development: A review for clinical and research practices. *Journal of Speech and Hearing Research 47:* 173–186.

Capone, N. C. & McGregor, K. K. (2005): The effect of semantic representation on toddlers' word retrieval. *Journal of Speech, Language and Hearing Research 48:* 1468–1480.

Carey, S. (1978): The child as word learner. In: Halle, M., Bresnan, J. & Miller, G. A. (Eds.): *Linguistic theory and psychological reality.* Cambridge, MA: MIT Press: 264–293.

Carey, S. (2009): *The origin of concepts.* Oxford: OUP.

Carey, S. (2010): Beyond fast mapping. *Language Learning and Development 6:* 184–205.

Carpenter, M. & Call, J. (2007): The question of ‚what to imitate': Inferring goals and intentions from demonstrations. In: Dautenhahn, K. & Nehaniv, C. (Eds.): *Imitation and social learning in robots, humans and animals: Behavioural, social and communicative dimensions.* Cambridge: CUP: 135–151.

Carpenter, M., Tomasello, M. & Striano, T. (2005): Role reversal and language in typically developing infants and children with autism. *Infancy 8:* 253–278.

Casasola, M. & Bhagwat, J. & Ferguson, K. T. (2006): Precursors to verb learning: Infants' understanding of motion events. In: Hirsh-Pasek, K. & Golinkoff, R. M. (Eds.): *Action meets word. How children learn verbs*. Oxford: OUP: 111–133.

Casasola, M. & Cohen, L. B. (2002): Infant categorization of containment, support and tight-fit spatial relationships. *Developmental Science 5:* 247–264.

Childers, J. B. & Tomasello, M. (2006): Are nouns easier to learn than verbs? Three experimental studies. In: Hirsh-Pasek, K. & Golinkoff, R. M. (Eds.): *Action meets word. How children learn verbs*. Oxford: OUP: 311–335.

Choi, S. (2000): Caregiver input in English and Korean: Use of nouns and verbs in book reading and toy-play contexts. *Journal of Child Language 27:* 69–96.

Choi, S. (2006): Influence of language-specific input on spatial cognition: Categories of containment. *First Language 26:* 207–232.

Choi, S. (2011): Language-specificity of motion event expressions in young Korean children. *Language, Interaction and Acquisition 2:* 145–172 .

Choi, S. & Rohlfing, K. J. (2010). Discourse and lexical patterns in mothers' speech during spatial tasks: What role do spatial words play? In: Iwasaki, S., Hoji, H., Clancy, P. M. & Sohn, S.-O. (Eds.): *Japanese / Korean Linguistics, Volume 17*. Stanford: CSLI Publications: 117–133.

Choi, S., McDonough, L., Bowerman, M., and Mandler, J. M. (1999): Early sensitivity to language-specific spatial secategories in English and Korean. *Cognitive Development 14:* 242–68.

Chomsky, N. (1980): *Rules and representations*. New York: Columbia University Press.

Chomsky, N. (1981): *Lectures on government and binding*. Dortdrecht, Holland: Foris.

Chomsky, N. (1986): *Knowledge of language: Its nature, origin and use*. New York: Praeger.

Chomsky, N. (1988): *Language and problems of knowledge*. Cambridge, MA: MIT Press.

Clark, A. (1999): An embodied cognitive science? *Trends in Cognitive Science 3:* 345–351.

Clark, E. V. (1973a): Non-linguistic strategies and the acquisition of word meanings. *Cognition 3:* 161–182.

Clark, E. V. (1973b): What's in a word? On the child's acquisition of semantics in his first language. In: Moore, T. (Ed.): *Cognitive development and the acquisition of language*. New York: Academic Press: 65–110.

Colombo, J. (2001): The development of visual attention in infancy. *Annual Review of Psychology 52:* 337–367.

Colombo, J. & Bundy, R. (1983): Infant response to auditory familiarity and novelty. *Infant Behavior and Development 6:* 305–311.

Corkum, V. & Moore, C. (1995): Development of joint visual attention in infants. In: Moore, C. & Dunham, P. J. (Eds.): *Joint attention: its origins and role in development*. Hillsdale, NJ: LEA: 61–83.

Csibra, G. & Gergely, G. (2006): Social learning and social cognition: The case for pedagogy in processes of change in brain and cognitive development. In: Johnson, M. H. & Munakata, Y. (Eds.): *Attention and Performance XXI*. Oxford: OUP: 249–274.

Csibra, G. & Gergely, G. (2007): ‚Obsessed with goals': Functions and mechanisms of teleological interpretation of actions in humans. *Acta Psychologica 124:* 60–78.

Csibra, G. & Gergely, G. (2011): Natural pedagogy as evolutionary adaptation. *Philosophical Transactions of the Royal Society B 366:* 1149–1157.

Dąbrowska, E. (2004): *Language, Mind and Brain. Some psychological and neurological constraints on theories of grammar*. Washington, D.C.: Georgetown University Press.

Damasio, A. (1994): *Descartes' Error*. New York: HarperCollins.

Dapretto, M. Davies, M. S., Pfeifer, J. H., Scott, A. A., Sigman, M., Bookheimer, S. Y. & Iacoboni, M. (2006): Understanding emotions in others: mirror neuron dysfunction in children with autism spectrum disorders. *Nature Neuroscience 9:* 28–30.

De Groote, I., Roeyers, H. & Striano, T. (2007): Gaze following as a function of affective expression in 3-, 6- and 9-month-old infants. *Infant Behavior and Development 30:* 492–498.

De León, L. (2000): The emergent participant: Interactive patterns in the socialization of Tzotzil (Mayan) infants. *Journal of Linguistic Anthropology 8:* 131–161.

De Saussure, F. (1967 [1916]): *Grundlagen der Allgemeinen Sprachwissenschaft.* Berlin: Walter de Gruyter.

De Villiers Rader, N. & Zukow-Goldring, P. (2010): How the hands control attention during early word learning: *Gesture 10:* 202–221.

DeCasper, A. & Spence, M. J. (1986): Prenatal maternal speech influences newborns' perception of speech sounds. *Infant Behavior and Development 9:* 133–150.

Della Corte, M., Benedict, H., & Klein, D. (1983). The relationship of pragmatic dimensions of mothers' speech to the referential-expressive distinction. *Journal of Child Language 10:* 35-43.

Descartes, R. (1996 [1646]): *Die Leidenschaften der Seele.* Hamburg: Meiner Felix Verlag GmbH.

Desrochers, S., Morissette, P. & Ricard, M. (1995): Two perspectives on pointing in infancy. In: Moore, C. & Dunham, P. J. (Eds.): *Joint attention: its origins and role in development.* Hillsdale, NJ: LEA: 85–101.

Dittmann, J. (2010): *Der Spracherwerb des Kindes. Verlauf und Störungen.* München: Verlag C. H. Beck oHG.

Dominey, P. F. & Dodane, C. (2004): Indeterminacy in language acquisition: the role of child directed speech and joint attention. *Journal of Neurolinguistics 17:* 121–145.

Driver, J., Davis, G., Ricciardelli, P., Kidd, P., Maxwell, E. & Baron-Cohen, S. (1999): Gaze perception triggers reflexive visuospatial orienting. *Visual Cognition 6:* 509–540.

Ejiri, K. & Masataka, N. (2001): Co-occurrence of preverbal vocal behavior and motor action in early infancy. *Developmental Science 4:* 40–48.

Emde, R. N. (1998): Early emotional development: New modes of thinking for research and intervention. *Pediatrics 102:* 1236–1243.

Farrar, M. J., Friend, M. J., Forbes, J. N. (1993): Event knowledge and early language acquisition. *Journal of Child Language 20:* 591–606.

Farroni, T., Johnson, M. H., Brockbank, M., & Simion, F. (2000). Infants' use of gaze direction to cue attention: The importance of perceived motion. *Visual Cognition 7:* 705–718.

Farroni, T., Massaccesi, S., Pividori, D., & Johnson, M. H. (2004). Gaze following in newborns. *Infancy 5:* 39–60.

Feist, M. I. & Gentner, D. (1998): On plates, bowls, and dishes: factors in the use of English in and on. In: Gernsbacher, M. A. & Derry, S. J. (Eds.): *Proceedings of the Twentieth Annual Conference of the Cognitive Science Society.* Mahwah, NJ: Erlbaum: 345–349.

Feist, M. I. & Gentner, D. (2007): Spatial language influences memory for spatial scenes. *Memory & Cognition 35:* 283–296.

Ferguson, C. A. (1964): Baby talk in six languages. *American Anthropologist 66:* 103–114.

Ferguson, C. A. (1977): Baby talk as a simplified register. In: Snow, C. E. & Ferguson, C. A. (Eds.): *Talking to children. Language input and acquisition.* Cambridge: CUP: 209–235.

Fernald, A. & Mazzie, C. (1991): Prosody and focus in speech to infants and adults. *Developmental Psychology 27:* 209–221.

Fernald; A. (1987): Intonation and communicative intent in mothers' speech to infants: is the melody the message? *Child Development 60:* 1497–1510.

Ferry, A. L., Hespos, S. J. & Waxman, S. R. (2010): Categorization in 3- and 4-month-old infants: An advantage of words over tones. *Child Development 81:* 472–479.

Field, T., Cohen, D., Garcia, R. & Greenberg, R. (1984): Mother – stranger face discrimination by their newborn. *Infant Behavior and Development 7:* 19–25.

Fischer, K., Foth, K., Rohlfing, K. J. & Wrede, B. (2011). Mindful tutors: Linguistic choice and action demonstration in speech to infants and robots. *Interaction Studies 12:* 134–161.

Flom, R. & Pick, A. D. (2005): Experimenter affective expression and gaze following in 7-month-olds. *Infancy 7:* 207–218.

Flom, R., Deák, G. O., Phill, C. G. & Pick, A. D. (2004): Nine-month-olds' shared visual attention as a function of gesture and object location. *Infant Behavior & Development 27:* 181–194.

Floor, P. & Akhtar, N. (2006): Can 18-month-old infants learn words by listening in on conversations? *Infancy 9:* 327–339.

Fogel, A. & Garvey, A. (2007): Alive communication. *Infant Behavior and Development 30:* 251–257.

Fogel, A. & Hannan, T. E. (1985): Manual actions of nine- to fifteen-week-old human infants during face-to-face interaction with their mothers. *Child Development 56:* 1271–1279.

Franco, F. & Butterworth, G. (1996): Pointing and social awareness: declaring and requesting in the second year. *Journal of Child Language 23:* 307–336.

Franco, F. & Gagliano, A. (2001): Toddler's pointing when joint attention is obstructed. *First Language 21:* 289–321.

Freeman, N. H. & Lacohée, H. (1995): Making explicit 3-year olds' implicit competence with their own false beliefs. *Cognition 56:* 31–60.

Freeman, N. H., Lloyd, S. & Sinha, C. G. (1980): Infant search tasks reveal early concepts of containment and canonical usage of objects. *Cognition 8:* 243–263.

Geert, P. van (1985/1986): In, on, under: an essay on the modularity of infant spatial competence. *First Language 6:* 7–28.

Gentner, D. (1982): Why nouns are learned before verbs: Linguistic relativity versus natural partitioning. In: Kuczaj, S. (Ed.): *Language development.* Hillsdale, NJ: ELA: 301-334.

Gentner, D. & Boroditsky, L. (2001): Individuation, relativity, and early word learning. In: Bowerman, M. & Levinson, S. C. (Eds.): *Language acquisition and conceptual development.* Cambridge: CUP: 215–256.

Gergely, G. & Csibra, G. (2003): Teleological reasoning in infancy: the naïve theory of rational action. *Trends in Cognitive Science 7:* 287–292.

Gergely, G. & Csibra, G. (2005): The social construction of the cultural mind. *Interaction Studies 6:* 463–481.

Gergely, G. & Csibra, G. (2006): Sylvia's recipe: The role of imitation and pedagogy in the transmission of cultural knowledge. In: Enfield, N. J. & Levinson, S. C. (Eds.): *Roots of human sociality. Culture, cognition and interaction.* Oxford / New York: Berg: 229–255.

Gergely, G. & Watson, J. (1999): Early social-emotional development: contingency perception and the social biofeedback model. In: Rochat P. (Ed.): *Early social cognition: understanding others in the first months of life.* Hillsdale, NJ: ELA: 101–137.

Gergely, G., Bekkering, H., & Király, I. (2002): Rational imitation in preverbal infants. *Nature 415:* 755.

Gibbs, R. & Colston, H. (1995): The cognitive psychological reality of image schemas and their transformations. *Cognitive Linguistics 6:* 347–378.

Gibson, E. J. & Pick, A. D. (2000): *The ecological approach to perceptual learning and development.* New York: OUP.

Gibson, J. J. (1977): The Theory of Affordances. In: Shaw, R. E. & Bransford, J. (Eds.): *Perceiving, Acting, and Knowing. Toward an ecological psychology.* Hillsdale, NJ: Erlbaum: 67–82.

Glenberg, A. M. (1997): What memory is for. *Behavioral and Brain Science 20:* 1–55.

Gliga, T. & Csibra, G. (2009): One-year-old infants appreciate the referential nature of deictic gestures and words. *Psychological Science 20:* 347–353.

Gogate, L. J. & Bahrick, L. E. (2001): Intersensory redundancy and 7-month-old infants' memory for arbitrary syllable-object relations. *Infancy 2:* 219–231.

Gogate, L. J., Bahrick, L. E. & Watson, J. (2000): A study of multimodal motherese: The role of temporal synchrony between verbal labels and gestures. *Child Development 71:* 878–894.

Göksun, T., Hirsh-Pasek, K. & Golinkoff, R. M. (2010): Trading spaces: Carving up events for learning language. *Perspectives on Psychological Science 5:* 33–42.

Goldin-Meadow, S. (1999): The role of gesture in communication and thinking. *Trends in Cognitive Science 3:* 419–429.

Goldin-Meadow, S. (2000): Beyond words: The importance of gesture to researchers and learners. *Child Development 71:* 231–239.

Goldin-Meadow, S. & Singer, M. A. (2003): From children's hands to adults' ears: Gesture's role in the learning process. *Developmental Psychology 39:* 509–520.

Goldin-Meadow, S. & Wagner, S. M. (2005): How our hands help us learn. *Trends in Cognitive Science 9:* 234–241.

Goldin-Meadow, S., Goodrich, W., Sauer, E. & Iverson, J. (2007): Young children use their hands to tell their mothers what to say. *Developmental Science 10:* 778–785.

Golinkoff, R. M. (1986): ‚I beg your pardon?': the preverbal negotiation of failed messages. *Journal of Child Language 13:* 455–476.

Golinkoff, R. M. & Hirsh-Pasek, K. (2006): Baby wordsmith. *Current Directions in Psychological Science 15:* 30–33.

Golinkoff, R. M. & Hirsh-Pasek, K. (2008): How toddlers begin to learn verbs. *Trends in Cognitive Science 10:* 397–403.

Gómez, J.-C. (2007): Pointing behaviors in apes and human infants: A balanced interpretation. *Child Development 78:* 729–734.

Goodrich, W., & Hudson Kam, C. L. (2009): Co-speech gesture as input in verb learning. *Developmental Science 12:* 81–87

Goodwyn, S. W., Acredolo, L. P. & Brown, C. A. (2000): Impact of symbolic gesturing on early language development. *Journal of Nonverbal Behavior 24:* 80–104.

Gopnik, A. & Meltzoff, A. N. (1984): Semantic and cognitive development in 15- to 21-month-old children. *Journal of Child Language 11:* 495–513.

Gopnik, A. & Meltzoff, A. N. (1985): From people, to plans, to objects. Changes in the meaning of early words and their relation to cognitive development. *Journal of Pragmatics 9:* 495–512.

Gopnik, A. & Meltzoff, A. N. (1986): Relations between semantic and cognitive development in the one-word stage: The specificity hypothesis. *Child Development 57:* 1040–1053.

Greeno, J. G. (1994): Gibson's affordances. *Psychological Review 101:* 336–342.

Grèzes, J., Armony, J. L., Rowe, J. & Passingham, R. E. (2003): Activations related to ‚mirror‘ and ‚canonical‘ neurons in the human brain: an fMRI study. *Neuroimage 18:* 928–937.

Grice, H. P. (1967): *Logic and Conversation.* Reprinted in his (1989) Studies in the way of words. Harvard University Press: 1–143.

Grice, H. P. (1979): Intendieren, Meinen, Bedeuten. In: Meggle, G. (Ed.): *Handlung, Kommunikation, Bedeutung.* Frankfurt: Suhrkamp: 2–15.

Grimm, H. (1999): *Störungen der Sprachentwicklung.* Göttingen: Hogrefe.

Grimminger, A., Rohlfing, K. J. & Stenneken, P. (2010): Do mothers alter their pointing behavior in dependence of children's lexical development and task-difficulty? Analysis of task-oriented gestural input towards typically developed children and Late Talkers. *Gesture 10:* 251–278.

Hains, S. M. J. & Muir, D. W. (1996): Infant sensitivity to adult eye direction. *Child Development 67:* 1940–1951.

Haith, M. M., Bergman, T. & Moore, M. J. (1977): Eye contact and face scanning in early infancy. *Science 198:* 853–855.

Hamilton, A. F. de C., Brindley, R. M. & Frith, U. (2007): Imitation and action understanding in autistic spectrum disorders: How valid is the hypothesis of a deficit in the mirror neuron system? *Neuropsychologia: 45:* 1859–1868.

Hannan, T. E. (1987): A cross-sequential assessment of the occurrence of pointing in 3- to 12-month-old human infants. *Infant behavior and Development 10:* 11–22.

Harris, M., Barrett, M., Jones, D. & Brookes, S. (1988): Linguistic input and early word meaning. *Journal of Child Language 15:* 77–94.

Hernandez-Reif, M., Field, T., Diego, M. & Largie, S. (2002): Depressed mothers' newborns show longer habituation and fail to show face/voice preference. *Infant Mental Health Journal 23:* 643–653.

Hirsh-Pasek, K. & Michnick Golinkoff, R. (1996): *The origins of grammar. Evidence from early language comprehension.* Cambridge, MA: MIT Press.

Hobson, R. P. & Lee, A. (1999): Imitation and identification in autism. *Journal of Child Psychology and Psychiatry 40:* 649–659.

Hofer, T., Hohenberger, A., Hauf, P. & Aschersleben, G. (2008): The link between maternal interaction style and infant action understanding. *Infant Behavior and Development 31:* 115–126.

Hofsten, C. v. (1984): Developmental changes in the organization of prereaching movements. *Developmental Psychology 20:* 378–388.

Hollich, G., Hirsh-Pasek, K. & Golinkoff, R. (2000): *Breaking the language barrier: An emergentist coalition model of word learning.* Monographs of the Society for Research in Child Development 65 (3, Serial No. 262).

Hommel, B., Müsseler, J., Aschersleben, G. & Prinz, W. (2001): The Theory of Event Coding (TEC): A framework for perception and action planning. *Behavioral and Brain Sciences 24:* 849–937.

Hood, B. M. (2001): When do infants know about objects? *Perception 30:* 1281–1284.

Hood, B. M., Willen, J. D. & Driver, J. (1998): Adult's eyes trigger shifts of visual attention in human infants. *Psychological Science 9:* 131–134.

Hopper, L. M., Lambeth, S. P., Schapiro, S. J. & Whiten, A. (2008): Observational learning in chimpanzees and children studied through ‚ghost‘ condition. *Proceedings of the Royal Society B 275:* 835–840.

Horner, V. & Whiten, A. (2005): Causal knowledge and imitation/emulation switching in chimpanzees (*Pan troglodytes*) and children (*Homo sapiens*). *Animal Cognition 8:* 164–181.

Hornik, R., Risenhoover, N. & Gunnar, M. (1987): The effects of maternal positive, neutral and negative affective communications on infant responses to new toys. *Child Development 58:* 937–944.

Horst, J. S. & Samuelson, L. K. (2008): Fast mapping but poor retention by 24-month-old infants. *Infancy 13:* 128–157.

Hostetter, A.B. & Alibali, M.W. (2008): Visible embodiment: Gestures as simulated action. *Psychonomic Bulletin and Review 15:* 495–514.

Houston-Price, C. & Nakai, S. (2004): Distinguishing novelty and familiarity effects in infant preference procedures. *Infant and Child Development 13:* 341–348.

Hsu, H.-C. & Fogel, A. (2003): Stability and transitions in mother–infant face-to-face communication during the first 6 months: A microhistorical approach. *Developmental Psychology 39:* 1061–1082.

Ikeda, Y. & Masataka, N. (1999): A variable that may affect individual differences in the child-directed speech of Japanese women. *Journal of Child Language 31:* 203–208.

Ingram, D. (1995): The cultural basis of prosodic modifications to infants and children: a response to Fernald's universalist theory. *Journal of Child Language 22:* 223–233.

Itti, L. & Koch, C. (2001): Computational modeling of visual attention. *Nature Reviews Neuroscience 2:* 194–203.

Iverson, J. M. & Fagan, M. K. (2004): Infant vocal-motor coordination: Precursor to the gesture-speech system? *Child Development 75:* 1053–1066.

Iverson, J. M. & Goldin-Meadow, S. (1997): What's communication got to do with it? Gesture in children blind from birth. *Developmental Psychology 33:* 453–467.

Iverson, J. M. & Goldin-Meadow, S. (2001): The resilience of gesture in talk: gesture in blind speakers and listeners. *Developmental Science 4:* 416–422.

Iverson, J. M. & Goldin-Meadow, S. (2005): Gesture paves the way for language development. *Psychological Science 16:* 367–371.

Iverson, J. M. & Thal, D. J. (1998): Communicative transitions. There's more to the hand than meets the eye. In: Wetherby, A. M., Warren, S. F. & Reichle, J. (Eds.): *Transitions in prelinguistic communication.* Baltimore: Paul H. Brookes: 59–86.

Iverson, J. M., Capirci, O., Longobardi, E. & Caselli, M. C. (1999): Gesturing in mother-child interactions. *Cognitive Development 14:* 57–75.

Jensen de López, K. (2006): Culture, language and canonicality: Differences in the use of containers between Zapotec (Mexican indigenous) and Danish children. In: Costall, A. & Dreier, O. (Eds.): *Doing things with things.* London: Ashgate: 87–112.

Johnson, M. (1987): *The body in the mind. The bodily basis of meaning, imagination, and reason.* Chicago / London: University of Chicago Press.

Johnson, M., Grossmann, T. & Cohen Kadosh, K. (2009): Mapping functional brain development: Building a social brain through interactive specialization. *Developmental Psychology 45:* 151–159.

Johnson, S. C. (2000): The recognition of mentalistic agents in infancy. *Trends in Cognitive Science 4:* 22–28.

Johnson, S. P. & Johnson, K. L. (2000): Early perception-action coupling: Eye movements and the development of object perception. *Infant Behavior and Development 23:* 461–483.

Johnson, S., Slaughter, V. & Carey, S. (1998): Whose gaze will infants follow? The elicitation of gaze following in 12-month-olds. *Developmental Science 1:* 233–238.

Johnston, J. R. (1988): Children's verbal representation of spatial location. In: Stiles-Davis, J. Bellugi, U. & Kritchevsky, M. (Eds.): *Spatial cognition: brain bases and development.* Hillsdale, NJ: LEA: 195–205.

Johnston, J. R. & Slobin, D. I. (1979): The development of locative expressions in English, Italian, Serbo-Croatian and Turkish. *Journal of Child Language 6:* 529–545.

Jones, S. S. (2006). Infants learn to imitate by being imitated. *Proceedings of the 5th International Conference on Development and Learning (ICDL),* Bloomington, Indiana.

Jones, S. S. & Smith, L. B. (1993): The place of perception in children's concepts. *Cognitive Development 8:* 113–139.

Kärtner, J., Keller, H., Yovsi, R. D. (2010): Mother-infant interaction during the first 3 months: The emergence of culture-specific contingency patterns. *Child Development 81:* 540–554.

Kauschke, C. (2012): *Kindlicher Spracherwerb im Deutschen. Verläufe, Forschungsmethoden, Erklärungsansätze.* Berlin/Boston: de Gruyter.

Kauschke, C. & Hofmeister, C. (2002): Early lexical development in German: a study on vocabulary growth and vocabulary composition during the second and third year of life. *Journal of Child Language 29:* 735–757.

Kaye, K. (1977): Toward the origin of dialogue. In: Schaffer, H. R. (Ed.): *Studies in mother-infant interaction.* London: Academic Press: 89–119.

Keen Clifton, Rachel (2001): Lessons from infants: 1960-2000. *Infancy 2:* 285–309.

Keil, F. & Carroll, J. J. (1980): The child's acquisition of "tall": Implications for an alternative view of semantic development. *Papers and Reports on Child Language Development 9:* 21–28.

Kendon, A. (1980): Gesticulation and Speech: Two aspects of the process of utterance. In: Key, M. R. (Ed.): *The relationship of verbal and nonverbal communication.* The Hague: Mouton 207–227.

Kita, S. & Özyürek, A. (2003): What does cross-linguistic variation in semantic coordination of speech and gesture reveal?: Evidence for an interface representation of spatial thinking and speaking. *Journal of Memory and Language 48:* 16–32.

Klann-Delius, G. (1990): Affektivität und Spracherwerb. *Praxis Psychotheroapie und Psychosomatik 35:* 140–149.

Klann-Delius, G. (2005): Emotions in mother-child conversations. Paper presented at the Xth International Congress for the Study of Child Language. Berlin, 25.–29. July.

Klann-Delius, G. (2008): *Spracherwerb.* Stuttgart/Weimer: J.B. Metzler.

Klein, W. (1991): Raumausdrücke. *Linguistische Berichte 132:* 77–114.

Knoblich, G. & Sebanz, N. (2006): The social nature of perception and action. *Current Directions in Psychological Science 15:* 99–104.

Koterba, E. A. & Iverson, J. M. (2009): Investigating motionese: The effect of infant-directed action on infants' attention and object exploration. *Infant Behavior and Development 32:* 437–444.

Krackow, E. & Gordon, P. (1998): Are lions and tigers substitutes or associates? Evidence against slot filler accounts of children's early categorization. *Child Development 69:* 347–354.

Krauss, R. M. (1998): Why do we gesture when we speak? *Current Directions in Psychological Science 7:* 54–59.

Kucker, S. C. & Samuelson, L. K. (2011): The first slow step: Differential effects of object and word-form familarization on retention of fast-mapped words. *Infancy 17:* 295–323.

Kuczaj, S. A. (1982): Young children's overextensions of object words in comprehension and/or production: support for a prototype theory of early object word meaning. *First Language 3:* 93–105,

Kutschera, F. v. (1993): *Sprachphilosophie.* München: UTB.

Lambert, A. J. & Sumich, A. (1996): Spatial orienting controlled without awareness: A semantically based implicit learning effect. *The Quarterly Journal of Experimental Psychology 49A:* 490–518.

Langacker, R. W. (1987): *Foundations of cognitive grammar. Theoretical prerequisites, Volume 1.* Stanford: Stanford University Press.

Langacker, R. W. (1991): *Concept, image, and symbol. The cognitive basis of grammar.* Berlin / New York: de Gruyter.

Langacker, R. W. (1997): The contextual basis of cognitive semantics. In: Nuyts, E. & Pederson, E. (Eds.): *Language and conceptualization.* Cambridge: CUP: 229–252.

Langton, S. R. H. & Bruce, V. (1999): Reflexive visual orienting in response to the social attention of others. *Visual Cognition 6:* 541–567.

Laurence, S. & Margolis, E. (1999): Concepts and cognitive science. In: Margolis, E. & Laurence, S. (Eds.): *Concepts: core readings.* Cambridge, MA / London: MIT: 3–81.

Legerstee, M. (2005): *Infants' sense of people. Precursors to a Theory of Mind.* Cambridge: CUP.

Leung, E. H. L. & Rheingold, H. L. (1981): Development of pointing as a social gesture. *Developmental Psychology 17:* 215–220.

Lewis, C. & Osborne, A. (1990): Three-Year-Olds' problems with false belief: Conceptual deficit or linguistic artifact? *Child Development 61:* 1514–1519.

Liebal, K., Carpenter, M. & Tomasello, M. (2010): Infants' use of shared experience in declarative pointing. *Infancy 15:* 545–556.

Lieven, E. V. (1994). Crosslinguistic and crosscultural aspects of language addressed to children. In: Gallaway, C. & Brichards, B. J. (Eds.): *Input and interaction.* Cambridge: CUP: 56–73.

Liszkowski, U. (2005): Human twelve-month-olds point cooperatively to share interest with and helpfully provide information for a communicative partner. *Gesture 5:* 135–154.

Liszkowski, U. & Tomasello, M. (2011): Individual differences in social, cognitive, and morphological aspects of infant pointing. *Cognitive Development 26:* 16–29.

Liszkowski, U., Carpenter, M., Henning, A., Striano, T. & Tomasello, M. (2004): 12-month-olds point to share attention and interest. *Developmental Science 7:* 297–307.

Liszkowski, U., Carpenter, M., Striano, T. & Tomasello, M. (2006): 12- and 18-month-olds point to provide information for others. *Journal of Cognition and Development 7:* 173–187.

Lotman, M. (2002): Umwelt and semiophere. *Sign Systems Studies 30:* 33–40.

Lotman, Y. M. (1984): O semiosfere. *Trudy po znakovym sistemay [Sign Systems Studies] 17:* 5–23.

Lust, B. (2006): *Child Language. Acquisition and Growth.* Cambridge: CUP.

Madole, K. L. & Oakes, L. M. (1999): Making sense of infant categorization: stable processes and changing representations. *Developmental Review 19:* 263–296.

Majid, A., Bowerman, M., van Staden, M. & Boster, J. S. (2007): The semantic categories of cutting and breaking events: A cross-linguistic perspective. *Cognitive Linguistics 18:* 133–152.

Malt, B. C., Sloman, S. A. & Gennari, S. P. (2003): Speakting versus thinking about objects and actions. In: Gentner, D. & Goldin-Meadow, S. (Eds.): *Language in mind. Advances in the study of language and thought.* Cambridge, MA: MIT Press: 81–112.

Mandler, J. M. (1998): Babies think before they speak. *Human Development 41:* 116–126.

Mandler, J. M. (1998): Representation. In: Kuhn, D. & Siegler, R. (Eds.): *Cognition, perception, and language. Volume 2 of W. Damon (Series Ed.), Handbook of child psychology.* New York: Wiley: 255–308.

Mandler, J. M. (2000): Perceptual and conceptual processes in infancy. *Journal of Cognition and Development 1:* 3–36.

Mandler, J. M. (2004): *The foundations of mind. Origins of conceptual thought.* Oxford: OUP.

Mandler, J. M. (2006): Actions organize the infant's world. In: Hirsh-Pasek, K. & Golinkoff, R. M. (Eds.): *Action meets word. How children learn verbs.* Oxford: OUP: 111–133.

Mandler, J. M. (2012): On the Spatial Foundations of the Conceptual System and Its Enrichment. *Cognitive Science 36:* 421–451.

Mandler, J. M. & McDonough, L. (1993): Concept formation in infancy. *Cognitive Development 8:* 291–318.

Mandler, J. M. & McDonough, L. (1996): Drinking and driving don't mix: inductive generalization in infancy. *Cognition 59:* 307–335.

Mandler, J. M. & McDonough, L. (1998): On developing a knowledge base in infancy. *Developmental Psychology 34:* 1274–1288.

Männel, C. (2008): The method of event-related brain potentials in the study of cognitive processes. A tutorial. In: Friederici, A. D. & Thierry, G. (Eds.): *Early language development.* Amsterdam/Philadelphia: John Benjamins Publishing Company: 1–22.

Maratos, O. (1998): Neonatal, early and later imitation: same order phenomena? In: Simion, F. & Butterworth, G. (Eds.): *The development of sensory, motor and cognitive capacities in early infancy: From perception to cognition.* Hove, East Sussex: Psychology Press: 145–160.

Marcos, H. (1991): How adults contribute to the development of early referential communication? *European Journal of Psychology of Education 6:* 281-282.

Markman, E. M. & Wachtel, G. F. (1988): Children's use of mutual exclusivity to constrain the meanings of words. *Cognitive Psychology 20:* 121–157.

Markman, E. M. Wasow, J. K. & Hansen, M. B. (2003): Use of the mutual exclusivity assumption by young word learners. *Cognitive Psychology 47:* 241–275.

Markova, G. & Legerstee, M. (2006): Contingency, imitation, and affect sharing: Foundations of infants' social awareness. *Developmental Psychology 42:* 132–141.

Marshall, P. J. (2010): The development of emotion. *Advanced Review in Cognitive Science 1:* 417–425.

Masataka, N. (1999): Preference for infant-directed singing in 2-day-old hearing infants of deaf parents. *Developmental Psychology 35:* 1001–1005.

Masataka, N. (2003): From index-finger extension to index-finger pointing: ontogenesis of pointing in preverbal infants. In: Kita, S. (Ed.): *Pointing: where language, culture, and cognition meet.* Mahwah, NJ: LEA: 69-84.

Masataka, N. (2003): *The onset of language.* Cambridge: CUP.

Mauerer, D. (1985): Infants' perception of facedness. In: Field, T. & Fox, N. (Eds.): *Social perception in infants.* Norwood, NJ: Ablex: 73–100.

McDonough, C., Song, L., Hirsh-Pasek, K., Golinkoff, R. M. & Lannon, R. (2011): An image is worth a thousand words: why nouns tend to dominate verbs in early word learning. *Developmental Science 14:* 181–189.

McDonough, L., Choi, S., and Mandler, J. (2003): Understanding spatial relations: Flexible infants, lexical adults. *Cognitive Psychology 46:* 229–259.

McDonough, L., Choi, S., Bowerman, M. & Mandler, J. M. (1998): The use of preferential looking as a measure of semantic development. In: Rovee-Collier, C. (Ed.): *Advances in Infancy Research, Vol. 12.* Norwood, NJ: Ablex Publishing Co: 337–354.

McEachern, D. & Haynes, W. O. (2004): Gesture-speech combinations as a transition to multiword utterances. *American Journal of Speech-Language Pathology 13:* 227–235.

McGregor, K. K., Rohlfing, K. J., Bean, A. & Marschner, E. (2009): Gesture as a support for slow mapping: The case of under. *Journal of Child Language 36:* 807–828.

McMurray, B., Horst, J. S. & Samuelson, L. K. (2012): Word learning emerges from the interaction of online referent selection and slow associative learning. *Psychological Review 119:* 831–877.

McNeil, N. M., Alibali, M. W., Evans, J. L. (2000): The role of gesture in children's comprehension of spoken language: now they need it, now they don't. *Journal of Nonverbal Behavior 24:* 131–150.

McNeill, D. (1992): *Hand and mind. What gestures reveal about thought.* Chicago / London: The University of Chicago Press.

McNeill, D., & Duncan, S. (2000): Growth points in thinking-for-speaking. In: McNeill, D. (Ed.): *Language and gesture.* Cambridge: CUP: 141–161.

Mehler, J., Jusczyk, P., Lambertz, G., Halsted, N., Bertoncini, J. & Amiel-Tison, C. (1988): A precursor of language acquisition in young infants. *Cognition 29:* 143–178.

Meints, K., Plunkett, K. & Harris, P. L. (1999): When does an ostrich become a bird? The role of typicality in early word comprehension. *Developmental Psychology 35:* 1072–1078.

Meints, K., Plunkett, K., Harris, P. L. & Dimmock, D. (2002): What is ‚on' and ‚under' for 15-, 18- and 24-month-olds? Typicality effects in early comprehension of spatial prepositions. *British Journal of Developmental Psychology 20:* 113–130.

Meltzoff, A. N. (1995): Understanding the intentions of others: re-enactment of intended acts by 18-month-old children. *Developmental Psychology 31:* 838–850.

Meltzoff, A. N. (2007a): ‚Like me': a foundation for social cognition. *Developmental Science 10:* 126–134.

Meltzoff, A. N. (2007b): The 'like me' framework for recognizing and becoming an intentional agent. *Acta Psychologica 124:* 26–43.

Meltzoff, A. N. & Decenty, J. (2003): What imitation tells us about social cognition: a rapprochement between developmental psychology and cognitive neuroscience. *Philosophical Transactions of the Royal Society, London: Biological Sciences 358:* 491–500.

Meltzoff, A. N. & Moore, M. K. (1977): Imitation of facial and manual gestures by human neonates. *Science 198:* 75–78.

Meltzoff, A. N. & Moore, M. K. (1997): Explaining facial imitation: A theoretical model. *Early Development and Parenting 6:* 179–192.

Menyuk, P. (2000): Wichtige Aspekte der lexikalischen und semantischen Entwicklung. In: Grimm, H. (Ed.): Enzyklopädie der Psychologie. Serie 3, Sprache. Bd. Sprachentwicklung. Göttingen [u.a.]: Hogrefe: 171–192 .

Mervis, C. B. (1987). Child-basic object categories and early lexical development. In: Neisser, U. (Ed.): *Concepts and conceptual development: ecological and intellectual factors in categorisation.* Cambridge: CUP: 201–233.

Meyer, D. E. & Schvaneveldt, R. W. (1971): Facilitation in recognizing pairs of words: evidence of a dependence between retrieval operation. *Journal of Experimental Psychology 90:* 227–234.

Millar, W. S. & Watson, J. S. (1979): The effect of delayed feedback on infant learning reexamined. *Child Development 50:* 747–751.

Mitchell, P. & Lacohée, H. (1991): Children's early understanding of false belief. *Cognition 39:* 107–127

Montgomery, K. J., Isenberg, N. & Haxby, J. V. (2007): Communicative hand gestures and object-directed hand movements activated the mirror neuron system. *SCAN 2:* 114–122.

Moore, C. & Powinelli, D. J. (2007): Differences in how 12- and 24-month olds interpret the gaze of adults. *Infancy 11:* 215–231.

Morford, M. & Goldin-Meadow, S. (1992): Comprehension and production of gesture in combination with speech in one-word speakers. *Journal of Child Language 19:* 559–580.

Muir, D. & Field, J. (1979): Newborn infants orient to sound. *Child Development 50:* 431–436.

Mundy, P., Block, J., Vaughan Van Hecke, A., Delgado, C., Venezia Parlade, M. & Pomares, Y. (2007): Individual differences and the development of joint attention in infancy. *Child Development 78:* 938–954.

Nachtigäller, K. & Rohlfing, K. J. (2011): Einfluss von erlebten und vorgestellten Ereignissen auf die Erzählweise in kindgerichteter Sprache. *Zeitschrift für Literaturwissenschaft und Linguistik 162:* 139–155.

Nachtigäller, K., Rohlfing, K. J. & McGregor, K. K. (2012): A story about a new word – Does narrative presentation promote learning of a spatial preposition in German two-year-olds? *Journal of Child Language 39:* 1–18.

Nagata, Y. & Dannemiller, J. L. (1996): The selectivity of motion-driven visual attention in infants. *Child Development 67:* 2608–2620.

Nagl, L. (1992): *Charles Sanders Peirce.* Frankfurt / New York: Campus Verlag.

Nakayama, K. (1985): Biological image motion processing: A review. *Vision Research 25:* 625–660.

Namy, L. L. & Nolan, S. A. (2004): Characterizing changes in parent labeling and gesturing and their relation to early communicative development. *Journal of Child Language 31:* 821–835.

Namy, L. L., Acredolo, L., & Goodwyn, S. (2000): Verbal labels and gestural routines in parental communication with young children. *Journal of Nonverbal Behavior 24:* 63–79.

Needham, A. & Baillargeon, R. (1993): Intuitions about support in 4.5-month-old infants. *Cognition 47:* 121–148.

Nehaniv, C. L. & Dautenhahn, K. (2001): Like me? Measures of correspondence and imitation. *Cybernetics and Systems 32:* 11–51.

Nelson, K. (1973): *Structure and strategy in learning to talk.* Monograph of the Society for Research in Child Development 38 (1–2, Serial No. 149).

Nelson, K. (1974): Concept, Word, and Sentence: Interrelations in Acquisition and Development. *Psychological Review 81:* 267–285.

Nelson, K. (1985): *Making sense: The acquisition of shared meaning.* San Diego: Academic Press.

Nelson, K. (1996): *Language in cognitive development. The emergence of the mediated mind.* Cambridge: CUP.

Nelson, K., & Ware, A. (2002): The reemergence of function. In: Stein, N. L., Bauer, P. J. & Rabinowitz, M. (Eds.): *Representation, Memory and Development. Essays in honor of Jean Mandler.* Mahwah, NJ/London: LEA, Publishers: 161–184.

Nelson, K., Hampson, J. & Kessler Shaw, L. (1993): Nouns in early lexicons: evidence, explanations and implications. *Journal of Child Language 20:* 61–84.

Newport, E. L., Gleitman, H. & Gleitman, L. R. (1977): Mother, I'd rather do it myself: some effects and non-effects of maternal speech style. In: Snow, C. E. & Ferguson, C. A. (Eds.): *Talking to children. Language input and acquisition.* Cambridge: CUP: 109–149.

Ninio, A. & Bruner, J. S. (1978): The achievements and antecedents of labeling. *Journal of Child Language 5:* 1–16.

Nomikou, I. & Rohlfing, K. J. (2011): Language does something. Body action and language in maternal input to three-month-olds. *IEEE Transactions on Autonomous Mental Development 3:* 113–128.

Nomikou, I., Rohlfing, K. J. & Szufnarowska, J. (2013): Educating attention: Recruiting, maintaining and framing eye contact in early natural mother infant interactions. *Interaction Studies 14.*

O'Reilly, A. W., Painter, K. M. & Bornstein, M. H. (1997): Relations between language and symbolic gesture development in early childhood. *Cognitive Development 12:* 185–197.

Olson, D. (1970): Language and thought: Aspects of a cognitive theory of semantics. *Psychological Review 77:* 257–273.

Onishi, K. H. & Baillargeon, R. (2005): Do 15-month-old infants understand false beliefs? *Science 308:* 255–258.

Özçalişkan, S. & Goldin-Meadow, S. (2005a): Gesture is at the cutting edge of early language development. *Cognition 96:* 101–113.

Özçalişkan, S. & Goldin-Meadow, S. (2005b): Do parents lead their children by the hand? *Journal of Child Language 32:* 481–505.

Pan, B. A., Rowe, M. L., Singer, J. D. & Snow, C. E. (2005): Maternal correlates of growth in toddler vocabulary production in low-income families. *Child Development 76:* 763–782.

Papafragou, A., Massey, C. & Gleitman, L. (2002): Shake, rattle 'n' roll: the representation of motion in language and cognition. *Cognition 84:* 189–219.

Papoušek, M. (1994): *Vom ersten Schrei zum ersten Wort. Anfänge der Sprachentwicklung in der vorsprachlichen Kommunikation.* Bern [u.a.]: Verlag Hans Huber.

Parise, E. & Csibra, G. (2012): Electrophysiological Evidence for the Understanding of Maternal Speech by 9-Month-Old Infants. *Psychological Science 23:* 128–733.

Parise, E., Cleveland, A., Costabile, A. & Striano, T. (2007): Influence of vocal cues on learning about objects in joint attention contexts. *Infant Behavior and Development 30:* 380–384.

Pepperberg, I. M. (1997): Social influences on the acquisition of human-based codes in parrots and nonhuman primates. In: Snowdon, C. T. & Hausberger, M. (Eds.): *Social influences on vocal development.* Cambridge: CUP: 157–177.

Perner, J., Leekam, S. R. & Wimmer, H. (1987): Three-year-olds' difficulty with false belief: The case for a conceptual deficit. *British Journal of Developmental Psychology 5:* 125–137.

Perner, J. & Ruffmann, T. (2005): Infants' insight into the mind: How deep? *Science 308:* 214–216.

Piaget, J. & Inhelder, B. (1993): *Die Entwicklung des räumlichen Denkens beim Kinde.* Stuttgart: Klett-Cotta.

Peirce, C. S. (1991 [1878]): *Schriften zum Pragmatismus und Pragmatizismus. Ed. by Karl-Otto Apel.* Frankfurt am Main: Suhrkamp.

Pinker, S. (1984): *Language learnability and language development.* Cambridge, MA: Harward University Press.

Pörings, R. & Schmitz, U. (1999): *Sprache und Sprachwissenschaft. Eine kognitive orientierte Einführung.* Tübingen: Gunter Narr Verlag.

Posner, M. I. (1978): *Chronometric explorations of mind.* Hillsdale, NJ: LEA.

Pruden, S. M., Göksun, T., Roseberry, S., Hirsh-Pasek, K. & Golinkoff, R. M. (2012): Find your manners: How do infants detect the invariant manner of motion in dynamic events? *Child Development 83:* 977–991.

Pruden, S. M., Hirsh-Pasek, K., Golinkoff, R. M. & Hennon, E. A. (2006): The birth of words: Ten-month-olds learn words through perceptual salience. *Child Development 77:* 266–280.

Pruden, S. M., Hirsh-Pasek, K., & Golinkoff, R. M. (2008): Current events: How infants parse the world and events for language. In: Shipley, T. F. & Zacks, J. M. (Eds.): *Understanding events: How humans see, represent, and act on events.* New York, NY: OUP: 160–192

Putnam, H. (1975): *Mind, language and reality. Philosophical papers, vol. 2.* Cambridge: Cambridge University Press.

Quine, W. (1960): *Word and Object.* Cambridge MA: MIT Press.

Quinn, P. C. (1994): The categorization of above and below spatial relations by young infants. *Child Development 65:* 58–69.

Rakison, D. H. (2005): Developing knowledge of objects' motion properties in infancy. *Cognition 96:* 183–214.

Ravizza, S. (2003): Movement and lexical access: Do noniconic gestures aid in retrieval? *Psychonomic Bulletin & Review 10:* 610–615.

Reddy, V. (2005): Before the ‚Third Element‘: Understanding attention to self. In: Eilan, N., Hoerl, C., McCormack, T. & Roessler, J. (Eds.): *Joint attention: Communication and other minds. Issues in philosophy and psychology.* Oxford: OUP: 85–109.

Reissland, N. & Shepherd, J. (2002): Gaze direction and maternal pitch in surprise-eliciting situations. *Infant Behavior and Development 24:* 408–417.

Reissland, N. & Shepherd, J. (2006): The effect of maternal depressed mood on infant emotional reaction in a surprise-eliciting situation. *Infant Mental Health Journal 27:* 173–187.

Reissland, N., Shepherd, J. & Cowie, L. (2002): The melody of surprise: Maternal surprise vocalizations during play with her infant. *Infant and Child Development 11:* 271–278.

Ristic, J., Mottron, L., Friesen, C. K., Iarocci, G., Burack, J. A., Kingstone, A. (2005): Eyes are special but not for everyone: The case of autism. *Cognitive Brain Research 24:* 715–718.

Rizzolatti, G., Fogassi, L., & Gallese, V. (2001): Neurophysiological mechanisms underlying the understanding and imitation of action. *Nature Reviews Neuroscience 2:* 661–670.

Rohlfing, K. J. (2002): *How infants acquire the meaning of UNDER and other spatial relational terms.* Dissertation. Universität Bielefeld.

Rohlfing, K. J. (2003): Situierte Semantik. Die Rolle der Sprache und nicht-verbaler Strategien beim Erwerb räumlicher Relationen. In: Haberzettl, S. & Wegener, H. (Eds.): *Spracherwerb und Konzeptualisierung.* Frankfurt am Main [u.a.]: Peter Lang: 35–48.

Rohlfing, K. J. (2006): Facilitating the acquisition of UNDER by means of IN and ON – a training study in Polish. *Journal of Child Language 33:* 51–69.

Rohlfing, K. J. (2009): *Frühsemantik.* Habilitationsschrift. Universität Bielefeld.

Rohlfing, K. J. (2011a): Meaning in the objects. In: Meibauer, J. & Steinbach, M. (Eds.): *Experimental Pragmatics/Semantics.* Amsterdam: Benjamins: 151–176.

Rohlfing, K. J. (2011b): Exploring „Associative talk“: When German mothers instruct their two year olds about spatial tasks. *Dialogue and Discourse 2:* 1–18.

Rohlfing, K. J., Fritsch, J., Wrede, B. & Jungmann, T. (2006): How can multimodal cues from child-directed interaction reduce learning complexity in robots? *Advanced Robotics 20:* 1183–1199.

Rohlfing, K. J., Longo, M. R. & Bertenthal, B. I. (2012): Dynamic pointing triggers shift of visual attention in young infants. *Developmental Science 15:* 426–435.

Rohlfing, K. J., Rehm, M. & Goecke, K. U. (2003): Situatedness: The interplay between context(s) and situation. *Journal of Cognition and Culture 3:* 132–157.

Rolf, M., Hanheide, M. & Rohlfing, K. J. (2009): Attention via synchrony. Making use of multimodal cues in social learning. *IEEE Transactions on Autonomous Mental Development 1:* 55–67.

Rosch, E. (1978): Principles of Categorization. In: Rosch, E. & Lloyd, B. (Eds.): *Cognition and Categorization.* NJ: LEA: 27–48.

Rose, J. L., & Bertenthal, B. I. (1995): A longitudinal study of the visual control of posture in infancy. In: Bootsma, R. J. & Guiard, Y. (Eds.): *Studies in perception and action.* Mahwah, NJ: Erlbaum: 251–253.

Rowe, M. & Pan, B. A. (2004): Maternal pointing and toddler vocabulary production during bookreading versus toy play. Poster presented at the 14th Biennial International Conference on Infant Studies, Chicago, USA, 5. – 8. Mai.

Rowe, M. L. (2000): Pointing and talk by low-income mothers and their 14-month-old children. *First Language 20:* 305–330.

Rowe, M. L. & Goldin-Meadow, S. (2009a): Differences in Early Gesture Explain SES Disparities in Child Vocabulary Size at School Entry. *Science 323:* 951–953.

Rowe, M. L. & Goldin-Meadow, S. (2009b): Early gesture selectively predicts later language learning. *Developmental Science 12:* 182–187.

Rowe, M. L., Özçalişkan, S. & Goldin-Meadow, S. (2008): Learning words by hand: Gesture's role in prediciting vocabulary development. *First Language 28:* 182–199.

Ruffmann, T., Slade, L., Rowlandson, K., Rumsey, C. & Graham, A. (2003): How language relates to belief, desire, and emotion understanding. *Cognitive Development 18:* 139–158.

Rupprecht, D. (2002): *Die Entwicklung der nonverbalen Kommunikation bei normal entwickelten Kindern.* Dissertation, Ludwig-Maximilians-Universität München.

Sachs, J. (1977): The adaptive significance of linguistic input to prelinguistic infants. In: Snow, C. E. & Ferguson, C. A. (Eds.): *Talking to children. Language input and acquisition.* Cambridge: CUP: 51–61.

Sai, F. Z. (2005): The role of the mother's voice in developing mother's face preference: Evidence for intermodal perception at birth. *Infant and Child Development 14:* 29–50.

Savigny, E. v. (1983): *Zum Begriff der Sprache. Konvention, Bedeutung, Zeichen.* Stuttgart: Reclam.

Savigny, E. v. (1996): *Der Mensch als Mitmensch. Wittgensteins ,Philosophische Untersuchungen'.* München: Deutscher Taschenbuch Verlag.

Scaife, M. & Bruner, J. S. (1975): The capacity for joint visual attention in the infant. *Nature 253:* 265–266.

Scherer, K. R. (1982): Methods of research on vocal communication: Paradigms and parameters. In: Scherer, K. R. & Ekman, P. (Eds.): *Handbook of methods in nonverbal behavior research.* Cambridge: CUP: 136–198.

Schnur, E. & Shatz, M. (1984): The role of maternal gesturing in conversations with one-year-olds. *Journal of Child Language 11:* 29–41.

Schwartz, R. & Terrel, B. (1983): The role of input frequency in lexical acquisition. *Journal of Child Language 10:* 57–66.

Schwarz, M. (1992): *Kognitive Semantiktheorie und neuropsychologische Realität: repräsentationale und prozedurale Aspekte der semantischen Kompetenz.* Tübingen: Niemeyer.

Sciutti, A., Rohlfing, K. J., Lohan, K. Koch, B. & Gredebäck, G. (2013): Language in form of acoustic packages meddles with infants anticipatory gaze. Poster presented at the Budapest CEU Conference for Cognitive Development, Budapest, 10.–12. Januar.

Searle, J. (1980): Minds, brains, and programs. *Behavioral and Brain Science 3:* 417–457.

Senghas, A. & Coppola, M. (2001): Children creating language: How Nicaraguan sign language acquired a spatial grammar. *Psychological Science 12:* 232–328.

Senju, A. & Csibra, G. (2008): Gaze following in human infants depends on communicative signals. *Current Biology 18:* 668–671.

Shatz, M. & O'Reilly Watson, A. (1990): Conversational or communicative skill? A reassessment of two year-olds' behaviour in miscommunication episodes. *Journal of Child Language 17:* 131–146.

Sheehan, E. A. & Mills, D. L. (2008): The effects of early word learning on brain development. In: Friederici, A. D. & Thierry, G. (Eds.): *Early language development.* Amsterdam/Philadelphia: John Benjamins Publishing Company: 161–190.

Singer, M. A. & Goldin-Meadow, S. (2005): Children learn when their teacher's gestures and speech differ. *Psychological Science 16:* 85–89.

Sinha, C. (1999): Grounding, mapping, and acts of meaning. In: Janssen, T. & Redeker, G. (Eds.): *Cognitive linguistics: foundation, scope and methodology.* Berlin: Mouton de Gruyter: 223–255.

Sinha, C. (2004): The Evolution of Language: From Signals to Symbols to System. In: Kimbrough Oller, D. & Griebel, U. (Eds.): *Evolution of Communication Systems: A Comparative Approach.* Vienna Series in Theoretical Biology. Cambridge, MA: MIT Press: 217–235.

Sinha, C. (2005): Blending out of the background: Play, props and staging in the material world. *Journal of Pragmatics 37:* 1537–1554.

Sinha, C. (2007): Cognitive linguistics, psychology and cognitive science. In: Geeraerts, D. & Cuyckens, H. (Eds.): *Handbook of cognitive linguistics.* Oxford: OUP: 1266–1294.

Sinha, C. & Rodriguez, C. (2008): Language and the signifying object: from convention to imagination. In: Zlatev, J. & Racine, T., Sinha, C. & Itkonen, E. (Eds.): *The Shared Mind: Perspectives on intersubjectivity.* Amsterdam: John Benjamins: 357-378.

Sinha, C., Thorseng, L., Hayashi, M. & Plunkett, K. (1999): Spatial language acquisition in Danish, English and Japanese. In: Broeder, P. & Murre, J. (Eds.): *Language and thought in development. Cross-linguistic Studies.* Tübingen: Gunter Narr Verlag: 95–125.

Slade, L. & Ruffman, T. (2005): How language does (and does not) relate to theory of mind: A longitudinal study of syntax, semantics, working memory and false belief. *British Journal of Developmental Psychology 23:* 117–141.

Slater A., Quinn, P., Kelly, D., Lee, K., Longmore, C., McDonald, P., Pascalis, O. (2010): The shaping of the face space in early infancy: Becoming a native face processor. *Child Development Perspectives 4:* 205–211.

Slaughter, V., Peterson, C. C. & Mackintosh, E. (2007): Mind what mother says: Narrative input and Theory of Mind in typical children and those on the Autism Spectrum. *Child Development 78:* 839–858.

Slobin, D. I. (1973): Cognitive prerequisites for the development of grammar. In: Ferguson, C. A. & Slobin, D. I. (Eds.): *Studies of child language development.* New York: Holt, Rinehart and Winston: 175–208.

Slobin, D. I. (1996). From „thought and language" to „thinking for speaking". In: Gumperz, J. J. & Levinson, S. C. (Eds.): *Rethinking linguistic relativity.* Cambridge: CUP: 70–96.

Slobin, D. I. (2001): Form–function relation: how do children find out what they are? In: Bowerman, M. & Levinson, S. C. (Eds.): *Language acquisition and conceptual development.* Cambridge: CUP: 406–449.

Smith, L. B. (2005): Cognition as a dynamic system: Principles from embodiment. *Developmental Review 25:* 278–298

Smith, L. B. & Jones, S. S. (1993): Cognition without concepts. *Cognitive Development 8:* 181–188.

Smith, L. B. & Thelen, E. (2003): Development as a dynamic system. *Trends in Cognitive Science 7:* 343–348.

Smith, L. B., Colunga, E., Yoshida, H. (2010): Knowledge as process: contextually cued attention and early word learning. *Cognitive Science 34:* 1287–1314.

Smith, N. A. & Trainor, L. J. (2008): Infant-directed speech is modulated by infant feedback. *Infancy 13:* 410–420.

Snow, C. E. (1977): Mothers' speech research: from input to interaction. In: Snow, C. E. & Ferguson, C. A. (Eds.): *Talking to children. Language input and acquisition.* Cambridge: CUP: 31–49.

Sodian, B. (2011): Theory of mind in infancy. *Child Development Perspectives 5:* 39–43.

Sommerville, J. A. & Crane, C. C. (2009): Ten-month-old infants use prior information to identify an actor's goal. *Developmental Science 12:* 314–325.

Southgate, V. & Hamilton, A. F. de C. (2008): Unbroken mirrors: challenging a theory of Autism. *Trends in Cognitive Science 12:* 225–229.

Spencer, J. P., Perone, S., Smith, L. B. & Samuelson, L. K. (2011): Learning words in space and time: Probing the mechanisms behind the suspicious-coincidence effect. *Psychological Science 22:* 1049–1057.

Sperber, D. & Wilson, D. (1995): *Relevance: Communication and Cognition.* Oxford: Blackwell.

Stenberg, G. (2003): Effects of maternal inattentiveness on infant social referencing. *Infant and Child Development 12:* 399–419.

Stenberg, G. & Hagekull, B. (1997): Social referencing and mood modification in 1-year-olds. *Infant Behavior and Development 20:* 209–217.

Striano, T. & Reid, V. M. (2006): Social cognition in the first year. *Trends in Cognitive Science 10:* 471–476.

Striano, T., Henning, A. & Stahl, D. (2005): Sensitivity to social contingencies between 1 and 3 months of age. *Developmental Science 8:* 509–518.

Szagun, G. (2006): *Sprachentwicklung beim Kind.* Weinheim & Basel: Beltz Verlag.

Tardif, T., Liang, W., Zhang, Z., Fletscher, P. & Kaciroti, N. (2008): Baby's first 10 words. *Developmental Psychology 44:* 929–938.

Taylor, J. R. (2011): Prototype theory. In: Maienborn, C., Heusinger, K. v. & Portner, P. (Eds.): *Semantics: an international handbook of natural language meaning.* Berlin/Boston: de Gruyter: 643–664.

Tennie, C., Call, J. & Tomasello, M. (2006): Push or pull: Imitation vs. emulation in Great Apes and human children. *Ethology 112:* 1159–1169.

Terry, R. (1996): *The human semantic potential: Spatial language and constrained connectionism.* Cambridge, MA: MIT Press.

Tettamanti, M., Buccino, G., Saccuman, M. C., Gallese, V., Danna, M., Scifo, P., Fazio, F., Rizzolatti, G., Cappa, S. F., & Perani, D. (2005): Listening to action-related sentences activates fronto-parietal motor circuits. *Journal of Cognitive Neuroscience 17*: 273–281.

Thoermer, C. & Sodian, B. (2001): Preverbal infants' understanding of referential gestures. *First Language 21*: 245–264.

Tomasello, M. (1987): Learning to use prepositions: a case study. *Journal of Child Language 14*: 79–98.

Tomasello, M. (1990): Cultural transmission in tool use and communicatory signaling of chimpanzees? In: Parker, S. & Gibson, K. (Eds.): *Comparative developmental psychology of language and intelligence in primates.* Cambridge: CUP: 274–311.

Tomasello, M. (1999): *The cultural origins of human cognition.* Cambridge, MA: Harvard University Press.

Tomasello, M. (2000): First steps toward a usage-based theory of language acquisition. *Cognitive Linguistics 11*: 61–82.

Tomasello, M. (2001): Could we please lose the mapping metaphor, please? *Behavioral and Brain Sciences 24*: 1119–1120.

Tomasello, M. (2003): *Constructing language. A usage-based theory of language acquisition.* Cambridge, MA / London: Harvard University Press.

Tomasello, M. (2007): Cognitive Linguistics and first language acquisition. In: Geeraerts, D. & Cuyckens, H. (Eds.): *Handbook of cognitive linguistics.* Oxford: OUP: 1092–1112.

Tomasello, M. & Camaioni, L. (1997): A comparison of the gestural communication of apes and human infants. *Human Development 40*: 7–24.

Tomasello, M. & Farrar, M. J. (1986): Joint attention and early language. *Child Development 57*: 1454–1463.

Tomasello, M. & Rakoczy, H. (2003): What makes human cognition unique? From individual to shared to collective intentionality. *Mind & Language 18*: 121–147.

Tomasello, M. & Todd, J. (1983): Joint attention and lexical acquisition style. *First Language 4*: 197–212.

Tomasello, M., Carpenter, M. & Liszkowski, U. (2007): A new look at infant pointing. *Child Development 78*: 705–722.

Trevarthen, C. & Marwick, H. (1986): Signs of motivation for speech in infants, and the nature of a mother's support for development of language. In: Lindblom, B. & Zetterstroem R. (Eds.): *Precursors of Early Speech.* New York: Stockton: 279–308.

Uexküll, J. v. (1980 [1920]): *Kompositionslehre der Natur.* Frankfurt am Main.

Vaish, A. & Striano, T. (2004): Is visual reference necessary? Contributions of facial versus vocal cues in 12-month-olds' social referencing behavior. *Developmental Science 7*: 261–269.

Vaish, A. & Woodward, A. (2005): Baby steps on the path to understanding intentions. *Behavioral and Brain Sciences 28*: 717–718.

Vogt, S. & Schreiber, S. (2006): Förderung von Gesten als Mitauslöser der lautsprachlichen Entwicklung. Theoretische und praktische Überlegungen für die logopädische Arbeit. *L.O.G.O.S. Interdiziplinär 14*: 179–185.

Vollmer, A.-L., Lohan, K. S., Rohlfing, K. J., Fritsch, J. & Wrede, B. (2009): Which ‚Motionese' parameters change with children's age? Poster presented at the Biennial Meeting of the Cognitive Development Society, San Antonio, Texas, 16.–17. Oktober.

Vollmer, A.-L., Pitsch, K., Lohan, K., Fritsch, J., Rohlfing, K. J. & Wrede, B. (2010): Developing feedback: How children of different age contribute to an interaction with adults. *Proceedings of the IEEE 9th International Conference on Development and Learning (ICDL)*: 76–81.

Vygotsky, L. S. (1938 [1978]): *Mind in society. The development of higher psychological processes.* Cambridge, MA / London: Harvard University Press.

Walker-Andrews, A. (1998): Emotions and social development: Infants' recognition of emotions in others. *Pediatrics 102:* 1268–1271.

Watson, A. C., Painter, K. M., & Bornstein, M. (2001): Longitudinal relations between 2-year-olds language and 4-year-olds theory of mind. *Journal of Cognition and Development 2:* 449–457.

Watson, J. S. (1985): Contingency perception in early social development. In: Field, T. M. & Fox, N. A. (Eds.): *Social perception in infants.* Norwood, NJ: Ablex: 157–176.

Weidinger, N. (2011): *Gestik und ihre Funktion im Spracherwerb bei Kindern unter drei Jahren.* München: Deutsches Jugendinstitut.

Weinert, S. (2000): Beziehungen zwischen Sprach- und Denkentwicklung In: Grimm, H. (Ed.): *Enzyklopädie der Psychologie. Serie 3, Sprache. Bd. Sprachentwicklung.* Göttingen: Hogrefe, Verlag für Psychologie: 311–361.

Williams, J. H., Whiten, A. , Suddendorf, T. & Perrett, D. I. (2001): Imitation, mirror neurons and autism. *Neuroscience and Biobehavioral Reviews 25:* 287–295.

Wimmer, H. & Perner, J. (1983): Beliefs about beliefs: representation and constraining function of wrong belief in young children's understanding of deception. *Cognition 13:* 103–128.

Wimmer, H., Hogrefe, J. & Sodian, B. (1988). A second stage in children's conception of mental life: Understanding informational accesses as origins of knowledge and belief. In: Astington, J., Olson, D. & Harris, P. (Eds.): *Developing theories of mind.* Cambridge: CUP: 173–193.

Witherington, D. C., Campos, J. J., & Hertenstein, M. J. (2001): Principles of emotion and its development in infancy. In: Bremner, G. & Fogel, A. (Eds.): *The Blackwell handbook of infant development.* Malden, MA: Blackwell: 427–464.

Wittgenstein, L. (1993 [1953]): *Tractatus logico-philosophicus. Tagebücher 1914–1916. Philosophische Untersuchungen.* Frankfurt am Main: Suhrkamp Taschenbuch Wissenschaft.

Wolff, P. & Holmes, K. J. (2010): Linguistic relativity. *Wiley Interdisciplinary Reviews: Cognitive Science 2:* 253–265.

Woodward, A. (1999): Infants' ability to distinguish between purposeful and non-purposeful behaviors. *Infant Behavior and Development 22:* 145–160.

Yont, K. M., Snow, C. E., Vernon-Feagans, L. (2003): The role of context in mother-child interactions: an analysis of communicative intents expressed during toy play and book reading with 12-month olds. *Journal of Pragmatics 35:* 435–454.

Yoshida, H. & Burling, J. M. (2012): Highlighting: a mechanism relevant for word learning. *Frontiers in Psychology 3:* 262.

Zlatev, J. (1997): *Situated embodiment. Studies in the emergence of spatial meaning.* Dissertation. Gotab: Stockholm.

Zlatev, J. (2007): Spatial semantics. In: Geeraerts, D. & Cuyckens, H. (Eds.): *Handbook of cognitive linguistics.* Oxford: OUP: 318–350.

Zmyj, N., Daum, M.M., Prinz, W., Nielsen, M. & Aschersleben, G. (2011): Fourteen-month-olds' imitation of differently aged models. *Infant and Child Development 21:* 250–266.

Zukow-Goldring, P. (1996): Sensitive caregiving fosters the comprehension of speech: When gestures speak louder than words. *Early Development and Parenting 5:* 195–211.

Zukow-Goldring, P. (2006): Assisted imitation: Affordances, effectivities, and the mirror system in early language development. In: Arbib, M. A. (Ed.): *From action to language.* Cambridge: CUP: 469–500.

narr VERLAG · francke VERLAG · attempto VERLAG

Inken Keim

Mehrsprachige Lebenswelten

Sprechen und Schreiben der türkischstämmigen Kinder und Jugendlichen

2012, VIII, 264 Seiten
€[D] 34,99/SFr 47,90
ISBN 978-3-8233-6707-9

In vielen Großstädten Deutschlands haben sich in den letzten Jahrzehnten Migrantenwohngebiete entwickelt, in denen ethnische Gemeinschaften in engen Netzwerken leben. Die Kinder wachsen in mehrkulturellen Lebenswelten auf und bilden im Alltag, in den Familien und Peergroups mehrsprachige Kommunikationspraktiken aus. In den deutschen Bildungsinstitutionen treffen sie auf deutschsprachige Anforderungen, auf die sie schlecht vorbereitet sind mit der Konsequenz, dass viele bisher schulisch gescheitert sind.

Das Buch, das auf ethnografisch-soziolinguistischen Untersuchungen basiert, liefert Einblicke in die Lebenswelt türkischstämmiger MigrantInnen und in die Vielfalt der sprachlich-kommunikativen Praktiken, die in mehrsprachigen Lebenswelten entstehen. Es stellt das ungesteuert erworbene Deutsch der Elterngeneration vor und zeigt auf der Basis von authentischen Gesprächsbeispielen die kommunikativen Praktiken der Kinder und Jugendlichen und ihre Virtuosität im Umgang mit sprachlichen Ressourcen, die in der Schule nicht berücksichtigt werden. Vor allem aber macht das Buch deutlich, dass die Kinder und Jugendlichen durchaus über mündliche und schriftsprachliche Deutschkompetenzen verfügen, und es zeigt, in welchen Bereichen sie Unterstützung brauchen, damit sie Erfolg in Schule und Beruf haben.

Narr Francke Attempto Verlag GmbH+Co. KG · Dischingerweg 5 · D-72070 Tübingen
Tel. +49 (07071) 9797-0 · Fax +49 (07071) 97 97-11 · info@narr.de · **www.narr.de**

narr VERLAG   *francke* VERLAG   attempto VERLAG

Nataliya Soultanian

Wie russische Kinder Deutsch lernen

Sprachförderung in der Familie und im Kindergarten

2012, X, 211 Seiten
€[D] 19,99/SFr 28,90
ISBN 978-3-7720-8445-4

Die Mehrsprachigkeit im Kindesalter ist heute ein vielfältig diskutiertes Thema in Politik, Medien und in wissenschaftlichen Fachkreisen.
Immer mehr Kinder wachsen zwei- oder mehrsprachig auf. Allerdings müssen für einen erfolgreichen Zweitspracherwerb besondere Bedingungen geschaffen und bestimmte Verhaltensweisen im Alltag etabliert werden.
Dieses Buch führt auf leicht verständliche Weise in die Grundlagen der Mehrsprachigkeit ein und erläutert auch ihre sozialen und kommunikativen Voraussetzungen. Die konkreten Beispiele beschäftigen sich mit russisch-deutsch aufwachsenden Kindern und institutionellen sowie familiären Fördermöglichkeiten für sie.
Das Buch versteht sich als Ratgeber für Pädagogen, Erzieher und Lehrer und möchte einen Beitrag zum besseren Verständnis kindlicher Spracherwerbsprozesse und zur systematischen Förderung der Kinder leisten.

JETZT BESTELLEN!

Narr Francke Attempto Verlag GmbH+Co. KG · Dischingerweg 5 · D-72070 Tübingen
Tel. +49 (07071) 9797-0 · Fax +49 (07071) 97 97-11 · info@francke.de · **www.francke.de**

Natascha Müller / Tanja Kupisch
Katrin Schmitz / Katja Cantone

Einführung in die Mehrsprachigkeitsforschung

narr studienbücher
3., überarbeitete Auflage 2011
309 Seiten
€[D] 19,90/SFr 28,90
ISBN 978-3-8233-6674-4

Die Mehrsprachigkeitsforschung verdeutlicht, welche Chancen sich für Kinder bieten, die in einer mehrsprachigen Umgebung aufwachsen, und wie der Weg zu mehr als einer Muttersprache bewältigt werden kann. Insbesondere die genaue, wissenschaftlich fundierte Kenntnis dieses Wegs kann und soll es erleichtern, auf Kritik und vermeintliche Misserfolge während des Erwerbsprozesses richtig zu reagieren und den Kindern die Möglichkeit zu geben, mehrsprachig in die Schulzeit zu starten.

Das Arbeitsbuch hat daher zwei Hauptanliegen: Es wird einerseits in die aktuelle Mehrsprachigkeitsforschung eingeführt, andererseits das empirische Arbeiten mit Spracherwerbsdaten eingeübt. Der Fokus liegt auf der simultanen Mehrsprachigkeit.

Die Einführung richtet sich an Studierende der Romanistik (Französisch-Italienisch), Germanistik (Deutsch), Allgemeinen Sprachwissenschaft und Erziehungswissenschaften und soll dazu beitragen, die Thematik in die Ausbildung der zukünftigen Lehrer aufzunehmen.

Narr Francke Attempto Verlag GmbH+Co. KG · Dischingerweg 5 · D-72070 Tübingen
Tel. +49 (07071) 9797-0 · Fax +49 (07071) 97 97-11 · info@narr.de · **www.narr.de**

narr VERLAG   *francke* VERLAG   **attempto** VERLAG

Jörg Roche

Mehrsprachigkeits-theorie

Erwerb - Kognition - Transkulturation - Ökologie

narr studienbücher
2013, X, 319 Seiten
€[D] 24,99/SFr 33,90
ISBN 978-3-8233-6697-3

Das Studienbuch behandelt die Aspekte der Spracher-
werbs- und Mehrsprachigkeitsforschung, die besonders für
das Lernen und das Lehren sowie das mentale Manage-
ment von Sprachen relevant sind.
Mit seiner Fokussierung auf dynamische Prozesse der Kognition und der Transkulturation setzt es Akzente für eine
grundlegende Neuausrichtung der Vermittlung von Sprachen und Kulturen auf die Perspektive der Lernerinnen
und Lerner. Gleichzeitig unterzieht es tradierte Vorstellungen und Praktiken von Sprach- und Landeskundeunterricht
einer kritischen Überprüfung.
Die Auswertung und Dokumentation einschlägiger Forschungsliteratur auch aus dem englischsprachigen Raum
ermöglicht einen Zugang zu neuesten internationalen Entwicklungen.
Das Buch wendet sich an alle, die in Studium, Lehre, Forschung und Bildungsverwaltung mit Mehrsprachigkeit,
Mehrkulturalität und Sprachvermittlung zu tun haben.

Narr Francke Attempto Verlag GmbH+Co. KG • Dischingerweg 5 • D-72070 Tübingen
Tel. +49 (07071) 9797-0 • Fax +49 (07071) 97 97-11 • info@narr.de • **www.narr.de**

Rosemarie Tracy

Wie Kinder Sprachen lernen

Und wie wir sie dabei
unterstützen können

2., überarb. Auflage 2008
XII, 236 Seiten,
€[D] 19,90 / SFr 35,90
ISBN 978-3-7720-8306-8

Offensichtlich ist Spracherwerb ein Kinderspiel! In einem Alter, in dem wir Kinder nicht unbeaufsichtigt eine Straße überqueren lassen würden, erschließen sie sich zielstrebig die Strukturen ihrer Erstsprachen. Wie wir mittlerweile wissen, gilt dies nicht nur für den Erwerb *einer* Sprache, denn Kinder können von Anfang an mit mehr als einer Sprache aufwachsen. Auch der frühe Erwerb einer zeitversetzt hinzutretenden Zweitsprache ist ohne Risiko für die Entwicklung des Kindes möglich. Diese Kompetenzen gilt es zu nutzen, vor allem auch für die frühe Zweitsprachförderung von Kindern aus Einwandererfamilien, denen ohne ausreichende Sprachkenntnisse Bildungs- und Berufschancen verwehrt bleiben.
Dieses Buch bietet anhand vieler Beispiele einen verständlichen Überblick über den Spracherwerb und schildert die Rahmenbedingungen für eine erfolgreiche Unterstützung frühkindlicher Mehrsprachigkeit. Verdeutlicht wird auch, welche sprachlichen Bereiche für Zweitsprachlerner problematisch bleiben, wenn angemessene Unterstützung fehlt. Der Text enthält eine Anleitung für die gezielte Beobachtung von Kindern und eine Fülle von Anregungen für die Förderung. Darüber hinaus weckt er Interesse an Sprache im Allgemeinen und fördert den Spaß an der eigenen Sprachkompetenz.

Narr Francke Attempto Verlag GmbH + Co. KG
Postfach 2560 · D-72015 Tübingen · Fax (07071) 9797-11
Internet: www.francke.de · E-Mail: info@francke.de